Das Planet X Survival-Handbuch für 2012 und danach

Jacco van der Worp, MSc
Marshall Masters
Janice Manning

Marshall Masters
Janice Manning
Jacco van der Worp, MSc

Das Planet X Survival-Handbuch für 2012 und danach

Titel der Originalausgabe: „Planet X Forecast and
2012 Survival Guide"

Deutsche Erstausgabe, 2008

Deutsche Übersetzung: Nina Hawranke
Layout: Inna Kralovyetts

 Mosquito Verlag

www.mosquito-verlag.de

© Mosquito Verlag, Potsdam 2008

ISBN: 978-3-928963-26-8

Danksagung

Dieses Buch ist das Ergebnis von sieben Jahren Forschung in den Bereichen globale Erwärmung, Bedrohungen aus dem Weltraum, Geschichte des Altertums und Prophezeiungen. Die Autoren danken allen, die mit ihren Artikeln und Abonnements die Website www.yowusa.com unterstützt haben. Besonderer Dank gilt dabei:

Echan Deravy für seine Hilfe bei der Ausarbeitung des Buchkonzepts;
Jeff Bryant für die Hintergrundgrafik auf der Titelseite;
Mic Royal für das Foto auf der Buchrückseite;
Greg Jenner für seine hervorragende Analyse der Kolbrin-Bibel;
Walter Phelps für seine großartige Unterstützung und seinen Zuspruch.

In diesem Buch geht es um ein sehr schwieriges Thema, und die Autoren danken vor allem auch ihren Freunden und Angehörigen, die sie während des Entstehungsprozesses unterstützt haben. Zudem haben einige Menschen die Autoren mit ihren Anregungen ganz besonders inspiriert.

Im Mai 2007 schließlich hatten wir so viel Inhalt angehäuft, dass wir eine Entscheidung treffen mussten. Gab es genügend Leser, die bereit waren, angesichts der Bedrohung aktiv zu werden? Doch die Bereitschaft zu handeln war nicht das Einzige, das wir im Vorfeld prüfen mussten; weit wichtiger noch war die Bereitschaft, sich beim Handeln auf sein Bauchgefühl zu verlassen. In sieben Jahren Forschung haben die Autoren herausgefunden, dass das Vertrauen in das eigene Bauchgefühl das wichtigste Kriterium ist, um das Jahr 2012 zu überleben.

Um dieses Kriterium auszutesten, veröffentlichten wir auf der Website www.yowusa.com zunächst eine knappe, aus nur vier Absätzen bestehende Anzeige, mit der wir auf eine limitierte Erstauflage hinwiesen. Die Anzeige enthielt keine Abbildung des Buches, und der Inhalt wurde nur kurz umrissen, um schon im Vorfeld die breite Masse der üblichen Käufer durchzusieben. Wir wollten die Leser gewinnen, die über das wichtigste Kriterium zum Überleben von 2012 verfügten: die Fähigkeit, eigenständig zu handeln. Die Resonanz war beachtlich und ermutigend.

Dementsprechend bewies die Leserschaft der limitierten Erstauflage, dass sich immer mehr selbstständig denkende Menschen von sich aus mit dem Planeten X befassen. Dass sie nun *ver*stehen, genügt ihnen nicht länger – sie wollen die Sache auch *über*stehen. Das gab den Autoren den Mut, dem Buch noch weitere, tiefer gehende Aspekte hinzuzufügen.

Die folgenden Personen haben konstruktive Anregungen zur limitierten Erstauflage geliefert und den Autoren die Erlaubnis erteilt, ihnen öffentlich zu danken: Kurt Mrowicki, Duncan „Supra" Murray, Nicolaas Joubert, Rene Aries, Rev. William G. Gallagher (i.R.), W.C. Brainerd, Walter Winslow Phelps, Kevin Costa, James McCullough und Marilynn Haun.

Inhaltsverzeichnis

1781

Einführung

„Planet X" ist ein allgemeiner Begriff, der ein großes, bislang unbekanntes Objekt innerhalb unseres Sonnensystems beschreibt. Die alten Sumerer nannten ihn Nibiru. Er ist um ein Vielfaches größer als die Erde und vollendet seine Umlaufbahn etwa alle 3.600 Jahre. Grundsätzlich steht das Jahr 2012 für eine von den Mayas prophezeite Phase voller katastrophaler Ereignisse.

Was genau ist der Planet X? Er könnte ein Komet sein oder ein von seiner Bahn abgekommener Planet. Oder, wovon wir in diesem Buch ausgehen, ein sterbender Brauner Zwerg, der unsere Sonne begleitet. In den kommenden Jahren bringt ihn seine elliptische Umlaufbahn mitten ins Herz unseres Sonnensystems, was zu einer heftigen Reaktion unserer Sonne führen wird. Sobald das geschieht, wird die Erde unsägliches Leid erfahren – in dem Moment, in dem das Schicksal uns ins Fadenkreuz eines ausgewachsenen Sonnensturms rücken wird.

Was immer auch dieser Störfaktor sein mag: Die Suche nach dem Planeten X geht zurück bis ins Jahr 1781, als Uranus entdeckt wurde. Der Planet X wird in zahlreichen alten Schriften und den Legenden der Urvölker weltweit beschrieben, und vielfach wurde prophezeit, dass er eines Tages zurückkommen werde.

Die wissenschaftlichen Daten, die diesen drohenden Vorbeiflug ankündigen, mehren sich mit wachsender Geschwindigkeit und können nicht länger ignoriert werden. Daher glauben viele, die auf eigene Faust recherchiert haben, dass die Zeit nun reif zum Handeln sei. Kurz gesagt: Viele Menschen verstehen die Bedrohung, und nun setzen sie alles daran, sie auch zu überstehen!

Dieses Buch will all denen helfen, die ebenfalls der Meinung sind, dass die Zeit drängt. Es bietet allen, die auf sich allein gestellt sind, das geeignete Handwerkszeug in Form von praktischen Ratschlägen zum Überleben des Jahres 2012.

Ob Sie sich nun einen Bunker leisten können oder kaum das Geld für eine Schaufel haben – die Informationen in diesem Buch sind für jeden nützlich. Ob Sie das Jahr 2012 überleben werden, hängt mehr davon ab, was Sie im Kopf, als was Sie im Portmonee haben.

Eine Garantie gibt es natürlich nicht. Sie können lediglich die Chancen für Ihr eigenes Überleben erhöhen. Das bedeutet nicht zwangsläufig, dass Sie einen noch besseren Bunker bauen müssen. Vielmehr treffen hier Louis Pasteurs Worte: „Der Zufall begünstigt den vorbereiteten Geist."

Pasteurs Botschaft für das Jahr 2012 ist deutlich: Je besser Sie – sowohl geistig als auch gefühlsmäßig – vorbereitet sind, desto wahrscheinlicher ist es, dass Sie eine Überlebenschance rechtzeitig erkennen und nutzen können.

Der erste Schritt, die eigenen Chancen zu erhöhen, besteht also darin, den Geist auf Überleben zu programmieren. Dazu müssen Sie kein Raketenwissenschaftler sein – es ist nur ein wenig Zeit nötig. Es ist ein ganz einfacher Vorgang, und dieses Buch zeigt Ihnen, wie leicht der Einstieg ist. Je früher Sie beginnen, desto höher sind Ihre Überlebenschancen.

Auch sollten Sie nichts auf die Panikmacher geben, die behaupten, dass das Unheil im Jahr 2012 den Menschen wieder in einen barbarischen Zustand à la Hollywood zurückfallen lassen werde. Das Gegenteil ist der Fall.

Wenn zukünftige Historiker einst auf das Jahr 2012 zurückblicken, dann werden sie weniger eine Katastrophe als vielmehr ein wichtiges Kapitel der menschlichen Evolution sehen. Ein Beispiel hierfür ist der Schwarze Tod (die Pest) im 14. Jahrhundert. Diese Seuche ist ein perfekter historischer Präzedenzfall im Hinblick auf das Jahr 2012.

Der historische Präzedenzfall für die Evolution 2012

Aus Sicht einer künftigen Geschichtsschreibung wird die globale Katastrophe im Jahr 2012 weit schlimmer sein als der Schwarze Tod. Die Pandemie im 14. Jahrhundert fegte durch ganz Europa und löschte schätzungsweise gut zwei Drittel der Bevölkerung aus.

Diese plötzliche, enorme Entvölkerung sorgte aber nicht nur für ein unglaubliches Maß an Schrecken und Leid, sondern löste auch ein für die Evolution bedeutsames Ereignis aus.

Der Schwarze Tod beendete die tausendjährige Unterdrückung der weltlichen Philosophie und Wissenschaft durch die Kirche. Dies bereitete den Boden für die Aufklärung in der anbrechenden Renaissance, ausgelöst durch zwei unmittelbare Folgen der Entvölkerung: unabhängiges Denken und Automatisierung.

Kurzfristige Folgen: Viele Überlebende waren nicht länger geneigt, sich dem päpstlichen Diktum unterzuordnen. Sie hegten nun unabhängige Gedanken, denn die Kirche hatte diesem rätselhaften Unheil völlig hilflos gegenübergestanden. Desillusioniert suchten sie nun andernorts nach Antworten. Ein früher Ertrag dieser Entwicklung hin zum unabhängigen Denken war die Entstehung der medizinischen Wissenschaft.

Langfristige Folgen: Der große Verlust von Arbeitskräften wirkte sich fatal auf die Wirtschaft aus. So entwickelte sich die Automatisierung, um die ehemals reichlich vorhandenen billigen Arbeitskräfte zu ersetzen. Ein gutes Beispiel für die technische Entwicklung als Folge der Pest ist die Erfindung der Gutenbergpresse Mitte des 15. Jahrhunderts.

Die Katastrophe, die uns 2012 erwartet, wird voraussichtlich sehr viel verheerender sein als der Schwarze Tod im 14. Jahrhundert. Konzentrieren sollten wir uns aber auf einen weit dringlicheren Punkt. Diejenigen, die 2012 mit Würde überstehen, werden den Grundstein für ein weiteres evolutionär bedeutsames Ereignis legen: Die Menschheit wird aus der Katastrophe als eine spirituellere und mitfühlendere Spezies hervorgehen – wie ein Schmetterling, der dem Kokon entschlüpft.

Mit einer Zukunft vor Augen, die geläutert und voller Hoffnung ist, reduziert sich die Angelegenheit auf eine einfache Frage: Wie gelangen wir von hier nach dort, und mit wem? Um dies beantworten zu können, müssen wir uns zunächst der Bedrohung selbst zuwenden.

Planet X – die Bedrohung

Unsere größte Bedrohung ist nicht der Planet X selbst, obgleich er die Erde mit entsetzlichen Meteoritenstürmen und -einschlägen beuteln wird. Weit schlimmer aber werden die katastrophalen Wechselwirkungen zwischen dem Planeten und unserer Sonne sein.

Es genügt zu sagen, dass wir im Jahr 2012 nicht von einem einzelnen Objekt, einer einzelnen Sache bedroht werden. Auch wird die Katastrophe sich nicht im biblischen Sinne auf einen einzigen Tag beschränken. Was also ist zu erwarten? Eine unabwendbare weltweite Katastrophe, die quasi in Zeitlupe abläuft und die Welt, wie wir sie kennen, wandeln wird.

Wie schon in der Vergangenheit wird der Vorbeiflug des Planeten X auch 2012 über einen Zeitraum von mehreren Jahren hinweg mehrere sowohl vom Menschen verschuldete als auch naturgegebene Katastrophen hervorrufen. Wenn dieser Albtraum überstanden ist, werden die Überlebenden ein neues goldenes Zeitalter für die Menschheit einleiten.

Bis dahin aber bleibt die Frage, wann die kosmische Katastrophe beginnen wird. Nun, das hat sie schon.

Planet X – die Panik

Die gegenwärtige Debatte über die globale Erwärmung hat immerhin ein bemerkenswertes Ergebnis hervorgebracht – Lähmung. Ein altes Sprichwort sagt, dass Sehen und Glauben nicht dasselbe sind. Wenn unsere Aufmerksamkeit von dem wirklich Wichtigen abgelenkt wird, was sollen wir dann glauben? Und kümmert uns das überhaupt?

Für die globale Erwärmung scheint dies jedenfalls zuzutreffen. Solange bloße Vermutungen benutzt werden können, um die Aufmerksamkeit von dieser ernsten (und kostspieligen) Katastrophe abzulenken, werden die meisten Menschen auch genau das wählen: sich fröhlich ablenken lassen.

Dass die Ablenkung durch die globale Erwärmung so gut funktioniert, ist der Auslassung einer unbequemen Wahrheit zu verdanken: Verantwortlich für die globale Erwärmung ist nämlich vor allem die schwindende Distanz zwischen dem Planeten X und unserer Sonne.

Dasselbe gilt auch für Mars und Pluto, auf denen es ebenfalls deutliche Anzeichen für eine Klimaerwärmung gibt. Viele der Probleme der globalen Erwärmung treten deshalb zyklisch auf, weil das Vorbeiziehen des Planeten X zyklisch erfolgt.

Die vom Menschen verursachte Umweltverschmutzung ist eine unumstößliche Wahrheit, doch sie erschwert nur das Grundproblem. Dennoch ist sie eine ernst zu nehmende Angelegenheit, weil wir die Belastbarkeit unserer Biosphäre langsam aber sicher an die Grenze treiben, hinter der die Katastrophe lauert.

Alle Fakten sind da – was fehlt also? Der Bezug zu einer unbequemen Wahrheit.

Dieser Bezug ist notwendig – der Wandel auf der Erde allein wird wohl kaum als allgemeingültiger Beweis für den Planeten X anerkannt werden. Zudem werden die Nachrichtenagenturen diese Bedrohung so lange nicht aufgreifen, wie sie es vermeiden können, weil sie eine Massenpanik verhindern wollen. Die würde nämlich dazu führen, dass die meisten Menschen nicht mehr zur Arbeit gehen und keine Steuern mehr zahlen würden.

Daher wird die Debatte weitergehen, bis etwas Größeres sie abwürgt. Das wird der Planet X sein, der sich unaufhaltsam auf das Zentrum unseres Sonnensystems zubewegt. Ihm wird, wie bei einem königlichen Aufmarsch, eine Wolke aus Staub und Trümmerteilen vorangehen. Sobald sie die Erde eingehüllt hat, wird auch die breite Masse schließlich „verstehen".

Zuerst wird es Ausfälle im Kommunikationsbereich geben. Planet X wird uns den Spaß an der Fernbedienung nehmen. Kabelsender werden besonders anfällig sein, weil sie von Nachrichtensatelliten auf geosynchronen Umlaufbahnen abhängig sind.

Die Entfernung unterscheidet die Satelliten des Kabelfernsehens von denen des Global-Positioning-Systems (GPS), das für Navigationssysteme in Militärfahrzeugen, Flugzeugen und Autos verwendet wird.

Die Umlaufzeit eines Satelliten auf einer geosynchronen Umlaufbahn (GEO) entspricht mit 24 Stunden der Rotationsdauer der Erde um ihre eigene Achse. Somit ist ein solcher Satellit immer auf denselben Punkt der Erdoberfläche ausgerichtet. Diesen Punkt nennt man Footprint bzw. Ausleuchtzone. Damit dies funktioniert, muss der Satellit eine Entfernung von 36.000 Kilometern zur Erde haben.

Bei einem Satelliten auf einer niedrigen Erdumlaufbahn (Low Earth Orbit – LEO) dagegen beträgt der Abstand zur Erdoberfläche nur 193 bis 2.000 Kilometer. Um Ihnen eine ungefähre Vorstellung zu geben: Der LEO-Satellit der Internationalen Raumstation ISS ist 333,3 Kilometer von der Erde entfernt.

Was genau wird sich abspielen?

Sobald Staub und Trümmerteile des Planeten X die GEO-Satelliten der Kabelsender zu beeinflussen beginnen, werden zahlreiche Fernsehkanäle ausfallen, da die Satellitentransponder beschädigt werden und ausfallen.

Anfangs werden diese Störungen noch zu überbrücken sein, da die GEO-Satelliten in der Regel eine Vielzahl an Fernsehkanälen bedienen können. Die betroffenen Sender können einfach auf einen anderen Transponder des Satelliten umgelegt werden und flimmern so schnell wieder über die Bildschirme. Im Laufe der Zeit aber wird das Ausmaß des Schadens zunehmen, sodass immer mehr GEO-Satelliten beeinträchtigt werden oder ausfallen.

Was den Fernsehzuschauer bis ins Jahr 2012 begleiten wird, sind zunehmende Störungen und dementsprechend immer weniger Kanäle. Schließlich werden sich die Kabelfernsehsender um die verbleibenden unterirdischen und unterseeischen Glasfaser-Datenübertragungsnetze streiten. Allerdings werden sie sich um stetig schwindende Ressourcen streiten müssen, sodass sich ein Patentrezept nur schwerlich finden wird.

Schließlich werden wir eine Rückkehr zum Kabelfernsehen der 1970er Jahre erleben, als es gerade einmal 20 bis 40 Sender gab. Trotzdem werden viele Menschen es zulassen, dass sogenannte Skeptiker ihre Besorgnis zerstreuen.

Wann wird auch die breite Masse endlich die Alarmglocken hören? Schätzungsweise dann, wenn die Staub- und Trümmerwolke des Planeten X schließlich die niedrige Erdumlaufbahn erreicht hat. An diesem Punkt wird die NASA sich wahrscheinlich gezwungen sehen, bemannte LEO-Missionen zurückzuholen.

Weit schlimmer ist, dass sich die Astronauten an Bord der ISS ganz plötzlich genötigt sehen könnten, die Raumstation zu verlassen und in einer Rettungskapsel zur Erde zurückzukehren. Wenn die Bodenkontrolle die ISS nicht auf ihrer Umlaufbahn halten kann, wird sie unkontrolliert und glühend heiß auf der Erde einschlagen. Das ist der Zeitpunkt, an dem der Planet X nicht mehr zu verleugnen sein wird.

Rette Dich selbst und nicht die Welt

Schließlich wird auch die breite Masse aufwachen, doch leider wird es dann zu spät für sie sein. Zu diesem Zeitpunkt wird die Erde die Schwelle zur schlimmsten Phase während des Vorbeiziehens des Planeten X längst überschritten haben. Wie bei einer Frau in den Wehen werden die Intervalle zwischen den schlechten Nachrichten immer kürzer werden und die Nachrichten selbst immer ernster.

Das noble Ansinnen, alle Menschen zu retten, ist dann naiv und vergebens. Sofern Sie sich vorbereitet haben, konzentrieren Sie sich auf Ihren eigenen unmittelbaren Überlebensbereich. So brutal dies klingen mag – retten Sie nur sich selbst und diejenigen, die sie retten können.

Menschen zu retten, die von einer ganzen Flut von Katastrophen heimgesucht werden, ist so gefährlich, wie einen Ertrinkenden zu retten. Schwimmen Sie an einen Ertrinkenden heran, der wild um sich schlägt, wird er Sie bewusstlos schlagen und mit sich in die Tiefe reißen.

Diejenigen, die sich haben ablenken lassen, anstatt sich zu wappnen, werden nun an der Reihe sein, die „Brücke zu überqueren, an die sie gekommen sind". Noch bevor diese Menschen an die Brücke gelangen, werden Sie längst auf der anderen Seite und auf dem Weg in einen sicheren Hafen sein. Vielleicht überleben sie auch – und Sie nicht. Wer weiß? Dennoch: Wie möchten Sie das Ganze denn entschieden wissen?

Eben deshalb geht es in diesem Buch nicht darum, zu verurteilen oder verurteilt zu werden. Es geht vielmehr um die eigene Entscheidung. Entweder Sie entscheiden sich dafür, sich vorzubereiten – oder nicht. In beiden Fällen gibt es keine Garantie. An dieser Stelle sollten wir Louis Pasteurs Ausspruch noch einmal wiederholen: „Der Zufall begünstigt den vorbereiteten Geist."

Marshalls Motto

**Wer zuhört, findet seine Bestimmung,
alle Übrigen findet das Schicksal.**

**Erfahren Sie, so viel Sie erfahren können,
tun Sie, was Sie tun können,
und geben Sie niemals die Hoffnung auf!**

Teil I

Die Bedrohung verstehen

„Ein apokalyptischer Zusammenprall
Von der Sonne verdunkelt
Städte liegen in Trümmern
Warum müssen wir sterben?

Die Auslöschung der Menschheit
Unter fahlgrauem Himmel
werden wir uns erheben …"

Sepultura, „Arise" (1991)

Viele spüren die Bedrohung durch den Planeten X und das Jahr 2012 schon seit Jahrzehnten, und durch jüngste wissenschaftliche Entdeckungen bekommen unsere tiefsten Ängste nun ganz neue Dimensionen. Das Wesen der Bedrohung zu verstehen ist eine wichtige Voraussetzung für das Überleben des Menschen – sowohl auf persönlicher Ebene als auch als Spezies.

1

Die Vorboten des Planeten X

Interessant ist, dass die meisten von uns eher zufällig mit dem Thema Planet X in Berührung kommen. Eines Tages dann springt uns etwas Seltsames ins Auge und weckt unsere Neugier. Wir verfolgen die nebulöse Spur, bis schließlich unsere Scheuklappen fallen und wir die Vorboten sehen, die von der Ankunft des Planeten X künden.

Wir sehen, wie sein Herannahen unsere Sonne, die Planeten und Monde beeinflusst, während Kometen auf rätselhafte Weise zerbrechen. Alle diese Beobachtungen deuten darauf hin, dass sich in unserem Sonnensystem etwas Großes anbahnt.

Pressemitteilung der NASA, 1992:

> „In der Umlaufbahn von Uranus und Neptun ist es zu unerklärlichen Abweichungen gekommen, die auf einen großen Körper außerhalb unseres Sonnensystems hinweisen; einen Körper von der vier- bis achtfachen Erdmasse mit einer stark geneigten Umlaufbahn, der etwa 11 Milliarden Kilometer von der Sonne entfernt ist."

Höher und höher türmen sich die Gedanken in unserem Kopf, bis uns schließlich ein Licht aufgeht. Das ist so, als stünden wir in einem dunklen Theater, in dem der Lichttechniker jäh alle Lichter anschaltet. Da stehen wir im gleißenden Licht und stellen uns eine sehr vernünftige Frage: „Sehe ich wirklich, was ich da sehe, oder bin ich verrückt?"

Dieses Kapitel beantwortet die Frage gleich zweifach. Erstens erfahren Sie, dass Sie nicht verrückt sind! Leider lässt diese Bestätigung den Planeten X und seine verheerenden Auswirkungen nicht verschwinden. Aber sie hilft Ihnen, das Kommende besser zu meistern.

Zweitens geben wir Ihnen Tipps, wie Sie Freunden und Verwandten den Sachverhalt so einfach und klar darlegen können, dass das Konzept quasi auf einer Serviette Platz hat. Sollten Sie den Impuls verspüren, buchstäblich jedem von der Bedrohung zu berichten, der Ihnen nur lange genug zuhört, dann geben Sie dem nicht nach. Zum Thema Planet X muss jeder allein finden. Davon zu predigen bringt Ihnen nur Spott ein, so wie Noah in der biblischen Geschichte von der Sintflut.

Führen Sie sich diese Geschichte vor Augen. Wie viele Menschen verfügten über die Weitsicht zu fragen: „Hast du vielleicht noch eine freie Kabine, Noah?" Stattdessen wurde er verspottet und gedemütigt, und wie die Geschichte ausging, ist bekannt. Seien Sie wie Noah, und konzentrieren Sie sich darauf, nur diejenigen zu retten, die Sie retten können.

Wenn jemand Sie nach dem Planeten X fragt und ernsthaft interessiert ist, geben Sie ihm eine Kurzeinführung wie in diesem Kapitel. Wenn die betreffende Person nach konkreten Beweisen verlangt, verweisen Sie sie auf den „Anhang A – Technische Analyse der Vorboten" am Ende des Buches, und belassen Sie es dabei. Ist der Betreffende bereit, offen an das Thema heranzugehen, wird er auf Sie zurückkommen und sich anhören, was Sie zu sagen haben. Wenn es so weit ist, legen Sie zunächst den historischen Ablauf wissenschaftlicher Entdeckungen dar, der zu unserem heutigen Verständnis des Planeten X geführt hat.

Planet X – eine Erklärung

Der Name Planet X ist ein allgemeiner Begriff, der in der Astronomie einen bislang unentdeckten Himmelskörper beschreibt. Wenn Sie mit anderen über diesen Planeten reden, begegnen Sie eventuell der falschen Annahme, es handele sich um den kürzlich entdeckten Zwergplaneten Eris (ehemals Xena).

Dies ist jedoch irreführend, denn Eris ist keineswegs der Planet X. Die Verwechslung geht auf eine zufällige Übereinstimmung zurück, aber sowohl Pluto als auch Eris besitzen nicht genügend Masse, als dass es sich bei ihnen um den Planeten X handeln könnte. Beide sind kleiner als unser Mond und werden als Zwergplaneten eingestuft.

Wenn Sie allerdings gefragt werden: „Handelt es sich beim Planeten X etwa um Nibiru?", dann dürfen Sie laut rufen: „Glückwunsch! Sie haben gewonnen!"

Der Planet X, um den es in diesem Buch geht, wird weltweit in alten Legenden und Weisheiten erwähnt. Es gibt viele verschiedene Namen für ihn.

Von dem bekannten Autor und Forscher Zecharia Sitchin wissen wir, dass die alten Sumerer den Planeten X Nibiru nannten. Auch die Kolbrin-Bibel liefert umfangreiche Berichte über das Vorbeiziehen des Planeten X in der Vergangenheit. Die einzelnen Bücher der Kolbrin-Bibel stammen teils aus Ägypten, wo sie nach dem Exodus verfasst wurden, und teils von den Kelten aus der Zeit nach dem Tod von Jesus.

In dieser Sammlung weltlicher Schriften bezeichnen die Ägypter den Planeten X als den „Verwüster", wie es auch entsprechende Bibelstellen tun. Bei den druidischen Vorfahren der Kelten hieß er der „Schreckensverbreiter".

Bis aber dieser nicht greifbare Verwüster offiziell entdeckt ist, wollen wir vorläufig den allgemeinen Begriff beibehalten: Planet X – der unentdeckte Planet. Diese moderne Bezeichnung hat ihre Wurzeln im Jahr 1781, dem Jahr, in dem Uranus entdeckt wurde.

Die Suche nach dem Verwüster

Die heutige Suche nach dem Planeten X begann, als das Zeitalter der Wissenschaft gerade anbrach und Astronomen und Mathematiker allein durch Intellekt und Beobachtungsgabe die Planeten Uranus und Neptun entdeckten. Ausgangspunkt dieser Entwicklung waren die Störungen, die auf dem Saturn beobachtet worden waren.

Mit „Störungen" bezeichnet die Astronomie die durch Gravitation hervorgerufene Wechselwirkung zwischen einem Himmelskörper, beispielsweise einem Planeten, und einem bzw. mehreren anderen Körpern, was zu Abweichungen in der Umlaufbahn des betroffenen Planeten führt. Auf den Menschen bezogen könnte man das Bild einer Bauchtänzerin wählen, die uns sozusagen auf unterhaltsame Weise mit Hilfe ihrer Hüften „stört" (die kurzen, schnellen Wippbewegungen sind es, die unsere Aufmerksamkeit fesseln).

Jahrtausendelang war der Saturn mit seinen wunderschönen Ringen der am fernsten gelegene Planet, den wir gerade noch mit bloßem Auge erkennen konnten. Dies änderte sich, als die Holländer im 17. Jahrhundert stark vergrößernde Teleskope entwickelten und einsetzten.

Um es kurz zu machen: Die frühen Astronomen beobachteten Störungen in der Umlaufbahn des Saturn, was im Jahr 1782 schließlich zur Entdeckung des Uranus durch den deutschstämmigen, britischen Astronom William Herschel führte. Damit hatte „das Spiel um den Planeten X begonnen", um die Worte von Sherlock Holmes zu benutzen.

Nun richteten sich die Blicke vieler Neugieriger auf den Uranus, und bald stellte man fest, dass auch die Umlaufbahn dieses gerade entdeckten Planeten gestört wurde. Im 19. Jahrhundert schließlich sagte der britische Mathematiker und Astronom John Couch Adams allein durch mathematische Berechnungen die Existenz und Position dieses ganz neuen Störfaktors voraus. Dies wiederum führte zur Entdeckung des Neptun im Jahr 1846 durch den deutschen Astronom Johann Galle. Eine beachtliche Leistung!

Weitere Beobachtungen ergaben, dass nicht nur die Umlaufbahn von Saturn und Uranus, sondern auch die von Neptun gestört wurde. Das überzeugte den französischen Mathematiker Urbain Le Verrier davon, dass sich jenseits von Neptun ein weiterer Störfaktor befinden müsse. Hier nun beginnt unsere moderne Suche nach dem Planeten X, wie wir ihn nennen. Im Gegensatz zu allen vorangegangenen erweist sich diese Suche allerdings als problematischer.

Tombaughs falsch-positive Entdeckung

Zu Beginn des 20. Jahrhunderts gründete Percival Lowell das Lowell-Observatorium in Flagstaff, Arizona, und suchte von dort aus den Nachthimmel nach dem Planeten ab, der Neptun störte und den Urbain Le Verrier schon 1846 vorhergesagt hatte.

Lowells Suche nach dem Planeten X blieb erfolglos, aber im Jahr 1930, 14 Jahre nach seinem Tod, wurde Pluto von seinem Assistenten Clyde Tombaugh entdeckt.

Pluto wurde gleich zweifach geehrt. Zum einen wurde er als Planet eingestuft, obgleich er gerade einmal doppelt so groß wie der irdische Mond ist; und zum anderen sah man in ihm den Störenfried von Neptun. Für kurze Zeit galt Tombaugh als Entdecker des so schwer greifbaren Planeten X. Dann aber fingen Mathematiker an zu rechnen.

Die Berechnungen ergaben, dass Pluto zu klein war, um für die Störungen in der Umlaufbahn Neptuns verantwortlich zu sein. So viel zu seinem Status als Planet X. Zu allem Überfluss wurde Pluto vor kurzem auch noch vom „Planeten" zum „Zwergplaneten" degradiert, was nur beweist, dass Ruhm in der Astronomie ebenso flüchtig ist wie in Hollywood.

Kehren wir zurück zu unserer Suche nach Urbain Le Verriers Planeten X, die im Jahr 1846 begann, denn bis zum heutigen Tag gibt es kein schlagkräftiges Argument, das Le Verriers Theorie zu widerlegen vermag.

Die „offizielle" Entdeckung des Planeten X

Viele Planet-X-Forscher sind überzeugt davon, dass ein erstes inoffizielles Bild des Planeten X bereits im Jahr 1983 vom NASA-Infrarotsatelliten IRAS (Infrared Astronomical Satellite) aufgenommen wurde. Im April 2006 erhielt diese Überzeugung neue Nahrung, als unter www.yowusa.com erstmals ein Artikel über das South Pole Telescope (SPT) erschien, ein Observatorium, das sich auf der Amundsen-Scott-Südpolstation in der Antarktis befindet.

Das SPT, ein hoch entwickeltes Infrarotobservatorium, wurde im Jahr 2007 in Betrieb genommen. Es ist das perfekte Instrument, um zur richtigen Zeit und vom richtigen Ort aus nach dem Planeten X zu suchen. Vielleicht hat es ihn bereits erfasst, als dieses Buch gerade in Druck ging.

Solange die amerikanische Regierung aber nicht verkündet, dass Planet X existiert, bleibt er „offiziell" im Dunkeln. Falls Sie in Ihrem Büro Wetten abschließen wollen, könnten Sie, was das Verkünden der „offiziellen" Sichtung anbelangt, auf das Projekt „Wormwood" (deutsch: Wermut) des Learmonth Solar Observatory tippen. Das Observatorium befindet sich am Nordwestkap Westaustraliens und hat sich auf die Beobachtung von planetarischen Bedrohungen und Weltraumschutz spezialisiert.

Müssen wir uns nun allein auf unseren Glauben an ein solches Objekt verlassen, bis die Sichtung des Planeten X durch das Projekt „Wormwood" oder eine andere Institution „offiziell" anerkannt ist? Nein!

Planet X stört unser gesamtes Sonnensystem

Wie bereits erwähnt, waren es die Störungen in der Umlaufbahn des Saturn, die zur Entdeckung des Uranus führten. Ebenso führten die Störungen in der Umlaufbahn von Uranus zur Entdeckung des Neptun. Damit soll deutlich werden, dass wir Objekte in unserem Sonnensystem auf ähnliche Weise finden wie Jäger, die anhand von Fährten und anderen Zeichen Wild aufspüren.

Wenden wir diese bewährte Methode nun an, um den Planeten X aufzuspüren, dann stoßen wir auf die Fährte einer ganzen Herde von Vorboten, die unser gesamtes Sonnensystem durchzieht. Hier die Spuren im Einzelnen:

- **Sonne:** Seit dem Jahr 1940 hat sich ihre Aktivität im Vergleich zu den letzten 1.150 Jahren erhöht. Der nächste Sonnenzyklus (der 24.) wird als ein sehr heftiger in die Geschichte eingehen und seinen Höhepunkt im Jahr 2012 erreichen.

- **Merkur:** Äußerst aktiv, weil er dicht an der Sonne ist. Daher waren die Wissenschaftler überrascht, als sie vor kurzem Eis an seinen Polen sowie ein Magnetfeld entdeckten, das stärker als erwartet war.

- **Venus:** Im Chaos ihrer Atmosphäre gehen kleinere Veränderungen unbemerkt unter. Kürzlich wurde allerdings beobachtet, dass das Polarlicht über ihren Polen um 2.500 Prozent heller leuchtet als früher. Auch ihre gesamte Atmosphäre hat sich beträchtlich gewandelt.

- **Erde:** Die Debatte um die „globale Erwärmung" ist beigelegt, und nun erfahren wir heftigere Wetterphänomene als jemals zuvor.

- **Mars:** Über den Mars hat es nie eine „Klimadebatte" gegeben. Die globale Erwärmung kam einfach, und mit ihr gingen heftige Stürme und schmelzende Polkappen einher.

- **Jupiter:** Die ihn umgebenden Plasmawolken strahlen heute um 200 Prozent heller als früher, und auch die Temperatur auf seinen Monden hat sich beträchtlich erhöht.

- **Saturn:** Die Ringe, die den Planeten auf Höhe seines Äquators umgeben, haben in den vergangenen 20 Jahren dramatisch an Geschwindigkeit verloren. Zudem hat die Gammastrahlung (im Röntgenstrahlenbereich) in der Äquatorregion stark zugenommen. Wie auf dem Jupiter hat die Polarlichtaktivität in der Gammastrahlenregion auch auf dem Saturn stark zugenommen.

- **Uranus:** An den Wolken von Uranus wurden erhebliche Veränderungen festgestellt. Sie sind zahlreicher, dynamischer und heller als früher. Mit der natürlichen Wolkenentstehung auf dem Planeten lässt sich dies nicht erklären.

- **Neptun:** Im Jahr 1846 erklärte Le Verrier, es sei der Planet X, der Neptun störe, und damit traf er den Nagel auf den Kopf – Neptun ist *der* Beweis für den Planeten X! Seit 1996 wurde eine 40-prozentige Zunahme der atmosphärischen Helligkeit beobachtet, die mit einem sehr aktiven Sturmsystem einhergeht. Von sich aus kann der Neptun derartige Auffälligkeiten nicht hervorbringen. Zudem ist er zu weit von der Sonne entfernt, als dass ihn eine gesteigerte Sonnenaktivität stören könnte. Daher muss die Energie von einem unsichtbaren Störfaktor ausgehen.

- **Pluto:** Nachdem der Planet im Jahr 1989 auf seiner Umlaufbahn den Punkt passiert hatte, an dem er der Sonne am nächsten war, erwärmte sich auch sein Klima, ähnlich wie auf der Erde und dem Mars. Durch das saisonale Wetter allein lässt sich dies nicht erklären. Der atmosphärische Druck stieg um über 300 Prozent, die durchschnittliche Oberflächentemperatur um zwei Grad Celsius, obgleich sich der Planet von der Sonne entfernte.

Dies wirft natürlich die Frage auf: „Wo sollte man nach dem Planeten X suchen?" Jetzt ist es an der Zeit, nach Stift und Serviette zu greifen, weil wir nun zu ein paar grundlegenden astronomischen Konzepten kommen, die im Zusammenhang mit dem Planeten X wichtig sind.

Die folgenden Abbildungen liefern allen, die wenig oder keine Ahnung von Astronomie haben, ein Erklärungskonzept, das praktisch auf eine Serviette passt. Noch einmal: Geben Sie diese Informationen nicht von sich aus weiter. Warten Sie, bis Sie gefragt werden.

Unser Sonnensystem

Grundbegriffe

- ∴ **Astronomische Einheit (AE):** Eine AE entspricht der durchschnittlichen Entfernung zwischen Erde und Sonne – ungefähr 150 Millionen Kilometer.

- ∴ **Inneres System:** Wird oft auch als Zentrum des Systems bezeichnet. Es umfasst vier Planeten von dichter, felsiger Struktur. Von der Sonne aus betrachtet ist die Erde der dritte Gesteinsplanet. Der Asteroidengürtel zwischen Mars und Jupiter markiert die Grenze zwischen innerem und äußerem System.

- ∴ **Äußeres System:** Auch als mittleres System bezeichnet. Hier hausen die großen Gasriesen. Zusammen mit ihren planetengroßen Monden machen sie 99 Prozent der gesamten Materie aus, die um unsere Sonne kreist.

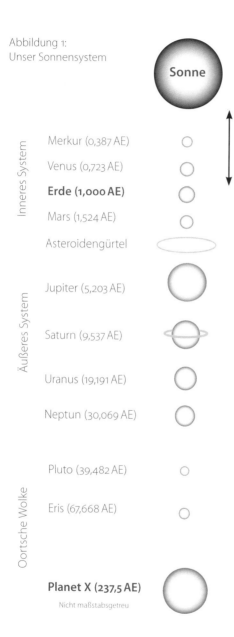

Abbildung 1:
Unser Sonnensystem

Sonne

Inneres System

Merkur (0,387 AE)

Venus (0,723 AE)

Erde (1,000 AE)

Mars (1,524 AE)

Asteroidengürtel

Äußeres System

Jupiter (5,203 AE)

Saturn (9,537 AE)

Uranus (19,191 AE)

Neptun (30,069 AE)

Oortsche Wolke

Pluto (39,482 AE)

Eris (67,668 AE)

Planet X (237,5 AE)

Nicht maßstabsgetreu

∴ Jupiter sammelt einen Großteil der Asteroiden und Kometen um sich, die ansonsten auf der Erde einschlagen würden. Wäre der Jupiter nur ein wenig größer, besäße er genügend Masse, um ein Brauner Zwerg wie der Planet X zu werden.

∴ **Oortsche Wolke:** In zwei Bereiche unterteilt, die Innere Oortsche Wolke (Kuipergürtel) und die Äußere Oortsche Wolke. Innerhalb dieser riesigen Gebiete gibt es kleinere Bereiche wie die „Kuiper Gap" (Kuiperlücke) und die transneptunischen oder auch „Scattered-Disk"-Objekte.

∴ **Brauner Zwerg:** Unsere Sonne hat einen kleineren Zwillingsbruder. Dabei handelt es sich um eine Art ungeborene Sonne, die als Brauner Zwerg bezeichnet wird. Wissenschaftler haben vor kurzem entdeckt, dass der Braune Zwerg der häufigste Sternentyp unseres Universums ist. Der Planet X ist höchstwahrscheinlich ein solcher Brauner Zwerg auf einer unbeständigen Umlaufbahn.

Die Ekliptik

∴ **Normale Umlaufbahnen entlang der Ekliptik:** Stellen Sie sich vor, sie befinden sich im Mittelpunkt der Sonne und schicken von dort aus durch den Sonnenäquator hindurch einen Laserstrahl in alle Richtungen. Diese Strahlen gehen durch die Planeten unseres Sonnensystems hindurch und hinaus in die Tiefen des Weltalls. Am Ende eines jeden Strahls befindet sich eines der Sternzeichen. Dazwischen liegen die Planeten unseres Sonnensystems. Die Umlaufbahn dieser Planeten verläuft von Ost nach West bzw. von West nach Ost, immer um die Sonne herum, und zwar mehr oder weniger genau auf der Ebene unserer imaginären Laserstrahlen.

Abbildung 2:
Die Ekliptik/Sonnenbahn

∴ **Kozai-Mechanismus:** Ein Begriff aus der Astronomie, der das Verhalten großer, umeinander kreisender Objekte beschreibt. In der oberen Abbildung kreisen die Planeten mehr oder weniger genau auf der Ebene der Ekliptik.

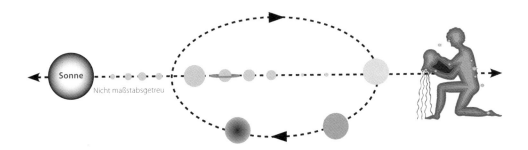

∴ **Senkrechte Umlaufbahnen:** Anders als unsere Planeten bewegen sich Objekte mit einer senkrechten Umlaufbahn entlang einer Nord-Süd-Route, sodass sie sich mal oberhalb, mal unterhalb der Ekliptik befinden. Gemäß dem Kozai-Mechanismus haben diese Objekte eine unregelmäßige Umlaufbahn, die sie in die Tiefen des Weltraums verschlagen oder auf Kollisionskurs mit der Sonne bringen kann.

Der Komet Hale-Bopp ist hierfür ein gutes Beispiel. Im Jahr 1997 zog er so nahe am Jupiter vorbei, dass seine Umlaufzeit von 4.200 auf 2.380 Jahre sank. Es ist durchaus möglich, dass der Planet X ein Brauner Zwerg ist, dessen Umlaufbahn einst konstant war und entlang der Ekliptik verlief. Dann aber sorgte etwas dafür, dass er eine senkrechte Bahn einschlug, die sich nun allmählich wieder neigt.

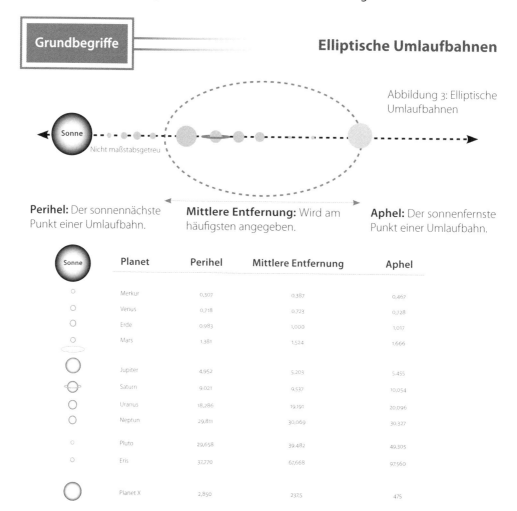

Grundbegriffe

Elliptische Umlaufbahnen

Abbildung 3: Elliptische Umlaufbahnen

Sonne

Nicht maßstabsgetreu

Perihel: Der sonnennächste Punkt einer Umlaufbahn.

Mittlere Entfernung: Wird am häufigsten angegeben.

Aphel: Der sonnenfernste Punkt einer Umlaufbahn.

	Planet	Perihel	Mittlere Entfernung	Aphel
Sonne				
○	Merkur	0,307	0,387	0,467
○	Venus	0,718	0,723	0,728
○	Erde	0,983	1,000	1,017
○	Mars	1,381	1,524	1,666
○	Jupiter	4,952	5,203	5,455
○	Saturn	9,021	9,537	10,054
○	Uranus	18,286	19,191	20,096
○	Neptun	29,811	30,069	30,327
○	Pluto	29,658	39,482	49,305
○	Eris	37,770	67,668	97,560
○	Planet X	2,850	237,5	475

∴ **Perihel und Aphel:** Die Planeten umrunden die Sonne nicht in einem perfekten Kreis. Daher gibt die Astronomische Einheit (AE) nur den durchschnittlichen Abstand zwischen Erde und Sonne an. Die Erde besitzt noch zwei weitere Abstandsmaße: Perihel und Aphel.

Elliptische Umlaufbahnen: Die Umlaufbahn der Erde beschreibt keinen perfekten Kreis, sondern verläuft leicht elliptisch. Die Umlaufbahn des Planeten X dagegen ist stark elliptisch (wie die eines Kometen). Das Aphel, der sonnenfernste Punkt seiner Umlaufbahn, liegt in einem fernen Bereich unseres Sonnensystems, in den noch kein Raumfahrzeug vorgedrungen ist. Auf Höhe seines Perihels durchquert er den Asteroidengürtel zwischen Mars und Jupiter.

Der Einfluss auf die Sonne

Grundbegriffe

∴ **Parameter der Umlaufbahn des Planeten X:** Der Planet X folgt einer geneigten Umlaufbahn, die auf einer fast senkrechten Ebene zur Ekliptik liegt. Das Aphel seiner Bahn (475 AE) liegt weit unterhalb der Ekliptik. Auf seinem Weg ins Zentrum unseres Sonnensystems wird der Planet X die Ebene der Ekliptik schneiden, kurz bevor er sein Perihel erreicht (2,85 AE). An diesem Punkt wird es zu besonders heftigen

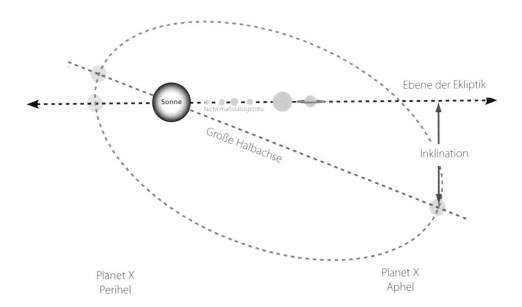

Sonne

Nicht maßstabsgetreu

Ebene der Ekliptik

Große Halbachse

Inklination

Planet X
Perihel

Planet X
Aphel

Wechselwirkungen mit der Sonne kommen.

∴ **Gefahrenzone:** Nachdem der Planet X die Ekliptik gekreuzt hat, wird es zu elektrischen Wechselwirkungen zwischen ihm und der Sonne kommen, die nach und nach immer heftiger werden.

Sobald der Planet X sein Perihel erreicht, werden diese Wechselwirkungen noch einmal an Heftigkeit zunehmen. Wir werden sogenannte „Sprites"

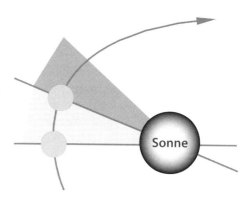

Abbildung 4: Der Einfluss auf die Sonne

(deutsch: Kobolde) zwischen den beiden Himmelskörpern beobachten können.

Sobald der Planet X die Grenzen unseres Systems verlassen hat, kommt auch die Sonne wieder zur Ruhe.

2

Planet X – Vorhersage bis zum Jahr 2014

Der Planet X nähert sich dem Zentrum unseres Sonnensystems und wird schon in naher Zukunft an uns vorbeiziehen. Das wissen wir zurzeit noch nicht aus direkten Beobachtungen, sondern aus der Art und Weise, wie der Planet mit den uns bekannten Objekten im Sonnensystem – u. a. der Sonne und den Planeten – interagiert. Die vorliegende Vorhersage beruht auf den beobachteten Wechselwirkungen, historischen Berichten über frühere Vorbeiflüge sowie statistisch relevanten Tendenzen, die sich aus paranormalen Erlebnissen ablesen lassen.

Betont werden soll, dass zwar die Wechselwirkungen zwischen dem Planeten X und den verschiedenen Himmelskörpern unseres Systems deutlich sichtbar sind; der Planet selbst aber wird, zumindest von der Südhalbkugel der Erde aus, für den Amateurastronomen erst ab dem Jahr 2009, vielleicht sogar erst ab 2010 zu sehen sein. Daher ist diese Vorhersage eben lediglich dies – eine Vorhersage.

Dieses Kapitel ist auf Grundlage der neunseitigen PDF-Präsentation entstanden, die erstmals im Januar 2007 auf der Website www.yowusa.com vorgestellt wurde. Die kostenlose Version der Präsentation kann von dieser Seite heruntergeladen werden.

In den Folgeauflagen des vorliegenden Buches werden wir diese Vorhersage durch neue Informationen ergänzen. Bis dahin besteht sie aus einer Auswahl an Daten, die wir zwischen 2001 und Juni 2007 im Rahmen unserer Forschungen gesammelt haben. Die Umlaufbahn, die sich aus diesen Daten ergibt, berücksichtigt so viele Anhaltspunkte wie möglich. Als Grundlage dienen die folgenden Annahmen:

Stichwort	Annahme	Kommentar
Umlaufbahn	exzentrisch, elliptisch	Eine elliptische Umlaufbahn ist oval, und nicht kreisförmig. Eine exzentrische Umlaufbahn ist stark geneigt, wie die Plutos.

Stichwort	Annahme	Kommentar
Umlaufzeit	ca. 3.660 Jahre	Die Zeit, die der Planet X benötigt, um seine Umlaufbahn einmal komplett abzuschließen – vom Perihel zum Aphel und zurück zum Perihel. Das Perihel ist der Punkt, an dem der Planet X auf seiner Umlaufbahn der Sonne am nächsten kommt. Das Aphel ist der sonnenfernste Punkt seiner Umlaufbahn.
Perihel	2,85 AE	Eine Astronomische Einheit (AE) entspricht dem Abstand zwischen Erde und Sonne, also ungefähr 150 Millionen Kilometern (93 Millionen Meilen). Der Mars ist 1,52 AE von der Sonne entfernt. Somit liegt der Punkt, an dem der Planet X auf seiner Umlaufbahn der Sonne am nächsten kommt, zwischen den Umlaufbahnen von Mars und Jupiter, etwa 427 Millionen Kilometer von der Sonne entfernt.
Aphel	475 AE	Um Ihnen eine Vorstellung davon zu geben, wie viel 475 AE sind: Plutos Aphel beträgt gerade einmal 39,5 AE. Das bedeutet, dass der Planet X bis an die äußere Grenze unseres Sonnensystems gelangt. Der fernste Punkt seiner Umlaufbahn entspricht damit knapp dem zwölffachen Aphel Plutos. Somit befindet sich der Planet X geraume Zeit in der sogenannten Kuiper Gap, der Kuiperlücke, die mitten im Kuipergürtel jenseits der Umlaufbahn des Pluto liegt.
Neigung zur Ekliptik	fast senkrecht	Stellen Sie sich die Ekliptik als eine Scheibe vor, die sich vom Zentrum der Sonne aus in Richtung der zwölf Sternbilder des Tierkreises erstreckt. Die Planeten unseres Sonnensystems umkreisen die Sonne mehr oder weniger genau auf Höhe der Ekliptik, entweder von Ost nach West oder von West nach Ost. Ein Objekt, das sich entlang einer Umlaufbahn bewegt, die senkrecht zur Ekliptik verläuft, umkreist die Sonne in Richtung Nord-Süd bzw. Süd-Nord. In unserem Fall umkreist der Planet X die Sonne nahezu in einem rechten Winkel zur Ekliptik und bewegt sich derzeit auf sein Perihel zu. Ungefähr 90 Prozent aller bislang beobachteten Objekte befinden sich innerhalb der zwölf Sternbilder des Tierkreises. Der Planet X dagegen befindet sich ein gutes Stück unterhalb der Sternbilder – einer der Gründe, warum er offiziell noch nicht gesichtet wurde.

Stichwort	Annahme	Kommentar
Infrarot-Beobachtung	Der Planet X ist jetzt mit Infrarot-Weltraum-teleskopen und von Observatorien auf der Südhalbkugel aus sichtbar.	So mancher Planet-X-Forscher glaubt, dass das Infrarot-Weltraumteleskop IRAS bereits 1983 im Sternbild des Schützen einen Planeten erfasst habe, der größer sein soll als der Jupiter und dessen Temperatur angeblich 240 Kelvin beträgt. Im April 2006 erschien unter www.yowusa.com ein Bericht über das South Pole Telescope (SPT). Das riesige Infrarotteleskop am Südpol ist seit Anfang 2007 in Betrieb. Es ist das perfekte Instrument, um zur richtigen Zeit und vom richtigen Ort aus den sich nähernden Planeten X zu beobachten und fortlaufend zu überwachen.
Beobachtung mit Hobby-teleskopen	ab Mitte 2009	Ob man den Planeten X beobachten kann, hängt von Ort, Zeit und Witterungsverhältnissen ab. Amateurastronomen auf der Südhalbkugel werden den Planeten höchstwahrscheinlich mit Teleskopen und starken Ferngläsern sehen können.
Beobachtung mit bloßem Auge	ab Mitte 2009	Von der Südhalbkugel aus wird der Planet X als rötlich leuchtendes Objekt zu sehen sein.
zweite Sonne	2012	Der Planet X erscheint als zweite Sonne am Himmel.

Für diejenigen, die diese Berechnungen mithilfe eines astronomischen Computerprogramms weiter auswerten möchten, hier die verwendeten Orbitalparameter:

Parameter	Wert
Mittlere Entfernung	237,50 AE
Exzentrizität	0,988
Inklination	85 Grad
Aufsteigender Knoten	200 Grad
Argument der Periapsis	12 Grad
Mittlere Anomalie	358,71 Grad
Epoche	2.451.545,0 (Julianisches Datum)

Mithilfe dieser Parameter lässt sich das Objekt bis ins Jahr 1983 zurückverfolgen, als der Planet erstmals „inoffiziell" vom IRAS-Satelliten gesichtet wurde. Damals war der Planet noch 51 AE von der Erde entfernt und befand sich 37 Grad unterhalb der Ekliptik.

Denken Sie immer daran, dass IRAS bereits 1983 den Weltraum observierte. Der Planet X war zu diesem Zeitpunkt noch immer 1,3 Mal weiter von uns entfernt als Pluto – für ein optisches Teleskop eine nur schwer überbrückbare Distanz. Aus dieser Entfernung hätte er sich scheinbar nur langsam vorwärts bewegt und leicht mit einem noch viel weiter entfernten Stern verwechselt werden können. Dennoch wäre das IRAS damals in der Lage gewesen, den Planeten zu erfassen, denn es war damals das modernste weltraumgestützte Infrarotteleskop überhaupt.

Für weitere Informationen zu den technischen Details siehe „Anhang C – Nachtrag zur Vorhersage".

Vorhersage für den 15. April 2007

Die 3.660-jährige Umlaufbahn des Planeten X beschreibt eine relativ enge Ellipse, die in unserer Abbildung unten rechts eintritt, in einer Kurve die Mitte durchquert, um dann oben rechts wieder auszutreten. In dieser Abbildung nähert sich der Planet X dem Inneren unseres Sonnensystems von unterhalb der Ekliptik und befindet sich mit 15 AE Entfernung zur Sonne innerhalb der Umlaufbahn des Saturn.

Das Sonnensystem

Während der Planet X näher kommt, stört er die Sonne und auch die meisten anderen größeren Objekte unseres Sonnensystems. Die atmosphärische Aktivität steigt auf vielen Planeten an, weil sich ihr elektrisches Feld ändert. Diese Veränderungen intensivieren sich noch einmal, wenn die Sonne in ihren 24. Zyklus eintritt. Der Höhepunkt des 24. Sonnenzyklus wird für die Jahre 2011/12 erwartet.

Die NASA hat vorausgesagt, dass der 24. Sonnenzyklus einer der verheerendsten seit 400 Jahren sein wird. Das ist allerdings sehr vorsichtig ausgedrückt.

Die Erde

Auch die Erde wird gestört, da die Sonne durch ihre gesteigerte Aktivität verstärkt Energie zu den umliegenden Planeten schickt, die bis ins Innere der Körper dringt. Dieser Energiezuwachs äußert sich in einer vermehrten Erdbebenaktivität, die schon 2004 einsetzte. Da wir uns nun dem Jahr 2012 nähern, wird die Zahl an schweren Erdbeben rapide ansteigen.

Auch die globale Erwärmung wird rasch voranschreiten und in einigen Gebieten zu Dürrekatastrophen führen. Bereits im Mai 2007 gab die chinesische Regierung bekannt, dass durch eine lang anhaltende Dürreperiode hunderte von kleineren Speicherbecken ausgetrocknet seien. Das bedeutete eine Trinkwasserrationierung für 4,81 Millionen Menschen und 4,84 Millionen Nutztiere.

Das South Pole Telescope (SPT)

Das South Pole Telescope nahm im Februar 2007 seinen Betrieb auf. Zwei Monate im Jahr befinden sich Wissenschaftler auf der Anlage. Während der Planet X mit bloßem Auge noch nicht zu sehen ist, kann ihn das Teleskop, das Aufnahmen im Infrarotbereich macht, sehr wohl erfassen. Dabei ist der Standort perfekt gewählt, um den sich nähernden Planeten X über Jahre hinweg zu verfolgen.

Durch ständige Beobachtung des Planeten X auf Unregelmäßigkeiten in seinem Verhalten oder Veränderungen in seiner Umlaufbahn werden die Wissenschaftler

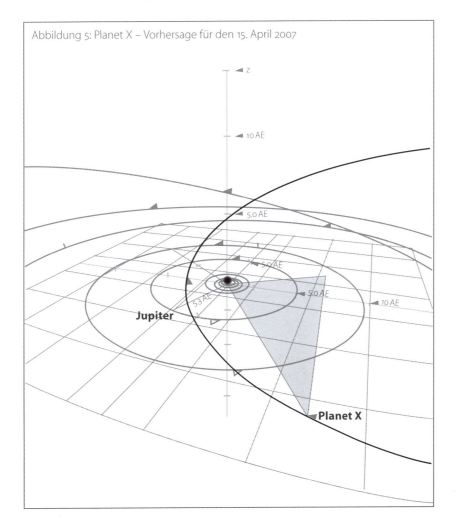

Abbildung 5: Planet X – Vorhersage für den 15. April 2007

genauer vorhersagen können, welche Wechselwirkungen es zwischen ihm und der Sonne während des Vorbeiflugs im Jahr 2012 geben wird.

Abstand zur Sonne: 15 AE

Der Planet X nähert sich von unterhalb der Ekliptik. Die Position ist ideal, um ihn vom South Pole Telescope (SPT) aus kontinuierlich beobachten zu können.

24. Sonnenzyklus

- erste Anzeichen im August 2006
- vier heftige Sonneneruptionen der Klasse X im Dezember 2006
- SPT nahm im Januar 2007 seinen Betrieb auf
- höchste Aktivität seit 400 Jahren

Vorhersage für den 15. Mai 2009

Am 15. Mai 2009 ist der Planet X noch 11 AE von der Sonne entfernt und befindet sich fast genau unterhalb des Asteroidengürtels zwischen Mars und Jupiter. Amateurastronomen können den Planeten nun mit Hobbyteleskopen oder sogar mit starken Ferngläsern von der Südhalbkugel aus als dunkelroten Fleck sehen. Auch von den tropischen Zonen nördlich des Äquators aus könnte er noch zu sehen sein.

Das Sonnensystem

2009 ist der 24. Sonnenzyklus schon ein gutes Stück vorangeschritten, sodass sich die störende Wirkung des herannahenden Planeten X auf Sonne und Planeten noch einmal verstärkt. Gegen Ende 2009 könnten sich erste Überschwemmungen auf dem Mars zeigen, da die intensivierte Sonnenstrahlung durch die gefrorene Oberfläche des Planeten hindurch die gefrorenen unterirdischen Wasserspeicher zum Schmelzen bringt.

Die Erde

Die durchschnittliche Stärke von Erdbeben nimmt weiter zu, und auch Hurrikane und Tornados werden immer verheerender. Die Wetterlage wird auf der ganzen Welt extremer. Lang anhaltende Dürre- oder Regenperioden sind nicht länger die Ausnahme, sondern die Regel. Als Folge daraus kehrt sich die Großwetterlage um: Wo einst Wasser war, herrscht nun Dürre, und umgekehrt.

Weltraumgestützte Sonnenobservatorien

Die steigende Zahl aktiver Sonnenflecken wird sich in immer heftigeren Sonneneruptionen äußern. Ab dem Jahr 2009 könnte dies zunehmend unsere Kommunikationsnetzwerke und Stromnetze stören, da sich nun die Wechselwirkungen zwischen Sonne und dem Planeten X drastisch verschärfen. Sofern wir uns nicht darauf vorbereiten, könnten Sonnenstürme die gesamte moderne Technik lahmlegen, die unser Leben so sehr prägt.

Aus diesem Grund werden die Industrienationen Ende 2008 eine Flotte von sechs Sonnenobservatorien ins All schicken, wo sie die Sonne umkreisen werden. Mit von der Partie sind die europäische Weltraumbehörde ESA mit SOHO und Proba-2, die japanische Raumfahrtagentur JAXA mit Solar-B und die NASA mit den Zwillingssatelliten

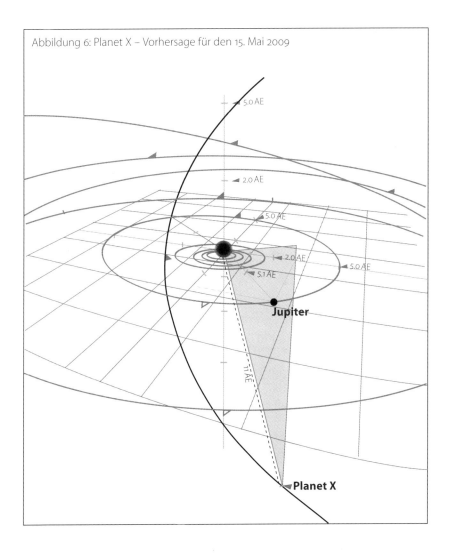

Abbildung 6: Planet X – Vorhersage für den 15. Mai 2009

Stereo A und B sowie mit dem Solar Dynamics Observatory (SDO). Alle zusammen bilden ein wichtiges Warnnetz, das uns vor drohenden Sonnenstürmen schützen hilft.

Entfernung zur Sonne: 11 AE

Das Objekt befindet sich jetzt unterhalb des Asteroidengürtels und ist so hell, dass Hobbyastronomen es von der südlichen Erdhalbkugel aus mit einem kleinen Teleskop oder starken Fernglas sehen können.

Die Sichtung in Stichpunkten

- Objekt, das schwach rötlich leuchtet
- mit Teleskop oder starkem Fernglas zu sehen
- eine Sichtung ist ortsabhängig

Vorhersage für den 15. Mai 2011

Am 15. Mai 2011 ist der Planet X noch 6,4 AE von der Sonne entfernt und befindet sich fast exakt unter ihr. Dieser Teil seiner Umlaufbahn führt den Planeten durch einen besonders dichten Bereich des Sonnenmagnetfelds, was die Wechselwirkung zwischen Sonne und Planeten beträchtlich erhöht. Dadurch leuchtet der Planet X heller als zuvor.

Von der südlichen Hemisphäre aus ist der Planet nun mit bloßem Auge zu erkennen. Während der Dämmerung erscheint er als blassroter Punkt am Himmel. Wenn die Sonne hinter dem Horizont verschwunden ist, leuchtet er kräftiger, in einem intensiveren Rot. Er ist dann mindestens so hell wie die Venus, wenn nicht heller.

Das Sonnensystem

Zwischen dem 21. Mai 2011 und dem 21. Dezember 2012 reagiert die Sonne auf der gesamten Oberfläche verstärkt mit Eruptionen auf den sich nähernden Planeten X. In dieser Phase verlieren wir einen Teil der weltraumgestützten Sonnenobservatorien. Ohne Zweifel gibt es derzeit bereits Pläne, Ersatz für diese Phase zu bauen.

Zum Glück für die Erde spielt sich ein Großteil der Eruptionen auf der erdabgewandten Seite der Sonne ab, was mit dem elektrischen Wechselspiel zwischen den beiden Himmelskörpern zu tun hat. Aber angesichts der zahlreichen Sonnenflecken, die die NASA für das nächste solare Maximum im Jahr 2012 vorausgesagt hat, gerät die Erde dennoch mitten in einen ausgewachsenen, unberechenbaren Sonnensturm. Dieser Sturm könnte mit einer noch nie da gewesenen Heftigkeit über uns hereinbrechen.

Die Erde

Das Wetter auf der Erde ist ab Mitte 2011 unwirtlicher als je zuvor in der Geschichte. Erdbeben brechen einen Rekord nach dem anderen, und auch die Vulkanaktivität nimmt kontinuierlich zu. Die Katastrophen, die daraus folgen, bringen die sozialen Strukturen aus dem Gleichgewicht. Regierungen versuchen verzweifelt zu verhin-

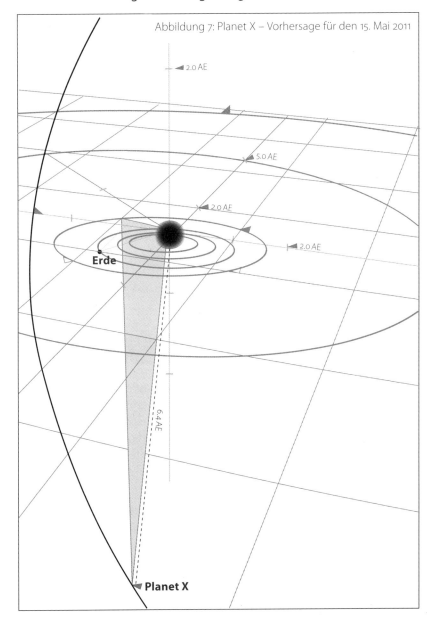

Abbildung 7: Planet X – Vorhersage für den 15. Mai 2011

2.0 AE

5.0 AE

2.0 AE

2.0 AE

Erde

6.4 AE

Planet X

dern, dass aus schwelenden ethnischen und wirtschaftlichen Konflikten blutige Kriege werden.

Den alten historischen Berichten in der Kolbrin-Bibel zufolge war der letzte Vorbeiflug des Planeten X so entsetzlich, dass Männer impotent und Frauen unfruchtbar wurden. Ähnliche soziale Degenerationen zeigen sich auch ab dem Jahr 2011, wenn weltweit Panik einsetzt.

Kommunikationssatelliten

Die Sonneneruptionen legen die meisten unserer Kommunikationssatelliten und somit verschiedene Kommunikationssysteme lahm. Nun kommen verstärkt unterirdische und unterseeische Glasfaserkabel zum Einsatz. Die Tage von Mobiltelefon und Kabelfernsehen sind gezählt; nur Internetzugänge per Modem sind nach wie vor verfügbar. Breitbandzugänge sind höchstwahrscheinlich Regierungen, Krankenhäusern und ausgewählten Unternehmen vorbehalten.

Abstand zur Sonne: 6,4 AE

Da sich der Planet X nun fast exakt unterhalb der Erde befindet, ist er hell genug, um von der Südhalbkugel aus mit bloßem Auge gesehen zu werden.

Die Sichtung in Stichpunkten

- leicht zu erkennen
- auch tagsüber schwach zu sehen
- nachts ein helles, rötlich leuchtendes Objekt

Vorhersage für den 21. Dezember 2012

Die Gelehrten der Mayas kannten für die Zukunft zwei bezeichnende Daten: Das eine ist von spiritueller, das andere von astronomischer Bedeutung. Der 10. Oktober 2011 ist das spirituell relevante Datum, an dem die Menschheit in ihren nächsten Evolutionszyklus eintreten wird; der 21. Dezember 2012 dagegen ist ein mit Schrecken behaftetes Datum. Dieser unheilvolle Tag, der mit der Wintersonnenwende im Jahr 2012 zusammenfällt, beruht auf den Berechnungen des Mayakalenders, wie er im Dresdner Kodex dargestellt ist. Dies ist die Zeit, in der unsere Sonne die dichteste Ebene unserer Galaxie durchläuft, die voller unbekannter Gefahren steckt.

Das Sonnensystem

An diesem Tag kreuzt der Planet X die Ebene der Ekliptik und tritt in eine Phase ein, in der er elektrisch besonders aktiv ist. Nun eilt er seinem Perihel entgegen, das er am 14. Februar 2013 erreicht. Dies ist der Punkt, an dem er der Sonne am nächsten ist. Zunächst strahlt er etwas heller als der nächtliche Vollmond und ist wahrscheinlich auch am Tag zu sehen. Je näher er seinem Perihel kommt, desto größer wird er, bis er Sonne und Mond vermutlich an Größe übertreffen wird.

Nun bekommen wir auch „Sprites" zu sehen, die zwischen der Sonne und dem Planeten X hin und her springen. Vereinfacht gesagt sind „Sprites" elektrische Entladungen. Wie die Tentakel kosmischer Blitze ziehen sie sich vom Planeten X in Richtung Sonne. Inzwischen dürfte ein Großteil unserer Sonnenobservatorien und Kommunikationssatelliten zu gegrilltem Weltraumschrott geworden sein.

Die Erde

Dem Planeten X werden Schwärme von Objekten vorangehen und folgen, von denen die Gefahr katastrophaler Einschläge und tödlicher Meteoritenschauer ausgeht. Der letzte Vorbeiflug des Planeten X fand während des biblischen Exodus statt. Den hebräischen Berichten in der Thora (dem Alten Testament) zufolge handelte es sich bei der siebten Plage des Exodus um „Barad" (mit Feuer vermischten Hagel). Die Kolbrin-

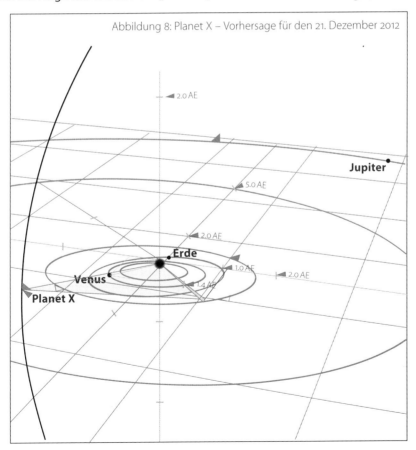

Abbildung 8: Planet X – Vorhersage für den 21. Dezember 2012

Bibel, der ägyptische Bericht über dieses Ereignis, belegt, dass es sich bei dieser Plage um einen Meteoritensturm handelte.

Der Ausbruch des Yellowstone-Supervulkans

Die Art von Erdbeben, die im Dezember 2004 den Tsunami im Indischen Ozean ausgelöst hat, nimmt stark zu. Im Jahr 2012 werden sich alle Augen auf den Yellowstone-Nationalpark im US-Bundesstaat Wyoming richten. Ein Ausbruch des Yellowstone, des größten Supervulkans der USA (wenn nicht der Welt), ist schon lange überfällig, und die vulkanische Aktivität in diesem Gebiet hat seit 2003 zugenommen. Der Vulkan reagiert überaus empfindlich auf gesteigerte Sonnenaktivität, wie sie der Planet X zu diesem Zeitpunkt verursacht, und so könnte er im Jahr 2012 ausbrechen, Amerikas Kornkammern zerstören und eine kleine Eiszeit auslösen.

21. Dezember 2012 – Abstand zur Sonne: 3,0 AE

Der Planet X schneidet die Ebene der Ekliptik. Zwischen ihm und der Sonne entwickelt sich eine starke elektrische Wechselwirkung. Der Planet ist als zweite Sonne zu sehen. Er leuchtet rot und erscheint am Himmel vermutlich so groß wie der Mond. Ab wann er zu sehen ist, hängt vom Standort ab.

Mögliche Katastrophen

- Asteroideneinschläge, evtl. begleitet von Tsunamis
- Schwere Erdbeben, evtl. begleitet von Tsunamis
- Vulkanausbrüche

Vorhersage für den 14. Februar 2013

Nach unserer Vorhersage bricht der Jüngste Tag am 14. Februar 2013 über die Menschheit herein – und nicht am 21. Dezember 2012. Am 14. Februar 2013 erreicht der Planet X sein Perihel (den sonnennächsten Punkt seiner Umlaufbahn), und die elektrische Wechselwirkung zwischen den beiden Himmelskörpern ist dann am stärksten. Unglücklicherweise bringt uns die Erdumlaufbahn genau zum Zeitpunkt dieses elektrisch geladenen Machtkampfes zwischen die beiden astronomischen Ungetüme.

Das Sonnensystem

Wenn sich die Erde auf ihrer Bahn zwischen die Planeten X und die Sonne schiebt, wird das Risiko größer, von elektrischen Entladungen zwischen den beiden Riesen getroffen zu werden. Diese Elektrizität könnte extrem heftige Auswirkungen auf die Erdatmosphäre haben, denn solare Superstürme würden wiederum starke koronale Massenauswürfe (KMA) entfesseln. Vielleicht sehen wir buchstäblich Feuer vom

Himmel regnen, wenn sich in der Atmosphäre Plasma zu seltsamen, leuchtenden Farbgebilden formiert.

Die Erde

Es ist schwer vorherzusagen, wie fatal die Folgen sein werden, die der Vorbeiflug des Planeten X für die Erde haben wird. Rechnen können wir jedoch mit einer Phase voller Katastrophen biblischen Ausmaßes, wie sie die moderne Geschichte noch nicht gesehen hat:

- Naturkatastrophen wie z. B. Supervulkanausbrüche, Erdbeben der Stärke neun entlang der Verwerfungslinien und Tsunamis nehmen weltweit rasant zu.
- Die globale Wetterlage wird verheerend, da Sommer und Winter zunehmend zu einer einzigen Jahreszeit verschwimmen. Großstädte in Küstennähe werden durch Sturmfluten zerstört.

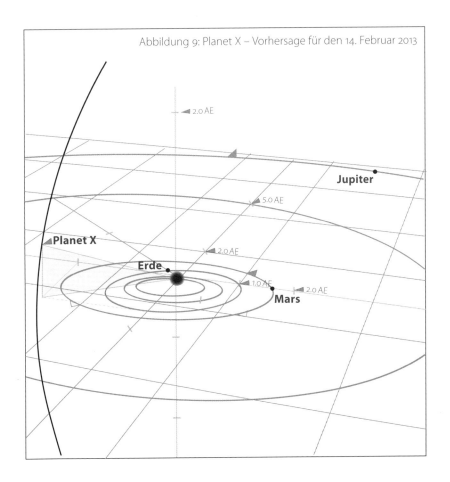

Abbildung 9: Planet X – Vorhersage für den 14. Februar 2013

- Ein Teil unserer Atmosphäre könnte ionisiert und somit als Atemluft giftig werden. Ganze Regionen unseres Planeten könnten so für alle Lebensformen unbewohnbar werden.

- Stromnetze, Transportsysteme und Kommunikationsnetzwerke werden zu diesem Zeitpunkt bereits zerstört oder lahmgelegt sein. Nur die stabileren Systeme von Regierungen, Konzernen und Militär werden standhalten.

Wer an der Oberfläche bleibt, wird tödlichen elektrischen Entladungen und giftigen Gasen ausgesetzt sein, die eine Folge der Wechselwirkungen zwischen der Sonne und dem Planeten X sind. Wer unter der Erde Schutz sucht, wird von diesen Gefahren und auch der Sekundärstrahlung nicht ganz so stark betroffen sein.

Abstand zur Sonne: 2,85 AE

Der Planet X passiert sein Perihel, an dem die elektrische Wechselwirkung zwischen dem Planeten und der Sonne am größten ist. Für die Erde ist dies die verheerendste Phase, die ihren Höhepunkt erreicht, wenn unser Planet auf seiner Umlaufbahn genau zwischen den Planeten X und die Sonne gerät.

Mögliche Katastrophen

- Supervulkanausbrüche
- Nuklearer Winter/Eiszeit
- Verschiebung der Erdachse

Vorhersage für den 14. Juli 2013

Die Spannungen zwischen der Sonne und dem Planeten X nehmen ab, wenn der Planet ab dem 14. Juli 2013 unser Sonnensystem allmählich wieder verlässt. Auf seinem Kurs von der Sonne fort sieht der Planet X aus wie ein großer, roter Komet. Nun bricht für alle, die den Vorbeiflug überlebt haben, eine bittersüße Zeit an: Einerseits kehren Ozeane, Landmassen und Atmosphäre der Erde langsam wieder zu einer „normaleren" Aktivität zurück. Andererseits wird diese Periode überschattet von den tödlichen Nachwehen des Vorbeiflugs:

- Die Atmosphäre ist stellenweise durch Staub und Rauch von Vulkanausbrüchen verdunkelt, was zu einer Art nuklearem Winter führt. Die vom Menschen freigesetzten Treibhausgase drosseln die Abkühlung und verkürzen die Dauer dieser Phase. Somit erweisen sich unsere Autoabgase und Industrieemissionen mit etwas Glück noch als nützlich.

- Ein Großteil der Trinkwasserressourcen und des Ackerlands unseres Planeten ist verschmutzt. Auch jetzt noch sterben viele Menschen an Durst, Hunger oder Krankheiten.

- Die oberirdische Infrastruktur wie Straßenüberführungen und Brücken sind abrissreif und die meisten Gebäude und Häuser entweder zerstört oder zumindest unbewohnbar.

- Der Kurzwellenfunk des Militärs ist vorläufig die einzige verbleibende Möglichkeit, über Distanz hinweg zu kommunizieren, bis die übrigen Kommunikationssysteme wieder aufgebaut sind.

Weltweit wird es zwei Gruppen von Überlebenden geben: diejenigen, die in speziell angelegten Regierungsbunkern Unterschlupf gefunden haben, und eine kleine Zahl unabhängiger Personen, die in kleinen, versteckten und harmonischen Überlebensgemeinschaften zusammenleben.

Der Planet X und der Kozai-Effekt

Der Kozai-Mechanismus oder -Effekt erklärt, was mit Objekten geschieht, deren Umlaufbahn senkrecht zur Ekliptik verläuft. (Für weitere Informationen siehe „Anhang

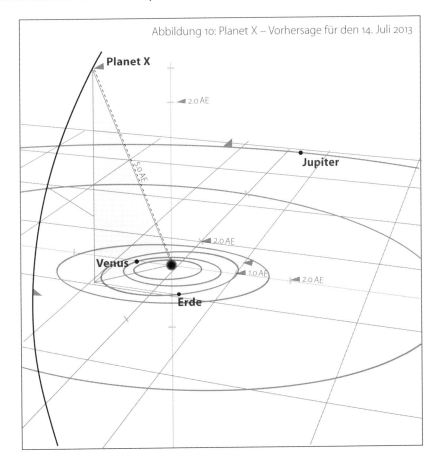

Abbildung 10: Planet X – Vorhersage für den 14. Juli 2013

D – Der Kozai-Effekt und senkrechte Umlaufbahnen".) Der Komet Hale-Bopp ist hierfür ein gutes Beispiel. Im Jahr 1997 verkürzte sich die Umlaufzeit seiner ebenfalls senkrecht verlaufenden Bahn von 4.200 auf 2.380 Jahre! Dasselbe könnte mit dem Planeten X passieren; insbesondere dann, wenn er sich tatsächlich als Brauner Zwerg erweisen sollte. Dies würde die ultimative Zerstörung der Erde im Jahr 3797 bedeuten, so wie Nostradamus es prophezeit hat. Aus diesem Grund durchforsten unsere Regierungen derzeit fieberhaft den Weltraum nach neuen extrasolaren Planeten, die der Erde vergleichbar sind.

Abstand zur Sonne: 3,3 AE

Der Planet X wird langsam kleiner, wenn er auch nach wie vor als zweite Sonne am Himmel steht und einen langen Schweif hinter sich herzieht. Die Katastrophen, von denen die Erde heimgesucht wird, verlieren langsam an Intensität, da die Wechselwirkungen zwischen Sonne und Planet X abnehmen. Wenn sich der Planet X tatsächlich als Brauner Zwerg erweisen sollte, der auf einer unbeständigen Bahn die Sonne umkreist, dann könnte sich seine Umlaufzeit verkürzen, wie dies im Jahr 1997 bei Hale-Bopp geschehen ist und wie Mutter Shipton es vorausgesagt hat:

> „Und wenn der Drachenschweif vorbeigezogen ist,
> Vergisst der Mensch und lacht und macht weiter wie bisher. [...]
>
> Sein aufgesetztes Lächeln – seine falsche Größe
> Wird den Ärger der Götter entfachen.
> Sie werden den Drachen zurückschicken,
> Den Himmel zu erleuchten – sein Schweif wird
> Auf die Erde niederkrachen und sie zerreißen."
>
> *Mutter Shipton*

Vorhersage für den 15. Juli 2013

In Kapitel 4, „Mögliche Szenarien für den Vorbeiflug 2012", werden wir uns u. a. ein Szenario anschauen, in dem der Vorbeiflug des Planeten X mittelschwere Folgen hat. Das könnte so aussehen, wie Nostradamus es in der 6. Centurie/6. Vers seiner „Prophezeiungen" beschreibt. Diese Stelle wird gemeinhin als die Prophezeiung vom „haarigen Stern" bezeichnet.

Abbildung 11 zeigt den „haarigen Stern"; in diesem Fall den Planeten X, wie er am 15. Juli 2013 zu sehen sein wird, wenn man von Paris aus nach Norden blickt. Wie aus der Abbildung hervorgeht, wird der in der Prophezeiung erwähnte „haarige Stern" fast genau im Norden zu sehen sein, wenn die Sonne in das Sternbild des Krebses eintritt. Er erscheint in der Nähe des Polarsterns als kleiner, rötlich leuchtender Punkt mit einem langen Schweif.

Betrachtet man die Prophezeiung des Nostradamus zusammen mit der Papst-
weissagung des heiligen Malachias, so lässt sich hoffen, dass die Menschheit dem
schrecklichen Verlust an Menschenleben, wie er in Kapitel 4 beschrieben wird, doch
noch entgehen könnte.

Die Vision des Heiligen Malachias

Der Heilige Malachias war ein katholischer Priester im 12. Jahrhundert, der zum
Erzbischof von Armagh, Irland, ernannt wurde. Heilig gesprochen wurde er nach dem
Tod von Papst Clemens III. im Jahr 1199.

Ihm werden mehrere Wunder zugesprochen. Berühmt aber wurde er wegen einer
Vision, in der ihm die Identität der letzten 112 Päpste der römisch-katholischen Kirche
offenbart wurde. Er sah die Bestimmung jedes einzelnen Papstes, die er jeweils mit
ein paar Worten beschrieb. Am ausführlichsten geht er dabei auf die Bestimmung des
letzten der 112 Päpste ein.

> „Während der scharfen Verfolgung [der katholischen Kirche] wird Pe-
> ter, der Römer, auf dem Papststuhl der heiligen katholischen Kirche
> sitzen und seine Schäflein unter großer Bedrängnis weiden. Wenn
> diese vorüber ist, wird die Stadt der sieben Hügel zerstört sein und
> der furchtbare Richter wird über sein Volk richten. Ende."
>
> *Der heilige Malachias (1094 – 1148)*

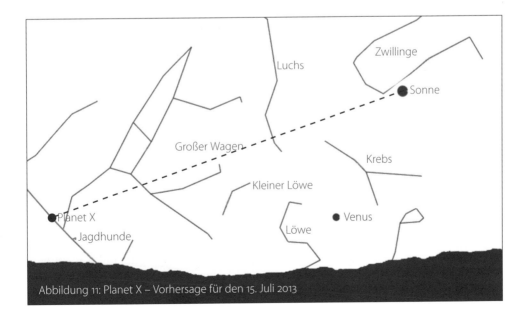

Abbildung 11: Planet X – Vorhersage für den 15. Juli 2013

In seiner Prophezeiung vom „haarigen Stern" bestätigt Nostradamus den Tod des letzten Pontifex. In C6:V6 sagt er: „Der große Mann in Rom wird sterben, die Nacht vergehen."

Beide Prophezeiungen zusammen lassen darauf schließen, dass trotz Krieg und Leid ein Großteil von Frankreich und Italien die maximale Wechselwirkung zwischen der Sonne und dem Planeten X überstehen wird. Das spricht stark dafür, dass dieser erneute Vorbeiflug des Planeten X eher dem hier geschilderten Szenario mit den geringsten Folgen vergleichbar sein wird.

Abstand zur Sonne: 3,3 AE

Möglicherweise besteht eine Verbindung zur Prophezeiung vom „haarigen Stern" des Michel de Notredame. Der Planet X wird zu diesem Zeitpunkt von Paris aus Tag und Nacht als kleiner werdende, rötlich leuchtende Sonne mit einem langen Schweif zu sehen sein. Vom Boden aus betrachtet ist der Planet in der Nähe des Polarsterns zu sehen.

> „Es wird erscheinen gegen Norden,
> unweit des Krebses, der haarige Stern:
> Suse, Sienne, Boece, Eretrion.
> Der große Mann in Rom wird sterben, die Nacht vergehen."
>
> *Nostradamus – 6. Centurie/6. Vers*

Vorhersage für den 4. Juli 2014

Nun, da der Planet X das Zentrum unseres Sonnensystems verlässt, ist der 4. Juli 2014 der erste Unabhängigkeitstag, den wir in einem neuen Jahrtausend feiern können. Er steht nun fast genau senkrecht über dem Nordpol der Erde und ist knapp 6 AE von der Sonne entfernt. Die Überlebenden verlassen freudig ihre unterirdischen Zufluchtsorte. Im Lichte eines neuen Tages feiern sie die Heilung unseres Planeten und unserer Seelen. Natürlich wird es noch Nachwirkungen geben, aber auch sie schwinden nach und nach und nähren so die Hoffnung auf eine bessere Zukunft.

- Erdbeben, Vulkanausbrüche, Überflutungen und Tsunamis nehmen mehr und mehr ab und verlieren an Heftigkeit.

- Aus dem einen verschmolzenen Sommerwinter, der das Wetter auf der Erde beherrscht hat, werden ganz allmählich wieder Jahreszeiten, sobald sich Asche und Staub in der Atmosphäre legen.

- Dank der vom Menschen freigesetzten Treibhausgase geht der nukleare Winter, der durch vulkanische Aktivität verursacht wurde, relativ schnell vorüber und weicht günstigeren Klimabedingungen.

- Ebenfalls bedingt durch vulkanische Aktivität wird vor den Küsten neues, frucht-
  bares Ackerland entstehen, das reich an Mineralien ist. Es wird neues Leben
  nähren und die Gesundheit regenerieren.

Auch im übrigen Sonnensystem normalisiert sich langsam die Lage, doch wie lange
wird dieser Zustand anhalten? Das ist schwer zu sagen, weil sich die Umlaufbahn des

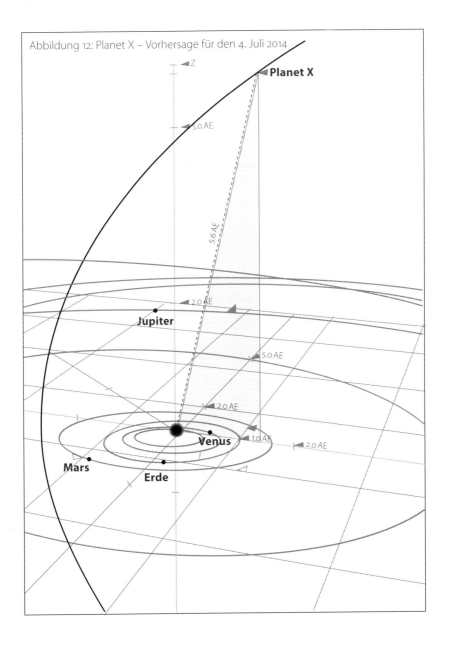

Abbildung 12: Planet X – Vorhersage für den 4. Juli 2014

Planeten X während des Vorbeiflugs drastisch ändern könnte. Falls dies geschieht, was kommt dann auf künftige Generationen zu?

Wenn sich die Umlaufbahn des Planeten X tatsächlich wandeln sollte, wie es beim Kometen Hale-Bopp auf seinem Vorbeiflug im Jahr 1997 geschehen ist, dann decken sich Nostradamus' Prophezeiungen über das Ende der Welt im Jahr 3797 n. Chr. vollkommen mit dem Kozai-Effekt. (Siehe „Anhang D – Der Kozai-Effekt und senkrechte Umlaufbahnen" für weitere Informationen.) Auch stimmen sie mit der Warnung der britischen Seherin Mutter Shipton überein, die von dem Drachen sprach, den die Götter zurückschicken würden, um „die Erde zu zerreißen". Eine Warnung, die auf das verhängnisvolle Ende der Welt im Jahr 3797 n. Chr. verweist.

Was auch immer man von der amerikanischen Regierung halten mag, so ist sie doch bemüht, gemeinsam mit anderen Ländern in fernen Sonnensystemen neue Erden ausfindig zu machen. Mögliche Kandidaten zu prüfen, zu erforschen und schließlich zu besiedeln wird Jahrhunderte dauern, aber die gute Nachricht ist, dass damit bereits begonnen wurde.

Abstand zur Sonne: 5,6 AE

Der Planet X entfernt sich immer weiter vom Zentrum unseres Sonnensystems. Die Erde tritt nun in eine neue Phase relativer Ruhe ein. Die wenigen Überlebenden machen sich an den Neuaufbau der Zivilisation.

Nostradamus-Gelehrte deuten seine Prophezeiungen so, dass wir extrasolare Welten (Welten außerhalb unseres Sonnensystems) kolonisiert haben werden, bevor unser Heimatplanet im Jahr 3786 oder 3797 vernichtet wird.

Die Suche nach extrasolaren Planeten

- Stephen Hawking drängt auf die Besiedelung des Weltraums.

- Bislang wurden mehrere hundert extrasolare Planeten entdeckt.

- Weltraumteleskope halten nach neuen Welten „dort draußen" Ausschau.

3

Historische Berichte über frühere Vorbeiflüge

Was wir heute als Planet X bezeichnen, trug in früheren Zeiten viele Namen. In Sagen und niedergeschriebenen Weisheiten gibt es eine Unmenge an Berichten über vorangegangene Vorbeiflüge. Dabei sind die drei wichtigsten Schriften die christliche Bibel, die Kolbrin-Bibel und die sumerischen Schriften, deren Übersetzung Zecharia Sitchin in seinem bahnbrechenden Buch „Der zwölfte Planet" veröffentlicht hat. Dort wird der Planet X Nibiru genannt.

Die umfangreichste Quelle an historischen Berichten und Prophezeiungen ist dabei die Kolbrin-Bibel, eine Sammlung weltlicher Schriften. Verfasst wurde sie von verschiedenen ägyptischen und keltischen Autoren. Sie ist in zwei Teile gegliedert, die jeweils in derselben Zeit wie das Alte und das Neue Testament entstanden sind. (Siehe „Anhang B – Die Geschichte der Kolbrin-Bibel" für nähere Informationen zu diesem Werk.)

Es ist erstaunlich, in wie vielen Punkten diese weltlichen und nicht-weltlichen Texte übereinstimmen, auch was die Sprache angeht. Beunruhigend ist, dass sie alle furchterregende, prophetische Warnungen über unsere Zukunft enthalten. All diese Berichte, Prophezeiungen und Parallelen ausführlich zu besprechen, würde ein eigenes Buch beanspruchen. Daher beschränkt sich dieses Kapitel darauf, kurz auf die wichtigsten Übereinstimmungen und prophetischen Warnungen einzugehen.

Vorstellungen durch den Zeitfilter betrachtet

Oft ist es frustrierend, historische Berichte und Prophezeiungen zu lesen, da diesen Texten der Bezug zur Gegenwart, zu unserem heutigen Leben fehlt. Daher wenden wir eine Strategie an, die sich im englischsprachigen Raum „Kentucky-Zielmethode" nennt. Der Begriff stammt aus dem Schützenjargon und beschreibt eine Technik, bei der man den Lauf einer Waffe nicht direkt, sondern etwas versetzt auf ein Ziel ausrichtet, um es über eine größere Distanz hinweg zu treffen.

Ein gutes Beispiel hierfür ist die Errichtung des Staates Israel. Vor 1948 sahen christliche Gelehrte die Bibelprophezeiungen, die sich auf die Wiedererrichtung Israels als jüdischem Staat bezogen, als Metapher für eine recht große christliche Kirche. Vor dem Hintergrund der damaligen politischen Gegebenheiten erschien diese Argumentation allen vernünftig, die sich eine Neugründung nicht vorzustellen vermochten. Dennoch trat sie ein. Also interpretierte man die Prophezeiungen, anstatt sie wörtlich zu nehmen. Das war aus zwei Gründen falsch: Erstens wurde Kontext hinzugedichtet, den es zuvor nicht gegeben hatte, und zweitens fehlte es an Geduld, den Ausgang der Prophezeiung abzuwarten. Mit anderen Worten: Wenn etwas heute keinen Sinn ergibt, sollte man warten, bis es das tut.

Da die wissenschaftlich verwertbaren Vorzeichen, wie sie im ersten Kapitel dargelegt wurden, sich erst seit wenigen Jahrzehnten offenbaren, ließen sich die Berichte und Prophezeiungen über den Planeten X in der Zeit davor unmöglich in ihrer vollen, modernen Bedeutung erfassen. Da wir heute aber über diese Daten verfügen, können wir die weitsichtigen Warnungen der Bibel wie auch der Kolbrin-Bibel nun genau so verstehen, wie sie niedergeschrieben wurden.

Die wohl bemerkenswerteste Warnung findet sich in einer direkten Entsprechung zwischen der Bibel und der Kolbrin-Bibel. Beide verwenden den gleichen Namen für den Planeten X – „Verwüster":

Die Bibel[1]

- **Jeremia 25,32 und 48,8:** „Fürwahr, Unheil schreitet von Volk zu Volk, ein gewaltiger Sturm bricht los von den Enden der Erde. […] Der **VERWÜSTER** überfällt jegliche Stadt, und keine Stadt wird gerettet, […] spricht der Herr."

Die Kolbrin-Bibel (Bronzebook)[2]

- **Manuskripte 3,3:** „Im Laufe der Jahrhunderte werden bestimmte Gesetze auf die Sterne am Himmel einwirken. Die Wege der Sterne werden sich wandeln. Die Sterne bewegen sich und sind ruhelos; sie sind nicht länger beständig, und am Himmel wird ein großes, rotes Licht erscheinen."

- **Manuskripte 3,4:** „Wenn Blut auf die Erde tropft, wird der Verwüster erscheinen. Berge werden sich auftun und Feuer und Asche speien. Bäume werden zerstört, und alles Leben wird verschlungen. Gewässer werden vom Land verschluckt, und die Meere werden kochen."

---

1 Dieses wie auch alle weiteren Bibelzitate sind der folgenden Ausgabe entnommen: Hamp, Prof. Dr. Vinzenz; Stenzel, Prof. Dr. Meinrad und Kürzinger, Prof. Dr. Josef (Hrsg.): „Die Heilige Schrift des Alten und Neuen Testaments" (Aschaffenburg: Paul Pattloch Verlag, 1965)

2 Masters, Marshall und Manning, Janice: „Egyptian Texts of the Bronzebook: The First Six Books of the Kolbrin Bible" (Scotts Valley, USA: Your Own World Books, 2006) [Zitate aus dieser Ausgabe werden im Folgenden wie oben mit „Kolbrin-Bibel (Bronzebook)" abgekürzt; die Gesamtausgabe „The Kolbrin Bible: 21st Century Master Edition" mit „Kolbrin-Bibel (Ausgabe 21. Jahrhundert)". Weitere Informationen zu den verschiedenen Ausgaben der Kolbrin-Bibel erhalten Sie in „Anhang B – Die Geschichte der Kolbrin-Bibel". D. Hrsg.]

- **Manuskripte 3,6:** „Die Menschen werden sich in ihrem Wahnsinn zerstreuen. Sie werden die Trompete und den Schlachtruf des **VERWÜSTERS** vernehmen und Schutz im Innern der Erde suchen. Furcht wird an ihrem Herz nagen, und ihr Mut wird sie verlassen wie Wasser, das aus einem zerbrochenen Krug rinnt. Die Flammen des Zorns werden sie verzehren, und der Atem des **VERWÜSTERS** wird sie vernichten."

Zwar führen Forscher, die sich mit den Prophezeiungen um den Planeten X befassen, häufig die „Wermut"-Passagen aus der Johannes-Offenbarung an, doch die beunruhigendste Bibelprophezeiung stammt aus dem Buch Joel, das sowohl Teil des jüdischen Tanachs als auch des Alten Testaments der christlichen Bibel ist.

Vor etwa 2.400 Jahren prophezeite Joel eine zukünftige große Katastrophe, die über Israels Feinde hereinbrechen werde. Diese Prophezeiung deckt sich mit den Szenarien des nächsten Kapitels, in denen wir anhand wissenschaftlicher Daten mögliche Folgen des Vorbeiflugs aufzeigen.

Joels Prophezeiung deckt sich zudem mit einer keltischen Weissagung, die aus der Zeit nach dem Tod von Jesus stammt und im zweiten Teil der Kolbrin-Bibel erwähnt wird. Wichtig ist, dass die Ägypter und Hebräer den Planeten X den Verwüster nannten, während die Kelten ihn in ihren eigenen Überlieferungen als den „Schreckensbringer" bezeichneten.

Betrachtet man die Vorhersagen des hebräischen Propheten Joel und der Kelten zusammen, dann ergibt sich eine grundlegende und unvermeidliche Korrelation:

Der jüdische Tanach und das christliche Alte Testament

- **Joel 4,15:** „Sonne und Mond werden finster, die Sterne verlieren ihren Glanz."

- **Joel 4,16:** „[…] Himmel und Erde erbeben. Aber der Herr ist eine Zuflucht für sein Volk und eine feste Burg für die Söhne Israels." *12 Stämme*

- **Joel 4,19:** „Ägypten wird zur Wüste, Edom [Region westlich des heutigen Jordaniens und Saudi-Arabiens] zur wüsten Steppe […]"

Die Kolbrin-Bibel (Coelbook)[3]

- **Der Silberne Zweig 7,18:** „Ich bin der Prophet, der den Menschen vom SCHRECKENSBRINGER erzählt, obgleich noch viele Generationen vergehen werden, bevor er kommt. Er wird von monströser Größe sein und in Form eines Krebses erscheinen. […] Sein Körper wird ROT sein. […] Er wird Zerstörung über die Erde bringen, die sich von Sonnenaufgang in Richtung Sonnenuntergang zieht."

---

3 Masters, Marshall und Manning, Janice: „Celtic Texts of the Coelbook: The Last Five Books of the Kolbrin Bible" (Scotts Valley, USA: Your Own World Books, 2006) [Zitate aus dieser Ausgabe werden im Folgenden wie oben mit „Kolbrin-Bibel (Coelbook)" abgekürzt; die Gesamtausgabe „The Kolbrin Bible: 21st Century Master Edition" mit „Kolbrin-Bibel (Ausgabe 21. Jahrhundert)". Weitere Informationen zu den verschiedenen Versionen der Kolbrin-Bibel finden Sie in „Anhang B – Die Geschichte der Kolbrin-Bibel". D. Hrsg.]

- **Der Silberne Zweig 7,21:** „Keine bedeutsamen Zeichen werden dem SCHRE-CKENSBRINGER vorangehen; er wird kommen, wenn die Menschen es am we-nigsten vermuten. […] Es wird eine Zeit voll Verwirrung und Chaos sein."

- **Der Silberne Zweig 7,22:** „Ich habe euch vor dem SCHRECKENSBRINGER ge-warnt, ich habe meine Aufgabe erfüllt."

Bis zu diesem Punkt war in den Prophezeiungen nur von den Katastrophen die Rede, die der Planet X in naher Zukunft auslösen wird. Aber gibt es auch Beweise dafür, dass der Planet schon einmal in unsere Nähe gekommen ist? Ja, die gibt es.

Die Kolbrin-Bibel (Bronzebook)

- **Schöpfung 4,5:** „Gott ließ ein Zeichen am Himmel erscheinen, um die Men-schen zu warnen, dass der Erde Verheerung drohe, und dieses Zeichen war ein SELTSAMER STERN."

- **Manuskripte 33,5:** „VIERMAL NUN HABEN DIE STERNE IHRE POSITION GEWECH-SELT, und zweimal hat die Sonne [scheinbar] die Richtung ihrer Reise geändert. ZWEIMAL SCHON HAT DER VERWÜSTER DIE ERDE GETROFFEN, und dreimal hat sich der Himmel aufgetan und wieder geschlossen. Zweimal ist das Land vom Wasser reingewaschen worden."

Die große Zahl an weltlichen Berichten aus der Kolbrin-Bibel (wie die eben zitierten) machen diese alte keltisch-ägyptische Anthologie eindeutig zur Hauptquelle für die Geschichte des Planeten X und ihn betreffende Prophezeiungen. Dies führt logischer-weise zu der Frage: „Warum haben wir bislang nichts von ihr gehört?"

Wie die Kolbrin-Bibel auftauchte

Der erste Teil der heutigen Kolbrin-Bibel wurde in der Zeit nach dem Exodus im alten Ägypten verfasst und „Das Große Buch" genannt. Später übersetzten es die Phönizier aus der hieratischen Sprache, einer vereinfachten Schreibform der Hiero-glyphenschrift, in ihre eigene. Einige Exemplare dieses Buches gelangten weit in den Norden bis nach Britannien.

Die Kelten entdeckten in dem Buch viele Ähnlichkeiten zu ihren eigenen Überlie-ferungen, adaptierten es und verbreiteten es weiter. Nach dem Tod von Jesus grün-dete Josef von Arimathäa (Jesu Großonkel väterlicherseits) in Britannien die Abtei von Glastonbury, wo die ägyptischen und auch die Schriften der keltischen Priester aufbewahrt wurden.

Im Jahr 1184 n. Chr. befahl der englische König Henry II. die Abtei anzugreifen, weil er die ägyptischen und keltischen Schriften als Häresie ansah. Die ägyptischen Berichte über den Exodus wichen stark von der hebräischen Version ab. Zudem erkannten die keltischen Christen Jesus zwar als ihren „Herrn und Meister" an, nicht aber als Erlöser der Welt. Das geht aus zwei kurzen biographischen Passagen über Jesus hervor, in denen er direkt zitiert wird:

Die Kolbrin-Bibel (Coelbook)

- **Britannien 2,13:** „Dann wurde Jesus gefragt, ob er eins sei mit Gott, und Er erwiderte: ‚[…] Ich habe alle Menschen zu meinen Brüdern erklärt, und wenn ich gesagt habe, dass ich eins sei mit Gott, wahrlich, dann habe ich auch sie damit erhöht.'"

- **Britannien 2,24:** „Ein Mann fragte: ‚Wo ist Gott?' Jesus […] antwortete: ‚[…] Spalte einen Holzklotz, und du wirst Gott finden. Hebe einen Stein auf, und dort wird er sein.'"

Nach dem Angriff auf die Abtei brachten die überlebenden keltischen Priester die noch verbliebenen Texte heimlich nach Schottland, wo sie ins Altenglische übertragen wurden. Aus diesen Texten entstand schließlich die ursprüngliche Kolbrin-Bibel. Nach dem Ersten Weltkrieg wurde das Buch in ein zeitgemäßes Englisch übersetzt. Nach dem Fall der Sowjetunion und dem kriegerischen Aufstieg des radikalen Islam brachte ein führendes Mitglied dieser Kolbrin-Geheimgesellschaft das Buch im Jahr 1992 an die Öffentlichkeit. Die heutigen Vorzeichen des Weltendes wurden bereits vor etwa 3.600 Jahren von den Ägyptern vorhergesagt.

Was können wir angesichts der beängstigenden Warnungen vor dem Planeten X sowohl in der christlichen als auch in der Kolbrin-Bibel für das Jahr 2012 erwarten, wie sehen die Folgen schlimmsten- bzw. bestenfalls aus, und wie lassen sich diese Szenarien in moderne Worte fassen? Sowohl der schlimmste als auch der günstigste Fall sind schon einmal eingetreten und werden in beiden Büchern erwähnt.

Historische Schilderung des „Worst Case Scenario"

Der britische Kapitän und Entdecker James Cook betrat 1778 als erster Europäer offiziell die Inseln von Hawaii (dem heutigen 50. amerikanischen Bundesstaat). Touristen, die heute die Insel besuchen, kommen häufig in den Genuss einer hawaiischen Version der Sintflutgeschichte.

Als Cook den Hawaiianern die biblische Geschichte von Noah und der Sintflut erläuterte, sagten sie ihm, dass sie selbst eine ähnliche Geschichte besäßen. Der einzige Unterschied bestand darin, dass ihr Noah sich „Noa" schrieb. Manche Leute halten das für raffiniertes Seemannsgarn, mit dem Fremdenführer auf ein dickes Trinkgeld abzielen. Belegt ist jedoch, dass es weltweit buchstäblich hunderte von Sintflutgeschichten gibt.

Vergleicht man die Sintflutschilderungen in christlicher Bibel und Kolbrin-Bibel, ergeben sich erstaunliche Parallelen:

Noahs Sintflut – Parallelen	
Bibel	**Kolbrin-Bibel (Ausgabe 21. Jahrhundert)**
Genesis 6,5-8: „Der Herr sah, wie groß die menschliche Bosheit auf Erden war, […] und er bekam Kummer in seinem Herzen. […] ‚Ich will den Menschen […] vom Erdboden vertilgen, vom Menschen bis zum Vieh und zum Kriechtier und zu den Himmelsvögeln.‘ […] Nur Noah [, dessen Urgroßvater Henoch war,] fand Gnade in des Herrn Auge."	Nachlese 4,13.16: „Von weit her, aus Ardis, kamen drei Männer, […] die den Einen Gott verehrten. […] Sie gingen nach Sharepik, das heute Sarapesh heißt [in der christlichen Bibel Zarephta] und sagten: ‚[…] Die Boshaftigkeit lässt den Schatten des Unheils näher rücken.‘ […] [Aber] Sisuda, der König, […] soll nicht sterben. [Sisuda] schickte nach Hanok."
Genesis 6,14-16: „Mache dir eine Arche aus Nadelholz […] und verdichte sie von innen und außen mit Pech! […] 300 Ellen lang, 50 Ellen breit und 30 Ellen hoch. Ein Giebeldach sollst du an der Arche anbringen und sie dadurch um eine Elle höher machen; die Tür […] sollst du an ihrer Seite anbringen; ein unteres, ein mittleres und ein oberes Stockwerk sollst du bauen."	Nachlese 4,18-19: „Das […] Schiff war [300 Ellen lang und 50 Ellen breit] und endete eine Elle [oberhalb der Wasserlinie]. […] Drei Stockwerke […] ohne jede Öffnung, […] eine Luke [an der Seite]."
Genesis 7,10-12.17-18.24: „Nach Ablauf von sieben Tagen kamen nun die Wasser der Flut über die Erde. […] An diesem Tage brachen alle Quellen der großen Urflut auf, und die Fenster des Himmels öffneten sich. Und es ergoss sich ein Regen auf die Erde 40 Tage und 40 Nächte lang. […] Die Wasser wuchsen an, sie hoben die Arche, und diese stieg von der Erde empor. […] Und die Wasser stiegen auf Erden an, 150 Tage lang."	Nachlese 4,28: „Die Wasser schwollen an bis zu den Berggipfeln und füllten die Täler. [Sie] kamen in Sturzfluten. […] Der VERWÜSTER zog vorüber [was zumindest mehrere Wochen gedauert haben muss], und die große Flut hielt sich [danach noch] sieben Tage. Dann beruhigte sich das Wasser und ging zurück. […] Das große Schiff trieb […] durch braunen Schlamm […] und Trümmer."
	Ursprung 3,22-23: „Dann […] kam eine Welle, hoch wie eine Wand, aus dunklem Wasser und mit weißen Fängen. […] Sie riss alles mit sich fort […] wie ein Besen, der über den Boden fegt. […] Die Früchte des Landes, die Trümmer von Häusern, Bäume, die toten, aufgedunsenen Leiber von Tieren und Menschen trieben auf den wilden, uferlosen Fluten. […] Erdiger, brauner, schäumender Schlamm. […] Regen strömte nieder, sieben Tage lang. […] Wogende Fluten tobten zwischen den hohen Bergen. […] [Ihre Vorfahren] erblickten das schwimmende Haus, so gebaut, dass es der See trotzte; sie sahen, wie es anlegte und wie ihm Menschen und Tiere von Tirfola [dem nordamerikanischen Kontinent] entstiegen."

Heutige Wissenschaftler sind der Meinung, dass eine weltweite Überflutung nicht möglich ist, da es auf der Erdoberfläche nicht genügend Wasser gibt, um die Landmassen komplett zu bedecken. Selbst wenn es „40 Tage und 40 Nächte lang" regnen würde, wie es in der Bibel steht, käme nicht genug Regen zusammen, um die Kontinente vollständig zu überfluten.

Was die Wissenschaft bislang aber außer Acht gelassen hat, ist die Möglichkeit einer Flutwelle – in Verbindung mit Überschwemmungen. Betrachten wir nun die in der christlichen Bibel erwähnten „40 Tage und 40 Nächte" vor dem Hintergrund der Sintflutberichte in der Kolbrin-Bibel, so erscheinen sie zweifelsfrei vorausschauend und scharfsichtig. Das passt, nebenbei bemerkt, hervorragend zu der Polsprungvorhersage von Edgar Cayce, dem schlafenden Propheten. Cayce sagte zweierlei voraus. Die erste Prophezeiung kündet von den Vorboten dieses Ereignisses und hat sich bereits erfüllt. In der zweiten geht es um den künftigen Polsprung selbst.

Bei einem Polsprung verschieben sich die Kontinente über dem flüssigen Erdkern, so wie die losgelöste Schale einer Orange, die wieder um die Frucht geschlagen wurde. Dann verschieben sich Nord- und Südpol oder tauschen ihre Position.

Die möglichen Folgen eines solch katastrophalen Ereignisses können Sie sich anhand eines Bildes veranschaulichen: Stellen Sie sich vor, Sie und ein Freund sind mit einem 50 Jahre alten Wagen auf der Autobahn unterwegs, und Ihnen platzt ein Reifen. Aufgrund der hohen Geschwindigkeit verlieren Sie die Kontrolle über das Auto und prallen frontal gegen einen Brückenpfeiler. Das massive Auto stoppt augenblicklich.

Leider werden Sie mit Ihrer eigenen Trägheit konfrontiert, und da dieses Automodell noch keine Gurte besitzt, fliegen Sie und Ihr Begleiter geradewegs durch die Windschutzscheibe und krachen gegen den Pfeiler. Bei einer globalen Überflutung, die durch den vorbeifliegenden Planeten X ausgelöst wird, kommt derselbe Mechanismus zum Tragen, nur dass in diesem Fall die Kontinente das massive Auto darstellen und die Ozeane die Insassen.

Interessanterweise wird vor allem die Geschwindigkeit über unsere Überlebenschancen entscheiden. Je langsamer sich das Ereignis entfaltet, desto größer sind die Chancen, dass wir es überleben.

Wenn sich während des Vorbeiflugs des Planeten X der von Cayce vorhergesagte Polsprung tatsächlich ereignen sollte, dann können wir nur beten, dass der Prozess mindestens die biblischen „40 Tage und 40 Nächte" in Anspruch nimmt. Wenn sich der Polsprung innerhalb eines kürzeren Zeitraums abspielt, dürfte die Zahl der Opfer exponentiell steigen. Vergessen Sie auch nicht, dass Noahs Flut, die weltweit als die Sintflut bekannt ist, auf einen Polsprung folgte!

Die Kolbrin-Bibel (Bronzebook)

- **Nachlese 4,24:** „Der VERWÜSTER [...] öffnete seinen Schlund und stieß heißes Gestein und übel riechenden Rauch aus. Dieser bedeckte den gesamten Himmel, und der Ort, wo Erde und Himmel sich treffen, ward nicht mehr gesehen.

Am Abend VERÄNDERTE SICH DIE POSITION DER STERNE, SIE ZOGEN ÜBER DEN HIMMEL ZU NEUEN ORTEN. DANN FOLGTE DIE FLUT."

- **Nachlese 4,28:** „Die Wasser schwollen an bis zu den Berggipfeln und füllten die Täler. Doch sie stiegen nicht wie Wasser, das man in eine Schüssel gießt, sondern kamen in einer gewaltigen Sturzflut."

Cayce und andere sagten vorher, dass sich dieser Polsprung im Jahr 2000 ereignen werde, was offensichtlich nicht geschehen ist – noch nicht. Damit soll gesagt sein, dass nichts gegen das Eintreten des Ereignisses selbst spricht, denn das Universum folgt im großen Plan der Dinge seinem eigenen Zeitplan. Bis dahin sollten wir all unsere Hoffnungen und Gebete auf das bestmögliche Szenario richten.

Die historische Schilderung des bestmöglichen Szenarios

Das jüdische Volk feiert seit der Zeit Mose alljährlich das Passahfest, um der Bitternis der Sklaverei und ihrer wundersamen Rettung aus der ägyptischen Knechtschaft zu gedenken. Das Passahfest ist das erste von sieben Festen, die die Juden Jahr für Jahr begehen, und wird von den meisten als Israels Gründungsfest angesehen. Es wird auch das Fest der ungesäuerten Brote genannt, und die übrigen sechs jüdischen Feiertage gehen allesamt auf das Passahfest zurück.

Für die Ägypter kennzeichnete der Exodus eine Zeit, in der ihr eigenes Götterpantheon sie schmählich im Stich ließ. Obwohl die Ägypter gut die Hälfte der Juden auf der Landbrücke durch das Rote Meer niederschlugen, verloren auch sie eine ganze Armee und ihren Pharao. Zu allem Übel waren die Plagen, die dem Auszug aus Ägypten vorangingen, Teil einer globalen Katastrophe, und nach dem Exodus musste Ägypten sich gegen eine große Invasion aus dem Süden verteidigen.

In der schweren Zeit danach nahm ein gebildeter neuer Pharao zusammen mit seinen Gelehrten und Schreibern die wohl ehrgeizigste anthropologische Studie der damaligen Zeit in Angriff. Dafür befragten sie die Weisesten der Weisen der zahlreichen Länder und Völker, mit denen Ägypten Handel trieb. Im Auge hatten sie dabei ein einziges Ziel – sie suchten nach Hinweisen, die sie zu dem einen wahren Gott Abrahams führen würden. Dieser, so mutmaßten sie, sei nicht identisch mit dem Gott, der die Israeliten aus Ägypten hinausgeführt hatte. Vielmehr hielten sie ihn für einen geringeren Gott, der aber immer noch mächtiger war als ihre eigenen Götter.

Das Ergebnis dieser Bemühungen war ein 20-bändiges Werk vom Umfang einer Enzyklopädie mit dem Titel „Das Große Buch". Was von diesem Buch übrig geblieben ist, findet sich in den ersten sechs Büchern der Kolbrin-Bibel. Wenn Sie im Folgenden die Parallelen zwischen den hebräischen und den ägyptischen Berichten über den Exodus lesen, sollten Sie die folgenden Punkte beachten:

- Der hebräische Bericht spricht vom gerechten Sieg einer Nation.
- Die ägyptischen Berichte in der Kolbrin-Bibel dokumentieren eine bittere Niederlage. Dabei sind sie schonungslos offen.
- Die Ägypter standen mit leeren Händen da, mit nichts als einem auf ewig zerstörten Glaubenssystem.

Wenn wir im Jahr 2012 Glück haben, dann besteht das schlimmste Szenario in zehn neuen Plagen, wie sie im Exodus beschrieben werden. Aber anstatt auf einen rachsüchtigen Gott, der einen hartherzigen Pharao züchtigen will, werden diese Plagen auf Naturkatastrophen zurückgehen, die durch Sonneneruptionen, Asteroideneinschläge und heftige Meteoritenschauer ausgelöst werden.

Exodus – Parallelen	
Bibel	**Kolbrin-Bibel (Ausgabe 21. Jahrhundert)**
Exodus 7,20-21.25: „[Moses] erhob den Stab und schlug das Wasser im Nil vor den Augen des Pharao und seiner Diener. Da verwandelte sich alles Wasser im Nil zu Blut. Die Fische im Nil starben, der Nil stank, und die Ägypter vermochten kein Wasser mehr aus dem Nil zu trinken. Das Blut war im ganzen Ägypterland. […] Es vergingen sieben Tage […]."	Manuskripte 6,11-12.14: „Wolken aus Staub und Rauch verdunkelten den Himmel und färbten das Wasser rot, auf das sie niedergingen. Im ganzen Land wüteten Plagen; der Fluss war blutfarben, und überall war Blut [im Wasser gelöste rote Asche]. Das Wasser war ungenießbar, und die Mägen der Menschen wehrten sich dagegen. Wer das Wasser trank, erbrach es wieder, denn es war verschmutzt. […] Die Fische des Flusses starben in dem verschmutzten Wasser."
Exodus 8,2.8-9: „Aaron streckte seine Hand über die Wasser von Ägypten aus; da kamen die Frösche herauf und bedeckten das Ägypterland. […] Moses rief inständig zum Herrn wegen der Froschplage. […] Die Frösche verendeten in den Häusern, auf den Höfen und Feldern."	Manuskripte 6,12-14: „Widerliches Ungeziefer vermehrte sich, erfüllte die Luft und bedeckte den Boden. […] Unmengen von Würmern, Insekten und Reptilien entsprangen der Erde."
Exodus 8,13.15: „Aaron streckte seine Hand mit dem Stab aus und schlug den Staub der Erde, und es kamen Stechmücken über Menschen und Vieh. […] Doch des Pharao Herz blieb hart." Exodus 8,20: „Es kamen Hundsfliegen in großer Menge in den Palast des Pharao, in die Häuser seiner Diener und in das ganze Ägypterland. Schweren Schaden hatte das Land zu leiden unter den Hundsfliegen. [Die Israeliten traf die Plage nicht.]"	Manuskripte 6,14: „Die Fische des Flusses starben in dem verschmutzten Wasser. Unmengen von Würmern, Insekten und Reptilien entsprangen der Erde."

Exodus – Parallelen	
Bibel	**Kolbrin-Bibel (Ausgabe 21. Jahrhundert)**
Exodus 9,3.6: „[…] dann kommt des Herrn Hand in Gestalt einer schlimmen Viehpest über deinen Viehbestand, über die Pferde, die Esel, die Kamele, das Großvieh und das Kleinvieh. [Der Herr] tötete allen Viehbestand der Ägypter; doch von dem Vieh der Israeliten ging kein einziges ein."	**Manuskripte 6,12:** „Gepeinigt von peitschendem Sand und Asche, verließen die wilden Tiere ihre Liegestatt in Wüsten und Höhlen und schlichen durch die Siedlungen der Menschen. Alle zahmen Tiere winselten, und das Land war erfüllt vom Geblöke der Schafe und dem kläglichen Muhen der Rinder."
Exodus 9,10: „Sie nahmen also Ofenruß, traten vor den Pharao hin, und Moses streute den Ruß zum Himmel. Und es entstanden Geschwüre an Menschen und Vieh, die zu Blasen aufbrachen."	**Manuskripte 6,12:** „Der Staub riss die Haut von Mensch und Tier auf […]."
Exodus 9,23-25: „Moses streckte seinen Stab gegen den Himmel aus; da ließ der Herr donnern und hageln, Blitze ließ er zur Erde fahren [… desgleichen noch niemals gewesen war im ganzen Lande Ägypten seit der Zeit, da ein Volk dort wohnte]. Der Hagel erschlug im ganzen Ägypterland alles, was auf dem Felde war, vom Menschen bis zum Vieh; auch alles Gewächs des Feldes […] und alle Feldbäume […]. [Die Israeliten traf die Plage nicht.]"	**Manuskripte 6,13-14:** „Ein Hagel aus Steinen donnerte auf die Erde nieder, verwüstete sie und riss alles nieder, was von diesem Sturzregen getroffen wurde. Heiß ging der Hagel nieder, und ihm folgte ein seltsames Feuer, das über den Boden floss. Während der VERWÜSTER über den Himmel schoss, blies er in kräftigen Böen Asche über das Land."
Exodus 10,13-15: „Da streckte Moses seinen Stab […] aus. Der Herr ließ einen Ostwind wehen […]. Am Morgen hatte der Ostwind die Heuschreckenschwärme gebracht. Die Heuschreckenschwärme fielen über ganz Ägypten her […]. Solche Heuschreckenschwärme hatte es in früherer Zeit nicht gegeben und wird es auch künftig nicht geben. Sie bedeckten des ganzen Landes Oberfläche […]; sie fraßen alles Gewächs des Feldes und alle Baumfrüchte, welche der Hagel noch übrig gelassen hatte. Im ganzen Lande Ägypten blieb nichts Grünes an den Bäumen und Feldgewächsen übrig."	**Manuskripte 6,14:** „Kräftige Windböen brachten Heuschreckenschwärme mit sich, die den Himmel bedeckten."

Exodus – Parallelen	
Bibel	**Kolbrin-Bibel (Ausgabe 21. Jahrhundert)**
Exodus 10,22-23: „Moses streckte seine Hand zum Himmel empor, und es herrschte drei Tage tiefste Finsternis im ganzen Ägypterland. Kein Mensch konnte den anderen sehen, niemand konnte sich drei Tage lang von seinem Platz rühren; in den Wohnstätten aller Israeliten aber war Licht."	Manuskripte 6,14: „Die Finsternis einer langen Nacht breitete ihren schwarzen Mantel aus, der alles Licht erlöschen ließ. Niemand wusste, wann Tag und wann Nacht war, denn die Sonne warf keine Schatten mehr. Es war nicht die reine Schwärze der Nacht, sondern eine zähe Düsternis, durch die den Menschen der Atem im Halse stecken blieb. Eine heiße Dunstglocke bedeckte das ganze Land, ließ die Menschen nach Luft ringen und erstickte alle Lampen und Feuer. Die Menschen waren betäubt und lagen stöhnend in ihren Betten. Niemand sprach oder aß, denn die Verzweiflung hatte sie übermannt. Schiffe wurden von ihrem Ankerplatz fortgerissen und von riesigen Strudeln verschlungen. Es war eine Zeit des Verderbens."
3 Tage Dunkelheit !	
Exodus 11,2-7;12,3-13.29-30: „Präge dem Volke nachdrücklich ein: Es soll jeder Mann von seinem Nachbarn und jede Frau von ihrer Nachbarin Silber- und Goldgeräte verlangen!' Der Herr verschaffte dem Volke Gunst in den Augen der Ägypter. Auch der Mann Moses genoss großes Ansehen im Lande Ägypten, bei den Dienern des Pharao und beim Volke. Moses sprach: ‚Also spricht der Herr: Um Mitternacht ziehe ich mitten durch Ägypten. Sterben werden alle Erstgeborenen im Ägypterland, vom Erstgeborenen des Pharao, der auf seinem Thron sitzt, bis zum Erstgeborenen der Magd hinter der Handmühle, ebenso aller Erstlingswurf des Viehs. Es wird ein großes Wehgeschrei im ganzen Ägypterland anheben, wie es noch nie gewesen ist und nie sein wird. Aber gegen die Kinder Israels wird nicht einmal ein Hund seine Zunge spitzen.' [...] ‚Am Zehnten dieses Monats nehme jeder ein Lamm für seine Familie, ein Lamm für jede Hausgemeinschaft. [...] Ihr müsst ein fehlerloses, männliches, einjähriges Lamm nehmen, ihr könnt es nehmen von den Schafen oder von den Ziegen. Ihr sollt es nun bewahren bis zum 14. dieses Monats,	Manuskripte 6,19.21-22.24: „In der denkwürdigen Nacht, als sich der ganze Zorn des VERWÜSTERS offenbarte und sein Grauen am größten war, ging ein Gesteinshagel nieder, und die Erde stöhnte unter den Schmerzen, die ihre Eingeweide zerrissen. Tore, Säulen und Mauern fielen dem Feuer anheim, und die Statuen der Götter stürzten um und zerbarsten. Die Menschen flohen in Panik aus ihren Häusern und wurden vom Hagel erschlagen. Wer vor dem Hagel Schutz suchte, der wurde verschlungen, als die Erde sich auftat. Das Land erbebte unter dem Zorn des VERWÜSTERS und ächzte unter der Agonie Ägyptens. Sie erzitterte, und die Tempel und Paläste des Adels wurden aus ihrem Fundament gehoben und stürzten ein. Die Hochgeborenen starben unter den Trümmern, und das Land lag da wie gelähmt. Selbst der Große, der Erstgeborene des Pharaos, starb mit den übrigen Hochgeborenen inmitten des Schreckens und der herabstürzenden Steine. Die Kinder der Prinzen wurden hinaus auf die Straße gestoßen, und wer es nicht bis auf die Straße schaffte, starb in seiner Wohnstatt. Neun Tage lang herrschten Dunkelheit und Aufruhr, und ein Sturm wütete mit nie gekannter Heftigkeit.

Exodus – Parallelen	
Bibel	**Kolbrin-Bibel (Ausgabe 21. Jahrhundert)**
dann soll es die ganze Gemeinde Israels bei der Abenddämmerung schlachten! Von dem Blut sollen sie nehmen und damit die beiden Türpfosten und die Oberschwelle an den Häusern bestreichen, in denen man es essen wird. […] So sollt ihr es essen: Eure Hüften gegürtet, eure Schuhe an euren Füßen, euren Stab in euren Händen; ihr sollt es essen in Hast; es ist ein Pascha (Vorübergehen) für den Herrn. Ich will in dieser Nacht durch Ägypten schreiten, werde alle Erstgeborenen schlagen vom Menschen bis zum Vieh […]. Das Blut an den Häusern, in denen ihr weilt, soll euch zu einem Schutzzeichen sein; wenn ich das Blut sehe, dann schreite ich an euch vorüber. So wird euch kein Vertilgungsstreich treffen.' […] Um Mitternacht begab es sich, dass der Herr alle Erstgeburt im Ägypterland vom Erstgeborenen des Pharao, der auf seinem Thron saß, bis zum Erstgeborenen des Gefangenen im Kerker und alle Erstgeburt des Viehs schlug. Da erhob sich der Pharao in jener Nacht und mit ihm alle seine Diener und alle Ägypter. Ein großes Wehgeschrei entstand in Ägypten; denn es gab kein Haus, in dem nicht eine Leiche lag."	Als er abgeklungen war, begrub im ganzen Land der Bruder den Bruder. Die Menschen erhoben sich gegen die Machthaber und flohen aus den Städten, um in Zelten unter freiem Himmel zu leben. Die Sklaven, die der VERWÜSTER verschont hatte, verließen das ihnen verhasste Land so schnell sie konnten. Im Zwielicht einer Dämmerung, die kein Tag werden wollte, zogen sie in großer Zahl aus. So ließen sie die versengten Felder und zerstörten Städte hinter sich, über ihnen eine Decke aus wirbelndem feinem, grauem Staub. Viele Ägypter schlossen sich ihnen an, denn an der Spitze der Ausziehenden stand ein Mächtiger, ein Prinzenpriester, der dem Hofe entstammte."
Exodus 13,20-21;14,1-4.21-25.27-29: „Sie brachen von Sukkot auf und lagerten in Etam am Rande der Wüste. Der Herr zog am Tage vor ihnen in einer Wolkensäule her, um ihnen den Weg zu zeigen, bei Nacht aber in einer Feuersäule, um ihnen Licht zu spenden, sodass sie bei Tag und Nacht wandern konnten. […] Der Herr sprach zu Moses: ‚Sage den Kindern Israels, sie sollen umkehren und sich vor Pi-Hachirot zwischen Migdol und dem Meer von Baal-Zephon lagern. Ihm gegenüber sollt ihr am Meer das Lager aufschlagen! Der Pharao wird dann von den Israeliten annehmen: Sie haben sich in dem Lande verirrt, die Wüste hat sie ringsum eingeschlossen.' […] Moses streckte seine Hand aus über das Meer.	Manuskripte 6,25.30-32.35.38: „Feuer stieg hoch auf, und seine sengende Kraft ebbte erst ab, als Ägyptens Feinde das Land verlassen hatten. Wie eine Fontäne schoss es aus dem Boden und hing wie ein Vorhang am Himmel. Sieben Tage lang wanderten die Verfluchten, vorbei an Remwar und weiter bis ans Meer. Sie durchquerten die wogende Wildnis, während rings um sie her die Berge schmolzen und Blitze den Himmel zerrissen. Die Angst trieb sie voran, doch sie strauchelten oft, und die Wildnis umschloss sie. Sie wussten nicht, in welche Richtung sie sich wenden sollten, denn alles, was ihnen den Weg hätte weisen können, war unbeständig. Am Ufer des Meeres holte das Heer des Pharaos die Sklaven ein, aber ein Feuerhauch hielt es fern.

Exodus – Parallelen	
Bibel	**Kolbrin-Bibel (Ausgabe 21. Jahrhundert)**
Der Herr aber ließ mit einem starken Ostwind die ganze Nacht hindurch das Meer zurücktreten und legte so das Meer trocken. Da spaltete sich das Wasser. Die Kinder Israels schritten aber inmitten des Meeres auf trockenem Boden hindurch, während ihnen die Wasser eine Mauer zu ihrer Rechten und zu ihrer Linken bildeten. Die Ägypter rückten ihnen nach, und alle Rosse des Pharao, seine Wagengespanne und deren Mannschaft zogen hinter ihnen her, mitten in das Meer hinein. In der Zeit der Morgenwache schaute aber der Herr von der Feuer- und Wolkensäule auf das Lager der Ägypter, und er brachte das ägyptische Heer in Verwirrung. Er hemmte die Räder ihrer Kriegswagen und ließ sie nur mit Schwierigkeiten vorankommen. Die Ägypter riefen: ,Fliehen wir doch vor Israel! Denn der Herr kämpft für sie gegen die Ägypter!' […] Da streckte Moses seine Hand über das Meer aus, und das Wasser flutete um das Morgengrauen an seinen alten Platz zurück, während die Ägypter ihm gerade entgegenflohen. So stürzte der Herr die Ägypter mitten ins Meer hinein. Die Wasser fluteten zurück und bedeckten die Streitwagen samt den Mannschaften der gesamten Heeresmacht des Pharao, die hinter ihnen her ins Meer gezogen waren. Kein Einziger von ihnen blieb mehr übrig. Die Kinder Israels aber waren auf trockenem Boden inmitten des Meeres gegangen, weil die Wasser ihnen eine Mauer zur Rechten und zur Linken gebildet hatten."	Eine große Wolke schwebte über dem Heer und verdunkelte den Himmel. Etwas sehen konnte man nur dank des feurigen Glühens und der Blitze, die unaufhörlich niedergingen und die Wolken spalteten. Im Osten erhob sich ein Sturm und brauste über das lagernde Heer hinweg. Der Sturm wütete die ganze Nacht lang, und im roten Zwielicht der Morgendämmerung bebte die Erde, und das Wasser zog sich vom Ufer zurück und türmte sich auf. Eine seltsame Stille lag über allem, und dann war im trüben Licht zu erkennen, dass das Wasser sich geteilt hatte und einen Durchgang freigab. Das Land war angestiegen, doch war es aufgewühlt und bebte, und der Weg war weder geradlinig noch eben. Das Wasser wirbelte, als würde es in einer Schüssel geschwenkt. Einzig das Sumpfland lag ruhig da. Aus dem Horn des VERWÜSTERS drang ein heller, schriller Ton, der die Menschen taub machte. In ihrer Verzweiflung hatten die Sklaven Opfer dargebracht und waren in lautes Wehklagen ausgebrochen. Nun, angesichts dieser seltsamen Erscheinung, hielten sie inne. Einen kurzen Augenblick lang standen sie da und schwiegen. Dann brachen sie in Verwirrung und lautes Geschrei aus; einige drängten vorwärts, auf das Wasser zu, und stießen mit denen zusammen, die vor dem schwankenden Boden zurückwichen. Dann bahnte sich ihr in Verzückung geratener Anführer einen Weg durch das Chaos und lenkte die Menschen mitten zwischen die Wasserwände. Viele aber machten kehrt und versuchten, zum Heer des Pharaos durchzudringen, während andere am unbelebten Ufer entlang davonrannten. Als der Aufruhr sich gelegt hatte und Ruhe eingekehrt war, lag Stille über dem Land, und im roten Dämmerlicht stand das Heer des Pharaos regungslos da. Dann plötzlich stürmten die Anführer mit einem Schrei vorwärts, und das Heer erhob sich."

Nach diesem Kapitel fragen Sie sich vielleicht: „Können wir das denn überleben?" Fassen Sie Mut; wir haben es schon einmal überlebt und werden es auch wieder tun. Aus diesem Grund haben unsere Vorfahren so viel Wert darauf gelegt, ihre Erfahrungen, ihre Weisheit und ihre Prophezeiungen an uns weiterzureichen.

Die Kolbrin-Bibel (Bronzebook)

- **Manuskripte 3,9:** „Die Stunde des VERWÜSTERS steht kurz bevor."

- **Manuskripte 3,10:** „[Wenn er aber zurückkehrt,] werden die Menschen das Große Buch [so der ursprüngliche Titel dieses Werks] besitzen, das ihnen Weisheit bringt. Eine Handvoll wird sich zusammenfinden und sich wappnen. Es ist eine Zeit der Prüfung. Die Furchtlosen werden überleben, die Unverzagten werden nicht dem Untergang anheim fallen."

Marshall Masters beendet seine Internetradiosendung „Cut to the Chase" [„Auf den Punkt gebracht"] stets mit dem Satz: „Bis hinterher dann!" Mit „hinterher" sind die wunderbaren Jahre gemeint, die auf den nächsten Vorbeiflug des Planeten X folgen werden. Sie werden den Unverzagten gehören.
Bis hinterher dann!

God said to Moses
↓
I am who I am

4

Mögliche Szenarien für den Vorbeiflug 2012

Unterhält man sich mit Menschen über den Planeten X, für die das Thema Neuland ist, so ist die häufigste Frage: „Wenn das so eine große Sache ist, warum haben wir dann noch nie davon gehört?" Bleiben Sie gelassen, denn all diese Menschen haben von Kindesbeinen an vom Planeten X gehört. Nur wissen sie das nicht, weil ihnen der Zusammenhang fehlt. Der Zusammenhang – nicht aber die Fakten.

Wie wir in Kapitel 3 gesehen haben, studieren Juden wie Christen schon seit vielen tausend Jahren die letzten beiden Vorbeiflüge des Planeten X. Wir kennen diese Vorbeiflüge als biblische Allegorien, als die Geschichte von Noahs Flut und dem Exodus. Wissenschaftlich betrachtet dokumentieren diese biblischen Sinnbilder die Geburt einer Nation und ihr Existenzrecht.

Aus der Sicht des Forschers, der sich mit dem Planeten X befasst, beinhalten sie abstrakte wissenschaftliche Vorstellungen mit überlebensgroßen Figuren und packenden Geschichten, die so eindringlich sind, dass sie die Jahrtausende erfolgreich überstanden haben. Die Fakten standen schon immer in der Bibel, und dank der weltlichen Schriften der Kolbrin-Bibel haben wir nun das Werkzeug in der Hand, um diese Informationen zu entschlüsseln.

Die Entschlüsselung der Planet-X-Szenarien in der Bibel

Der bekannte Planet-X-Historiker Greg Jenner sagt: „Die Kolbrin-Bibel ist der Rosettastein des Planeten X." (Siehe hierzu auch „Anhang B – Die Geschichte der Kolbrin-Bibel".) Dieser alte Text, der voller Weisheit steckt, stellt nicht nur einen quasi mit Rosettasteinen gepflasterten Weg zur Bibel dar, sondern knüpft auch an zahlreiche andere Überlieferungen und weltliche Prophezeiungen an. Oder wie die Menschen im alten Rom so treffend sagten:

„Uno itinere non potest perveniri ad tam grande secretum."
(Das Herz eines so großen Geheimnisses kann nicht auf nur
einem Wege erschlossen werden.)

Wer bereit ist, diese philosophische Weisheit anzunehmen, für den ergibt sich aus der Untersuchung aller historischen Berichte über die beiden letzten Vorbeiflüge des Planeten X ein deutliches Muster. Auf der Mikroebene lösten diese beiden Vorbeiflüge verheerende Katastrophen auf der ganzen Erde aus. Diese werden in den biblischen Geschichten von Noahs Flut und dem Exodus beschrieben. Nur dort? Nein!

Auf der Makroebene finden wir ähnliche Geschichten in den Überlieferungen und niedergeschriebenen Weisheiten praktisch aller Naturvölker der Erde. Unabhängig von der jeweils benutzten Allegorie schildern sie alle Noahs Flut und den Exodus wie in der Bibel beschrieben und stimmen auch in der Datierung mit dieser überein.

Besonders interessant sind die markanten Parallelen zwischen den hebräischen Berichten über die beiden Ereignisse in der Thora (dem Alten Testament) und den ägyptischen Schilderungen in der Kolbrin-Bibel. Beide Texte stammen aus demselben Zeitraum und decken sich häufig in den wichtigsten Punkten.

So vermeiden es sowohl der hebräische als auch der ägyptische Text, in der Geschichte vom Exodus die Namen des Pharaos und seiner Angehörigen zu nennen; in beiden Texten heißt es, Moses sei ein ägyptischer Prinz gewesen und die Ägypter hätten den Juden Edelmetalle und -steine geschenkt.

Es gibt auch Abweichungen. So berichtet die hebräische Version beispielsweise, dass Moses einen Großteil, wenn nicht gar seine gesamte Schar über die freigelegte Landbrücke durch das Rote Meer führen konnte, bevor das Heer des Pharaos vernichtet wurde. Dagegen heißt es im ägyptischen Bericht, dass mehr als die Hälfte der Israeliten niedergemetzelt wurde, bevor die Fluten wieder über der Landbrücke zusammenschlugen. Auch ist dort zu lesen, dass der Pharao am Roten Meer starb und Ägypten kurz nach dieser verheerenden Niederlage aus dem Süden von hungerleidenden Armeen angegriffen wurde, die ebenfalls Opfer der zehn Plagen geworden waren.

Wir werden den Exodus noch eingehender in Zusammenhang mit dem bestmöglichen Szenario weiter hinten in diesem Kapitel betrachten. Vorher aber wenden wir uns dem schlimmstmöglichen Szenario zu, dessen Grundlage Noahs Flut ist.

Wenn es darum geht, ein vollständiges Bild von den Geschehnissen während Noahs Flut zu erhalten, dann lassen sich christliche Bibel und Kolbrin-Bibel zusammenfügen wie Legosteine. Daraus erschließt sich, was genau damals geschah und wie es erneut geschehen könnte – in unserer Zeit! Und warum?

Ein Gutteil des ägyptischen Berichts über die Sintflut ging beim Brandanschlag auf die Abtei von Glastonbury im Jahr 1184 verloren. Glücklicherweise finden sich die entscheidenden Passagen der Kolbrin-Bibel, die vernichtet wurden, auch in der Thora (dem Alten Testament), und darin gibt es eine wissenschaftliche Erklärung für die „40 Tage und 40 Nächte".

Das „Worst Case Scenario" – eine Flutwelle mit Überschwemmungen und Polsprung

Als Einwand gegen die biblische Geschichte von der Sintflut wird häufig irreführend vorgebracht, dass es auf unserem Planeten nicht genug Wasser gebe, um alle Kontinente zu überfluten. Ein weiterer irreführender Einwand ist der, dass es sich bei dem „40 Tage und 40 Nächte" anhaltenden Regen, der in der Genesis erwähnt wird, bestenfalls um einen ausgewachsenen Monsunregen handele, ganz gewiss aber nicht um eine globale Überflutung. Beides stimmt, aber … diese Einwände treffen nur dann zu, wenn die Bibel ohne den entsprechenden Bezug zum Zusammenhang wissenschaftlich analysiert wird.

Wenn man dagegen wissenschaftlich korrekt an die Allegorien der Genesis und die historischen Berichte der Kolbrin-Bibel herangeht, nimmt eine Erklärung von erschreckender Tragweite Gestalt an.

Erschreckend? Ja, sofern wir die Polsprung-Prophezeiung des „schlafenden Propheten" Edgar Cayce einbeziehen. Er war der Erste, der Ende der 1920er und Anfang der 1930er Jahre für den Beginn des neuen Jahrtausends einen Polsprung vorhersagte.

Ein Polsprung findet statt, wenn sich die Erdkruste über dem Erdkern verschiebt und sich so die Lage der Kontinente im Verhältnis zur Erdachse verändert.

Um sich ein Bild davon zu machen, stellen Sie sich vor, Sie hätten gerade eine Orange geschält und die Schale dabei in einem Stück entfernt. Wickeln Sie nun die Schale wieder um das Fruchtfleisch. Die Schale stellt die Erdoberfläche mit ihren klaffenden Tiefseegräben und gewaltigen Gebirgszügen dar, und das Fruchtfleisch ist der Erdkern. Bei einem Polsprung nun verschiebt sich die „Schale" über dem „Fruchtfleisch".

Viele Menschen nehmen fälschlicherweise an, dass die Erde bei einem Polsprung sozusagen überschlägt. Zwar ist ein solch extremes Kippen theoretisch denkbar, würde aber gleichzeitig die Auslöschung allen Lebens auf der Erde bedeuten. Selbst die Kakerlaken würden das nicht überleben.

Im 19. und 20. Jahrhundert sagten zahlreiche Propheten einen Polsprung für unsere Zeit voraus. Die Weissagung von Edgar Cayce hebt sich ab, weil sie sich genau mit den Sintflutberichten in Bibel und Kolbrin-Bibel deckt.

> „Wo das Klima kalt oder subtropisch war, wird es tropischer werden, und Moose und Farne werden wachsen."
>
> *Edgar Cayce*

Was Cayces Voraussage vor allem so faszinierend macht, ist, dass er nicht von einem Umkippen der Erde spricht. Vielmehr sagt er, dass die Kontinente mehrere tausend Kilometer in andere Klimazonen driften werden. Der Unterschied liegt nicht in der Art und Weise der Folgen, sondern in ihrem Ausmaß. Wenn der Prozess tatsächlich mindestens „40 Tage und 40 Nächte" in Anspruch nimmt, können wir ein Ereignis dieser Art durchaus überleben.

Mit anderen Worten: Vor allem die Zeit, die dieser Prozess erfordert, und nicht die Entfernung, die die Kontinente zurücklegen, wird hauptsächlich darüber entscheiden, ob wir als Spezies überleben – oder nicht.

Zeit und Entfernung

Der Kolbrin-Bibel zufolge ging auch der biblischen Sintflut ein Polsprung voraus, bei dem sich die Kontinente ähnlich wie in Cayces Angaben verschoben. Auch gibt die Kolbrin-Bibel die genaue Zeitdauer an, die erstaunlich nah an die „40 Tage und 40 Nächte" der Genesis heranreicht.

Die Kolbrin-Bibel (Ausgabe 21. Jahrhundert)

- **Nachlese 4,24:** „Am Abend VERÄNDERTE SICH DIE POSITION DER STER-NE, sie zogen über den Himmel zu neuen Orten [es kam zum Polsprung]. Dann folgte die Flut [durch den Polsprung schwappten die Ozeane über die Landmassen]."

- **Nachlese 4,27:** „DIE MÄCHTIGE WELLE HOB DAS SCHIFF AN [damals war von einer Welle die Rede – nicht von einer Überflutung] und trug es über die Trümmer hinweg, aber dank der Lage des Ortes, an dem es gebaut worden war, wurde es nicht gegen die Berge geschleudert."

- **Nachlese 4,28:** „Die Wasser schwollen an bis zu den Berggipfeln und füllten die Täler. Doch sie stiegen nicht wie Wasser, das man in eine Schüssel gießt, sondern kamen in einer GEWALTIGEN STURZFLUT [ähnlich einem Tsunami, der eine Abfolge von Wellen darstellt]."

In der Kolbrin-Bibel ist nicht von einer plötzlich eintretenden Katastrophe die Rede. Wie in der Bibel ist das Ereignis auch hier ein Vorgang, der sich über mehrere Wochen erstreckte. Hätte es sich in nur wenigen Tagen vollzogen, wäre die Sintflut ein „Extinction Level Event" (ELE) gewesen, also ein Ereignis, das das Aussterben aller Lebensformen auf der Erde nach sich gezogen hätte. Denn die Plattenbewegung hätte heftige Beben ausgelöst und gleichzeitig Atmosphäre und Ozeane aus dem Gleichgewicht gebracht.

Ein Polsprung innerhalb weniger Stunden würde so heftige Erdbeben auslösen, dass sie nicht einmal mehr auf der Richterskala erfasst würden. Einige davon könnten so stark wie ein Sonnenbeben ausfallen. Ein jüngst beobachtetes Sonnenbeben wurde durch eine gewöhnliche Sonneneruption ausgelöst. Die dabei freigesetzte Energie entsprach in etwa einem Erdbeben der Stärke 11,3. Mit anderen Worten: Es besaß vierzigtausendmal mehr Energie als das Beben, das 1906 das kalifornische San Francisco dem Erdboden gleichmachte.

Solch gewaltige Beben würden die Kontinente und Meeresböden in eine schwankende seismische Gelatinemasse verwandeln, und die Atmosphäre würde mit über tausend Kilometern pro Stunde über die Oberfläche unseres Planeten hinwegfegen, begleitet von kilometerhohen Tsunamis.

Ein ELE dieser Größenordnung wäre so verheerend wie das, welches sich vor etwa 488 Millionen Jahren beim Übergang vom Kambrium zum Ordovizium ereignete. Schlimmer noch, es könnte sich als so katastrophal wie das starke Asteroidenbombardement vor 3,9 Milliarden Jahren erweisen, das 99 Prozent allen Lebens auf der Erde auslöschte.

Schlimmstenfalls würde ein Gutteil aller höheren Lebensformen dieses Planeten sowie aller einzelligen Organismen vernichtet werden. Doch weder in den alten Überlieferungen noch in historischen Texten ist von einem solch furchtbaren Ausgang die Rede. Was steht uns stattdessen bevor? Und können wir es überleben?

Eine Sintflut mit Überlebenschancen

Geschichten von der Sintflut finden sich weltweit, was beweist, dass man ein globales ELE durchaus überall überleben kann.

Wie ein solches Ereignis ablaufen könnte, lässt sich am Beispiel einer Polverschiebung um 5.000 Kilometer veranschaulichen. Das entspricht in etwa einer Verschiebung des nordamerikanischen Kontinents bis zum heutigen Nordpol.

Zeit – Thora (Altes Testament): 960 Stunden

- **Genesis 7,11:** „[…] und die Fenster des Himmels öffneten sich."

- **Genesis 7,12:** „Und es ergoss sich ein Regen auf die Erde 40 Tage und 40 Nächte lang."

- **Genesis 7,17:** „Die Flut ergoss sich über die Erde 40 Tage lang; die Wasser wuchsen an, sie hoben die Arche, und diese stieg von der Erde empor."

- **Genesis 7,24:** „Und die Wasser stiegen auf Erden an, 150 Tage lang."

Entfernung – Edgar Cayce: 5.000 Kilometer

- „[…] Wo das Klima kalt oder subtropisch war, wird es tropischer werden, und Moose und Farne werden wachsen."

Im vorhin angeführten „Worst Case Scenario" vollzieht sich der Polsprung innerhalb weniger Stunden, wobei die Erde um 180 Grad kippt und Erdbeben von der Stärke eines Sonnenbebens möglich sind. Ein Sonnenbeben kann vierzigtausendmal mehr Energie freisetzen als das Erdbeben, das 1906 San Fransisco in Schutt und Asche legte.

Dehnen wir dieses Schreckensszenario nun im Geiste um einige Stunden auf den biblischen Zeitraum von 960 Stunden, und gehen wir dabei von einer Polverschiebung um 5.000 Kilometer aus, wie Edgar Cayce sie prophezeit hat. Dann nämlich kommt eindeutig ein Ergebnis zu unseren Gunsten heraus!

Biblischer Zeitraum + Cayce-Entfernung = Überleben

Eine Polverschiebung um 5.000 Kilometer über einen Zeitraum von 960 Stunden hinweg bedeutet, dass sich die Pole um 125 Kilometer pro Tag bewegen. Daraus ergibt sich eine Durchschnittsgeschwindigkeit von 5,2 Kilometern pro Stunde.

Bedeutet dies, dass wir einen Polsprung überleben könnten? Ja, denn Zeitraum und Entfernung entsprechen in diesem Fall der Geschwindigkeit, mit der sich der Boden 1906 beim Erdbeben in San Fransisco bewegte. Zugegeben, selbst ein Ereignis dieser Größenordnung wäre verheerend, aber durchaus zu überleben.

Denkbar wäre auch ein noch gemäßigterer Ablauf, sofern die Erdkruste sich in etwa gleichmäßig verschiebt. Auch in diesem Fall wäre eine starke Erdbebenaktivität zu erwarten, aber nicht fortlaufend, und wer das Ereignis auf hoher See oder tief im Untergrund aussitzt, hat hohe Überlebenschancen. Die größte Opferzahl wird an den Küsten und in Küstennähe zu beklagen sein.

Was wir zu erwarten haben

Der Begriff „gewaltige Sturzflut" in der Nachlese 4,28 der Kolbrin-Bibel beschreibt genau, was wir zu erwarten haben. Die Ozeane werden über die Landmassen hinwegbranden und ganze Kontinente überfluten, allerdings nicht in Gestalt eines Tsunamis wie in Sumatra. In der Kolbrin-Bibel heißt es nämlich zudem, dass zuerst die Sterne ihre Position ändern und danach das Wasser steigt.

Somit leitet die Verschiebung der Erdkruste den Polsprung ein. Daraufhin überfluten die Meere langsam, aber unaufhaltsam das Land. Sozusagen in Zeitlupe, wie Wasser, das über den Rand eines Eimers schwappt.

Die Ozeane folgen den sich verschiebenden Kontinenten also zeitversetzt. Oder anders gesagt: Land und Meer bewegen sich nicht gleichzeitig.

Nun haben wir eine wissenschaftlich nachvollziehbare Erklärung, die den 40 Tage und 40 Nächte andauernden Regen in der Bibelgeschichte von Noah belegt:

Auch die Atmosphäre verschiebt sich zeitversetzt zu Land und Wasser. Dadurch wird die feuchte Ozeanluft über die Landmassen geschoben, wo sie aufsteigt und als sintflutartiger Dauerregen auf die Erde niedergeht, der während des Polsprungs und auch noch Tage danach anhält.

Das Land verschiebt sich vor dem Wasser. Die Luft wird leichter mit der Erde Schritt halten können als die Meere, da sie weniger Masse besitzt und stärker auf Reibung reagiert. Sie wird buchstäblich mitgeschleift. Die feuchte Meeresluft wird über die Landmassen gedrückt, steigt auf und geht als heftiger Regen nieder.

Tod in den Fluten

Sowohl in der Thora (dem Alten Testament) als auch in der Kolbrin-Bibel überleben die Hauptfiguren und ihre Angehörigen die Sintflut in schwimmenden Archen aus Holz. Obwohl sie von den meisten mit spöttischem Unglauben bedacht wurden, nutzten sie die ihnen angebotenen Informationen und bereiteten sich entsprechend vor.

Das Gleiche geschieht heute auf ähnliche Weise. In Kapitel 10, „Archen für die Auserwählten", werfen wir einen Blick auf die zahlreichen See- und Landarchen, die derzeit von verschiedenen Regierungen gebaut werden.

Diejenigen, die auserwählt sind, diese Archen zu bevölkern, werden eine Phase tiefster Angst durchmachen. Alle Zurückbleibenden kommen mit Sicherheit um, sofern sie sich nicht rechtzeitig in Sicherheit bringen. Schaffen sie dies nicht, werden sie von den reißenden Fluten erfasst, die Unrat und giftige Chemikalien mit sich führen. Sowohl Landsäugetiere als auch Meereslebewesen ereilt das gemeinsame Schicksal eines Todes durch Vergiftung, stumpfe Gewalteinwirkung oder Zerquetschung.

So mancher mag denken, dass die Lebewesen der Tiefsee verschont bleiben, aber das stimmt nicht. Die Turbulenzen im tosenden Wasser schleudern sie so schnell nach oben, dass sie durch den starken Druckabfall sterben.

Praktisch jede Spezies auf diesem Planeten wird in Mitleidenschaft gezogen, da ihr natürlicher Lebensraum zerstört wird. Ebenso werden auch die meisten vom Menschen errichteten Gebäude fortgerissen, und unsere Zivilisation, wie wir sie kennen, wird enden. Die Schätzungen gehen auseinander, doch die meisten gehen davon aus, dass 90 Prozent aller Landlebewesen, darunter der Mensch, ausgelöscht werden. Auch ein Großteil der Meereslebewesen wird sterben, und Süß-, Salz- und Brackwasser werden mit verwesenden Kadavern, Trümmerteilen, Bäumen, Schutt etc. angefüllt sein.

So düster dieses „Worst Case Scenario" auch anmutet, besteht doch Hoffnung. In Genesis 9,8.11 heißt es: „Gott sprach zu Noah und seinen Söhnen: [...] ‚Meinen Bund errichte ich mit euch: Es soll niemals wieder alles Leben von den Wassern der Flut ausgerottet werden, ja es soll keine Flut mehr kommen, die Erde zu verderben!'"

Hoffen wir es! Kommen wir nun zum „Best Case Scenario".

Das bestmögliche Szenario – die zehn Plagen 2012

Stellen Sie sich folgende Frage: In wie vielen Haushalten findet sich heute noch eine Ausgabe von Charles Darwins Buch „Die Entstehung der Arten" im Regal? Oder Aesops Fabeln oder die Märchen von Hans Christian Andersen? Und wie wahrscheinlich ist es, dass sie in hundert Jahren noch immer dort stehen?

Damit ist gemeint, dass wissenschaftliche Beobachtungen (ganz gleich, ob man sie für richtig oder falsch hält) dazu neigen, mit den Jahren zu verstauben. Natürlich werden wir auch in hundert Jahren noch Darwin lesen, doch ganz bestimmt wird sich das Interesse an den wissenschaftlichen Texten aus Darwins Zeit nach und nach verlieren. Schon jetzt hat es stark nachgelassen. Bestimmte Wahrheiten überdauern nur in Form von Allegorien, Überlieferungen und Märchen.

Sämtliche Volkssagen, Weisheiten und Mythen verwenden Allegorien, damit bestimmte Tatsachen über wichtige Ereignisse der Menschheitsgeschichte den Lauf der Zeit über Generationen hinweg überdauern. So gesehen ist die biblische Geschichte von den zehn Plagen im Exodus eine allegorische Zeitmaschine mit zehn wissenschaftlichen Beobachtungen in dieser Reihenfolge:

Nummer	Hebräischer Name	Deutsche Bezeichnung	Exodus
1	Dam	Wasser wird zu Blut	7,14-25
2	Tsfardeia	Frösche	7,26 – 8,11
3	Kinim	Läuse bzw. Flöhe	8,12-15
4	Arov	Hundsfliegen	8,16-28
5	Dever	Rinderpest	9,1-7
6	Shkhin	Geschwüre	9,8-12
7	Barad	Hagel und Feuer	9,13-35
8	Arbeh	Heuschrecken	10,1-20
9	Choshech	Dunkelheit	10,21-29
10	Makat Bechorot	Tod des Erstgeborenen	11,1 – 12,36

Alle zehn wissenschaftlichen Beobachtungen haben die Zeit überdauert, weil sie sorgfältig in eine bewegende, sehr menschliche Allegorie eingebaut wurden, in der Gott laut der hebräischen Variante des Exodus in der Thora (dem Alten Testament) einen hartherzigen Pharao bestraft.

Vergleichen wir dies mit der ägyptischen Variante in der Kolbrin-Bibel, erhalten wir die einzigartige Gelegenheit, die Legende von den zehn Plagen vom Schleier der Zeit zu befreien. Nun können wir die wissenschaftlichen Beobachtungen sowohl der Hebräer als auch der Ägypter entschlüsseln, wodurch wir die globale Katastrophe, die sich während des letzten Vorbeiflugs des Planeten X ereignete, als vollständiges Bild betrachten können. Eine Katastrophe, die im Vergleich mit dem oben beschriebenen Polsprung und der Flut weit weniger verheerend war.

Bevor wir die hebräische Version des Exodus entschlüsseln können, müssen wir uns zunächst der Ursache zuwenden. Diese bestand laut den Ägyptern nicht etwa in der Bestrafung eines hartherzigen Pharaos, sondern im Planeten X, der Meteoritenhagel, eine erhöhte vulkanische Aktivität und Erdbeben auslöste.

Wenn wir den hebräischen und den ägyptischen Bericht vergleichen, sehen wir, dass die im Exodus beschriebenen zehn Plagen keine unzusammenhängenden Ereignisse sind. Vielmehr ist jede der Plagen ein Glied in einer zusammenhängenden

Kette aus Katastrophen, in der jede Plage ein natürliches Systemversagen darstellte, das durch die Auswirkungen des Planeten X verursacht wurde. Wie bei allen katastrophalen Fehlern häuften sie sich nach und nach an, bis schließlich das gesamte System zusammenbrach.

Wenn wir die einzelnen Glieder dieser im Exodus beschriebenen Kette von Katastrophen untersuchen, ergibt sich ein Szenario, wie es im Jahr 2012 höchstwahrscheinlich eintreten wird. Ein Szenario, das auf historischen Fakten beruht!

Die erste Plage – Wasser, das zu Blut wird

Suchen Sie eine örtliche Ziegelei auf, und fragen Sie einmal nach, wie die Ziegelsteine, mit denen wir unsere Häuser verkleiden, eigentlich so schön rot werden. Die Antwort wird einfach ausfallen: „Wir fügen der Mischung Eisen hinzu."

Vergessen Sie nicht, dass der Planet X aller Wahrscheinlichkeit nach ein Brauner Zwerg ist. Als ungeborene Sonne dürfte er von einer großen protoplanetaren Scheibe umgeben sein, die aus unterschiedlich großen Objekten besteht, angefangen bei der Größe eines Staubkorns. Viele davon werden die Erde als Eisenmeteoriten treffen, während der Planet X das Zentrum unseres Sonnensystems durchquert.

Und genau das Eisen dieser Meteoriten verwandelte das Wasser in Blut, so wie Eisen auch den dekorativen Ziegelsteinen ihre intensive, blutrote Farbe gibt. Das Eisen sorgte dafür, dass das Wasser des Nils ungenießbar wurde.

Menschen, die auf dem Land leben und ihr Wasser aus Brunnen beziehen, sind gemeinhin mit einer hohen Eisenkonzentration im Wasser vertraut. Selbst in geringen Mengen verfärbt es Toilettenschüsseln und verleiht dem Wasser einen widerlichen Geschmack.

Malen Sie sich nun eine tausendfach höhere Eisenkonzentration aus. Das ist es im Grunde genommen, was während der ersten Plage geschah. Das Eisen, welches das Wasser in Blut verwandelte, stammte aus den Eisenmeteoriten. Es sorgte zudem dafür, dass man das Wasser nicht mehr trinken konnte. Aber das war nicht das einzige Problem, das die Meteoriten nach sich zogen.

Die zweite Plage – Frösche

Im August 2004 fanden Forscher der Universität von Arizona heraus, dass Schreibersit, ein in Eisenmeteoriten vorkommendes Eisen-Nickel-Phosphat, die großen Phosphorvorkommen auf der Erde erklären könnte.

Phosphor ist eine Substanz, die im Universum weit verbreitet ist, und Phosphorbestandteile werden sowohl zur Herstellung von Streichhölzern als auch von Brandbomben, Artilleriegranaten und Mörsermunition verwendet.

Die siebte Plage, der mit Feuer vermischte Hagel, belegt eindeutig, dass der Planet X Meteoriten auf die Erde niederhageln ließ, die hohe Konzentrationen an phosphorhaltigem Schreibersit enthielten.

Der Schreibersit verwandelte das Nilwasser nicht nur in eine blutrote Umweltka-
tastrophe, sondern machte das Wasser auch noch für Mensch und Tier ungenießbar.
Leider erwies Schreibersit sich auch noch als idealer Nährboden für Algen.

Blaualgen sind in vielen Teilen der Welt verbreitet, insbesondere in Ägypten und
Amerika. Ihr Hauptnährstoff ist Phosphor, und der Meteoritenhagel, der auf die Erde
niederprasselte, sorgte dafür, dass die Alge sich explosionsartig vermehrte.

Eine Blaualgenblüte ist auf zweierlei Weise tödlich für anderes Leben. Zum einen
entzieht sie dem Wasser Sauerstoff, und zum anderen setzt sie das tödliche Nervengift
Mikrozystin frei. In niedriger Konzentration ist Mikrozystin ein starkes Reizmittel. Die
Konzentration im Nil stieg an, und diese Menge an Mikrozystin reizte die Froschhaut
im Wasser schließlich so sehr, dass sie den Fluss scharenweise verließen.

Die dritte Plage – Läuse

In der Thora bezeichnet das Wort „Tsfardeia" den gewöhnlichen Frosch, aber der
Begriff umfasst auch alle anderen Arten von Fröschen und Kröten. Diese Differenzie-
rung ist aus zwei Gründen wichtig: Erstens bedeutet es, dass auch die Kröten wegen
des steigenden Mikrozystingehalts durch die Blaualgen das Wasser verließen.

Und zweitens ist es wichtig, weil Kröten sich hauptsächlich von Läusen ernähren.
Da der Hauptfeind nicht mehr da war, stieg die Läusepopulation so stark an, dass sie
zur Plage wurde.

Die vierte Plage – Hundsfliegen

Die Hundsfliege ist auch als Wadenstecher bekannt. Gerade in wärmeren Regionen sind diese blutsaugenden Fliegen eine wahre Qual für Menschen, Haustiere und
Vieh.

Als die Algen den Sauerstoff im Wasser zunehmend durch Mikrozystin ersetzten,
starben nach und nach die verschiedenen Lebewesen im Nil. Dies schuf die idealen
Voraussetzungen für die Hundsfliegenplage.

Im Gegensatz zu den Fröschen und Kröten waren die Wasserlebewesen des Nils
dazu verdammt, elendig zugrunde zu gehen. Viele Insektenarten mästeten sich an
den verwesenden Kadavern, die in Ufernähe trieben.

Auch die Hundsfliegenplage beruhte aber hauptsächlich auf dem Mikrozystin im
Wasser, weil dieses dem Vieh und anderen Tieren den wichtigsten Schutzmechanis-
mus gegen die massenhafte Vermehrung der Hundsfliegen nahm: bis zum Hals im
Wasser zu stehen. Das bescherte den blutsaugenden Hundsfliegen ein ausgesprochen
geruhsames Festmahl an gepeinigten Tieren.

Die fünfte Plage – Rinderpest

Pro Jahr sterben mindestens drei Millionen Menschen an Malaria, und in der Dritten Welt ist sie die vierthäufigste Todesursache für Kinder unter fünf Jahren. Am schlimmsten trifft es dabei jüngere Kinder in Schwarzafrika.

Wie die blutsaugende weibliche Anophelesmücke, die den Malariaparasiten überträgt, verbreitet auch die „Arov" (Hundsfliege) den Tod auf ähnliche Weise. Es ist bekannt, dass der Wadenbeißer, ihr Äquivalent unserer Breitengrade, Krankheiten wie Milzbrand, Equine Infektiöse Anämie (EIA) und Anaplasmose auf Tiere überträgt. Zudem bilden sich in den Bisswunden häufig Sekundärinfektionen.

Das erklärt, warum das Vieh der Hebräer der Plage entging. Die Ägypter tränkten ihr Vieh am Nil. Dort erwartete es der dreifache Tod:

1. Die Tiere konnten wegen des Eisens aus den Meteoriten das Wasser nicht trinken.

2. Das Mikrozystin hinderte sie daran, sich im Wasser vor den Hundsfliegen in Sicherheit zu bringen.

3. Flüssigkeitsmangel in Verbindung mit den Bissen der Hundsfliegen schwächte ihre Immunabwehr und machte sie so anfällig für seuchenauslösende Parasiten.

Die Hebräer sahen, dass etwas mit dem Wasser nicht stimmte, und hielten ihre Rinder vom Fluss fern. Daher traf die Plage vor allem das ägyptische Vieh, unter dem die Seuche sich aufgrund der explosionsartigen Vermehrung der Hundsfliegen schnell ausbreiten konnte.

Die sechste Plage – Geschwüre

Der Nil lieferte nicht nur Trinkwasser, sondern diente auch zum Baden, Wäschewaschen und Auffangen von Abwasser. Wasser, das durch Blaualgen Mikrozystin enthält, reizt die menschliche Haut und kann in hohen Dosen sogar tödlich sein. Selbst kleinere Verletzungen an Händen und Füßen, wie sie durch harte Arbeit entstehen, entzünden sich unter diesen Umständen und führen zu schwer behandelbaren Geschwüren.

Damit sich Geschwüre aber seuchenhaft ausbreiten können, muss noch etwas anderes gegeben sein. In den hebräischen Berichten der Genesis finden wir in dem Begriff „Shkhin" (der gemeinhin mit „Geschwüre" übersetzt wird) einen Hinweis darauf.

Den Hebräern zufolge wurde die Hautkrankheit Shkhin durch Ruß verursacht. Auch heute noch zeitigt Ruß viele Todesopfer. Pro Jahr sterben in der Dritten Welt knapp zwei Millionen Kinder und Erwachsene durch Rauch und Ruß von Kochfeuern im Innern von Gebäuden ohne Entlüftung.

Ruß ist so tödlich, weil er Aktivkohle enthält, die aus chemischer Sicht sehr reaktionsfreudig ist. Er reizt und schädigt nicht nur das Lungenfell, sondern auch die Haut, und zwar ebenso stark wie das Mikrozystin der Algen. Was die Shkhin-Geschwüre anbelangt, so ist jede Hautverletzung, die von hohen Mikrozystinmengen im Badewasser zusätzlich gereizt wird, auch nach heutigem Standard nur schwer heilbar.

Die siebte Plage – Hagel und Feuer

Zwar werden die in der Thora (im Alten Testament) beschriebenen zehn Plagen sehr sachlich dargelegt, doch wurde offenbar ihre Reihenfolge vertauscht, um einen dramatischen Effekt zu erzielen. Dem Prinzip von Ursache und Wirkung zufolge müsste aufgrund der Wechselbeziehungen zwischen den ersten sechs Plagen eigentlich die siebte Plage an erster Stelle stehen.

Vergessen Sie nicht, dass sich die Plagen nicht in einer perfekten linearen Abfolge ereigneten, sondern zeitversetzt und parallel stattfanden. Damit aber eine Allegorie wie die des Exodus in der Thora (dem Alten Testament) überdauern kann, muss sie ein einfaches lineares Schema besitzen. Ein Schema, das der Leser leicht verstehen und sich einprägen kann.

Im Gegensatz zu vergangenen Generationen besitzen wir heute den wissenschaftlichen Hintergrund und das Verständnis, um die dreidimensionale Ereignismatrix des Exodus rekonstruieren zu können. Dennoch sind wir versucht, „erdgebundenen" Erklärungen zu verfallen, die auf den ersten Blick in hohem Maße logisch erscheinen, aber ihre Gültigkeit komplizierten Ausnahmeerscheinungen verdanken.

Eine solche wissenschaftliche Erklärung für die siebte Plage ist die Theorie, dass sie durch den Ausbruch des Santorin im Mittelmeer hervorgerufen wurde. Ägypten aber ist zu weit vom Santorin entfernt, als dass der Lavaregen das Land hätte treffen können. Zwar liefert die Vulkantheorie eine Erklärung, doch gründet sie sich auf eine unterbrochene Ursache-Wirkungs-Kette.

Kommen wir zurück auf den hebräischen Bericht in der Thora (im Alten Testament), in dem es heißt, die siebte Plage sei mit Feuer vermischter Hagel gewesen. Dies wird ausdrücklich vom ägyptischen Bericht in der Kolbrin-Bibel bestätigt.

- **Nachlese 4,24:** „Der Verwüster ritt auf einer GROSSEN, SCHWARZEN, SICH VOR-WÄRTS WÄLZENDEN WOLKE heran. […] Die Bestie, die den Verwüster begleitete, öffnete ihren Schlund und stieß FEUER UND HEISSE STEINE UND ÜBELRIECHEN-DEN RAUCH aus."

Diese aus der Kolbrin-Bibel stammende Beschreibung schreibt den mit Feuer vermischten Hagelschauer eindeutig der Gegenwart des Verwüsters zu. Somit wird ein auf die Erde niedergehender Feuerregen durch einen Meteoritenschauer verursacht – und nicht durch Vulkanismus.

Dies ist auch die einzige Erklärung für die Eisen- und Kupferverbindungen (wie zum Beispiel Schreibersit), die auf die Erde herabregneten und auf einfache, zusammenhängende Weise die ersten sechs Plagen auslösten. Oder anders gesagt: Wenn man die siebte Plage den vom Verwüster verursachten Meteoritenschauern zuweist, dann fügt sich alles zusammen, ohne dass ein Rückgriff auf problematische Ausnahme-erscheinungen erforderlich wird.

Somit ist die Kolbrin-Bibel nicht nur der „Rosettastein des Planeten X", wie der Planet-X-Historiker Greg Jenner ihn nannte; sie erfüllt auch die Kriterien von Ockhams Rasiermesser, ein Prinzip, das meist wie folgt formuliert wird: „Von mehreren mögli-chen Lösungen ist wahrscheinlich die einfachste die richtige."

Die achte Plage – Heuschrecken

Sowohl die hebräischen als auch die ägyptischen Berichte nennen Moses und den nicht namentlich genannten Pharao als Hauptfiguren des Exodus. Beide Texte sind sehr darauf bedacht, den Namen des Pharaos und seiner Familie zu vermeiden.

Beide Berichte unterscheiden sich allerdings im Handlungsrahmen. Die hebräi-sche Version konzentriert sich vor allem auf Moses und den Pharao und auf wenig mehr. Folglich werden die Plagen Gott zugeschrieben, der den Pharao für dessen Hart-herzigkeit straft. Dadurch entsteht der Eindruck, dass es sich um ein rein ägyptisches und nicht etwa um ein überregionales oder globales Ereignis handelt.

Im ägyptischen Bericht dagegen heißt es, dass die zehn Plagen des Exodus so-wohl das eigene Volk als auch angrenzende Länder betrafen. Mit anderen Worten: Der Exodus war mindestens ein großflächiges, überregionales Ereignis, und der ein-deutige Beweis dafür ist die achte Plage. Bei ihr handelte es sich nicht einfach um einen Heuschreckenschwarm, sondern um die schlimmste Heuschreckenplage der Menschheitsgeschichte.

Bedenkt man, dass ein typischer afrikanischer Heuschreckenschwarm pro Tag schätzungsweise 80.000 Tonnen Pflanzen vertilgt, so übersteigt es schier die Vorstel-lungskraft, sich ein solches Ereignis in biblischem Ausmaß vorzustellen. Um also das Verbindungsstück zwischen Ursache und Wirkung einer derart ausufernden Heu-schreckenplage und dem Planeten X zu finden, müssen wir zunächst feststellen, was Heuschrecken dazu bewegt zu schwärmen. Dies ist keine leichte Aufgabe.

Seit Anbeginn der Menschheitsgeschichte hat der Drang, eine Erklärung für das Schwärmen von Heuschrecken zu finden, so manchen großen Denker beschäftigt. Die üblichen Vermutungen, es habe etwas mit Sehkraft, Hör- und Geruchssinn zu tun, brachten allerdings nie eine überzeugende Antwort.

Laut Dr. Steve Simpson von der britischen Universität Oxford werden sie das auch nicht, denn nach 25 Jahren umfassender Forschungsarbeiten hat er die Ursache ge-funden – verantwortlich ist eine genetische Reaktion, ausgelöst durch das Zusam-mendrängen auf engem Raum.

Simpson fand heraus, dass Heuschrecken ganz einzigartig auf ein schwindendes Nahrungsangebot reagieren. Anstatt zu rivalisieren, drängen sie sich zusammen.

Wenn ihre Nahrungsvorräte abnehmen, sammeln sie sich um das, was noch bleibt. Dabei stoßen sie zusammen und streichen sich gegenseitig über den Punkt am Hin-terbein, der genetisch für das Schwärmen verantwortlich ist. Wenn der empfindliche genetische Punkt am Hinterbein durch das Zusammenrücken der Tiere ausreichend stimuliert worden ist, beginnen sie zu schwärmen.

Einer Heuschreckenplage biblischen Ausmaßes muss somit ein regionaler, wenn nicht gar globaler Verlust des Lebensraums vorangegangen sein. Einen Hinweis darauf finden wir in der Kolbrin-Bibel:

- **Manuskripte 6,13:** „Im ganzen Land wurden die Bäume zerstört, und weder Kraut noch Frucht war zu finden. Ein Hagel aus Steinen donnerte auf die Erde nieder, verwüstete sie und riss alles nieder, was von diesem Sturzregen getroffen wurde. Heiß ging der Hagel nieder, und ihm folgte ein seltsames Feuer, das über den Boden floss."

Wieder werden wir auf die siebte Plage verwiesen, auf den mit Feuer vermischten Hagel. Wir erfahren, dass sich nicht nur das Nilwasser durch den Meteoritenhagel in Blut verwandelte, sondern dass der afrikanische Kontinent von eisenreichem Staub und anderen Katastrophen überrollt wurde, die Wälder, Ernte und Lebensraum zerstörten.

Zum Zeitpunkt des Exodus säumte das Reich Ägypten den Nil als grüner Streifen üppiger Vegetation. Durch eine plötzliche Nahrungsknappheit begannen Heuschreckenschwärme aus benachbarten Regionen einzufallen, und so blieben nach dem Meteoritenschauer von Ägyptens fruchtbaren Äckern und Obstplantagen nur vereinzelte grüne Oasen übrig, auf die sich die Heuschreckenschwärme stürzten.

Die neunte Plage – Dunkelheit

Die dreitägige Dunkelheit könnte durch eine Rauchwolke verursacht worden sein, die durch den Ausbruch des Vulkans Santorin entstand – günstige Umstände und eine minimale Zahl an problematischen Ausnahmen hinsichtlich der Theorie vorausgesetzt.

Wenn wir jedoch die ägyptische Schilderung der neunten Plage in der Kolbrin-Bibel lesen, stoßen wir auf eine ganz andere Erklärung:

- **Manuskripte 5,5:** „Die Unheilsgestalt ist wie ein kreisender Flammenball, der kleine feurige Sprösslinge in seiner Bahn verstreut. Er nimmt etwa ein Fünftel des Himmels ein und schickt züngelnde, schlangengleiche Finger auf die Erde nieder. Der Himmel scheint vor ihm zurückzuweichen, und der Ball zerbirst in alle Richtungen. DER MITTAG IST NICHT HELLER ALS DIE NACHT."

Die Ägypter hatten vielerlei Namen für den Planeten X, den sie als den Verwüster bezeichneten. Der Begriff „Unheilsgestalt" könnte ein weiterer Name für den Verwüster sein oder aber einen großen, zum Planeten X gehörenden Satelliten bezeichnen. So oder so ist die Botschaft eindeutig: Er erfüllte die Atmosphäre mit einer solchen Menge an verdunkelnden Teilchen, dass das Sonnenlicht drei Tage lang nicht durchdringen konnte.

Von einem Standpunkt aus, der auf Ursache und Wirkung bedacht ist, wäre es logischer, die neunte auf die siebte Plage folgen zu lassen und beide an die erste und zweite Stelle zu setzen.

Die zehnte Plage – Tod des Erstgeborenen

Von allen zehn Plagen bereitet vor allem die zehnte kritischen Denkern seit Jahrtausenden Kopfzerbrechen. Wie lassen sich die Erstgeborenen unter Mensch und Vieh ausmachen, um ihnen in finsterer Nacht einen lautlosen Tod zu bescheren? Was hat sie vergiftet?

Für eine Antwort müssen wir auf die Ursache für die zweite Plage zurückkommen, die Frösche und Kröten aus dem Wasser trieb – eine Algenblüte. Eine solche Blüte setzt im Wasser nicht nur tödliche Mengen an Mikrozystin frei, sondern zerstört durch die Freisetzung von Dimethylsulfid auch den natürlichen Sauerstoffgehalt des Wassers. Dimethylsulfid ist ein chemischer Stoff, der (mit Sauerstoff) zu Schwefeldioxid oxidiert.

Schwefeldioxid ist für Mensch und Tier so tödlich wie Zyanidgas, weil es ebenso giftig ist. Wie tödlich es ist, beweist der Tod von 945 Männern und sieben Frauen, die zwischen 1930 und 1980 in amerikanischen Gefängnissen vergast wurden. Sie alle wurde mit Zyanidgas hingerichtet.

Doch Schwefeldioxid ist nicht nur ebenso tödlich wie Zyanidgas, sondern es ist auch noch ein sogenanntes „schweres Gas". Es konzentriert sich in Bodennähe, weil es schwerer als die meisten Luftbestandteile ist. Eine überaus tödliche Substanz für alle, die auf dem Boden oder in Bodennähe liegen.

Bei den alten Ägyptern war es üblich, den erstgeborenen Söhnen einen Schlafplatz an der kühlsten Stelle des Hauses zu gewähren – auf dem Fußboden. Die übrige Familie schlief dagegen unter dem Dach, dem für gewöhnlich zweitkühlsten Ort des Hauses. Zudem war das erstgeborene Vieh oftmals in Hausnähe eingepfercht, wenn das Weideland gerade nicht nutzbar war.

Folglich waren die Erstgeborenen im Schlaf einer weit höheren Konzentration an Schwefeldioxid ausgesetzt als die restliche Familie, die weiter oben schlief. Das erstgeborene Vieh war kleiner und näher am Boden als die ausgewachsenen Elterntiere und somit während des Schlafs ebenfalls einer höheren Konzentration an Schwefeldioxid ausgesetzt.

Aber die Erstgeborenen von Mensch und Tier nahmen nicht nur eine größere Menge des Gases auf, sondern reagierten auch empfindlicher darauf. Sowohl der erwachsene Mensch als auch das ausgewachsene Rind sind körperlich weiter entwickelt und können daher bedeutend mehr Schwefeldioxid aufnehmen als die Erstgeborenen (statt „erstgeboren" sollte man besser von „jung" sprechen, da alle Kinder und nicht nur die Erstgeborenen empfindlich reagieren).

Wenn sich im Jahr 2012 ein ähnliches Szenario entfalten sollte, wird es durch die vom Menschen verursachte Umweltverschmutzung, durch die sich beträchtliche Schwefeldioxidmengen in der Atmosphäre angesammelt haben, weit schlimmer ausfallen. Schlimmer auch deshalb, weil die Umweltverschmutzung zusammen mit der globalen Erwärmung bereits jetzt in vielen Teilen der Welt ideale Bedingungen für eine großflächige Algenblüte schafft.

Die globale Botschaft des Exodus

Wir können uns natürlich darauf beschränken, im Exodus nur ein wichtiges Fest zu sehen, dass die Juden alljährlich feiern, um ihrer aus der Knechtschaft befreiten Vorfahren zu gedenken.

Wenn wir andererseits aber das Ereignis aus der Allegorie der Thora (des Alten Testaments) lösen, tritt ein einfaches, zeitloses Überlebenszeugnis zutage, das in dieser Allegorie steckt.

Dieses Zeugnis sagt uns, dass die Hebräer die Plagen ein ums andere Mal überlebten, weil sie einfache Vorsorgemaßnahmen trafen. Die Ägypter dagegen traf jede der Plagen aufgrund ihrer Anmaßung und Überheblichkeit stets unvorbereitet. Dies geht nicht etwa aus den hebräischen Berichten der Thora hervor, sondern aus ihren eigenen Schilderungen in der Kolbrin-Bibel!

Somit spricht die Geschichte des Exodus uns allen, die wir heute leben, eine eindringliche Warnung aus, und zwar unabhängig von ethnischer Zugehörigkeit und religiöser Gesinnung. Wir haben die Wahl, den nächsten Vorbeiflug des Planeten X wie die praktisch denkenden Hebräer zu überleben oder aber wie die unvorbereiteten Ägypter unterzugehen.

Es kommt im Leben auf die einfachen Dinge an!

Teil II

Die Zeichen erkennen

„Der intuitive Geist ist ein heiliges Geschenk und der rationale Geist ein treuer Diener.

Wir haben eine Gesellschaft erschaffen, die den Diener ehrt und das Geschenk vergessen hat."

Albert Einstein (1879 – 1955)

Manche sagen: „Ich werde die Brücke überqueren, wenn ich dort angelangt bin." Damit riskieren sie allerdings, sich in einer langen Warteschlange wiederzufinden. Und wenn sie dann Seite an Seite mit zahllosen anderen Menschen stehen, wird ein jeder beten, dass die Brücke standhalten möge, bis sie an der Reihe sind.

Am fernen anderen Ufer halten die Menschen, die vorbereitet waren, vielleicht kurz inne, um auf die Reihen der Wartenden zurückzublicken – oder auch nicht.

5

Das Kommende überleben

Denkmodelle beschreiben, wie wir die Welt sehen, und die meisten Menschen, die in der industrialisierten Welt leben, stützen sich auf ein materialistisches Konsumentenmodell. Wenn wir uns vor etwas fürchten, schauen wir folglich erst einmal, ob wir etwas kaufen oder beschaffen können, um besser damit fertig zu werden. In vielen Fällen leistet uns dieses Modell gute Dienste, aber für das, was uns bevorsteht, ist es einfach nicht umfassend und flexibel genug, um ein effektives Überlebensmodell darzustellen.

Was nun die Erschaffung eines Überlebensmodells angeht, so ist dieses Kapitel der Mörtel und alle übrigen sind die Ziegelsteine. Es bietet im Stil eines Handbuchs eine Strategie auf hohem Niveau, um sich ein eigenes Modell für das Überleben von Katastrophen zu erschaffen.

Wer noch damit ringt, die beunruhigenden Bedrohungen des plötzlichen Geschehens um den Planeten X und das Jahr 2012 in sein Bewusstsein dringen zu lassen, den wird die Lektüre dieses Kapitels möglicherweise ein wenig frustrieren.

Wenn Sie so fühlen sollten, ist das in Ordnung. Das ist nur natürlich und sagt nichts Nachteiliges über Sie aus. Teil I spricht das an, was unmittelbar von Belang ist, sodass Sie auf dieses Kapitel zurückgreifen können, sobald Sie bereit sind. Schließlich müssen Sie erst die Steine zusammentragen, bevor Sie den Mörtel anrühren – kehren Sie also ruhig noch einmal zu Kapitel 1 zurück.

Alle, denen die Bedrohungen von Planet X und 2012 bereits bewusst sind, mag es dagegen interessieren, wie der Mörtel angerührt wird. Wenn dies der Fall ist, sind Sie bereit für das große Ganze, das wir als die fünf Phasen des Katastrophismus bezeichnen.

Die fünf Phasen des Katastrophismus

Wer über mehrere Jahre hinweg den Planeten X und das Jahr 2012 erforscht, wird jede der fünf Phasen des Katastrophismus durchlaufen.

Phase	Beschreibung	Bewusstseinsebene
1	Ablenkung	„Ich habe keine Zeit für diesen Mist."
2	Verinnerlichung	„Oh, Mist!"
3	Artikulierung	„Den Mist muss ich mitteilen!"
4	Akzeptanz	„Mist passiert eben."
5	Erleuchtung	„Das Universum entfaltet sich seiner Bestimmung gemäß."

Jede Phase besitzt ihre eigene Bewusstseinsebene, die sich oft durch das Wort „Mist" beschreiben lässt, auch wenn dieser Ausdruck Ihnen zu derb erscheinen mag. Noch bevor wir aber diesen Abschnitt hinter uns gebracht haben, werden Sie sehen, warum er hier so gut passt.

Während wir nun jede Phase einzeln besprechen, werden Sie schnell herausfinden, auf welcher Bewusstseinsebene Sie sich befinden. Zu wissen, wo Sie im Verhältnis zu anderen stehen, ist für Ihr eigenes Überleben wesentlich.

Phase 1 – Ablenkung

Ein altes Sprichwort sagt, dass es drei Gruppen von Menschen auf der Welt gibt. Die ersten beiden bestehen aus einer kleinen Minderheit, die Dinge geschehen lässt, und einer größeren Minderheit, die beobachtet, was geschieht. Die dritte Gruppe ist die breite Masse, der es völlig egal ist, was passiert.

Diese Phase nennt sich Ablenkung, weil sie ein aktiver Zustand ist. Wir sehen, dass etwas in Konflikt mit der Bequemlichkeit oder Beständigkeit unseres Lebens steht, und daher ignorieren wir es für gewöhnlich, indem wir einfach wegschauen. Wenn dies nicht länger hilft, verunglimpfen wir die Überbringer der Botschaft mit unsachlichen Angriffen, wobei wir uns von unseren Vorurteilen, Gefühlen und Interessen leiten lassen. Ein hervorragendes Beispiel hierfür ist die Bibelgeschichte von Noahs Flut.

Anstatt zu sagen: „Vielleicht hast du ja Recht, Noah. Hast du noch eine Kabine frei, die nicht volllaufen kann?", verspotteten sie ihn und machten sich über ihn lustig. Dann aber standen sie kurz vor ihrem letzten Atemzug, traten Wasser, hämmerten mit den Fäusten gegen den Rumpf der Arche und riefen: „Es tut uns leid, dass wir so hässliche Dinge über dich gesagt haben. Könntest du jetzt bitte aufmachen? Wir ertrinken. Wir ertrin … Wir ertr … W …"

An dieser Stelle bleibt uns nur zu sagen: „Es hätte auch mich treffen können", denn die meisten von uns, die sich dessen bewusst werden, was in den nächsten Jahren geschehen wird, haben in eben dieser Phase angefangen.

Uns erging es nur deshalb anders, weil uns aus heiterem Himmel etwas traf, das uns die Augen öffnete. Wenn das einmal geschehen ist, gibt es kein Zurück mehr in die Behaglichkeit der Ablenkung. Nun bleiben Ihnen vier einfache Möglichkeiten:

1. Sie ignorieren Ihr neu entdecktes Bewusstsein mittels verschreibungspflichtiger Medikamente und Alkohol. Auf die Dauer wird das Ihre Leber nicht mitmachen, aber es bleibt Ihnen ja immer noch die nächste Möglichkeit.

2. Sie beten Ihr neu entdecktes Bewusstsein einfach fort. Anfangs im Flüsterton; dann erheben Sie die Stimme und schließlich die Fäuste. All dies ist vergebens, denn im Hinblick auf den Planeten X und 2012 scheint der Speicher von Gottes Anrufbeantworter schon seit Ewigkeiten voll zu sein.

3. Letztlich akzeptieren Sie ihr neu entdecktes Bewusstsein, und in diesem Augenblick der Offenbarung treten Sie in Phase 2 ein, die Verinnerlichung.

4. Ja, diese Phase ist alles andere als leicht zu meistern, aber bevor Sie nun Ihr neu entdecktes Bewusstsein verdammen, sehen Sie es einmal so: Was uns erwartet, ist die natürliche Auslese der Herde, und Sie erfahren dies rechtzeitig genug, um handeln zu können. Die meisten erfahren es nie.

Phase 2 – Verinnerlichung

Bevor der Planet X und das Jahr 2012 zu einer konkreten, gegenwärtigen Gefahr werden, stellt sich uns eine Frage, die schon lange das wesentliche Vorzeichen der Phase 2 darstellt: „Bin ich etwa verrückt?"

Falls auch Sie sich mit dieser Frage quälen, entspannen Sie sich. Sie kennzeichnet nur einen der Selbstkorrekturmechanismen, die unsere materialistischen Gesellschaften uns von Geburt an in die Psyche pflanzen, damit wir nicht vom Pfad des braven Steuerzahlers und Konsumenten abweichen. Somit ringen viele von uns des Nachts allein mit diesem Dilemma.

Wie die Figur des Ebenezer Scrooge aus „A Christmas Carol" hoffen wir darauf, den ersten Geisterbesuch in Gestalt seines verstorbenen Partners Marley als „einen Albtraum" abtun zu können, weil „ich etwas Schwerverdauliches gegessen habe". Tagsüber surfen wir während der Mittagspause und in jedem freien Augenblick im Internet, und was wir dort finden, sucht uns dann in der Stille der Nacht heim, um sich einzunisten.

Wir liegen im Bett, und langsam gewöhnen sich unsere Augen an das fahle Mondlicht, das ins Schlafzimmer dringt, und wir folgen mit den Augen dem Schattenmuster an der Zimmerdecke, während sich in unserer Fantasie Katastrophenszenarien abspielen.

Und so unausweichlich, wie Scrooge in einer einzigen Nacht von den drei Geistern der Weihnacht heimgesucht wurde, spulen wir im Geiste jede Nacht aufs Neue dieselben Szenen ab. Eines Nachts schließlich wird sich das Bewusstsein in unser Inneres stehlen, und wir wissen plötzlich, dass wir nicht verrückt sind. An diesem Punkt erkennen wir, dass wir die Schwelle überschritten haben, denn nun verspüren wir den Drang, Alarm zu schlagen.

Phase 3 – Artikulierung

Ein altes Sprichwort sagt: „Mit seinem Schmerz ist niemand gern allein." Dies bringt Phase 3 auf den Punkt. Bis der Planet X und das Jahr 2012 zu einer konkreten, gegenwärtigen Gefahr werden, ist dies die schmerzhafteste Phase von allen, weil Ihr Leben dadurch furchtbar einsam wird.

Zwar ist es großherzig, Alarm zu schlagen, doch vergessen die Menschen, die sich in Phase 3 befinden, dass die meisten anderen noch fest in Phase 1 verankert sind und sich auf der Bewusstseinsebene befinden, auf der sie sagen: „Ich habe keine Zeit für diesen Mist." Was daraus folgt, ist absehbar. Ihr Partner schreibt sich für 20 Stunden am örtlichen Abendgymnasium ein, auf rätselhafte Weise verschwindet Ihr Name von jeder Weihnachtskartenliste, und in Ihrem privaten Terminkalender sieht es so düster aus wie auf der dunklen Seite des Monds.

Währenddessen liegen Sie immer noch im Bett und quälen sich durch Phase 2, starren an die Schlafzimmerdecke (die sich Ihnen inzwischen mit schmerzhafter Genauigkeit eingeprägt hat) und gehen im Geiste ein Katastrophenszenario nach dem anderen durch. Dann aber passiert eines Nachts etwas ganz Wunderbares: Sie erleben eine weitere Offenbarung. Nun ist es an der Zeit, der Zimmerdecke einen neuen Anstrich zu verpassen und mit Ihrem Bewusstsein ins Reine zu kommen.

Phase 4 – Akzeptanz

Sie wissen, dass Sie in Phase 4 angelangt sind, wenn Sie wieder so schlafen können, wie es vor Phase 2 der Fall war. In dieser Phase wird Ihnen klar, dass Sie nicht verrückt sind und dass Sie mit Ihrer Gewissheit fertig werden müssen, auch wenn Sie damit alleine dastehen. Nun werden Sie mit jeder Faser Ihres Körpers spüren, wie der alte Noah sich gefühlt hat. Trösten können Sie sich damit, dass Noah genau das Richtige getan hat.

Während Phase 4 werden Sie den Planeten X und 2012 klar von Ihrem Alltag trennen. Wer Sie fragt, erhält knappe Antworten, und gute noch dazu, denn dies ist die Phase, in der Sie Ihr Leben wieder unter Kontrolle bekommen, da Sie Wissen anhäufen und nachdenken. Dies ist eine bezeichnende Phase in Ihrem Leben, weil sie Ihr Weltbild für immer verändern wird.

Früher sind Sie vielleicht gern im Wald spazieren gegangen, wobei Sie über Handy mit einem Freund geplaudert oder sich über banale Dinge unterhalten haben. Nun aber fallen Ihnen die kleinen Dinge ins Auge. Sie sehen plötzlich Eichhörnchen, die Nüsse sammeln, ein neu angelegtes Blumenbeet und vieles andere mehr.

Farben und Düfte, die der Wind Ihnen zuträgt, sind intensiver und gehaltvoller als früher. Und Sie nehmen alles in dem Wissen auf, dass dieser schlichte Moment in der Zukunft eine wertvolle Erinnerung sein wird, wenn die Erde und ihre Kinder trostlosere Tage durchleben.

Im Hinblick auf die Schaffung eines eigenen Überlebensmodells können Sie in Phase 4 verweilen, solange Sie möchten, weil Sie nun den Teil der Reise gemeistert haben, der für Ihr Überleben am wichtigsten ist. Denn Sie haben die drei wesentlichen Fertigkeiten perfektioniert, die oft über Leben und Tod entscheiden:

1. Sie sind in der Lage, Ihre Situation schnell einzuschätzen.

2. Sie sind in der Lage, einen Plan zu erstellen, der sich auf die optimalen Möglichkeiten gründet.

3. Sie sind in der Lage, diesen Plan jederzeit und entschlossen in die Tat umzusetzen.

Denken Sie darüber nach: Wenn die Katastrophen immer schneller aufeinander folgen und immer heftiger ausfallen, wie bei einer Frau in den Wehen, dann erwarten die Wenigsten, dass sie es sein werden, die im Wartezimmer ratlos auf und ab gehen.

Sie alle werden sich in Phase 1 befinden und schreiend und um sich tretend durch einen Prozess gezerrt werden, den zu durchlaufen Sie Monate oder Jahre gekostet hat. Nur dass diesen Menschen lediglich Stunden oder bestenfalls Tage bleiben. Wenn unter ihnen Menschen sind, die Ihnen nahe stehen und für die Sie sich verantwortlich fühlen, können Sie ihr Noah sein und ihnen die Luke öffnen, und sie werden Ihnen folgen. Was aber ist mit dem Rest?

Dies ist der schwierige Teil. Es ist möglich, dass Sie nur Ihre Angehörigen und Freunde retten können. Die anderen Menschen kennen Sie nicht. Diese werden unter dem plötzlichen Druck, den das Gewahrwerden der Katastrophe darstellt, die Orientierung verlieren. Das wird sie wahrscheinlich panisch, aggressiv und gefährlich machen. Wie Noah werden auch Sie mit anhören müssen, wie diese armen Seelen mit den Fäusten gegen den Rumpf Ihrer Arche hämmern, bis nichts mehr zu hören ist außer dem Knarren der unnachgiebigen Balken. Denn wenn Ihnen Ihr Leben lieb ist, sollten Sie nur versuchen, die wenigen Menschen zu retten, die Sie auch retten können.

Einige wenige treten in eine fünfte und letzte Phase ein.

Phase 5 – Erleuchtung

Am Anfang dieses Kapitels wurde Ihnen eine Tabelle wie die unten aufgeführte präsentiert, wo in den ersten vier Bewusstseinsphasen immer das Wort „Mist" auftaucht, weil Sie in diesen vier Phasen ganz auf sich selbst fixiert sind. Somit empfinden Sie alles, was Sie in diesen Phasen erleben, als „Mist", verglichen mit den weit angenehmeren Belohnungen, die eine glücklich-unbedarfte materielle Existenz bereithält.

Phase	Beschreibung	Bewusstseinsebene
1	Ablenkung	„Ich habe keine Zeit für diesen Mist."
2	Verinnerlichung	„Oh, Mist!"
3	Artikulierung	„Den Mist muss ich mitteilen!"

Phase	Beschreibung	Bewusstseinsebene
4	Akzeptanz	„Mist passiert eben."
5	Erleuchtung	„Das Universum entfaltet sich seiner Bestimmung gemäß."

Warum also kein „Mist" in Phase 5? Weil der Übergang von der vierten zur fünften Phase Sie einem Perspektivenwechsel näher bringt. Anstatt sich immer näher auf die Dynamik der Katastrophe zuzubewegen, entfernen Sie sich von ihr.

Sie spazieren nun sozusagen nicht länger durch den Wald. Stattdessen sitzen Sie auf dem Gipfel eines hohen Berges, von dem aus Sie das ganze Tal überblicken können. An diesem Punkt erkennen Sie, dass sich das Universum so entfaltet, wie es soll. Aber was bedeutet das genau?

Es bedeutet, dass Sie die Welt nicht länger durch die filternden Prismen unseres Alltagsglaubenssystems betrachten, sondern die Welt nun so annehmen, wie sie ist, mit Schönheitsfehlern und ohne zu urteilen. Das heißt aber nicht, dass Gut zu Böse wird und umgekehrt.

Vielmehr sehen Sie die Welt wieder mit den Augen eines Kindes. Sie ist, wie sie ist. Als vernunftbegabter Erwachsener werden Sie dadurch dem Kampf und den Qualen der bevorstehenden Katastrophe mit weit größerer Geistesgegenwart und einer Zielsetzung begegnen können. Damit werden Sie etwas erreichen, was man als Zen der evolutionären Katastrophen bezeichnen könnte.

Das Zen der evolutionären Katastrophen

Um es verständlich auszudrücken: Wir werden die wichtige Lektion lernen, warum unsere Kulturen schnell aufsteigen, langsam verfallen und schließlich in einer Katastrophe enden – Selbstsucht.

Selbstsucht ist ein Krebs und kein Heilmittel, und Kulturen, die sich auf Selbstsucht gründen, tragen die Saat des frühen Untergangs in sich. Das mag zunächst weit hergeholt klingen, aber wenn Sie diesen Gedanken für sich annehmen, verändert er Ihr Weltbild.

Anstatt nur für sich selbst zu leben und zudem in der Angst, die dieses Denkmodell erzeugt, fangen Sie nun an, für andere zu leben. Wenn dies geschieht, wird Hoffnung Sie beflügeln, weil Sie nun der Spezies dienen, weil Sie zu einem harmonischen Gleichgewicht zwischen Ihren eigenen Bedürfnissen und denen der anderen gefunden haben.

Ist diese radikale, neue Denkweise so unbegreiflich für uns? Nein. Tatsächlich ist es so, dass zahlreiche Urvölker durch das Modell, für andere zu leben, jahrtausendelang überdauern konnten.

Obgleich einige unter uns sie als „dumme Wilde" verspotten, müssen wir selbst diesen Zeittest erst noch bestehen. Somit sind unsere nicht nachhaltigen Konsumgesellschaften in Wahrheit keineswegs klüger, was nicht heißt, dass wir keinerlei Weisheit besitzen. Wir besitzen sogar sehr viel davon! Ein gutes Beispiel hierfür ist Albert Einstein, der einmal sagte: „Wenn die Biene einmal von der Erde verschwunden ist, hat der Mensch nur noch vier Jahre zu leben."

Kurzmeldung: Die Bienen verschwinden zunehmend als Folge des sogenannten „Völkerkollaps" (auch CCD von engl. „Colony Collapse Disorder"), der ebenso rätselhaft wie das Verschwinden der Londoner Spatzen ist. Einstein sah dies schon vor einem halben Jahrhundert kommen, und nun, da es eintritt, sitzen wir einfach weiterhin vor immer denselben Wiederholungen im Fernsehen und amüsieren uns. Währenddessen beobachten die Urvölker diese Abweichungen mit großer Sorge.

Der Grund dafür ist nicht etwa, dass wir schlechte Menschen wären. Vielmehr haben wir als Kultur darin versagt, die ganze Tragweite des Konzepts zu begreifen, dass das allerwichtigste uns zur Verfügung stehende Überlebenswerkzeug das universelle Streben nach Harmonie mit uns selbst und unserer Umgebung ist. Und genau das ist der Grund, warum Naturvölker Jahrtausende lang überleben.

Wir müssen einen harmonischen Weg finden, das, was bei ihnen funktioniert hat, mit unseren neuen technischen Fähigkeiten zu verbinden. Sobald wir dies geschafft haben, sind wir bereit, unseren Platz zwischen den Sternen einzunehmen, und das ist es, kurz gesagt, was 2012 wirklich auf uns zukommt: ein äußerst schmerzhafter Weckruf, der uns in die nächste Phase unserer Evolution katapultieren wird.

Wenn es Sie quälen sollte, dass noch nicht jeder Mensch auf der Erde diese einfache Wahrheit erkannt hat: Es liegt an der Weltsicht, die uns seit Jahrhunderten anerzogen wird.

Herrschafts- kontra Ökosystemperspektive

Jedem von uns steht es frei, die Welt entweder als Herrschaftsgebiet oder als Ökosystem zu betrachten. Einfach ausgedrückt, ist ein Herrschaftsgebiet etwas, das wir ausbeuten, ein Ökosystem dagegen ist ein Zuhause.

Der wesentliche Unterschied zwischen diesen beiden grundverschiedenen Sichtweisen der uns umgebenden Welt lässt sich am besten veranschaulichen, wenn wir mit der Herrschaftsperspektive beginnen.

Die Herrschaftsperspektive

Das erklärte Ziel der Herrschaftsperspektive besteht darin, einen Teil oder Aspekt der uns umgebenden Welt auszumachen, zu isolieren und zu benutzen, um unsere eigenen Wünsche und Bedürfnisse zu befriedigen. Wir sehen die Welt sozusagen durch die Linse einer Kleinbildkamera mit starkem Zoomobjektiv.

Wir zoomen heraus und suchen die Welt vor uns ab, und wenn wir auf etwas Interessantes stoßen, holen wir es heran und beginnen, das Bild solange gründlich heranzuzoomen und Einstellungen und Brennweite zu verändern, bis es unseren Vorstellungen entspricht. Dann betätigen wir den Auslöser und ziehen weiter. Was getan ist, ist getan.

Die Achillesferse der Herrschaftsperspektive ist, dass die übrige Welt verschwommen und außerhalb unseres Fokus bleibt, während wir uns allein auf das konzentrieren, was wir ausbeuten wollen. Wenn am Rande des Suchers etwas Großes, Verschwommenes ins Blickfeld rückt, wiederholen wir den Vorgang. Wir zoomen das neue Bild heran und passen Einstellungen und Brennweite an.

Als Folge daraus verpassen wir häufig neue Chancen, und genau darum geht es bei der Werbung. Sie fesselt unsere begrenzte Aufmerksamkeit, sodass wir heranzoomen, was auch immer uns die Werbemacher an neuen Chancen aufzudrängen versuchen. Darunter fallen auch schleichende Bedrohungen, wie zum Beispiel: Schnell, schauen Sie her, hier erfahren Sie mehr über Brustkrebs oder darüber, wie Sie Ihr Vermögen schützen können.

Bezogen auf die größeren Bedrohungen unserer Gesellschaft heißt das: Wir konzentrieren uns so sehr auf das, was wir gerade ausbeuten oder uns aneignen müssen, dass wir unsere Kamera einfach nicht schnell genug herumschwenken können, um alles aufzunehmen. Daher verlassen wir uns darauf, dass andere dies für uns tun. Oder wir tun unser Bestes, um uns innerhalb der Grenzen unseres Zoomobjektivs, das die Welt als Herrschaftsgebiet betrachtet, selbst zu informieren.

Das Ergebnis ist, dass uns die Katastrophe, die schließlich zuschlägt, häufig völlig unvorbereitet trifft, weil wir gerade etwas anderes herangezoomt hatten. Um am eigenen Leib zu erfahren, was dies bedeutet, nehmen Sie sich eine Kamera mit Zoomobjektiv und verbringen Sie einen Tag zu Hause.

Egal, wohin Sie im Haus gehen oder was Sie tun, betrachten Sie alles durch die Kamera und nur durch die Kamera. Aber so betrachten wir das Innere unseres Zuhauses natürlich nie, oder? Selbstverständlich nicht. Unser Zuhause ist unser Ökosystem, und von allen, die unser Haus betreten, erwarten wir, dass sie mit ihm und seinen Bewohnern respektvoll umgehen.

Die Ökosystemperspektive

Wenn Sie die Welt aus der Ökosystemperspektive betrachten, dann sind Sie von der Sie umgebenden Welt nicht durch eine Kameralinse getrennt. Vielmehr sind Sie dann ein Teil der Welt und haben alles im Blick, was Sie nah und fern umgibt. Dadurch erkennen Sie, wenn sich neue Möglichkeiten und Bedrohungen entwickeln, die Ihnen anderenfalls entgangen wären.

Sie sollten die Möglichkeiten zu schätzen wissen, denn Sie befinden sich im Zuhause eines anderen, und ein höflicher Gast hinterlässt kein Chaos. Ebenfalls sehen Sie noch ferne Bedrohungen wahrscheinlich viel eher, als Sie es aus einer Herrscherperspektive heraus getan hätten, wie auch sichere Pfade, auf denen Sie diese umgehen können.

Blindlings in eine Bedrohung hineinzustolpern ist in einer von Katastrophen heimgesuchten Welt sicher das Letzte, was Sie wollen. Wenn Sie im Jahr 2012 die Nummer 110 wählen, könnte es eine Weile dauern, bis jemand abnimmt – wenn überhaupt. Schlimmer noch, sollte die Lage sich so weit verschlechtern, dass es zu einem Schusswechsel kommt, wird keine Notaufnahme mit schmerzstillenden, lebensrettenden Medikamenten auf Sie warten. Vielmehr werden Sie in einer Welt leben, in der schon ein kleiner Kratzer oder ein schmerzender Zahn der Anfang eines langsamen, qualvollen Todes sein könnten.

Wenn Sie die Ökosystemperspektive einnehmen, werden Sie dadurch noch lange nicht zum Ökofreak, falls Sie Umweltschützer als solche betrachten. Sie bedienen sich damit einfach einer grundlegenden menschlichen Fertigkeit, mit deren Hilfe sich die einfachen Eingeborenen im Dezember 2004 während des Superbebens und anschließenden Tsunamis im Indischen Ozean allesamt in Sicherheit bringen konnten.

Sobald sie merkten, dass die Erde unter ihren Füßen bebte, ließen die „dummen Wilden", wie einige „zivilisierte" Menschen sie nennen, alles fallen, weil sie mit der Ökosystemperspektive aufgewachsen waren. Deshalb nahmen sie ihre Kinder an die Hand und flohen auf höher gelegenes Gelände, wobei sie etwas riefen, das sich wohl in etwa mit „Bitte, Füße, versagt mir nicht ausgerechnet jetzt den Dienst" übersetzen lässt.

Zur selben Zeit standen einige Anhänger der Herrscherperspektive – Menschen mit klimatisierten Häusern, mit Autos, Bildung und Geld – wie gelähmt da und sahen zu, wie der Ozean zurückwich und den Meeresboden freigab. Andere liefen dem weichenden Wasser hinterher, um die gestrandeten Fische aufzusammeln.

Während die „dummen Wilden" dankbar dafür waren, dass niemand der Ihren gestorben war, begruben die Anhänger der Herrscherperspektive ihre Toten und fragten: „Warum, Gott?" Wenn wir keine Antwort erhalten, sprechen wir oft von „unverzeihlichem Schmerz". Oder wir sagen: „Dafür wird jemand büßen", was uns zum Thema Regierungen und Verschwörungen bringt.

Regierungen und Verschwörungen

Verschwörungen sind das wohl älteste Gewerbe überhaupt, und von Regierungsverschwörungen wimmelt es nur so. Jeder, der Ihnen etwas anderes erzählt, profitiert entweder selbst von diesen Verschwörungen oder ist ein hirnloser Dummkopf. Es gibt sie sehr wohl; sie sind ungemein vielschichtig und weltweit besetzt mit einer Unmenge an Helden, Schurken und opportunistischen Tunichtguten jedweder Fasson.

Ja, sich dieser Verschwörungen bewusst zu sein, ist hilfreich; allerdings kann es Ihre Überlebenschancen stärker mindern als die Verschwörungen selbst, wenn Sie zu viel kostbare Zeit darauf verschwenden.

Daher machen Sie am besten einen großen Bogen um Verschwörungen. Das ist viel leichter, wenn Sie die Welt von der Ökosystemperspektive aus betrachten, weil sie Ihnen hilft, sich auf Ihre persönliche Überlebenszone zu konzentrieren.

Vielleicht tappen Sie auch in die Falle der Herrscherperspektive, die Sie in eine Situation manövriert, in der Sie wie im Schwimmbecken eines sinkenden Ozeandampfers Ihre Bahnen schwimmen. Sie können endlos Argumente für und gegen Verschwörungen wälzen, aber so viele Bahnen Sie auch im Wasser zurücklegen mögen, landen Sie doch immer wieder an Ihrem Ausgangspunkt. Dennoch ist der Vorgang so verlockend, dass Sie nicht von ihm ablassen.

Währenddessen sinkt der Ozeandampfer langsam. Sie aber sind zu abgelenkt, als dass Sie etwas merken würden, weil das Wasser im Schwimmbecken spiegelglatt bleibt. Das wiegt Sie in Sicherheit, und so schwimmen Sie weiter Ihre Bahnen, auch wenn die Dinge etwas aus dem Lot zu geraten scheinen.

Dann prallen Sie plötzlich mit dem Kopf gegen den Boden des Schwimmbeckens. Das ist gar nicht gut, denn nun hat das Schiff das letzte bisschen Auftrieb eingebüßt, das ihm noch geblieben war, und das lässt Sie zu drei sicheren Schlussfolgerungen über Verschwörungen und sinkende Schiffe gelangen:

- Die schlechte Nachricht ist, dass das Wasser im Becken nun leicht salzig schmeckt, was darauf hinweist, dass aus dem allmählichen Sinken nun eine rasante Todesfahrt in Richtung Meeresgrund geworden ist.

- Die gute Nachricht ist: Kopf hoch! Es wird ein gnädiger schneller Tod werden, und Sie sind dem Anlass entsprechend gekleidet.

- Betrachten Sie die Sache langfristig. Ihr Körper wird den Meereslebewesen als Nahrung dienen, die wiederum eines Tages in einem Schleppnetz und schließlich in einer die Libido stärkenden orientalischen Suppe landen.

Der springende Punkt hier ist, dass die Katastrophe, die auf uns zukommt, so heftig sein wird, dass sie die meisten Verschwörungen mitsamt Verschwörern in die Tiefe reißen wird. Auf den Planeten X und das Jahr 2012 bezogen heißt dies, dass wir alle Passagiere auf einem sinkenden Schiff sind. Überlassen Sie den Verschwörern die Kabinen der ersten Klasse, und begeben Sie sich stattdessen zu den Rettungsbooten.

Dies wirft eine wichtige Frage auf: Da wir ja noch gar nicht an Bord des Schiffes gegangen sind – ab wann sollten wir nach den Rettungsbooten Ausschau halten? Die Antwort lautet: Ab jetzt, und zwar mit Ihrer eigenen Vorstellungskraft.

Das Gehirn auf Überleben programmieren

Ein altes Sprichwort sagt: „Was uns nicht umbringt, macht uns stark." Zugegeben, wer dieses Sprichwort anbringt, gehört meist zu denen, die uns zugleich nach dem Leben trachten. Die Logik dahinter aber hat Bestand, weil die drohende Katastrophe nicht aufzuhalten und jenseits der menschlichen Kontrolle sein wird. Regierungen und Machtzirkel haben sich schon seit Jahrzehnten in einem Maße auf dieses Ereignis vorbereitet, wie sich nur wenige vorzustellen vermögen.

Die Betonung hier liegt auf „vorstellen". Um diesen Punkt zu veranschaulichen, wollen wir uns das Folgende vorstellen: Sie sind entschlossen, wie eine Regierung zu handeln, und als Erstes ziehen Sie einen drei Meter hohen Zaun um Ihren Garten, damit Sie vor neugierigen Blicken geschützt sind.

Im Schutze der Dunkelheit lassen Sie Ihre Stereoanlage dröhnen, während Sie sich einen hübschen Bunker in den Garten setzen. Wenn er fertig ist, stopfen Sie ihn mit Zubehör, Lebensmitteln, Treibstoff, Waffen und Munition voll und versiegeln ihn. Zur Sicherheit bauen Sie darüber eine Gartenlaube und nehmen dann einen Kredit auf Ihr Haus auf, um sich einen brandneuen Geländewagen zu kaufen. Nun sind Sie ausgestattet, und Sie leben Ihr Leben zuversichtlich weiter in dem Bewusstsein, dass Sie den besten geheimen Überlebensplan der Nachbarschaft haben.

Doch wie der Zufall es will, bricht das Chaos herein, während Sie und Ihre Familie zu Besuch bei Verwandten sind, und alles versinkt im Durcheinander. Das Stromnetz fällt aus, dem Roten Kreuz gehen die Vorräte aus, das Militär überwacht die Straßen, und die Regale in den Geschäften sind leergefegt. Doch Sie haben Glück; Sie haben den Tank Ihres Geländewagens noch rechtzeitig vor dem Chaos aufgefüllt, und nun haben Sie gerade genügend Benzin, um nach Hause zu Ihrem Bunker zu gelangen. Also alles bestens.

Die Fahrt ist alles andere als angenehm, weil Brücken eingestürzt sind und Tornados ganze Stücke aus dem Asphalt gerissen haben, aber hier ist Ihr Geländewagen in seinem Element. Sie klopfen sich selbst auf die Schulter. Wie gut Sie Ihr Geld doch angelegt haben.

Nachdem Sie den letzten Kontrollpunkt hinter sich gelassen haben, fängt Ihr Geländewagen an zu stottern. Mit dem letzten Tropfen Benzin erreichen Sie Ihre Auffahrt, bevor der Motor verstummt. Aber das ist in Ordnung. Zwar sind Sie nur mit knapper Not nach Hause gekommen, doch Sie haben ja noch weitere 400 Liter Benzin im Bunker. Wieder klopfen Sie sich auf die Schulter, während Sie und Ihre Familie aus dem Wagen springen und nach hinten in den Garten hasten. Alles bestens.

Das nächste, was Sie sehen, ist der Trümmerhaufen, der einst Ihre Gartenlaube war, und die Überreste Ihres Bunkers: ein großes Nichts. Alles ist verschwunden, und während die Wirklichkeit Sie einholt, stößt Ihre Frau Sie in die Rippen und signalisiert Ihnen aufzuschauen.

Auf dem Dreimeterzaun lauern Ihre Nachbarn. Sie zielen mit Ihren Waffen auf Sie, in denen sich Ihre Munition befindet, und sie haben nur eine Frage: „Wo ist der andere Bunker?"

Wie bringen Sie ihnen bei, dass es keinen anderen Bunker gibt?

Wie konnte es so weit kommen? Sie haben sich wie ein Konsument verhalten – und nicht wie ein Überlebenskämpfer. Konsumenten graben Bunker, stopfen sie mit Vorräten voll und kaufen praktische Überlebensfahrzeuge wie einen Geländewagen. Dann, so glauben sie, können sie weitermachen wie bisher, weil sie ihren Plan immer im Hinterkopf haben. Überlebenskämpfer dagegen nutzen den Luxus der verbleibenden Zeit auf ganz andere Weise.

Die neuronalen Netze auf Überleben programmieren

Überlebenskämpfer beginnen ihren Überlebenskampf damit, sich unter einen Baum zu setzen und sich damit zu befassen, was geschehen wird. Konsumenten erscheint dies reine Zeitverschwendung zu sein, insbesondere wenn sie an den gerade aufgestockten Bunker unter der Gartenlaube und den funkelnagelneuen Geländewagen auf der Auffahrt denken.

Doch der Überlebenskämpfer weiß, was auch jedem guten Militärstrategen bekannt ist: Wenn der Krieg beginnt, dann bestimmen die Ereignisse vor Ort die Regeln. Aus diesem Grund verbringen Militärstrategen so viel Zeit damit, sich das Schlachtfeld durch Kriegsspiele zu veranschaulichen. Dadurch schaffen sie ein Netzwerk aus Ideen und Konzepten, das es ihnen ermöglicht, angesichts einer dynamischen, sich sprunghaft verändernden Situation rasch und entschlossen zu reagieren. Irgendwann haben sie das Gefühl, dass sie so viele Variablen wie möglich durchgespielt haben und nun wissen, was sie brauchen. Erst dann gehen sie einkaufen.

Solche Kriegsspiele sind noch in anderer Hinsicht nützlich. Durch sie bilden Sie in Ihrem Gehirn neue neuronale Netzwerke aus. Bildlich gesprochen, programmieren Sie Ihr Gehirn so, dass es unter solchen Umständen aktiv zu werden weiß. Damit dies funktioniert, müssen Sie sich bildlich vorstellen, wie Sie mit all den Variablen des Kriegsspielszenarios umgehen.

Wenn Ihnen ernsthaft daran gelegen ist, die Naturkatastrophen zu überleben, die für Ihr geographisches Gebiet zu erwarten sind oder auch völlig unerwartet eintreten, ist es nun an der Zeit, dass Sie Ihre Vorstellungskraft im Sinne eines Kriegsstrategen einsetzen.

Stellen Sie sich so viele, Ihnen realistisch erscheinende, einzelne und gehäufte Bedrohungen wie möglich vor. Suchen Sie sich dann ein ruhiges Plätzchen, wo Sie mit

Ihren Gedanken allein sein können, und erforschen Sie mithilfe Ihrer Vorstellungskraft eine nach der anderen.

Schließen Sie die Augen, und stellen Sie sich selbst in einer beliebigen Alltagssituation vor. Stellen Sie sich dann vor, wie das Ereignis über Sie hereinbricht. Vielleicht beginnt es mit Sirengeheul und damit, dass Ihre Kollegen fluchtartig das Gebäude verlassen. Oder vielleicht veranstalten Sie mit Ihrer Familie gerade eine Grillparty im Garten, wenn Sie spüren, wie tief unter Ihren Füßen die Erde zu beben beginnt.

Visualisieren Sie nun weiter, wie Sie auf das Geschehen reagieren. Seien Sie ehrlich bei der Einschätzung Ihrer Reaktion. Wenn Sie sich hilflos dastehen sehen, machen Sie sich im Geiste eine Notiz, und suchen Sie nach den entsprechenden Informationen, um diese Lücke zu füllen. Einen Großteil der Informationen gibt es kostenlos im Internet oder bei den örtlichen Behörden.

Die nötigen Informationen, die Sie schließlich in den Händen halten, sind nutzlos, solange Sie sie nicht auch im Kopf haben. Suchen Sie erneut Ihr ruhiges Plätzchen auf und benutzen Sie Ihre Vorstellungskraft, um das Szenario noch einmal durchzuspielen. Wenn Sie aufrichtig glauben, ein bestimmtes Szenario im Geiste gemeistert zu haben, spielen Sie in Gedanken den nächsten Tag, die nächste Woche, den nächsten Monat usw. durch.

Bedenken Sie auch immer, dass das Jahr 2012 kein absolutes Datum ist. Es ist eine relative Schätzung für eine beschwerliche Phase, die sich über Jahre hinziehen wird. In diesem Kontext müssen Sie das Datum sehen.

Den Vorgang individualisieren

Ein weiterer Aspekt all dessen ist, dass jeder von uns seinen persönlichen Weg zum Ziel finden muss. Es gibt hier keinen Ansatz, der auf jeden zugeschnitten ist. Sobald Sie sich durch Ihr erstes Szenario gearbeitet haben, passen Sie den Vorgang an sich selbst an. Zudem sollten Sie ein Tempo anschlagen, das nicht mit Ihrem Leben in Konflikt gerät und das Sie konsequent durchhalten können.

Auch wenn diese Form der Betrachtung auf den ersten Blick deprimierend erscheint, werden Sie doch eine starke Befähigung verspüren, die das Gegengewicht zu solch unangenehmen Gedanken darstellt. So unbehaglich sich dies auch anfühlen mag, aber wollen Sie wirklich erst üben, wenn Sie schon mitten in der Katastrophe stecken, weil Sie sich auf den alten Ausspruch „Wir werden die Brücke überqueren, wenn wir dort angelangt sind" verlassen haben?

Die Brücke überqueren,
wenn Sie dort angelangt sind

Wenn dieser alte Spruch Ihnen zu suggerieren versucht, die trostlosen Gedanken durch angenehmere zu ersetzen, stellen Sie sich diese zukünftige Brücke vor. Aber nicht etwa eine der instand gehaltenen heutigen Brücken, sondern marode Konstruktionen, zwischen deren Geländern sich eine Flut von Flüchtlingen drängt.

Diese menschliche Flut ist absolut unpassierbar, und so staut sich die Warteschlange zurück bis weit hinter den Militärkontrollpunkt, den auch Sie noch hinter sich bringen müssen – sofern Ihnen das gestattet wird.

Eines der traurigsten Kapitel in der amerikanischen Geschichte, das die Überschrift „Wir überqueren die Brücke, wenn wir dort angelangt sind" trägt, stammt aus den turbulenten Tagen des Bürgerkriegs. Der Nachschub für den Krieg versiegte nach und nach, und so erteilte Präsident Lincoln General Sherman die Genehmigung zu dem historischen „Marsch zum Meer", der eine Schneise der Verwüstung durch das Herz der Südstaaten zog. General Sherman, der stetig vorrückte, brauchte ständig neue Vorräte, um seine Soldaten zu ernähren – wobei der Proviant zusätzlich noch durch die vielen tausend afrikanischen Sklaven schwand, die der Armee in die Freiheit folgten.

Angesichts der schwindenden Vorräte wurde die Lage in Shermans Armee prekär, und daraus erwuchs eine Tragödie. Sie ereignete sich, als ein Bataillon unter der Führung von Unionsgeneral Jeff Davis (der nichts mit dem gleichnamigen Konföderiertenpräsident zu tun hat) Ebenezer Creek in South Carolina erreichte. Das Wasser war zu tief und die Strömung zu stark, um hindurchzuwaten. Daher ließ Davis eine Pontonbrücke bauen.

Nachdem er alle seine Soldaten auf die andere Seite gebracht hatte, gab Davis seinen Männern den Befehl, die Seile zu durchtrennen, bevor auch die befreiten Sklaven hinübergelangen konnten. Damit ließ er etwa 5.000 Frauen, Kinder und alte Männer im Stich, denen die Konföderiertenarmee dicht auf den Fersen war.

So schnitt er den Sklaven in einem grausamen Moment den Weg in die Freiheit ab, und in ihrem verzweifelten Kampf um die Freiheit stürzten sich Hunderte in die reißenden Fluten und ertranken, während die Soldaten entsetzt vom anderen Ufer aus zusahen. Einige wenige Sklaven schafften es auf die andere Seite, doch der Großteil ging unter. Wer es nicht wagte, den Fluten zu trotzen, wurde kurz darauf von den Soldaten der Konföderierten getötet oder zurück in die Sklaverei geführt.

Als Sherman später von dem Vorkommnis am Ebenezer Creek erfuhr, stellte er sich unerschütterlich hinter Davis und sprach von einer „militärischen Notwendigkeit". Daher wurde Davis nie zur Rechenschaft gezogen oder vor Gericht gestellt. Behalten Sie dies im Hinterkopf, wenn Sie sich das nächste Mal mit einem Freund über den Planeten X und 2012 unterhalten und er zu Ihnen sagt: „Ich werden die Brücke überqueren, wenn ich dort angelangt bin."

Sollten Sie den Drang verspüren, ihm die Feinheiten von „militärischer Notwendigkeit" zu erklären, geben Sie dem nicht nach. Ihr Freund befindet sich noch in Phase 1, und wenn Sie auf Ihrer Meinung beharren, ernten Sie wahrscheinlich eine Abfuhr wie: „Ich habe keine Zeit für diesen Mist."

Das Überleben liegt in der Verantwortung jedes Einzelnen selbst. Eins können Sie noch tun, um Ihre Überlebensfertigkeiten weiter zu verbessern: Schon heute können Sie damit anfangen, Fernsehnachrichten mit ganz anderen Augen zu sehen.

Die Nachrichten innerhalb der Nachrichten verstehen

Die Medien genießen uneingeschränkte Pressefreiheit, wenn es um banale Geschichten geht – insbesondere solche, in denen attraktive, aber leider tote weiße Frauen die Hauptrolle spielen. Aus unternehmerischer Sicht sind diese Geschichten so schön, weil sie in der Produktion nicht viel kosten, dafür aber jede Menge Werbegelder einbringen. Ein zusätzlicher Bonus angesichts der Tatsache, dass das Budget für investigative Nachrichten heute so niedrig ist wie nie zuvor.

Was jenseits des Niveaus toter weißer Frauen liegt, ist relativ zu betrachten. Hier nämlich macht sich der Zusammenschluss der Medien unter einigen wenigen Mogulen für diejenigen bezahlt, die die amerikanische Medienregulierungsbehörde FCC dazu gebracht haben, mit ihrem jahrzehntelangen Kurs zu brechen und eine solche Konsolidierung zu genehmigen. Das zeitigt Zensur und Desinformationen bei besonders wichtigen Nachrichten.

Gehören damit auch die Reporter zum selben Schlag wie die Manager, die ihnen vorschreiben, was sie berichten dürfen und was nicht? Nun, einige fühlen sich nicht ganz wohl bei diesem Verrat. Ein typisches Beispiel hierfür ist das, was während des Hurrikans Katrina geschah.

Amerika reagierte geschockt, als es sah, wie Menschen in einer spannungsgeladenen Notsituation im Superdome-Gebäude von New Orleans zusammengepfercht waren. Obwohl die Menschen um Hilfe flehten, ignorierten die meisten der führenden Politiker von Land und Bundesstaaten die notleidenden Menschen und wiesen mit dem Finger auf alles und jeden, nur nicht auf den Superdome.

Das grundlegende Problem war, dass diese Menschen zum Großteil eine mittellose Steuerlast waren. Vor Katrina hätten sie noch jedem frei heraus gesagt, dass sie niemals für einen republikanischen Präsidenten stimmen würden, selbst dann nicht, wenn ihr Leben davon abhinge. Traurigerweise erwies sich diese Überzeugung als sich selbst erfüllende Prophezeiung. Wären es republikanische Bankiers gewesen, dann hätte ihre Notlage Präsident Bush geradezu beflügelt.

Die Lage schien schon aussichtslos, als etwas Unvorstellbares geschah, und das ausgerechnet durch zwei Fernsehreporter des Senders *Fox News*. Amerika sah zu, wie dem Berichterstatter Geraldo Rivera Tränen über die Wangen strömten, während er vor dem drückend heißen Superdome-Gebäude stand.

Seine flehende, beinahe poetische Rede schlug ein, und ihm zur Seite stand ein äußerst empörter Shepard Smith. Die beiden lieferten sich ein Gefecht mit Bill O'Reilly und Sean Hannity, die von ihrem kühlen, bequemen New Yorker Studio aus die Lage herunterspielten – zweifelsohne deshalb, weil die Unternehmensleitung sie dazu anhielt. Rivera und Smith aber weigerten sich, nachzugeben.

Anderson Cooper von *CNN* äußerte einen ähnlichen Appell, aber es war der Sender *Fox*, dem die ganze Aufmerksamkeit des Weißen Hauses zuteil wurde. An Bord von Bushs Lieblingssender befanden sich plötzlich zwei Risikofaktoren, die beide nicht bereit waren zu schweigen. Nun würde es teuer werden. Etwas musste getan werden, und letztlich hatte doch jemand den Schwarzen Peter gezogen.

Die Lektion, die uns Katrina gelehrt hat, ist einfach. Wenn die Regierenden Sie als einen Aktivposten betrachten, werden Sie auch wie einer behandelt. Sehen sie Sie aber als Bürde an, werden Sie dementsprechend abgefertigt.

Präsident Bush verhielt sich lediglich so, wie die Geschichte der Regierungsarbeit es vorgab, und Rivera, Smith und Cooper änderten die Bilanz. Sie zwangen ihn, Schadensbegrenzung zu betreiben. So einfach ist das. „Alles rein geschäftlich", wie es in Mafiafilmen immer so schön heißt, und nachdem diese bemerkenswerte Episode vorbei war, verfielen alle erneut in die herkömmliche, banale 24-Stunden-Berichterstattung über attraktive, aber leider tote weiße Frauen.

Dennoch liefert das Fernsehen haufenweise wichtige Informationen, insbesondere in Sendungen über die Veränderung von Wetter und Lebensräumen. Um sie bestmöglich herausfiltern zu können, sollten Sie fernsehen, als wären Sie taub. Stellen Sie den Ton ab, und aktivieren Sie den Untertitel. Hören Sie dabei etwas Beruhigendes wie Debussys „Claire de Lune", und machen Sie sich Notizen. Sie werden erstaunt darüber sein, was Ihnen alles auffällt, wenn Sie nicht der musikalischen Untermalung der Sendung lauschen, die nur darauf abzielt, Ihren Puls in die Höhe zu treiben.

Haben Sie keine Angst davor, irgendetwas zu verpassen. Es wird noch oft genug wiederholt werden. Das Beste ist, dass Sie nicht von Fernsehsprechern abgelenkt werden, die eine sechsminütige knackige Berichterstattung zu einer 60-minütigen verwässerten Analyse aufblähen. Denn was Sie interessiert, sind die sich wiederholenden Bilder; die Videosegmente und Grafiken, die ein ums andere Mal eingeblendet werden, wobei dann und wann etwas Neues eingestreut wird. Im Laufe der Zeit werden Ihnen Besonderheiten ins Auge fallen, insbesondere wenn Sie zwischen den Kanälen hin und her schalten.

Um Ihnen zu helfen, sich diese Fähigkeit anzueignen, bieten die nächsten beiden Kapitel Tipps, wie Sie in Berichten über Ereignisse in Atmosphäre und Ozeanen die Nachrichten innerhalb der Nachrichten erkennen können.

6

Anzeichen in der Atmosphäre

Die NASA hat bekannt gegeben, dass sie eine Erderwärmung erwartet, wie sie die Welt seit einer Million Jahren nicht erlebt hat. Einmal angenommen, dass unsere hominiden Vorfahren vor einer Million Jahren gerade anfingen, auf zwei Beinen zu laufen, dann sprechen wir hier von Veränderungen auf der Erde, wie sie der moderne Mensch noch nie gesehen hat. Als Folge daraus, so vermutet die NASA, könnte der Meeresspiegel um bis zu 25 Meter ansteigen. Die Betonung liegt hier auf „vermutet", auch wenn die Beweise, auf die sich die NASA stützt, bereits sichtbar sind.

Inzwischen ist die Ausnahme zur Regel geworden, und während des letzten Jahrzehnts hat es immer wieder ungewöhnlich heftige Stürme gegeben, die praktisch aus dem Nichts kamen. Sie wüten relativ kurz, hinterlassen eine Schneise fast völliger Zerstörung, töten zahlreiche Menschen – und verschwinden dann einfach.

Meteorologen sagen, dass es schon früher solch heftige Stürme gegeben hat, und legen Karten mit einer Vielzahl historischer Daten vor. Der feine Unterschied, den sie zu vertuschen suchen, ist, dass die Ereignisdaten ihrer Karten Jahrzehnte oder sogar Jahrhunderte auseinander liegen. Damit weichen sie bequemerweise der Tatsache aus, dass die Zeitabstände in den vergangenen zehn Jahren auf lediglich Monate und Jahre komprimiert wurden.

Als Folge dieser Komprimierung haben wir bereits ein Jahr durchlebt, das global betrachtet ein eindeutiges Vorzeichen für die Zukunft war. Die außertropischen Stürme von 1999 waren quasi das Stottern eines anspringenden Motors. Das zweite, noch stärkere Stottern stellten die tödlichen Wetterkapriolen pandemischen Ausmaßes im Jahr 2005 dar.

Außertropische Stürme in Europa

Westeuropa wird im Herbst häufig von außertropischen Stürmen heimgesucht, und einige davon fallen äußerst heftig aus. „Außertropische Stürme" heißen sie deshalb, weil der ihnen zugrunde liegende Mechanismus derselbe wie bei den atlantischen Hurrikanen in der Karibik, wie zum Beispiel Katrina im Jahr 2005, ist.

Außertropische Stürme werden durch den Einbruch des Winters ausgelöst, und die Zeit von November bis Februar ist in weiten Teilen Nordwesteuropas häufig eine Zeit erhöhter Sturmaktivität.

Solche Stürme bilden sich, wenn die Atmosphäre sich schneller als der darunter befindliche Ozean abkühlt. Dadurch gibt das Wasser Wärme ab, was wiederum zu Schwankungen in der Atmosphäre führt; und aus diesen atmosphärischen Schwankungen bilden sich heftige außertropische Stürme. Besonders betroffen sind die Britischen Inseln, doch gehört diese Art von Stürmen schon unsere ganze Geschichte hindurch zur Norm.

Das sollte sich im Herbst 1999 ändern, als sich ein höchst ungewöhnliches Orkantief vom Atlantik der Bretagne näherte. Daraus wurde ein sich schnell vorwärts bewegendes Sturmsystem, das durch die relativ warme Meeresluft genährt wurde. Es nahm rasch an Stärke zu, bevor es am 26. Dezember auf die Küste traf. Die europäischen Meteorologen tauften es Lothar.

Der außertropische Sturm Lothar

Da in Frankreich ein gemäßigtes Klima herrscht, sind Stürme zur Weihnachtszeit dort nichts Ungewöhnliches. Derselbe Mechanismus, der in Europa für Orkane über die Feiertage sorgt, lässt in der Karibik die tropischen Hurrikane entstehen. Die Temperaturunterschiede zwischen dem Meer und der Luft sind quasi der Motor für diesen Mechanismus.

Bei einem normalen Verlauf büßt ein solcher Sturm langsam seine „Motorkraft" ein, sobald er auf Land trifft. Solange sich der Sturm über dem Meer befindet, wird sein Motor durch die Energie des warmen Wassers auf Touren gebracht, und er schnurrt mit hoher Leistung dahin. Erreicht der Sturm das Land, dient nun dieser sehr viel kühlere Untergrund als Energiequelle. Dadurch wird dem Sturm Energie vorenthalten, und er beginnt zu „stottern".

Wie schnell sich der Sturm selbst abwürgt, hängt von der Geschwindigkeit ab, mit der er auf das Land trifft. Solange er sich über dem Meer befindet, wird er durch das warme, glatte Wasser genährt, das ihm Kraft und Geschwindigkeit verleiht. Das Land dagegen ist kühl und rau, und somit beginnt der Sturm naturgemäß zu „stottern", weil ihm Energie vorenthalten wird und er gleichzeitig einer höheren Reibung ausgesetzt ist.

Das war immer der normale Ablauf bei der Entwicklung von Stürmen, bis Lothar im Dezember 1999 Frankreich traf. In der Atempause zwischen Weihnachten und Silvester trotzte Lothar sowohl der Logik als auch der Geschichte.

Anstatt abzuflauen, während er landeinwärts über die kühle, raue Oberfläche des französischen Festlands zog, verhielt er sich weiterhin, als befinde er sich noch über dem Meer. Die europäischen Meteorologen verblüffte das Verhalten dieses Sturms. Sein Antriebsmechanismus schnurrte ungebremst weiter, und der Sturm legte an Heftigkeit und Geschwindigkeit sogar noch zu.

In gut sechs Stunden wütete Lothar in Frankreich von der Bretagne an der West-küste bis nach Lothringen an der Grenze zu Deutschland, einer Strecke von etwa 900 Kilometern. Die Zerstörung, die er hinterließ, war ein deutlicher Vorbote dessen, was der Hurrikan Katrina 2005 in New Orleans anrichten sollte.

Tropenstürme lassen im Geiste Bilder von verheerenden Windgeschwindigkeiten entstehen, und genau das war bei Lothar der Fall. Noch über dem Ozean schwoll er auf die höchste Tropensturmgeschwindigkeit (elf Beaufort) an, und als er das Land erreichte, entwickelte er sich zu einem Monster von der Stärke eines Orkans (zwölf Beaufort). Vor unseren Augen spielte sich Unglaubliches ab, als Paris von Windböen getroffen wurde, die Geschwindigkeiten von 175 Kilometern pro Stunde erreichten.

Als Lothar schließlich den Schwarzwald erreichte, hatte er erschreckende Ausmaße angenommen, wies eine Geschwindigkeit von bis zu 240 Kilometern pro Stunde auf, hatte bereits zahlreiche Opfer gefordert und in weiten Teilen Frankreichs für eine knappe Woche die Stromversorgung lahmgelegt.

Die Zerstörung war derart tiefgreifend, dass die französischen Behörden für Paris und Umgebung den Ausnahmezustand verhängen mussten. Zudem wurde das französische Militär eingesetzt, um die Ordnung aufrechtzuerhalten und bei den Aufräumarbeiten zu helfen. Während die Franzosen die Trümmer auflasen, hofften sie voller Sorge, dass sie Lothar als ein einmaliges Ausnahmeereignis in Erinnerung behalten könnten. Doch es sollte nicht lange dauern, bis die Natur diese zarte Hoffnung zunichte machte.

Der außertropische Sturm Martin

In den USA werden Stürme während der Hurrikansaison nach der Saffir-Simpson-Skala eingestuft. Ein Hurrikan der Kategorie 1 richtet zwar einigen Schaden an, einer der Kategorie 5 ist dagegen die Hiobsbotschaft schlechthin. Während sich im Jahr 2005 der Hurrikan Katrina auf New Orleans und die Golfküste zubewegte, entwickelte er sich zu einem Sturm der Kategorie 5. Als er auf das Land traf, büßte er zwar so viel Energie und Stärke ein, dass er nur noch als Kategorie 3 eingestuft wurde, doch war er immer noch stark genug, um die Deiche brechen zu lassen und New Orleans zu überfluten.

Um dies mit Europa zu vergleichen: Lothar tobte mit der ungebremsten Energie und Stärke eines Hurrikans der Kategorie 2 durch Frankreich. Selbst die sturmerprobten Einwohner Floridas fürchten einen Sturm der Kategorie 2, wenn er auf sie zukommt.

Deshalb rutschte Europa nur wenige Tage, nachdem Lothar eine Schneise der Zerstörung durch Nordfrankreich gezogen hatte, das Herz in die Hose. Denn unmittelbar hinter Lothar zog ein weiterer außertropischer Sturm heran und überraschte damit alle, vor allem die Meteorologen, die ihm den Namen Martin gaben. Mit der Stärke eines Hurrikans der Kategorie 1 wütete er durch Südfrankreich.

Wie Lothar zog auch Martin vom Atlantik heran. Er traf das Festland nördlich von Bordeaux und zog von West nach Südost über Frankreich hinweg. Und wie sein großer Bruder Lothar hinterließ auch Martin mit seinen außergewöhnlich heftigen Wind-

und Regenböen eine Spur der Verwüstung und des Leids, die bis zum Fuß der Alpen führte.

Auch wenn Martin nicht ganz so hart zuschlug wie Lothar, war er doch weit fataler. Zusammen forderten die beiden Stürme 140 Todesopfer, und der Sachschaden belief sich allein in Frankreich auf mehr als fünf Milliarden Euro.

Die Folgen von Lothar und Martin warfen in Europa beunruhigende Fragen auf, die noch immer auf eine Antwort warten. Hat es sich bei diesen Stürmen nur um zwei zufällige Ausnahmeerscheinungen gehandelt? Oder weisen sie auf eine grundlegende Veränderung im Verhalten von Stürmen auf dem europäischen Kontinent hin?

Außerhalb Europas stellt sich eine noch weit reichendere Frage, die auf noch größere Gefahren verweist. Die außertropischen Stürme Lothar und Martin fielen beide in das solare Maximum, das im September des Jahres 1999 seinen Höhepunkt erreichte. Das nächste solare Maximum wird 2012 eintreten, was auf einen Zusammenhang zwischen der Sonnenaktivität und solch außergewöhnlichen Stürmen hinweist.

Außertropische Stürme in Europa

Information

Unabhängig davon, wo Sie leben, wird die Kartierung von außertropischen Stürmen in Europa Ihnen Daten liefern, die eine Tendenz aufzeigen und von unschätzbarem Wert sind. Erstellen Sie, sobald die Wettervorhersage einen solchen Sturm ankündigt, Ihre eigene Karte, auf der Sie sein geographisches Profil festhalten. Vermerken Sie dort die folgenden Daten:

∴ **Entstehung:** Wann innerhalb der Hurrikansaison, die von November bis Februar dauert, bildete sich der Sturm?

∴ **Strecke über dem Meer und Intensität:** In welche Richtung bewegt sich der Sturm, und zu welcher Stärke wächst er heran?

∴ **Landung:** Vermerken Sie die genaue Richtung, Geschwindigkeit und Intensität, mit der er das Land erreicht.

∴ **Strecke über dem Land und Intensität:** Verfolgen Sie, sobald der Sturm Land erreicht, seine Stärke sowie jede Veränderung in Geschwindigkeit und Richtung. Achten Sie besonders auf solche Gebiete, in denen seine Stärke und Geschwindigkeit konstant bleiben, und solche, in denen er an Intensität zulegt.

In den Jahren bis 2012 werden wir eine Sonnenaktivität erleben, wie sie nie zuvor im Laufe unserer geschichtlichen Aufzeichnungen stattgefunden hat. Während wir uns auf das nächste solare Maximum zubewegen, werden die bislang so bequemen geographischen Grenzen nach und nach fallen.

Werden Stürme nun etwa überall an Heftigkeit zulegen, wenn sie das Festland erreichen, anstatt an Stärke zu verlieren, wie es früher stets der Fall war? Um diese entscheidende Frage beantworten zu können, wollen wir zunächst unser Augenmerk von der kühlen, rauen Westküste Europas auf den sonnigen Strand der Karibik jenseits des Atlantiks richten.

Atlantische Hurrikane

Der Hurrikan Katrina im Jahr 2005 war ohne Zweifel ein furchtbarer Weckruf für Amerika. Er zog eine breite Schneise voller Tod und Zerstörung durch Amerikas Golf-küstenregion und ließ New Orleans überflutet und hilflos zurück. Wer genauer hin-schaut, stellt fest, dass die Berufsmeteorologen nicht nur die Hurrikansaison 2005 unterschätzten, sondern die Saison 2006 auch noch weit überschätzten.

Eine Erklärung hierfür ist, dass sich Meteorologen auf statistische Daten stützen, um zukünftige Tendenzen vorherzusagen. Die starken Unterschiede zwischen den Vor-hersagen für 2005 und 2006 weisen darauf hin, dass die Daten einen grundlegenden Faktor enthalten, der sich nun auf eine nie dagewesene Weise verändert. Die Folgen dieser Veränderung zeigten sich während der atlantischen Hurrikansaison 2005.

Die atlantische Hurrikansaison 2005

Die atlantische Hurrikansaison beginnt für gewöhnlich Ende Juni und endet Mitte November/Anfang Dezember. Die atlantische Hurrikansaison 2005 war die aktivste seit Beginn der Aufzeichnungen, und Arlene, der erste benannte Sturm, bildete sich am 8. Juni.

Obwohl die Saison 2005 bewegter als sonst zu werden versprach, wurde erwartet, dass sie im Durchschnitt weniger stark als die vorangegangene Saison 2004 ausfallen und zwei Monate früher enden würde. Von den sieben schwersten Hurrikanen, die das Festland erreichten, waren Dennis, Emily, Katrina, Rita und Wilma besonders ver-heerend und brachen mit ihrer ungewöhnlichen Heftigkeit Rekorde.

Hurrikan Dennis

Dennis bildete sich am 4. Juli und wuchs sich zu einem Sturm der Kategorie 4 aus. Er war der erste schwere Hurrikan der Saison, der das Festland erreichte, und traf Flo-rida als ein Sturm der Kategorie 3. Er forderte 89 Menschenleben und richtete einen Schaden in Höhe von 2,23 Milliarden Dollar an. Er zeichnete sich besonders dadurch aus, dass kein derart schwerer Hurrikan das amerikanische Festland je so früh in der Saison getroffen hatte. In einer typischen Hurrikansaison erreichen die Stürme das Festland nicht vor August.

Hurrikan Emily

Emily bildete sich am 10. Juli und entwickelte sich zu einem Sturm der Kategorie 5. Es war der erste Hurrikan der Kategorie 5 überhaupt, der sich vor August im Atlantikbecken bildete. Als Erstes traf er die mexikanische Urlaubshalbinsel Yucatán; als er ein zweites Mal im nordmexikanischen Staat Tamaulipas das Festland erreichte, hatte er bereits neun Menschenleben gefordert und einen Schaden in Höhe von 550 Millionen Dollar angerichtet. All dies geschah, bevor dem „normalen" saisonalen Verlauf zufolge der erste Sturm die Küste getroffen hätte.

Hurrikan Katrina

Katrina bildete sich am 23. August und wurde der drittschwerste Hurrikan, der je das amerikanische Festland getroffen, und der sechstschwerste, der sich je über dem Atlantikbecken geformt hat. Er überflutete New Orleans und machte die Küstenregion von Louisiana und Mississippi dem Erdboden gleich. Als tödlichster Wirbelsturm der amerikanischen Geschichte seit dem Okeechobee-Hurrikan 1928 forderte er 1.836 Opfer und verursachte einen Schaden in Höhe von 84 Milliarden Dollar.

Doch trotz der Verwüstung, die Katrina an der amerikanischen Golfküste anrichtete, war der Hurrikan an sich kein Rekordbrecher wie etwa Dennis und Emily. Was ihn so einzigartig macht, ist, dass er der erste Wirbelsturm der Geschichte war, der auf die globale Erwärmung zurückzuführen ist. Ross Gelbspan, ein Reporter der Zeitung *Boston Globe*, schrieb dies in einem Leitartikel, und seine Gedanken wurden schnell vom stellvertretenden britischen Premierminister John Prescott sowie vom damaligen deutschen Umweltminister Jürgen Trittin aufgegriffen.

Es dauerte nicht lange, bis Klimaforscher dieser Einschätzung widersprachen, doch da sie keine statistischen Aufzeichnungen vorweisen konnten, anhand derer sich eine solide Prognose treffen ließ, konnten sie die Idee nicht so schnell verwerfen. Somit verschafften die Nachwirkungen von Katrina dem Klimafilm „Eine unbequeme Wahrheit" von Al Gore ein überaus empfängliches Publikum.

Hurrikan Rita

Rita bildete sich am 17. September und war der dritte Hurrikan der Kategorie 5 in dieser Saison. Als viertstärkster atlantischer Hurrikan, der je gemessen wurde, wird er als der heftigste tropische Zyklon im Golf von Mexiko in die Geschichte eingehen.

Am 24. September traf er nahe der Grenze zwischen Texas und Louisiana das Festland und verwüstete weite Teile der Küste von Louisiana und Texas. Letztlich kostete er 113 Menschen das Leben und verursachte einen Schaden in Höhe von 11,7 Milliarden Dollar.

Hurrikan Wilma

Wilma bildete sich am 15. Oktober und war der vierte Wirbelsturm der Kategorie 5 in dieser Saison. In den Monat Oktober waren bislang nie mehr als zwei Hurrikane gefallen, und Wilma war der dritte. Als 22. Sturm in einer alle Rekorde brechenden Saison war er zudem der stärkste Wirbelsturm, der je im Atlantikbecken gemessen wurde. Er verwüstete Teile der Halbinsel Yucatán und Südfloridas, forderte 63 Todesopfer und richtete einen Schaden in Höhe von 28,9 Milliarden Dollar an.

Weitere erstmalige Phänomene der atlantischen Hurrikansaison 2005

Bis auf eine kleine Ausnahme brach die Saison 2005 alle bestehenden Rekorde einer atlantischen Hurrikansaison:

- **Zahl der Stürme:** Mit 28 Stürmen insgesamt brach die Saison 2005 den bis dahin bestehenden Rekord von 21 tropischen Stürmen, Hurrikanen und Wirbelstürmen der Kategorie 5 innerhalb einer einzigen Saison.

- **Zahl der Hurrikane:** Von den 28 Stürmen erhielten 15 einen Namen, was den bestehenden Rekord von zwölf benannten Hurrikanen innerhalb einer Saison brach.

- **Zahl der Kategorie-5-Hurrikane:** Zwei Wirbelstürme der Kategorie 5 in einer Saison waren bis dahin das Rekordhoch gewesen. Dieser Rekord wurde nun mit vier solcher Stürme gebrochen.

- **Erstmalig Namen mit „V" und „W" vergeben:** Es war die erste Hurrikansaison, in der die Namen Vince und Wilma vergeben wurden.

- **Erstmaliger Gebrauch des griechischen Alphabets:** In dieser Saison wurde die Hurrikan-Namensliste erstmalig verbraucht, sodass die letzten sechs Stürme die Namen Alpha, Beta, Gamma, Delta, Epsilon und Zeta erhielten.

- **Längster Dezember-Hurrikan:** Epsilon stellte einen neuen Rekord auf – er bildete sich am 29. November und löste sich erst am 8. Dezember wieder auf.

- **Längster Januar-Hurrikan:** Diesen Rekord stellte Zeta auf: Er bildete sich am 29. Dezember und löste sich am 6. Januar wieder auf.

Der einzige Rekord, der in dieser Saison nicht gebrochen wurde, war die Anzahl der Stürme der Kategorie 3 und stärker. Dieser Rekord liegt bei acht, und 2005 gab es „nur" sieben.

Saisonvergleich

Die atlantische Hurrikansaison 2004 begann offiziell am 1. Juni 2004 und endete am 30. November 2004. Die Aktivität dieser Saison lag, verglichen mit den vorangegangenen, über dem Durchschnitt. Bemerkenswert war ihre Gesamtstärke, die eine der höchsten war, die je verzeichnet wurde.

Die atlantische Hurrikansaison 2006 begann offiziell am 1. Juni 2006 und endete am 30. November 2006. Die Meteorologen waren sich zunächst sicher, dass auch diese Saison, ähnlich 2005, wieder heftig ausfallen würde. Jedoch verlief sie überraschend ereignislos, da keiner der Hurrikane das amerikanische Festland erreichte.

Im Gegensatz zur Saison 2005, die am 8. Juni 2005 begann und am 6. Januar 2006 endete, dauerte sowohl die Saison 2004 als auch die 2006 jeweils vom 1. Juni bis zum 30. November. Dies markiert die Standarddauer einer Hurrikansaison, denn in dieser Zeit bilden sich im Atlantikbecken erwartungsgemäß die meisten tropischen Zyklone.

Zwar begann die Saison 2005 relativ spät, doch tobte sie dafür zwei Monate länger als gewohnt, brach damit – bis auf einen – alle bestehenden Rekorde und forderte mehrere tausend Todesopfer.

Wie erklären wir uns das? Die Meteorologen sagen, dass wir uns in einer normalen Phase erhöhter Hurrikanaktivität befinden, die noch zwei Jahrzehnte lang andauern könnte. Dies setzt voraus, dass sie mit ihrer Definition einer „normalen Phase" richtig liegen. Wenn wir aber bedenken, dass sie schon bei der Vorhersage für die Saison 2006 weit danebenlagen, ist ihre Angabe nicht aussagekräftiger als ein Glücksspiel.

Es ist wichtig für uns zu erfahren, ob sich die Art und Weise, wie Hurrikane entstehen und durch die Karibik ziehen, tatsächlich wandelt. Werden sich künftige Hurrikane ebenso widersprüchlich verhalten wie der Mechanismus, der die außertropischen Stürme Lothar und Martin hervorgebracht hat? Anstatt schwächer zu werden, während sie sich auf das Festland zubewegen, entwickeln sie ein verheerendes Maß an Energie, bevor sie das Festland treffen.

Atlantische Hurrikane sind die am besten dokumentierten und erforschten Hurrikane weltweit, doch auch in anderen Regionen der Welt werden sich Veränderungen in der Aktivität abzeichnen, insbesondere in der Aktivität von Taifunen.

Taifune und Hurrikane 2005

In der Pazifikregion heißen Hurrikane anders: Sie werden Taifune, Zyklone oder „Willie-Willies" genannt. Zwar sind die Namen unterschiedlich, doch sind diese Stürme im Pazifischen und Indischen Ozean genauso tödlich und verheerend wie ihre atlantischen Pendants.

Ein gutes Beispiel hierfür ist die Saison 1997: 11 von 24 benannten Stürmen entwickelten sich zu Supertaifunen der Kategorie 5. Über diese schweren Stürme wird in den westlichen Medien leider wenig berichtet; für gewöhnlich werden sie erst dann erwähnt, wenn die Zahl der Toten so unsäglich hoch ist, dass sie eine Berichterstattung wert ist.

Im Internet aber gibt es genügend Informationen, und in einem solchen Bericht waren Satellitenfotos vom 20. September 2005 zu sehen. Sie zeigten sieben Hurrikane, die zeitgleich auf der Erde wüteten:

- Zwei bewegten sich im Westpazifik auf Japan und China zu.

- Drei befanden sich im Ostpazifik und bewegten sich von Mexiko aus auf die Inseln Hawaiis zu.

- Zwei Hurrikane befanden sich über dem Westatlantik; einer davon war Rita, und er erreichte kurz darauf das Festland.

Wie schon erwähnt, stellte Rita als der heftigste tropische Zyklon, der je registriert wurde, einen neuen Rekord auf und forderte 113 Menschenleben.

Die Bedrohung durch weltweite Superstürme

Bei Betrachtung der statistischen Daten von Atlantik und Westpazifik der letzten zehn Jahre und der verblüffenden Zahl an zeitgleich wütenden Stürmen können wir nur zu dem Schluss kommen, dass das Wetter zunehmend verheerender wird. In dem Sciencefiction-Kinohit „The Day After Tomorrow" aus dem Jahr 2004 wird die Erde von einer katastrophalen Eiszeit getroffen, die durch die vom Menschen verschuldete Klimaerwärmung verursacht wurde.

Information   **Atlantische Hurrikane**

Neben dem widersprüchlichen Verhalten der außertropischen Stürme über Europa sollten Sie auch die atlantischen Hurrikane verfolgen. Erstellen Sie für jede Hurrikan-saison ein eigenes einfaches Diagramm (oder eine Tabelle), und tragen Sie darin die folgenden Daten ein:

∴ **Entstehung und Verlauf des Sturms:** Vermerken Sie das Entstehungs-datum und den Verlauf des Sturms.

∴ **Wie entwickelt er sich?** Nicht alle Stürme sind so heftig, dass sie einen Namen erhalten. Wenn ein Sturm einen Namen erhält, halten Sie fest, wann und wo er benannt wird und wie er sich entwickelt.

∴ **Landung:** Von besonderer Bedeutung ist, dass Hurrikane tiefer in gemäßigte Breitengrade vordringen können, solange sie sich noch über dem Meer befinden. Notieren Sie sich die genauen Längen- und Breitengrade.

∴ **Niederschlag:** Schreiben Sie auf, wo der Sturm das Festland erreicht und wie viel Niederschlag gemessen wird.

∴ **Dauer:** Notieren Sie, wann sich der Sturm auflöst und wie lange er wütet.

∴ **Zeitgleiche Stürme:** Behalten Sie neben den atlantischen Hurrikanen auch die benannten Taifune und Zyklone anderer Regionen der Welt im Auge, insbesondere die, die etwa zur selben Zeit wie der benannte atlantische Sturm bzw. Hurrikan entstehen.

Im Film „The Day After Tomorrow" verändert das Schmelzen der Polkappen den Salzgehalt in den Weltmeeren und lässt den Golfstrom versiegen, sodass die Wassertemperatur des Nordatlantiks drastisch sinkt.

Eine unmittelbare Auswirkung dieser plötzlichen Veränderung macht sich im Süden Kaliforniens bemerkbar – im Film wird Los Angeles von Tornados zerstört. Im weiteren Verlauf des Films bilden sich über Sibirien, Amerika und Europa große Sturmsysteme, die sich schließlich zu einem globalen Supersturm zusammenschließen.

Obwohl dieses Katastrophenszenario unter Wissenschaftlern heftig umstritten war, räumten viele von ihnen ein, dass die grundlegenden Vorbedingungen durchaus denkbar seien, auch wenn es die meisten als übertrieben ansahen, dass innerhalb so kurzer Zeit so viel passieren könnte.

Ein zentraler Punkt dieses Films aber ist für unsere Diskussion über außertropische Stürme in Europa, atlantische Hurrikane und pazifische Taifune von unmittelbarer Bedeutung: Wir sind in eine Phase eingetreten, in der verschiedene Sturmereignisse sich zu einem umfangreicheren globalen Ereignis verbinden könnten.

Weil über schwere Stürme außerhalb Europas in den Medien nicht sonderlich ausführlich berichtet wird, sollten Sie im Internet nach alternativen Quellen suchen, um diese Ereignisse zu verfolgen. Nur so werden Sie in der Lage sein zu erkennen, wann (sich widersprüchlich verhaltende) Stürme oder globale Superstürme drohen, lange bevor diese in den Medien erscheinen.

Und um noch ein Stichwort aus dem Film aufzugreifen: Es ist auch ratsam, die Tendenz in der Tornadoaktivität einmal genauer unter die Lupe zu nehmen.

Tornados

Nicht nur Hurrikane sind in den vergangenen zehn Jahren immer heftiger geworden, auch die durchschnittliche Zahl von Tornados in den USA hat zugenommen. Insgesamt zeigt die Statistik, dass Tornados in den vergangenen zehn Jahren nicht nur mehr Menschenleben gefordert haben als je zuvor, sondern auch größeren Schaden angerichtet haben. Das liegt nicht nur daran, dass es immer mehr werden, sondern auch an ihrer zunehmenden Heftigkeit und an den immer ungewöhnlicheren Bedingungen, unter denen sie entstehen.

Die Zahl der Tornados

Die Zahl von Tornados pro Jahr hat in den vergangenen zehn Jahren, verglichen mit dem Durchschnitt der letzten 30 Jahre, unbestreitbar zugenommen. Genauer gesagt ist die durchschnittliche Anzahl an Tornados in den letzten zehn Jahren um 23 Prozent gestiegen. Somit stellt der Durchschnitt des vergangenen Jahrzehnts die aktivste Tornadophase seit der zweiten Hälfte des 20. Jahrhunderts dar.

In jüngster Vergangenheit lagen besonders die Jahre 2004 und 2006 zahlenmäßig noch über dem Durchschnitt des letzten Jahrzehnts, und auch das relativ „ruhige" Jahr 2005 lag noch darüber – ein weiterer Beweis für eine eindeutige und dazu noch tödliche Tendenz. Im Jahr 2006 gab es 65 Tornadotote, mehr als in jedem der drei vorangegangenen Jahre.

Bis 2012 wird diese Tendenz noch zunehmen, wobei nicht nur die Zahl der Kategorie-5-Hurrikane und -Taifune, die das Festland erreichen, zunehmen wird, sondern auch die der F5-Tornados, die ganze Städte verwüsten könnten.

Die Hölle eines F5-Tornados

Im Jahr 1996 drängten in Oklahoma City Filmbegeisterte in die Kinos, um sich „Twister" anzusehen. Zu dieser Zeit begann Hollywood gerade, seine Stärken im Bereich computeranimierte Spezialeffekte zu zeigen, und bis heute ist der Film „Twister" ein Muss für alle, die sich ernsthaft für dieses Thema interessieren. Für die Einwohner Oklahomas sollte „Twister" jedoch mehr als nur ein Film voller spektakulärer Spezialeffekte sein; der Film sollte sich als Vorbote des Monsters erweisen, das 1999 weite Teile von Oklahoma City dem Erdboden gleichmachte.

Der Tornado von Oklahoma City und die Fujita-Skala

Der Tornado, der am 3. Mai 1999 Oklahoma City traf, war so heftig, dass er etwas schaffte, das die meisten Wissenschaftler bis dahin für unmöglich gehalten hatten: er brach den Rekord auf der Fujita-Skala, mit der Tornados klassifiziert werden.

Für die Fujita-Skala gilt, dass nicht etwa die Größe eines Tornados, sondern die Windgeschwindigkeit über dessen Stärke Auskunft gibt. Die Skala wurde nach einem japanischen Meteorologen benannt, der in der Tornadoforschung Bahnbrechendes geleistet hat. Sie reicht bis F12, wobei sie sich an der Schallgeschwindigkeit orientiert.

Stufe	Stärke	Windgeschwindigkeit	Schäden
F0	starker Wind	64 – 116 km/h	Leichte Schäden an Schornsteinen; abgebrochene Äste und Baumkronen.
F1	leichter Sturm	117 – 180 km/h	Unterer Bereich von Hurrikanwindgeschwindigkeiten, die Asphalt von der Straße lösen und Wohnmobile aus der Verankerung reißen können.
F2	stark	181 – 253 km/h	Beträchtlich. Dächer von Holzhäusern werden abgedeckt, größere Wohnmobile vollständig zerstört. Leichte Gegenstände werden zu gefährlichen Geschossen, die Wände durchbohren können.
F3	schwer	254 – 332 km/h	Dächer und Wände von massiven Häusern werden abgetragen. Züge können entgleisen und Bäume entwurzelt werden.
F4	verheerend	333 – 418 km/h	Massiv gebaute Häuser werden dem Erdboden gleichgemacht. Fahrzeuge werden umgeworfen.
F5	unvorstellbar	419 – 512 km/h	Massive Gebäude werden aus ihrem Fundament gerissen, über weite Strecken gewirbelt und zerstört. Autos und Lkw werden wie schnelle Geschosse durch die Luft geschleudert.
F6	beispiellos	513 – 612 km/h	Die schweren Schäden werden schon von den F4- und F5-Windgeschwindigkeiten angerichtet, die mit einem F6 einhergehen.

Alles, was über einen F5 hinausgeht, wie zum Beispiel ein F6, kann durch technische Untersuchungen nicht mehr genau nachgewiesen und allenfalls durch Bodendeformationen bestimmt werden, die durch den Luftwirbel hervorgerufen wurden. Ein F6 ist erschreckende, kalte Wirklichkeit. Ein Tornado, der diese Intensitätsstufe erreicht, hinterlässt nichts, das sich noch messen ließe, und genau dies geschah 1999 in Oklahoma City.

Der F6 von Oklahoma City

Der Tornado vom 3. Mai 1999 stellte einige Kilometer südwestlich von Oklahoma City Bodenkontakt her. Schnell verwandelte er sich in ein F5-Monster. Während er durch die Randgebiete der Stadt zog, wuchs sein Durchmesser am Boden auf gut anderthalb Kilometer an.

Mit einem Doppler-Radar wurden Windgeschwindigkeiten von bis zu 512 Kilometern pro Stunde gemessen, sodass er auf der Fujita-Skala fast schon als F6 eingestuft werden konnte. Er hinterließ eine breite Schneise vollständiger Verwüstung und tötete mehr als 40 Menschen. Die meisten der Toten waren von der Geschwindigkeit, mit der der Tornado aufzog, überrascht worden oder hatten keine Möglichkeit, sich vor einem Tornado dieser Stärke zu schützen.

Eben diese Art von Tornado wird in dem Film „The Day After Tomorrow" dargestellt. Je näher das Jahr 2012 rückt, desto größer ist die Wahrscheinlichkeit, dass Tornados der Stufe F5+ erschreckend normal werden, und das an Orten, an denen wir sie – bis jetzt – nie erwartet hätten: an Orten wie Kalifornien und Europa.

Tornados in Amerika und Europa

Im weltweiten Aufkommen ungewöhnlicher Wetterphänomene war 2005 das Jahr, in dem die tödlichste Hurrikansaison seit Beginn der Aufzeichnungen mit zeitgleichen Taifunen im Pazifik aufeinandertraf.

Statistisch betrachtet lag die Tornadosaison 2005 über dem Durchschnitt der vorangegangenen 30 Jahre, aber gemessen an dem, was über dem Atlantik und Pazifik geschah, war sie eher unbedeutend. Allerdings nur „statistisch betrachtet", was nichts anderes heißt, als über die neue und beunruhigende Entwicklung hinwegzusehen, die bei Tornados erkennbar wird: eine gesteigerte Aktivität, die sich im Januar und Februar 2005 in Kalifornien bemerkbar machte.

Zwischen dem 8. und 11. Januar 2005 zogen vier kleinere Tornados durch Kalifornien. Bevor die Kalifornier sie noch mit der für sie so typischen Forschheit abtun konnten, folgten diesen vier kleinen am 12. und 13. Januar zwei Killertornados auf dem Fuße. Aufgrund von Ort, Jahreszeit und gehäuftem Auftreten war dieser Sechserzyklus, vorsichtig ausgedrückt, ungewöhnlich. Denn Kalifornien wird nicht oft von diesem heftigen Wetterphänomen heimgesucht, insbesondere nicht an sechs aufeinander folgenden Tagen!

Obwohl die Gesamtzahl der Tornados 2005 im Vergleich zu den drei vorangegangenen Jahren niedrig war, zeichnete sich eine Wende ab: eine geographische Umverteilung. Plötzlich traten Tornados an Orten auf, wo sie eigentlich nicht hingehörten.

In einigen tornadogefährdeten Gebieten gab es gar keine Aktivität, während andere Gegenden gnadenlos gebeutelt wurden. Wären diese Anomalien nur auf Amerika beschränkt geblieben, hätte sich leicht eine Erklärung finden lassen, aber ähnliche außergewöhnliche Ereignisse traten auch in Europa auf.

Denn auch in Europa wird jedes Jahr eine nicht unbedeutende Zahl an Tornados beobachtet. Aber im Gegensatz zu den Tornados, die üblicherweise durch die Tornado-Alleen des Mittleren Westens Amerikas ziehen, kommt es bei den europäischen Tornados nur selten zu Bodenkontakt. Daher gibt es in Europa beträchtlich weniger Tote und Schäden als in den USA.

In den letzten zehn Jahren hat jedoch, wie in Amerika, auch in Europa die Zahl der Tornados zugenommen, und auch hier ist es zu einer geographischen Umverteilung gekommen. In der Saison 2005 erregten mehrere Tornadoberichte die Aufmerksamkeit der europäischen Medien, und einige dieser Tornados traten in untypischen Regionen auf.

Tornados

Information

Die Medien berichten wahrscheinlich eher über F2-Tornados mit Bodenkontakt, die eine beträchtliche Zahl an Opfern fordern und größere Schäden anrichten. Erstellen Sie für jede Tornadosaison eine eigene einfache Karte, und vermerken Sie folgende Daten:

∴ **Größere Tornados in Amerika:** Notieren Sie Ort und Stärke von Tornados der Stufe F2+ in Amerika, die mit ihnen einhergehende Unwetteraktivität, die Zahl der Todesopfer und den Umfang des Schadens. Beschränken Sie sich dabei nicht nur auf die gefährdeten Gebiete.

∴ **Größere Tornados in Europa:** Notieren Sie Ort und Stärke von Tornados der Stufe F2+ in Europa, die mit ihnen einhergehende Unwetteraktivität, die Zahl der Todesopfer und den Umfang des Schadens.

∴ **Außertropische Stürme in Europa:** Vermerken Sie Unwetter, die größeren Tornadoereignissen in Europa vorangehen.

∴ **Zeitgleiche Ereignisse:** Verfolgen Sie benannte Taifune und Zyklone im Pazifik, sowie atlantische Stürme und Hurrikane, die während der Tornado-Hauptsaison das Festland erreichen.

Anfang September traten an zwei aufeinander folgenden Tagen in und um Barcelona mehrere starke Tornados der Stufen F2 und F3 mit Bodenkontakt auf. Sie bildeten sich in einem Gewitterkomplex, der mehrere Tage lang über dem Nordosten Spaniens tobte. Während dieser Gewitterkomplex wütete, wurden zahlreiche Tornados gesichtet. Zwar sind die Bewohner Barcelonas an den Anblick von Tornados gewöhnt, doch waren innerhalb der Stadtgrenzen nie zuvor so viele starke Tornados mit Bodenkontakt an so vielen aufeinander folgenden Tagen aufgetreten.

Die Tornadoberichte aus Kalifornien und Barcelona sind nur zwei Beispiele für einen offensichtlichen Wandel im Verhalten von Tornados. Einerseits könnte dieser Wandel auf zunehmend instabile atmosphärische Bedingungen zurückzuführen sein. Andererseits könnte das Jahr 2005 auch der Vorbote für eine deutliche globale Tendenz auf dem Weg zum Jahr 2012 gewesen sein. Insbesondere wenn wir auch Flutkatastrophen in unsere Rechnung einbeziehen.

Flutkatastrophen

Zwar flößen uns Tornados, Hurrikane und Taifune mit ihren rasenden Geschwindigkeiten Angst ein, doch ist es eine Tatsache, dass Flutkatastrophen weit mehr Menschen töten und größere Schäden verursachen. Was der Hurrikan Katrina 2005 in New Orleans angerichtet hat, ist ein perfektes Beispiel dafür. Über dem Meer dräute er noch als ein Monster der Kategorie 5, aber als er New Orleans traf und die Deiche brach, war er nur noch ein Sturm der Kategorie 3. Ein Großteil des Schadens und die meisten Toten in New Orleans sind eher auf die Überschwemmung durch die Sturmflut und die gebrochenen Deiche als auf den Sturm selbst zurückzuführen.

Ein weiteres Beispiel für eine geographisch großflächige Überflutung ereignete sich im Sommer 2002, als Mitteleuropa von schweren Überschwemmungen getroffen wurde. Die Katastrophe bahnte sich durch wochenlange außergewöhnlich heftige Regenfälle an, die Flüsse wie Donau und Elbe über die Ufer treten ließen.

Diese Regenfälle führten in vielen Regionen Deutschlands, Österreichs, Tschechiens und der Slowakei zu Überschwemmungen, bei denen über hundert Menschen ums Leben kamen und ein Schaden in Höhe von mehreren Milliarden Euro entstand. Weiter im Osten wurde auch Russland in jenem Sommer von Überschwemmungen heimgesucht, wenn auch nicht in demselben Umfang.

Europäische Flutkatastrophen 2005

Während im Atlantikbecken, in Mittelamerika sowie an der nordamerikanischen Golfküste Hurrikane wüteten, wurde Europa von einer weiteren außergewöhnlich schweren Flutkatastrophe getroffen. Im Gegensatz zu den Überschwemmungen von 2002, die vor allem Deutschland, Österreich, Tschechien und der Slowakei Tod und Zerstörung beschert hatten, traf die Flut 2005 tiefer ins Herz Europas; dieses Mal litten Rumänien und Bulgarien.

Im Sommer 2005 wurden Teile Rumäniens gleich sechsmal überflutet, und in der zweiten Septemberhälfte fiel in Rumänien und Bulgarien doppelt so viel Niederschlag, als in dieser Jahreszeit dort typisch ist. Dieser Regen zeitigte schwere Überschwemmungen, die ganze Regionen bedeckten. Die überfluteten Gebiete waren so großflächig, dass sie noch vom Weltraum aus fotografiert werden konnten.

Auch in der Schweiz, in Österreich und in Deutschland gab es Überschwemmungen, nachdem in den Alpen tagelang sintflutartiger Regen niedergegangen war und die Flüsse hatte anschwellen lassen. Die Flüsse wie auch zahlreiche Nebenflüsse von Donau und Rhein konnten so viel Wasser nicht fassen und traten über die Ufer. Das führte in vielen Ländern zu Überflutungen und schließlich zu Schlammlawinen, die dutzende Menschenleben forderten.

Während über die europäischen Stürme 2002 auch in Amerika ausführlich berichtet wurde, wurden die Überschwemmungen in Europa 2005 von der Zerstörung überschattet, die Katrina anrichtete. Was nicht heißt, dass wir aufgrund der fehlenden Aufmerksamkeit der Medien die auffällige und außergewöhnliche Tendenz einfach abtun können, die sich in der Häufigkeit schwerer Überflutungen in Europa abzeichnet.

Extreme Niederschlagsmengen

Wie die durch Regen verursachten Überschwemmungen in Europa 2002 und 2005 gezeigt haben, können große Mengen an ergiebigem Regen zerstörerischer als starker Wind wirken. Ein ähnliches Ergebnis können auch kurze, aber heftige Regenfälle zeitigen, und im Jahr 2005 gab es gleich zweimal derart heftigen Niederschlag: in den Niederlanden und in Indien.

In der Nacht zum 29. Juni 2005 ging ein Gewitter auf die niederländische Stadt Gorinchem nieder und brachte in gut 90 Minuten 113 Millimeter Niederschlag. Das Außergewöhnlichste an diesem Gewitter war, dass sein Zentrum direkt über der Stadtmitte lag und das Umland in einem Radius von fast gleichmäßig 16 Kilometern betroffen war. Jenseits dieser Extremzone von 16 Kilometern fielen in dieser Nacht gerade einmal 20 Millimeter Niederschlag.

Gorinchem ist keine moderne Stadt. Es gab sie schon im Mittelalter, und in all den Jahrhunderten haben sich weder Stadtplaner noch Verwaltung je mit der Möglichkeit befasst, dass es eines Tages zu einem solch extremen Ereignis kommen könnte. Daher war das Abwassersystem schnell überlastet, und durch die Überflutung von Straßen und Kellern entstand ein erheblicher Schaden.

Mit welch unglaublicher Geschwindigkeit das Abwassersystem lahmgelegt wurde, zeigte sich erst nach dem Gewitter durch Berechnungen anhand von gespeicherten Niederschlagsradarbildern. Diese Berechnungen ergaben, dass das Gewitter auf seinem Höhepunkt Regenmengen von 200 Millimetern pro Stunde auf die Stadt niedergehen ließ!

Angesichts der Tatsache, dass während der Monsunzeit in Indien an einem Tag mit relativ heftigem Regen gerade einmal die Hälfte dieser Menge auf einer viel größeren Fläche niedergeht, wird klar, dass das, was in Gorinchem geschah, vorsichtig ausgedrückt eine beunruhigende Abweichung darstellt – insbesondere, wenn wir berücksichtigen, wie sich die indische Monsunzeit in den letzten zehn Jahren entwickelt hat.

Statistisch betrachtet hat sich die durchschnittliche Regenmenge, die jährlich während des indischen Monsuns fällt, in den vergangenen zehn Jahren nicht verändert. Verändert hat sich laut indischen Meteorologen aber die Verteilung. Ihre Analysen der über weiten Teilen Mittel- und Ostindiens niedergegangenen Monsunfälle haben ergeben, dass sich die Zahl der Regengüsse mit einer Niederschlagsmenge von hundert Millimetern oder mehr pro Tag in diesem Jahrhundert im Vergleich zum vorangegangenen verdoppelt hat. Dagegen hat die Zahl von Regenfällen mit moderateren Niederschlagsmengen abgenommen. Daraus ergibt sich, dass zwar die Niederschlagsmenge gleich geblieben ist, die Verteilung sich aber erheblich geändert hat.

Zudem treten nun auch in Indien mehr und mehr außergewöhnlich heftige Regengüsse wie der in Gorinchem auf. Ein gutes Beispiel ist das, was am 26. Juli zum Beginn der Monsunzeit 2005 in Mumbai geschah.

In dieser westindischen Stadt, die in der westlichen Welt besser unter dem Namen Bombay bekannt ist, leben 13 Millionen Menschen, die zu den wohlhabendsten des Landes zählen. Was mit der größten Stadt und dem finanziellen Zentrum Indiens geschah, ist schier unglaublich. Sie wurde von sintflutartigen Regenfällen heimgesucht, die 940 Millimeter Niederschlag in nur 24 Stunden brachten!

Dies mündete in eine humanitäre Katastrophe, die die Stadt lähmte und den bestehenden Rekord der größten Niederschlagsmenge pro Tag aus dem Jahr 1920 brach. Offizielle Schätzungen gehen von etwa hundert Toten aus, doch wird angenommen, dass hunderte weitere Menschen durch die schweren Überschwemmungen starben.

Suchen Sie nach globalen Tendenzen

Jahrhundertelang wurde das Wetter von einer Perspektive aus diskutiert, die lokal beschränkt war: Was passiert mit unserer Stadt, unserem Bundesland, unserer Region oder unserem Land? Bedingt durch den technischen Fortschritt, betrachten wir inzwischen größere Gebiete. Dennoch haben wir gerade erst begonnen, das Wetter von einem ganzheitlicheren, planetarischen Standpunkt aus zu sehen.

Diejenigen, die sich gegen diese planetarische Sichtweise aussprechen, sind für gewöhnlich dieselben, die sich gegen die These der globalen Erwärmung wehren. Gleichzeitig sind die Medien bemüht, einen ausgewogenen Standpunkt zu vertreten, was bedeutet, dass unser Bewusstsein für die meteorologischen Entwicklungen auf der Erde in sinnlosen Diskussionen stagnieren wird, bis weltweit so viel Leid entstanden ist, dass diese Lähmung ein für alle Mal ein Ende nimmt.

Obgleich wir nicht länger abstreiten können, dass das menschliche Handeln in die Klimaveränderung mit hineinspielt, dürfen wir nicht in die Falle tappen, die Rolle des Menschen überzubewerten, um hier einmal die Schwarzseher zu übertönen. Ja, unsere Emissionen sind für die Biosphäre unseres Planeten alles andere als gut, aber mit unseren Untersuchungen stur an diesem Punkt zu verharren bedeutet, vor den übrigen Ursachen die Augen zu verschließen.

Die auffälligsten dieser Ursachen sind die konstant zunehmende Sonnenaktivität und die dadurch immer unbeständigeren Wettermuster über den mehr als siebzig Prozent der Erdoberfläche bedeckenden Weltmeeren.

Zugegeben, sich ein ganzheitliches, alle Fakten einbeziehendes Verständnis für eine global ausgerichtete Wetterwissenschaft anzueignen, ist so gut wie unmöglich – das gilt sowohl für Wissenschaftler als auch für Schwarzseher. Was wir tun können ist, atmosphärische Anomalien zu beobachten, wie sie sich 2005 ereignet haben. Auf diese Weise können wir mit der Zeit eine zusammenhängende globale Perspektive gewinnen.

Je näher wir dem Jahr 2012 kommen, desto stärker werden sich aus diesen Daten globale Muster ergeben, die uns aufhorchen lassen, sobald eine kleine Stadt wie Gorinchem überschwemmt wird.

Die eigenen Überlebenschancen mittels einer globalen Sichtweise verbessern

Machen Sie es sich zu Ihrer persönlichen Aufgabe, ein globales Bewusstsein für das Wetterverhalten zu entwickeln. Sammeln Sie Fakten, um eine eigene einfache Datenbank anzulegen.

Einem Experten mag eine solche Datenbank sinnlos erscheinen. Aber bedenken Sie, dass Sie beim Werfen einer Münze mit einer Wahrscheinlichkeit von 50 zu 50 richtig liegen und diese Trefferchance meist höher ist als bei einer professionellen Wettervorhersage.

Sehen Sie es so: Wenn Sie ein Tageshändler werden wollen, dann testen Sie Ihr Investmentgespür am besten vorab an fiktiven Trades. Auf diese Weise können Sie Ihre Ideen zuerst theoretisch erproben, bevor Sie Ihr hart verdientes Geld investieren. Ebenso lassen Sie fiktiven Handel mit Ihrem Leben treiben, wenn Sie Ihr Leben in die Hände von Fernsehgurus legen.

Wenn das in Ihren Ohren nicht richtig klingt, dann überprüfen Sie es so, wie es Ihnen richtig erscheint. Wenn es dann an der Zeit ist, eine Wettermünze zu werfen, schadet es keinesfalls, wenn Sie auf Ihren Instinkt vertrauen. Ihrem Instinkt zu trauen könnte Ihnen und Ihrer Familie einen guten Vorsprung auf dem Weg in den sicheren Hafen verschaffen, während alle anderen zu Hause wie gebannt vor dem Fernseher sitzen.

7

Anzeichen im Ozean

Im letzten Kapitel haben Sie erfahren, wie Sie die Nachrichten innerhalb der Nachrichten aufspüren können, um nachzuverfolgen, wie unser Klima zunehmend extremer wird. Das Verhalten von Stürmen hat sich in den vergangenen zehn Jahren verändert; sie richten mehr Schaden an und treten an untypischen Orten auf. Diese außergewöhnlichen Wetterveränderungen sind die ersten Symptome für eine noch umfassendere und alarmierendere Tendenz in den Ozeanen.

Die Ozeane bedecken 71 Prozent der Erdoberfläche; sie speichern enorme Mengen an Wärme und nehmen jährlich mehrere Milliarden Tonnen Gas aus der Atmosphäre auf. Als Hauptwärmespeicher unserer Atmosphäre spielen Ozeane eine wesentliche Rolle bei der Wärmeverteilung auf unserem Planeten. Sie sind sowohl das Thermostat unserer Atmosphäre als auch die Lunge der Erde, und sie nähern sich einem katastrophalen qualitativen Umschlagspunkt.

Für diesen Umschlagspunkt ist vor allem der Mensch verantwortlich, und wenn wir ihn erreichen, wird es zu katastrophale Ereignissen kommen, die weit schneller aufeinander folgen und heftiger ausfallen werden als früher. Und dies in einem Ausmaß, das viele Experten schockieren wird – einerseits wegen der Botschaft, die sie in ihren eigenen Zahlen finden, und andererseits wegen der Aussicht, ihre eigene Karriere zu ruinieren, wenn sie frühzeitig Alarm schlagen.

Diese Tendenz wird so stark sein, dass Sie nicht der Letzte sein sollten, der davon erfährt. Aufbauend auf dem, was Sie im Kapitel über die Atmosphäre erfahren haben, sollten Sie künftig auch die Nachrichten innerhalb der Nachrichten im Hinblick auf die frühen Anzeichen im Ozean verfolgen, der kurz vor dem katastrophalen Umschlagspunkt steht.

Vorhersagen anhand gegenwärtiger Klimamodelle

Trotz der unglaublichen Flut wissenschaftlicher Erkenntnisse müssen wir Menschen uns erst noch ein ganzheitliches Verständnis der Ozeane aneignen. Auch wenn wir über leistungsstarke Satelliten und Forschungsschiffe verfügen, sind wir immer noch wie der sprichwörtliche Blinde, der einen Elefanten anhand eines Körperteils zu erkennen versucht. Wir ertasten dies und das, sind aber noch weit davon entfernt, die Sache als Ganzes zu begreifen.

Ähnliches gilt für unsere Vorhersagen für das 21. Jahrhundert, die anhand gegenwärtiger globaler Klimamodelle erstellt wurden. Diese Vorhersagen beruhen vor allem auf Daten aus jahrzehntelangen Beobachtungen und Forschungsarbeiten des 20. Jahrhunderts.

Diese Daten stammen, verglichen mit heute, aus einer relativ ruhigen Phase. Daher sind unsere gegenwärtigen Klimamodelle optimistisch, weil sie weder die Speicherkapazität der Ozeane noch einen Umschlagspunkt berücksichtigen.

Dadurch sind sie nicht einfach nur falsch. Sie sind *gefährlich* falsch, weil sie für einen „Worst Case", einen schlimmstmöglichen Fall, fehlerhafte Voraussagen machen. Ein gutes Beispiel hierfür ist der Untergang der RMS Titanic.

Falsche Erwartungen

Die Titanic galt als „praktisch unsinkbar", weil sie über einen doppelwandigen Rumpf und damals hochmoderne wasserdichte Schotten mit elektrisch gesteuerten Luken verfügte.

Diese Konstruktionsweise sollte das Schiff noch bei bis zu drei gefluteten, abgeschotteten Abteilungen vor dem Sinken bewahren. Die Schiffbauingenieure gingen davon aus, dass das Schiff im Falle eines Untergangs langsam und gleichmäßig sinken würde; das hätte genügend Zeit für die Rettung der Mannschaft und der Passagiere bedeutet.

In Wirklichkeit aber wurden gleich vier Abteilungen des Schiffes geflutet. Zwar waren die Abteilungen durch senkrechte Schotten wasserdicht verschlossen, doch die Decken der Abteilungen waren nicht abgedichtet.

Als das vordere Ende des Schiffs langsam versank, stieg das Wasser in einer Abteilung nach der anderen so stark an, dass es über die Schotten hinweg in die nächste floss – ähnlich wie bei den kleinen, terrassenförmigen Gartenspringbrunnen, bei denen das Wasser von Ebene zu Ebene bis hinab in den Teich fließt.

Das Wasser drang so langsam vor, dass das Licht noch brannte, solange das Orchester spielte. Als die Titanic dann aber ihren Umschlagspunkt erreichte – als das Heck schließlich aus dem Wasser ragte und der Rumpf in zwei Teile zerbrach –, nahm das gewaltige Schiff schließlich Kurs auf seinen letzten Hafen am Meeresgrund.

Schuld daran, dass die einzelnen Abteilungen des Schiffs oben nicht abgedichtet waren und sich nicht genügen Rettungsboote an Bord befanden, war eine falsche Annahme, die auf naiven, selbstherrlichen Erwartungen hinsichtlich eines „Worst Case Scenario" beruhte.

Eine moderne Titanic

Das Katastrophenszenario in „The Day After Tomorrow" aus dem Jahr 2004 galt als zu extrem, wobei die wissenschaftliche Kritik an dem Film die wachsende Besorgnis darüber beschwichtigen sollte, dass die Erde gewaltsam in eine vom Menschen verschuldete Eiszeit katapultiert werden könnte.

Während die Bemühungen weitergehen, das Katastrophenszenario des Films herunterzuspielen, werden in Museen die mumifizierten Überreste von zehntausend Jahre alten riesigen Mammuts ausgestellt. Diese Tiere wurden mit noch frischem Gras in ihrem Maul buchstäblich schockgefrostet. Sie gefroren so schnell, dass die Qualität der DNS, die aus den zehntausend Jahre alten Exemplaren gewonnen wurde, gut genug ist, um sie für eine genetische Züchtung zu verwenden.

Trotz der wissenschaftlichen Kritik an „The Day After Tomorrow" zeigt der Film drei ins Auge springende Fakten auf:

1. Es gibt Beweise dafür, dass es in der Vergangenheit derartige Ereignisse gab.

2. Wir beobachten derzeit beunruhigende Tendenzen in den Ozeanen.

3. Uns fehlt es an Erfahrung, um das ganze Ausmaß der Gefahr erfassen zu können, der wir heute gegenüberstehen.

Nehmen wir alle drei Punkte zusammen, lassen sich daraus beunruhigende Tendenzen ablesen, von denen konservative Wissenschaftler behaupten, sie müssten noch eingehender untersucht werden, bevor man solch wichtige Schlüsse ziehen dürfe. Was sie wollen, ist ein solider, keine Unruhe verbreitender Ansatz, der einen steten Geldfluss gewährleistet.

Wissenschaftler, die bereit sind, die Alarmglocke zu schlagen und Unruhe zu verbreiten, werden schnell als Panikmacher abgestempelt, und ihre Karriere ist damit oft ruiniert. Wir wissen, dass solche Dinge geschehen. Unsere Popkultur zeugt davon.

Ein gutes Beispiel ist der Film „Superman" aus dem Jahr 1978. Er beginnt mit Jor-El, dem von Marlon Brando gespielten Vater von Superman, der die Weisen von Krypton davor warnt, dass ihre Sonne kurz vor einer Explosion steht. Die Weisen aber sind nicht bereit, diese Möglichkeit zu akzeptieren, und ignorieren ihn, was genau genommen ziemlich merkwürdig für eine technisch so fortschrittliche Gesellschaft ist.

Jor-El wird zwar zum Schweigen gebracht, glaubt aber nach wie vor an seine Analyse und schickt seinen Sohn Kal-El, der noch ein Säugling ist, zur Erde, um sein Überleben zu sichern. Dann explodiert Kryptons Sonne, was beweist, dass niemand etwas davon hat, bei solchen Dingen richtig zu liegen.

In der Zeit, die vor uns liegt, wird jeder von uns seinen eigenen Jor-El-Moment erleben. Dann werden wir sehen, was wir sehen, und kein naives Gespött wird uns davon abbringen können; dann werden wir bereit sein müssen zu handeln, wenn nötig auch allein.

Die Lunge der Erde

Der menschliche Körper besitzt zwei Lungenflügel, die jeweils die Hälfte der Menge an Sauerstoff liefern, die das Blut in den Körper transportiert. Auf ähnliche Weise besitzt auch die Erde zwei Lungenflügel. Einer besteht aus den verschiedenen Bäumen, Sträuchern, Grasarten und den übrigen uns bekannten Pflanzenarten.

Sie nehmen Wasser und Kohlendioxid bzw. CO_2 auf und produzieren mittels Photosynthese Sauerstoff und verschiedene Zuckerarten. Alle Pflanzen der Welt zusammengenommen erzeugen ein Viertel des Sauerstoffs, von dem unser Überleben abhängt, und entsorgen zugleich das CO_2, das wir als Abfallprodukt ausatmen.

Der andere Lungenflügel der Erde ist das Phytoplankton, das die Grundlage der Nahrungskette im Meer darstellt. Aktuelle Schätzungen zeigen, dass unsere Ozeane bis zu achtzigmal mehr CO_2 als unsere Atmosphäre enthalten.

Angesichts des Kahlschlags der unschätzbar wertvollen Regenwälder, der weltweiten Ausbreitung der Wüsten und weiterer Faktoren ist das Phytoplankton in den Weltmeeren heute wichtiger als je zuvor. Insbesondere wenn wir bedenken, dass die CO_2-Konzentration in der oberen Atmosphäre so hoch wie nie zuvor ist und CO_2 zudem das „stärkste" Treibhausgas in der Erdatmosphäre darstellt.

Warum CO_2 das „stärkste" Treibhausgas ist

CO_2 ist aus zwei Gründen das „stärkste" Treibhausgas in der Erdatmosphäre. Erstens kann es von allen Treibhausgasen die größte Menge an Wärme aufnehmen und ist daher ein wesentlicher Faktor in der Klimaentwicklung. Aus diesem Grund ist die CO_2-Konzentration in der Atmosphäre das eindeutigste Zeichen für einen bevorstehenden Klimawandel.

Zweitens unterscheidet sich CO_2 deshalb von anderen wichtigen Treibhausgasen, weil es keinen abgeschlossenen Transferzyklus besitzt.

Andere kritische Treibhausgase, zum Beispiel Wasserdampf, verfügen über einen abgeschlossenen Wärmetransferzyklus. Dieser Vorgang tritt in den normalen Oberflächentemperaturbereichen der Erde auf, wobei das Gas Wärme aufnimmt, dadurch kondensiert und in einen flüssigen Zustand übergeht und die Wärme wieder an das Wasser bzw. das Land abgibt.

CO_2 dagegen besitzt einen abhängigen Wärmetransferzyklus – außer am Südpol, wo die Temperatur noch unter minus 78,4 Grad Celsius fallen kann. Dies ist der Punkt, an dem CO_2 in einen festen Zustand übergeht.

Wie Wasserdampf und Methan nimmt auch CO_2 Wärme auf. Diese Wärme kann aber nicht an das Land bzw. das Meer abgegeben werden, solange es nicht von Phytoplankton oder Pflanzen aufgenommen und umgewandelt wird. Daher ist das Phytoplankton in unseren Ozeanen, das große Mengen an CO_2 aufnimmt, so ungemein wichtig für uns.

Beunruhigend ist, dass das Phytoplankton der Erde zunehmend unter der vom Menschen verursachten Umweltverschmutzung leidet und es ihm dadurch an einem lebenswichtigen Mineral mangelt – Eisen.

Wohin ist das Eisen verschwunden?

Die Hersteller von Vitaminpräparaten werben oft damit, dass ihre Produkte gegen „eisenarmes, müdes Blut" sowie gegen die Müdigkeit und geschwächte Immunabwehr einer Blutarmut helfen. Im Gegensatz zu anderen, seltenen Stoffen zählt Eisen zu den auf der Erde reichlich vorhandenen Metallen, und Phytoplankton braucht Eisen genauso sehr wie wir.

Der menschliche Organismus verwendet Eisen, um Hämoglobin herzustellen, das im Blut den Sauerstoff zu allen Zellen im Körper transportiert. Phytoplankton benötigt Eisen, um CO_2 aufnehmen zu können, und wenn Phytoplankton „anämisch" wird, leidet es genauso wie wir Menschen.

Das Eisen, von dem das Phytoplankton abhängig ist, kommt von Natur aus in den Meeren vor. Das meiste davon stammt aus Wüstensand, der vom Wind aufs Meer hinausgetragen wird. Wenn der Sand dann ins Wasser fällt, lösen sich diese natürlichen Eisensalze im Meerwasser auf.

Was uns heute Anlass zur Sorge gibt ist, dass das Phytoplankton trotz des weltweit großen Eisenvorkommens in weiten Teilen der Ozeane nicht genügend davon bekommt. Seit den 1980er Jahren haben Wissenschaftler weltweit sogar eine stete Abnahme an Eisen in allen Ozeanbecken beobachtet, wobei das äquatoriale Atlantikbecken die einzige Ausnahme darstellt.

Infolgedessen nimmt die Phytoplanktonmenge in den Ozeanen konstant ab, verglichen mit den Durchschnittsmengen vorangegangener Jahrzehnte. Schuld daran dürften vor allem die Kalium- und Natriumphosphate in unseren Waschmitteln sein.

Die Waschmittel, die wir in die Waschmaschine geben, reinigen unsere Kleidung mittels dieser Phosphate. Die Phosphate machen die Schmutzteilchen im Stoff gleitfähiger, sodass sie während des Spülgangs leicht ausgewaschen und durch den Abfluss fortgespült werden können.

Durch den Abfluss gelangen diese Phosphate in unsere Flüsse und schließlich ins Meer, wo sie weiterhin ihre Aufgabe verrichten. Das ist der Haken an der Sache.

Waschmittelphosphate töten unsere Ozeane

Künstliche Phosphate aus Waschmitteln sind für Phytoplankton aufgrund der Wechselwirkungen mit den natürlichen Eisensalzen im Meer tödlich. Waschmittelphosphate verbinden sich mit dem natürlichen Eisen zu einer komplett anderen Art von Eisensalz, das sich nur schwer auflöst. Es sinkt auf den Meeresboden wie nutzloser Sand.

Bedenken Sie dies: In unserem vorherigen Beispiel von der Titanic haben wir gesehen, wie das Schiff sank, weil das Wasser mühelos über die Schotten fließen konnte, die die wasserdichten Abteilungen trennten. Lassen Sie uns dieses Beispiel nun auf die Phytoplankton-Anämie anwenden.

Unsere Atmosphäre und die Ozeane sind Teil eines perfekten natürlichen Systems. Hätten die Schiffbauingenieure der Titanic sich an der Natur orientiert, dann hätten sie die wasserdichten Abteilungen auch nach oben hin abgedichtet.

Wir entziehen dem Phytoplankton deshalb Eisen, weil wir gerne mit einem sauberen Hemd zur Arbeit gehen. Dadurch reißen wir die wasserdichten Schotten der Natur immer weiter auf.

Anders ausgedrückt: Damit wir atmen können, muss auch der Ozean atmen können. Unsere Verschmutzung der Weltmeere trägt stark zum Klimawandel bei. Hinweise darauf zeigen sich nicht nur in der Atmosphäre, sondern auch auf der grundlegendsten Ebene des Lebens, den Ozeanen.

Das Plankton stirbt, und inzwischen sind weite Teile des Meeres bis auf die Algen tot. Wenn Algen und Verschmutzung in heute noch aktive Gewässer vordringen, wird es zu einem großen Fischsterben kommen. Eine dauerhaft tote Zone gibt es bereits – im Norden des Bottnischen Meerbusens zwischen Schweden und Finnland.

Kritiker werden dies als Panikmache abtun und darauf verweisen, dass es sich beim Bottnischen Meerbusen um einen nach oben hin geschlossenen Meeresarm handelt. Dabei ignorieren sie bewusst, dass saisonale und dauerhaft tote Zonen auch auf offener See allmählich zur Norm werden.

Meereslebewesen und natürliche Systeme
Information

Die Beobachtung von Fischfangquoten, Fischpreisen und außergewöhnlichem Verhalten von Meerestieren gibt Ihnen einen Einblick in die biologische Verfassung der Ozeane. Notieren Sie sich die folgenden Daten, sobald sie bekannt gegeben werden:

∴ **Fischfangquoten und Größe der Fische:** Eine Überfischung zeigt sich daran, dass die Durchschnittsgröße der gefangenen Fische abnimmt und die Fanggründe sich immer weiter vom Festland entfernen.

∴ **Gestrandete Wale:** Dort, wo die meisten Wale stranden, steht es um das Pflanzenleben im Wasser am schlechtesten. Wale ernähren sich von Plankton, und wenn es an Plankton mangelt, begeben sie sich auf die Suche danach. Nahrungsmangel macht sie desorientiert und lässt sie stranden.

∴ **Algenwuchs:** Wo Algen blühen, stirbt alles andere Leben, sodass unter den Wellen nur ein lebloser Ozean zurückbleibt. Kein Plankton bildet dort mehr Sauerstoff.

∴ **Ölteppiche:** Wenn Öl ausläuft, sinkt es auf den Meeresboden und tötet dort alles Leben, wodurch es Fische und andere Meereslebewesen ihrer Nahrung beraubt. Das unterbricht die Nahrungskette und ist für den Ozean tödlich.

Eine solche saisonal tote Zone gibt es bereits vor der Mississippimündung. Weitere werden sicherlich folgen, und ganze Meeresregionen werden einfach absterben.

Dies wird sich auf die Menge an Fisch auswirken, die wir für unseren Eigenbedarf fangen. Diese Menge ist bereits zurückgegangen, weil wir die größten Meeresfischarten bereits um 90 Prozent dezimiert haben. Zwar erwecken unsere Fischmärkte immer noch den Anschein, als würden die Ozeane einen praktisch unbegrenzten Vorrat bergen, doch in Wirklichkeit schröpfen wir mit riesigen Fabrikschiffen und Schleppnetzen auch noch die restlichen zehn Prozent der großen Fischarten. Dabei sind diese Fische auch für die Gesundheit der Korallenriffe weltweit von wesentlicher Bedeutung.

Die größte Bedrohung aber stellt die Entwicklung des Planktons dar. Das Plankton ist die Grundlage der Meeresnahrungskette, und sein Schicksal wirkt sich auf alles übrige Leben in den Ozeanen aus. Ganz deutlich zeigt sich dies schon an den größten Wesen der Erde, den Walen. Viele wagen sich auf der Suche nach Nahrung inzwischen nahe ans Festland heran und stranden dabei. Einige dieser geschwächten Tiere, die unfähig sind, alleine ins offene Meer zurückzugelangen, werden von mitfühlenden Menschen gerettet, aber die meisten sterben. Worauf es aber hier ankommt ist, dass nicht alle Menschen schlecht sind.

Während die meisten Länder bemüht sind, ihre Fischfanggebiete umsichtiger zu verwalten, rauben andere weiterhin die Ozeane aus. Skrupellose Fischfangnationen wie China werden auch künftig blindwütig ein Gebiet nach dem anderen ausschöpfen, bis nichts mehr zu holen ist.

In dem verzweifelten Bemühen, die wachsende Bevölkerung zu ernähren, werden diese Länder schließlich auch gut geführte, geschützte Gebiete plündern, was zu hitzigen Konfrontationen führen wird. Diese aber werden nicht von langer Dauer sein, weil wir stärker um Luft als um Fisch ringen werden.

CO$_2$ und Sauerstoff

Wenn künstliche und natürliche Kräfte aufeinander treffen und die Ozeane umkippen lassen, wird eine große Menge an CO$_2$ in die Atmosphäre abgegeben, was mit einer Abnahme des Sauerstoffgehalts einhergeht. Werfen wir einen Blick auf die Zahlen:

Gegenwärtig ist die CO$_2$-Konzentration in der Erdatmosphäre mit etwa 0,038 Prozent relativ niedrig. Steigt sie auf

- 0,5 Prozent, halten wir dies für längere Zeit aus;

- 3,0 Prozent, halten wir dies für kurze Zeit aus;

- 2,5 Prozent und bleibt so hoch oder steigt sogar noch weiter an, sterben wir.

Wenn das Phytoplankton kein CO$_2$ mehr aufnimmt, produziert es auch keinen Sauerstoff mehr, was bedeutet, dass der Sauerstoff in der Atmosphäre, den wir zum Atmen brauchen, noch weiter abnimmt.

Derzeit liegt der Sauerstoffgehalt in der Erdatmosphäre bei 21 Prozent. Sinkt er auf

- 17 Prozent, erlischt eine Kerzenflamme, aber es reicht zum Überleben;

- 14 Prozent, verlieren wir das Bewusstsein;

- 11 Prozent, sterben wir.

Die Menschheit pfuscht an einem komplexen System herum, das gewaltig, aber nicht grenzenlos ist, auch wenn es so scheint.

Wie jedes andere System besitzt auch dieses einen verhängnisvollen Umschlagspunkt. Wir wissen, dass das System strapaziert ist, aber wir wissen nicht genug, um davon ausgehen zu können, dass es *keinen* Umschlagspunkt besitzt, an dem es einfach stoppt und durch unsere gedankenlose Überheblichkeit langsam erstickt.

Wenn wir es an diesen Punkt und weiter führen, werden wir zunächst den Anstieg des CO$_2$ und die ersten Anzeichen des Erstickungstods zu spüren bekommen und schließlich unter Sauerstoffmangel zu leiden haben. Die Kanarienvögel in dieser Kohlengrube der Zukunft werden die Alten und Kranken sowie Menschen mit einem geschwächten Herz-Lungen-System sein.

Das Sterben wird zunächst zaghaft einsetzen, ähnlich wie bei der europäischen Hitzewelle im Jahr 2003. In einem der heißesten europäischen Sommer seit Beginn der Wetteraufzeichnungen starben allein in Frankreich 14.802 zumeist ältere Menschen.

Für die Menschen in höher gelegenen Gebieten wird der CO$_2$-Wert erträglicher sein; bei ihnen wird sich besonders der Sauerstoffmangel bemerkbar machen. Genau umgekehrt ist es für alle, die auf Höhe des Meeresspiegels leben, nur dass diese Menschen noch mit einer Extraportion Leid zu kämpfen haben werden.

CO$_2$ und der Meeresspiegel

Wenn eine große Menge an im Ozean gespeichertem CO$_2$ freigesetzt wird, könnte dies den CO$_2$-Gehalt in der Atmosphäre auf über zwei Prozent steigen lassen. Sollte dies geschehen, könnte die Temperatur um über zehn Grad Celsius ansteigen. Dies würde innerhalb weniger Jahre zum Schmelzen allen permanenten Eises auf der Erde führen, und danach gäbe es keine Gletscher und keine Polkappen mehr.

Ein beschleunigtes Abschmelzen der großen Landeismassen ist genau das, was wir derzeit beobachten und was auch durch einen Bericht des National Center for Atmospheric Research (NCAR) gestützt wird, der im Mai 2007 erschien. Der Bericht besagt, dass das Meereis dreimal schneller als erwartet zurückgeht und dass die Polarregionen am stärksten betroffen sind.

Wenn wir auch weiterhin das Tempo unterschätzen, mit dem die Eisflächen schwinden, dann werden wir uns plötzlich der kurz bevorstehenden globalen positiven Rückkopplungsschleife gegenübersehen, in der sich die Probleme auftürmen, bis es zum katastrophalen Versagen kommt.

Sie können sich dies bildlich als großes, schreckliches Ungeheuer mit dicken, nägelbeschlagenen Stiefeln vorstellen, das an einem Ende einer schmalen Steinbrücke auf Sie wartet.

Sie stehen mitten auf der Brücke, und das Ungeheuer am Ende der Brücke stampft mit seinem dicken Stiefel einmal kräftig auf, wodurch die Brücke erzittert. Sie spüren das Zittern, aber es verebbt. Das nach wie vor erzürnte Ungeheuer stampft erneut auf, und wieder bebt die Brücke. Trotzdem bleibt sie so solide und sicher wie zuvor.

Das macht das Ungeheuer wütend, und es stampft nun so schnell auf, wie es kann. Während nun gerade noch das erste Aufstampfen die Brücke erzittern lässt, folgt schon das nächste, und das nächste und so weiter.

Die Erschütterungen können nicht mehr abebben, und die Brücke beginnt zu schwingen, weil das Zittern eines Aufstampfens das nächste verstärkt. Das Ungeheuer stampft so lange, bis sich eine Schwingung aufgebaut hat, die zu stark für die Brücke ist. Schließlich bricht sie auseinander, stürzt in den Fluss und reißt Sie mit sich.

Stellen wir uns vor, dass die nägelbeschlagenen Stiefel des Ungeheuers eine CO$_2$-Quelle sind und dass jedes Aufstampfen eine unnatürliche Freisetzung von CO$_2$ darstellt. Was passiert wohl als nächstes?

Die Resonanz des Versagens

Lassen Sie uns, um in diesem Bild zu bleiben, einmal annehmen, dass die Eisdecke Grönlands das CO$_2$-Aufstampfen des Ungeheuers als Erste zu spüren bekommt. Dies ist ein logischer Ausgangspunkt, weil nördlich des Äquators unsere Sorge insbesondere der Grönlandeisschicht gilt. Wissenschaftler haben ermittelt, dass diese Eisschicht nicht nur recht schnell schmelzen könnte, sondern dass auch noch große Stücke ins Meer brechen könnten.

Wenn unser CO_2-Ungeheuer aufzustampfen beginnt, werden wir Zeuge eines großflächigen Abschmelzens des Grönlandeises werden. Wenn große Eisflächen schwinden, wird der Meeresspiegel ansteigen. Wenn die gesamte Eisfläche Grönlands schmilzt und ins Meer fließt, könnte der Meeresspiegel um bis zu sechseinhalb Meter steigen.

An diesem Punkt würden wir unsere Aufmerksamkeit auf die Antarktis richten, unseren südlichsten Kontinent. Beinahe 90 Prozent des gesamten Süßwasservorrats der Erde befinden sich in Form von Eis und Schnee in der Antarktis. Dieses gefrorene Süßwasser ist wichtig für uns, weil es die Sonnenstrahlung reflektiert. Wenn es verschwindet, werden das freigelegte Land und das Schmelzwasser die Sonnenstrahlung absorbieren.

Je weniger Sonnenstrahlung durch Eis und Schnee reflektiert wird, desto mehr Wärme absorbieren Land und Ozean. Dadurch entsteht eine positive Rückkopplungsschleife, die schließlich das gesamte permanente Eis auf der Erde zum Schmelzen bringen könnte.

Sollten die Eiskappen in der Antarktis und in Grönland sowie sämtliche Gebirgsgletscher schmelzen, dann könnte der Meeresspiegel um über 20 Meter ansteigen, was katastrophale Folgen für alle niedrig gelegenen küstennahen Regionen hätte. Zudem erwärmt sich auch das Meerwasser selbst. Als Folge dieser Erwärmung dehnt sich das Wasser aus, wodurch es noch einmal ansteigt. Was dies für Städte wie New York bedeuten würde, wird beispielhaft in Steven Spielbergs Film „A.I. – Künstliche Intelligenz" aus dem Jahr 2001 dargestellt.

Die ersten und am härtesten betroffenen Regionen werden die in den niedrig gelegenen Küstengebieten sein, unter anderem Bangladesch, das fast gänzlich und mit einer tragisch hohen Opferzahl im Meer verschwinden würde.

Aber auch die Industriestaaten bekämen die Auswirkungen zu spüren. In Amerika würden die großen Städte an der Golfküste verschwinden, wie New Orleans oder Miami in Florida. Auch Europa wäre betroffen.

London würde unbewohnbar werden, und ganze Teile westeuropäischer Länder, wie zum Beispiel Belgiens, der Niederlande und Dänemarks, würden mitsamt ihres fruchtbaren Ackerlands untergehen.

Am Ende wird jedoch jeder betroffen sein, ganz gleich, ob er an der Küste oder im Binnenland lebt. Die Menschen, die durch die Überflutungen ihr Haus verlieren, werden in sichere Regionen fliehen. Die meisten werden unvorbereitet getroffen werden, und das wird der Beginn eines logistischen und ökonomischen Albtraums sein.

Vielleicht leben Sie im Binnenland und denken deshalb, Sie könnten ignorieren, was mit dem permanenten Eis geschieht und wie sich der steigende Meeresspiegel entwickelt. Aber auch Sie wird schließlich der Strom hungriger und durstiger Flüchtlinge treffen.

Die ersten Flüchtlinge werden sich noch dankbar zeigen, aber die nachfolgenden werden sich gewaltsam nehmen, was sie selbst aus mangelnder Weitsicht nicht beiseite geschafft haben. Sie werden wie ein unaufhaltsamer Heuschreckenschwarm über Sie hereinbrechen, aber nicht lange.

Es könnte noch schlimmer kommen

Wenn sich Ozeane und Atmosphäre verändern, wird das globale Klima auch in gemäßigten Breitengraden verheerend und extrem werden, und das könnte dazu führen, dass der Golfstrom im Nordatlantik sich verlangsamt oder gar abbricht. Wenn dies geschieht, dann könnte das Szenario von einer extremen Abkühlung aus dem Film „The Day After Tomorrow", das Experten für unwahrscheinlich, aber nicht unmöglich halten, tatsächlich Wirklichkeit werden.

Mit der Zeit jedoch wird sich die Strömung von selbst wieder einstellen; zwar trägt das derzeitige Verhalten des Menschen dazu bei, das Klima aus seinem stabilen Gleichgewicht zu bringen, aber mit der Zeit wird es sich von selbst regenerieren. Die Frage ist nur, wie viele von uns Zeuge davon werden. Denken Sie daran, dass wir gerade denselben Fehler wie die Eigentümer der RMS Titanic machen, nur umgekehrt. Sie hielten es für ungefährlich, die Decke der wasserdichten Abteilungen nicht zu versiegeln, um das eindringende Meerwasser daran zu hindern, über die Wände der Abteilungen hinwegzufließen. Und wir wissen, wie das endete.

Dennoch schmirgeln wir weiter am perfekten System der Natur herum und entfernen die Deckenversiegelung unserer wasserdichten Abteilungen, obwohl wir nicht genau wissen, wann der Umschlagspunkt erreicht ist, an dem unsere Ozeane plötzlich und katastrophal auf unser kurzsichtiges Verhalten reagieren werden.

Da stehen Sie also mit Ihrer Bordkarte an der Pier, und über Ihnen ragt das Schiff auf, das, wie Experten Ihnen versichert haben, „praktisch unsinkbar" ist. Allerdings gibt es noch andere Möglichkeiten für Sie, an Ihr Ziel zu gelangen, und noch haben Sie die Wahl.

Information   **Tendenzen in Ozean und Atmosphäre**

Ob Sie nun im Binnenland oder nahe der Küste leben – die Veränderungen in Ozean und Atmosphäre zu verfolgen, wird Ihnen dabei helfen, Bedrohungen in naher Zukunft vorherzusehen und früher zu handeln als diejenigen, die diese entscheidenden Tendenzen lieber ignorieren.

∴ **Wo liegt Ihr Wohnort im Verhältnis zum Meer?** Wie viele Meter unter bzw. über dem Meeresspiegel wohnen Sie? Im Jahr 2012 wird dies ein maßgeblicher Überlebensfaktor für Küstenbewohner sein.

∴ **Wie steht es um Schutzmaßnahmen?** Wenn Sie hinter Deichen oder Dämmen leben, die Sie vor Hochwasser schützen, dann prüfen Sie, in welchem Zustand sich diese befinden.

∴ **Wie viele Menschen leben in Ihrer Umgebung?** Stellen Sie fest, wie viele Menschen in Ihrer Umgebung leben und auf dieselben Schutzmaßnahmen wie Sie angewiesen sind. Im Ernstfall werden diese Menschen mit Ihnen um Vorräte kämpfen.

∴ **Wie oft gibt es bei Ihnen Überschwemmungen?** Finden Sie heraus, ob es sonst noch Wasser gibt, das zur Gefahr werden könnte, zum Beispiel in Form von Flüssen oder Abwassersystemen. Finden Sie heraus, wie oft sie über die Ufer treten bzw. überlaufen, damit Sie Tendenzen ausmachen können. Überprüfen Sie, wie zu viel Wasser in Ihrer Gegend gehandhabt wird und ob Sie im Fall einer Überschwemmung noch durch andere Wasserquellen als das Meer gefährdet sind.

∴ **Wetterrekorde:** Achten Sie auf rekordbrechende Wetterverhältnisse, seien diese kalter oder heißer, nasser oder trockener Natur. Beobachten Sie die Statistik ungewöhnlicher Wetterphänomene; diese Phänomene entspringen unmittelbar einer Veränderung der Meerestemperatur.

∴ **Meerestemperatur:** Eine Veränderung in der durchschnittlichen Temperatur des Meerwassers deutet auf einen bevorstehenden Klimawandel hin. Eine Erwärmung des Meerwassers führt zu heftigeren Stürmen; eine Abkühlung führt verstärkt zu Dürreperioden.

∴ **Auseinanderbrechen von Eisdecken:** Beobachten Sie Berichte über das Aufbrechen von Eisdecken bzw. das Abbrechen großer Eisbrocken in Grönland und der Antarktis. Sie weisen auf einen globalen Temperaturanstieg hin.

Teil III

Was unsere Regierungen tun

„Wir können der Verantwortung von morgen nicht dadurch entgehen, dass wir uns ihr heute entziehen."

Abraham Lincoln (1809 – 1965)

Regierungen sind wie Großfamilien. Seien sie nun gut, schlecht oder sonstwie, sie alle teilen ein Urziel – zu überleben. Lassen Sie sich von ihren Übertreibungen nicht einlullen.

Vergegenwärtigen Sie sich stattdessen die eine Frage, mit der die Mächtigen beschäftigt sind, während sie für ihr Porträt Modell sitzen: „Was werden meine Nachkommen von mir denken, wenn sie dieses Bild betrachten?" Alles andere ist zweitrangig; auch wir übrigen Menschen.

8

Die Beobachtung von Sonnenstürmen

Die größte Gefahr, mit der uns der Planet X konfrontiert, ist seine Wechselwirkung mit unserer Sonne. Sobald der Planet X die Ekliptikebene kreuzt, wird es zu heftigen Sonnenstürmen kommen, einer Reaktion der Sonne auf die Gegenwart des Planeten. Jeder Einzelne von ihnen könnte unsere Kommunikationssysteme und Stromnetze lahmlegen, die so grundlegend für unsere Industriemacht sind – und womöglich noch weit Schlimmeres anrichten.

Das gefährliche Verhalten der Sonne in den kommenden Jahren stellt derzeit eine Hauptbedrohung für die Industrienationen dar. Dies hat multinationale Bemühungen in Gang gesetzt, unser Abwehrsystem gegen die Sonnenaktivität zu verstärken. Daher arbeiten die verschiedenen Weltraumbehörden – die amerikanische NASA, die europäische ESA und die japanische JAXA – inzwischen zusammen, um bis 2008 eine Flotte von sieben Sonnenobservatorien im Weltraum zu positionieren. Und dies sind nur die Observatorien, über die öffentlich gesprochen wird!

An der Zahl der Sonnenobservatorien, die in den kommenden gefahrvollen Jahren im Kollektiv die Sonne beobachten werden, lassen sich gut koordinierte Bestrebungen erkennen. Was auch immer Sie von Ihrer Regierung halten mögen, sollten Sie doch wissen, dass diese Ihre Steuern weise einsetzt. Schauen wir uns also an, wofür unsere Steuergelder ausgegeben werden.

Die weltraumgestützten Sonnenobservatorien der Erde

Wenn wir ins Krankenhaus kommen, führen die Ärzte verschiedene Untersuchungen durch, um sich einen Überblick über die Vorgänge in unserem Körper zu verschaffen. Genauso machen wir das mit der Sonne, und dafür müssen wir sorgfältig fünf verschiedene Spektralbereiche prüfen: Gammastrahlung, Röntgenstrahlung, extrem ultraviolette Strahlung (EUV), ultraviolette Strahlung (UV) und sichtbares Licht.

Name der Mission BEHÖRDE *Start*	Ziel der Mission	Gamma	Röntgen	EUV	UV	Sichtbares Licht
Ulysses ESA, NASA *1990*	Kartographische Erfassung der Sonnenpole	✚	✚			
SOHO ESA, NASA *1995*	Sonnenatmosphäre und Warnung vor Sonneneruptionen		✚	✚	✚	✚
Hinode NASA, ESA, JAXA *2006*	Wechselwirkungen zwischen dem Magnetfeld der Sonne und der Sonnenkorona		✚	✚	✚	✚
STEREO NASA *2006*	Sonnenverhalten und Dynamik koronaler Massenauswürfe (KMA)			✚		✚
Proba-2 ESA *2007*	Beobachtung der Sonne und des Weltraumwetters			✚	✚	
Solar Dynamics Observatory NASA *2008*	Messung der Magnetodynamik der Sonne			✚	✚	✚
Solar Orbiter ESA *2010 oder 2015*	Hochauflösende Bilder von der Sonne			✚	✚	✚

Wissenschaftler neigen zur Haarspalterei, wenn es darum geht, die fünf verschiedenen Strahlungswellenlängen zu definieren. In diesem Kapitel finden Sie eine allgemein gehaltene Darlegung der fünf Strahlungsarten. Das gibt Ihnen eine grobe Vorstellung von der Vorgehensweise dieser Wissenschaft, mit deren Hilfe Sie die Nachrichten innerhalb der Nachrichten deuten können, sobald die Daten dieser Sonnenobservatorien in den Medien erscheinen.

Das Messen von Strahlung

Strahlungswellenlängen werden in der Wissenschaft für gewöhnlich in Nanometern und Mikrometern angegeben.

Nanometer (nm): ein Milliardstel Meter

- Gamma = alles unter 0,1 nm

- Röntgen = 0,1 nm bis 50 nm

- EUV = 50 nm bis 200 nm

- UV = 200 nm bis 380 nm

- Sichtbares Licht = 380 nm bis 780 nm

Mikrometer (μm): ein Millionstel Meter

- Infrarot (Nahinfrarot) = 780 nm (0,78 μm) bis 10 μm

- Ferninfrarot = 10 μm bis 200 μm

Die in diesem Kapitel dargestellten Sonnenobservatorien untersuchen die Sonne nur im Nanometerspektralbereich. Die im nächsten Kapitel vorgestellten weltraumgestützten Teleskope weisen dagegen beide Bereiche im Weltall nach.

Die Beobachtung der Sonne im Nanometerspektralbereich

Anhand der Beobachtung der folgenden fünf Nanometerspektralbereiche, die oben beschrieben wurden, können Wissenschaftler und Astronomen zu Diagnosezwecken ein umfassendes Gesamtbild der Sonne in Echtzeit erstellen.

Gammastrahlung – der innere Hochofen der Sonne

Gammastrahlung entsteht beim Zerfall von Isotopen, wie zum Beispiel Uran und Plutonium. In Atomkraftwerken gehört die Erzeugung von Gammastrahlung zum Alltagsgeschäft. Die Gammastrahlung verrät uns, was im „Kernschmelzofen" der Sonne geschieht (bei der Kernfusion entstehen Neutronen, und wenn diese mit anderer Materie kollidieren, entsteht die Wärme, die wir spüren, und auch Strahlung).

Wenn wir diese Strahlung messen, erfahren wir, ob die Aktivität steigt, fällt oder relativ gleich bleibt. Einfacher ausgedrückt: Wenn wir die Gammastrahlung beobachten, so ist das, als ob wir den Puls der Sonne messen würden. Eine erhöhte Pulsfrequenz deutet auf ein erhöhtes Maß an Spannungen im Körpersystem hin.

Röntgenstrahlung – die Vorhersage kosmischer Blitze

Die allseits bekannte Röntgenstrahlung entsteht nicht natürlich, sondern wird von Geräten erzeugt. In der Wissenschaft beschreibt der Begriff allerdings eine natürliche Strahlung desselben Frequenzbereichs, mit der sich bestimmte Arten von Hochgeschwindigkeitskollisionen zwischen Atomen messen lassen.

Je heftiger diese Kollisionen sind, desto mehr Röntgenstrahlung wird im höheren Frequenzband abgegeben. Solche heftigen Kollisionen werden durch eine Intensivierung des elektromagnetischen Felds ausgelöst, die sich auf die Atome auswirkt.

Sobald der Planet X die Ekliptikebene kreuzt, werden wir eine stark gesteigerte Emission von Röntgenstrahlung beobachten können, die sich in Form von sogenannten „Sprites" (kosmischen Blitzen) zwischen dem Planeten X und der Sonne zeigen wird.

EUV – die Vorhersage von Sonnenstürmen

In diesem Spektralbereich können wir mittels der inneren Elektronen eines Atoms den Grad seiner Ionisation messen. Im Gegensatz zum Röntgenstrahlenbereich, der sich auf die Hochgeschwindigkeitskollision von Atomen konzentriert, richtet sich die EUV auf die Kollision von Atomen bei geringer Geschwindigkeit. Dies gibt uns die Möglichkeit, Sonneneruptionen und koronale Massenauswürfe (KMA), die unsere Kommunikationsnetzwerke und Stromnetze gefährden, in Echtzeit vorherzusagen.

UV – Messung der Sonnenreaktion auf den Planeten X

Im Gegensatz zur EUV misst UV-Strahlung die Ionisation eines Atoms mittels seiner äußeren Elektronen. Das lässt uns auf atomarer Ebene auf zwei wichtige Dinge rückschließen. Erstens sehen wir, wie die Bindung zwischen den inneren Elektronen und dem Atomkern stärker wird, sobald die äußeren Elektronen entfernt werden. Dies wiederum verändert die chemische Zusammensetzung eines Sterns und wirkt sich auf dessen elektrische Interaktionen aus.

Indem wir Veränderungen in der UV-Strahlung der Sonne messen, können wir bestimmen, in welchem Ausmaß der Planet X die Sonne auf seinem Vorbeiflug stört.

Sichtbares Licht – wissen, wann wir Alarm schlagen müssen

Der Spektralbereich des sichtbaren Lichts ist das, was wir mit bloßem Auge sehen. Dieses Licht entsteht auf der Sonnenoberfläche und gibt uns die Möglichkeit, Atomkollisionen zu messen, die extrem langsam ablaufen. In diesem Bereich finden wir auch viele Informationen über die Magnetfeldfluktuationen auf der Sonnenoberfläche.

Bei einem koronalen Massenauswurf (KMA) gibt uns der Bereich des sichtbaren Lichts nicht nur die Möglichkeit, diesen mit weltraum- und bodengestützten Teleskopen zu beobachten, sondern er liefert uns auch Geschwindigkeit und Richtung des ausgeworfenen Plasmas. Anhand dieser Beobachtungen können wir sagen, ob das Plasma auf uns zukommt und wann es uns treffen wird.

Das erhitzte Plasma eines ausgewachsenen Sonnensturms kann die Erde in nur 18 Stunden erreichen. Ohne Warnung und entsprechende Vorkehrungen würde uns ein solcher Sonnensturm mit Sicherheit erneut in ein Agrarzeitalter zurückwerfen.

Sonnenobservatorien

Ein Gesamtbild ergibt sich aus den Missionen und Plänen, die bereits angelaufen sind oder in Kürze anlaufen werden. Dieses beispiellose Bestreben, unsere Sonne zu beobachten, verdeutlicht den Planet-X-Forschern, dass unsere Regierungen es begriffen haben. Sie wissen, dass unsere Chancen steigen, je früher wir vor einer bevorstehenden Sonneneruption gewarnt werden.

Ulysses (ESA, NASA)

Seit ihrem Start im Jahr 1990 hat die Raumsonde Ulysses den Sonnenwind von allen Seiten sowie das Verhalten der Sonnenpole untersucht. Außerdem wird mit ihrer Hilfe eine dreidimensionale Karte von der Heliosphäre der Sonne erstellt. Mit einer solchen Karte ließe sich die Sonnendynamik gründlich untersuchen, was uns zu einem ganz neuen Verständnis der Funktionsweise der Sonne führen könnte.

Im Dezember 2006 überflog Ulysses den Südpol der Sonne. Die Sonde maß eine magnetische Aktivität, die der bei einem solaren Maximum entsprach. Allerdings befand sich die Sonne zu diesem Zeitpunkt in einem solaren Minimum. Dieses Verhalten der Sonne ließ darauf schließen, dass etwas den Sonnensüdpol stimulierte. Im November 2007 überflog die Sonde den Nordpol der Sonne. Und tatsächlich wies sie nach, dass eine Asymmetrie zwischen der Aktivität der beiden Sonnenpole besteht.

SOHO – Solar and Heliospheric Observatory (ESA, NASA)

SOHO startete 1995 ins All, und seither hat uns dieses altehrwürdige Weltraumfahrzeug dank seiner eine Million Kilometer von der Erde entfernten Umlaufbahn um den Lagrange-Punkt L1 mit einem steten Strom atemberaubender Bilder von der Sonne versorgt.

Weil SOHO weder die Sonne noch die Erde umkreist, gilt sie offiziell als Raumsonde. Satelliten, die wir für unsere Mobilnetze und das Kabelfernsehen einsetzen, umkreisen dagegen die Erde. Der Lagrange-Punkt, den die Sonde SOHO umkreist, liegt eine Million Kilometer von der Erde entfernt zwischen Erde und Sonne.

SOHO beobachtet vor allem die Sonnenaktivität und ist ein Frühwarnsystem vor Sonneneruptionen, die in Richtung Erde ausbrechen. Die Warnung durch die Sonde verschafft uns 20 Minuten Zeit, um empfindliche Satelliten noch vor dem Sonnensturm abzuschalten und Astronauten anzuweisen, sich vor den Strahlen zu schützen.

Obwohl SOHO ursprünglich 2006 deaktiviert werden sollte, wurde die Mission kürzlich bis 2009 verlängert. Auch ihr Missionsprofil wurde aktualisiert; künftig soll die Sonde auch Bilder erstellen, die Aufschluss über die Verhältnisse auf der uns abgewandten Sonnenseite geben. Diese neuen Daten werden uns helfen, eine heftige Sonnensturmaktivität künftig besser vorhersagen zu können.

Interessant ist, dass die Missionsverlängerung teilweise einer ausgeklügelten Softwarereparatur durch die NASA im Jahr 1998 zu verdanken ist. Im Juni 1998 fielen alle drei Gyroskope der Raumsonde nacheinander aus. Anstatt aber die Sonde aufzugeben, entwickelten NASA-Ingenieure eine Softwarelösung, die dafür sorgte, dass SOHO keine Gyroskope mehr benötigte. Schon kurz nachdem die Software zum Satelliten hochgeladen worden war, konnte dieser seine Mission vollständig wieder aufnehmen. Die NASA hat durchaus ihre Momente.

Hinode (ESA, NASA, JAXA)

Die japanische Mission Hinode (ehemals Solar-B) untersucht die Wechselbeziehung zwischen dem Magnetfeld der Sonne und ihrer extrem heißen Ionosphäre. Das Ziel der Mission ist ein besseres Verständnis des Mechanismus, der für die langfristigen Veränderungen der solaren Leuchtkraft verantwortlich ist.

Schon an früherer Stelle sind wir auf die globale Erwärmung und die Wetterveränderungen eingegangen, die sich auf den meisten Planeten unseres Sonnensystems abzeichnen. Der Grund dafür liegt in einer gesteigerten Sonnenleistung, wodurch die Planeten unseres Sonnensystems verstärkt mit Energie beschossen werden. Eine Folge dieser gesteigerten Sonnenleistung ist das, was derzeit mit dem Erdklima geschieht.

Dank des eingehenden Datenstroms von Hinode wird die Wissenschaft atmosphärische Störungen, die von einer gesteigerten Energieabgabe der Sonne herrühren, künftig besser verstehen.

STEREO – Solar Terrestrial Relations Observatory (NASA)

Von allen Sonnenbeobachtungs-Missionen, die bis 2008 angelaufen sind, ist die STEREO-Mission der NASA die ehrgeizigste, denn sie umfasst gleich zwei Weltraumsonden.

Eine der STEREO-Zwillingssonden fliegt der Erde auf ihrer Umlaufbahn voraus, die andere folgt ihr. Gemeinsam erstellen sie etwas geschichtlich Einmaliges – dreidimensionale Bilder von der Sonne!

Diese 3D-Bilder sind für Laien und Wissenschaftler gleichermaßen faszinierend, doch das wirklich Beeindruckende an dieser dreidimensionalen Erfassung ist, dass sich dadurch koronale Massenauswürfe (KMA) besser beobachten und vorhersagen lassen. Durch eine präzisere Vorhersage können wir auch die Folgen von Sonneneruptionen besser absehen, wodurch wir den Schaden bestmöglich begrenzen können.

Proba-2 (ESA)

Proba-2 ist ein in Belgien gebauter Mikrosatellit, der 2006 ins All startete. Er soll das Verhalten der Sonne untersuchen. Einzigartig ist er deshalb, weil er nur 120 Kilogramm wiegt. Daher der Begriff Mikrosatellit.

Die Mission dieses Mikrosatelliten besteht darin, die Sonne im Spektralbereich des fernen Ultravioletts zu untersuchen. Dadurch eignet er sich hervorragend um zu beobachten, in welchem Maße der Planet X unsere Sonne auf seinem Flug durch das Herz unseres Systems stört. Proba-2 besitzt allerdings noch einen weiteren Vorteil, der sich als viel wichtiger erweisen könnte.

Sobald der Planet X die Ekliptikebene kreuzt, wird unsere Sonne zunehmend heftiger reagieren, und viele unserer Sonnenobservatorien könnten durch die resultierenden Sonnenstürme beeinträchtigt oder gar zerstört werden. Ersatzmikrosatelliten wie Proba-2 könnten sehr viel schneller gebaut und ins All geschossen werden als die weit aufwändiger konstruierten Satelliten und Weltraumsonden.

Solar Dynamics Observatory (NASA)

Nach dem für 2008 geplanten Start dieser NASA-Mission soll das Observatorium die äußere Atmosphäre der Sonne beobachten, um uns ein besseres Verständnis vom Einfluss der Sonne auf die Erde zu liefern. Der Satellit wird die Sonne mit verschiedenen Instrumenten gleichzeitig beobachten, wobei die Messungen in kurzen Zeitabständen, kleinflächig und auf unterschiedlichen Wellenlängen erfolgen.

Im Wesentlichen ist der SDO-Satellit der Nachfolger für die altehrwürdige SOHO-Sonde der NASA, deren Deaktivierung für 2009 vorgesehen ist. Der Satellit wird damit das neue Hauptfrühwarnsystem vor Sonneneruptionen werden. Zudem wird er die magnetischen Strukturen untersuchen, die zu diesen heftigen Sonneneruptionen führen.

Doch der SDO-Satellit wird weit mehr als die SOHO-Sonde sein. Auch er soll Sonneneruptionen in Echtzeit beobachten, aber darüber hinaus versuchen, Eruptionen auszumachen, noch bevor diese stattfinden.

Solar Orbiter (ESA)

Eine buchstäbliche „Feuertaufe" wird der Solar Orbiter der ESA erhalten. Wenn er erst einmal stationiert ist, wird er der Sonne mit einem Abstand von 0,21 AE näher als irgendein anderes Sonnenobservatorium vor ihm sein. Eine AE (Astronomische Einheit) entspricht der durchschnittlichen Entfernung der Erde zur Sonne. Mit 0,21 AE wird der Solar Orbiter nur halb so weit von der Sonne entfernt sein wie der Merkur, dessen Abstand zur Sonne 0,4 AE beträgt. Ein echter Hotspot!

Der Start des Solar Orbiter ist für 2015 geplant, aber die NASA drängt die ESA, den Starttermin auf 2010 vorzuverlegen, da dieses Sonnenobservatorium ein perfekter Begleiter für ihren eigenen SDO-Satelliten wäre, der 2008 starten soll. Der Solar Orbiter könnte durch seine „In-situ"-Beobachtungen, also durch seine Beobachtungen vor Ort, die des SDO perfekt ergänzen.

Die NASA hat Recht. Da es bei solaren Supereruptionen um Leben und Tod geht, müssen wir unsere Vorwarnzeit schon im Jahr 2010 maximiert haben – und nicht erst 2015.

9

Der Planet X und neue Welten

Im letzten Kapitel war unsere Aufmerksamkeit nach innen auf ein einziges Objekt gerichtet – unsere Sonne – sowie auf die Reaktion unserer Sonne auf den Planeten X, wenn dieser das Herz unseres Sonnensystems durchquert.

In diesem Kapitel werden wir unser Augenmerk nach außen auf die Randgebiete unseres Sonnensystems und die dahinter liegenden Bereiche richten. Wir werden nach dem Planeten X, ähnlichen Objekten in weit entfernten Sternensystemen und neuen erdähnlichen Planeten außerhalb unseres Systems Ausschau halten.

In der Kolbrin-Bibel steht, dass der Planet X keinem uns bislang bekannten Objekt gleicht. Noch im Jahr 1930 haben wir geglaubt, wir hätten einen Blick auf ihn erhascht, als Clyde Tombaugh vom Lowell-Observatorium den Planeten Pluto entdeckte. Als James W. Christy vom US Naval Observatory 1978 allerdings den Plutomond Charon entdeckte, wurde diese Annahme widerlegt.

Bedeutsam wird Christys Entdeckung dadurch, dass Charon den Astronomen eine genaue Bestimmung von Plutos Masse ermöglicht hat, die einem Vierhundertstel der Erdmasse entspricht. Somit konnte Pluto, der kleiner als der Mond der Erde ist, niemals der rätselhafte Planet X sein, nach dem Astronomen seit der Entdeckung des Neptun im Jahr 1846 suchen. Kürzlich wurde der Pluto sogar von einem Planeten zu einem Zwergplaneten degradiert.

Als eine weitere Folge der Charon-Entdeckung durch Christy könnten wir möglicherweise eine Pressemitteilung der NASA aus dem Jahr 1992 sehen, in der es heißt:

> „In der Umlaufbahn von Uranus und Neptun ist es zu unerklärlichen Abweichungen gekommen, die auf einen großen Körper außerhalb unseres Sonnensystems hinweisen; einen Körper von der vier- bis achtfachen Erdmasse mit einer stark geneigten Umlaufbahn, der etwa elf Milliarden Kilometer von der Sonne entfernt ist."

Oder stand hinter diesem „eindeutigen Beweis" für den Planeten X in Form einer NASA-Pressemitteilung von 1992 noch eine ganz andere Entdeckung, wie viele Planet-X-Forscher glauben? Die Antwort darauf findet sich nicht in erster Linie an dem Ort, den unsere Regierungen mit ihrer stetig wachsenden Flotte aus Weltraumsatelliten und -sonden auskundschaften. Sie findet sich stattdessen in den Methoden, mit denen sie die Schwärze des Weltalls durchdringen.

Die weltraumgestützten Sonnenobservatorien der Erde

Neil Armstrongs erster Schritt auf der Oberfläche des Mondes war nur schwer zu überbieten, aber dennoch ist es uns gelungen. Nach der letzten bemannten Mondmission richtete sich die öffentliche Aufmerksamkeit wieder auf die dutzenden unbemannten Weltraumsonden, mit denen unsere Regierungen die Planeten in unserem Sonnensystem und die dahinter liegenden Bereiche erforschen.

Darunter fielen die Venus-Missionen Voyager, Pioneer und Venera sowie die Mars-Missionen Viking, Mars Observer und Pathfinder. Die Galileo-Mission erforschte Jupiter und seine Monde, und die noch laufende Cassini-Mission untersucht Saturn und seine Monde.

Ein Planet nach dem anderen wird unter die Lupe genommen, und die Bilder, die wir im Fernsehen zu sehen bekommen, sind faszinierend. Allerdings wird das, was wir nicht mit bloßem Auge sehen können, zunehmend wichtiger.

Seit dem Jahr 2000 gibt es eindeutige Hinweise darauf, dass bei Weltraummissionen inzwischen eine ganz andere Dringlichkeit im Vordergrund steht. In Kapitel 8 haben wir erfahren, dass ESA, NASA und JAXA wie nie zuvor bestrebt sind, die Sonne zu beobachten. Ebenso haben sie aber auch die Untersuchung des Sonnensystems ausgeweitet, indem sie Sonden in Kometen einschlagen oder auf Asteroiden landen lassen und sie aussenden, um in weit entfernten Sonnensystemen nach neuen erdähnlichen Planeten zu suchen.

Missionen und Pläne zur Erforschung von Planeten

In den vergangenen Jahren hat die Zahl der Missionen von amerikanischer NASA, europäischer ESA und japanischer JAXA zur Untersuchung des Weltalls besonders stark zugenommen.

Name der Mission BEHÖRDE *Start* Ziel der Mission	UV	Sichtbares Licht	Infrarot	Ferninfra- rot
IRAS NASA *1983* / Vollständige Durchmusterung des Weltraums nach Quellen für Infrarotstrahlung			✛	
HST (Hubble Space Telescope) NASA *1990* / Erforschung des Weltraums	✛	✛	✛	
SST (Spitzer Space Telescope) NASA *2003* / Erforschung des Weltraums			✛	
COROT ESA *2006* / Astroseismologie; Suche nach Planeten außerhalb unseres Sonnensystems		✛		
ASTRO-F JAXA *2006* / Vollständige Durchmusterung des Weltraums mit bis zu zehnmal höherer Genauigkeit als durch IRAS			✛	
Herschel Space Observatory ESA *2008* / Untersuchungen zur Entstehung und Entwicklung von Galaxien sowie des chemischen Aufbaus der Oberflächen von Himmelskörpern				✛
WISE NASA *2009* / Vollständige Durchmusterung des Weltraums mit bis zu tausendmal höherer Genauigkeit als durch IRAS			✛	

Die von diesen Sonden gemachten Beobachtungen zeigen, dass sich etwas verändert oder kurz davor steht, sich zu verändern. Daher konzentrieren sich die Regierungen inzwischen weniger auf die bloße Forschung als vielmehr auf die Erfassung eines weit ernsteren Sachverhalts.

Das Messen von Strahlung

Strahlungswellenlängen werden in der Wissenschaft für gewöhnlich in Nanometern und Mikrometern angegeben.

Nanometer (nm): ein Milliardstel Meter

- UV = 200 nm bis 380 nm
- Sichtbares Licht = 380 nm bis 780 nm

Mikrometer (µm): ein Millionstel Meter

- Infrarot (Nahinfrarot) = 780 nm (0,78 µm) bis 10 µm
- Ferninfrarot = 10 µm bis 200 µm

Offenbar ist der Spektralbereich Infrarot die dominierende Strahlung bei dieser neuen, mit Hochdruck betriebenen Forschung. Wenn es sich bei dem Planeten X tatsächlich um einen Braunen Zwerg, um einen ungeborenen Zwillingsstern unserer eigenen Sonne, handeln sollte, ließe sich anhand dieser vier Spektralbereiche ein umfassendes Profil dieses rätselhaften Objekts erstellen.

UV – die Gegenwart des Planeten X und die Sonne

Mit der Messung von UV-Strahlung bestimmen wir Veränderungen in der chemischen Zusammensetzung und bei den elektrischen Interaktionen eines Sterns. Als Brauner Zwerg ist der Planet X im Wesentlichen ein glühender Stern. Zwar verfügte er einst über genügend Masse, um sich kurz zu entzünden, doch reichte diese Masse nicht für eine Wasserstoff-Fusion, durch die Sterne wie unsere Sonne viele Milliarden Jahre lang leuchten. Wir können uns einen Braunen Zwerg auch als ein glühendes Holzkohlenbrikett auf einem Grill vorstellen. Es verglüht, gibt dabei aber kontinuierlich Wärme ab.

Jüngste Entdeckungen deuten darauf hin, dass ein Planet von der Größe der Erde, dessen Umlaufbahn nahe genug um einen Braunen Zwerg herum verläuft, über genügend UV-Strahlung und Wärme verfügen könnte, um Leben hervorzubringen. Viel interessanter bei der Erforschung Brauner Zwerge ist jedoch die Messung der UV-Aktivität zwischen einem Braunen Zwerg und der größeren Sonne, um die er kreist.

Durch die Beobachtung der UV-Leistung Brauner Zwerge und ihrer größeren Muttersterne werden wir umso besser bestimmen können, in welchem Ausmaß unsere Sonne auf den Planeten X während der kritischsten Phase seines Vorbeiflugs reagieren wird.

Sichtbares Licht – Erstellung einer aussagekräftigen Ephemeride

Der Spektralbereich des sichtbaren Lichts ist das, was wir mit bloßem Auge sehen. Durch diesen Bereich erhalten wir eine Fülle von Informationen über die Magnetfeldfluktuationen auf der Sonnenoberfläche. Diese Daten sind von unschätzbarem Wert, wenn es um die Vorhersage bzw. den Nachweis koronaler Massenauswürfe (KMA) und die Bestimmung von Geschwindigkeit und Richtung des ausgeworfenen Plasmas geht.

In Bezug auf den Planeten X ist der Spektralbereich des sichtbaren Lichts von besonderer Bedeutung, weil dieser Bereich von den meisten Profi- wie Amateurteleskopen genutzt wird. Sobald der Planet X im Spektralbereich des sichtbaren Lichts erfasst werden kann, werden von Astronomen weltweit Daten zusammenströmen.

Zuerst werden die Beobachtungen nur aus Ländern der südlichen Hemisphäre wie Australien, Neuseeland und Chile kommen und nur spärlich fließen. Doch wenn sich der Planet X erst der Ekliptikebene nähert, wird aus dem spärlichen Rinnsal eine Flut von hochwertigen Beobachtungsberichten werden.

Die Daten, die all diese Beobachtungen durch Regierungen, Fachleute, Wissenschaftler und Amateure liefern, werden von den leistungsstärksten Computernetzwerken der Welt verarbeitet werden, um eine möglichst genaue Ephemeride für den Planeten X zu erstellen.

Eine Ephemeride ist ein Hilfsmittel oder eine Tabelle bzw. Grafik, mit der Astronomen die Bewegung eines astronomischen Objekts am Himmel verfolgen können. Nur wenige von uns verwenden eine Ephemeride, um die nächtliche Position eines Sterns oder Kometen zu bestimmen. Benutzt werden sie dagegen von denjenigen unter uns, die sich nach den Voraussagen eines Astrologen richten, um etwas über ihre Chancen in Sachen Liebe, Reichtum usw. zu erfahren. Denn Astrologen vertrauen beim Erstellen ihrer Horoskope auf spezielle Ephemeriden.

Eine Ephemeride für zwei Objekte lässt sich leicht mithilfe eines Taschenrechners erstellen. Vor der Erstellung einer präzisen, langfristig gültigen Ephemeride für den Planeten X allerdings erscheinen Versprechungen von Liebe und Reichtum wie eine bloße Lappalie. Denn um genau zu bestimmen, wann und wo sich der Planet X während seiner Durchquerung unseres Systems befindet, müssen wir insgesamt zwölf Objekte berücksichtigen. Um dieses Problem zu meistern, benötigen wir sämtliche uns zur Verfügung stehenden Daten aus den Beobachtungen im Spektralbereich des sichtbaren Lichts und aus Computerquellen.

Infrarot (Nahinfrarot) – Beobachtung des Planeten X aus der Ferne

Der Spektralbereich des Infrarot äußert sich als Hitze bzw. Wärme. Beispiele für Infrarottechnik sehen wir oft in den Nachrichten, wenn gezeigt wird, wie Soldaten nachts mit Infrarotgeräten feindliche Truppen und Fahrzeuge aufspüren, um sie vernichten zu können.

So wie der warme Motor eines feindlichen Panzers sticht auch die natürliche Hitzeentwicklung des Planeten X im Infrarotbereich stark hervor. Daher glauben viele Planet-X-Forscher, dass die Infrarotkameras des IRAS-Teleskops den Planeten X schon 1983 am Rande unseres Sonnensystems entdeckt haben. Wenn dies stimmt, dann dürfte er mit boden- wie weltraumgestützten Infrarotteleskopen seither immer wieder „inoffiziell" gesichtet worden sein.

Den Planeten X nur anhand seiner Infrarotstrahlung zu beobachten, birgt allerdings ein Problem: Zwar können wir leicht seine Wärmesignatur erfassen, doch ist es durch sie allein nahezu unmöglich, Näheres über den rätselhaften Planeten zu erfahren. Schuld daran trägt seine protoplanetarische Scheibe.

Ferninfrarot – ein Blick durch die protoplanetarische Scheibe

Eine protoplanetarische Scheibe ist im Wesentlichen die Wolke aus Staub und Gas, die eine Sonne umgibt. Auch unsere Sonne wurde innerhalb einer protoplanetarischen Scheibe geboren, entzündete sich und begann zu kreisen. Aus ihrer protoplanetarischen Scheibe entwickelten sich die Planeten, Asteroiden und anderen Himmelskörper unseres Sonnensystems.

Auch der Planet X entzündete sich innerhalb einer solchen protoplanetarischen Scheibe, die allerdings kleiner als die unserer Sonne war, wenngleich sie durchaus einen Durchmesser von 4 AE besessen haben könnte.

Sollten Sie je in einer unserer großen Wüsten in einen undurchdringlichen Sandsturm geraten, können Sie sich glücklich schätzen, wenn Sie zumindest ein paar Meter weit sehen können. Der Staub in der protoplanetarischen Scheibe des Planeten X wirkt sich genauso auf sichtbares Licht aus, weshalb der Planet der Erde noch ein gutes Stück näher kommen muss, bevor wir ihn, wie den Saturn, mit bloßem Auge erkennen können.

Die protoplanetarische Scheibe verhindert – bis auf die Wärmesignatur – einen genaueren Blick auf den Planeten X. Hier zeigt das Ferninfrarot seine Vorzüge. Da das Ferninfrarot die protoplanetarische Scheibe des Planeten praktisch ungehindert durchdringen kann, gibt uns dieser Spektralbereich die Möglichkeit, die Staubwolke um das rätselhafte Objekt selbst aus großer Entfernung zu durchleuchten. Dank der Ferninfrarotbeobachtungen bodengestützter Observatorien werden wir eine Menge über den Planeten X erfahren, lange bevor Astronomen ihn von der Erde aus im Bereich des sichtbaren Lichts erfassen können.

Die Beobachtung des Planeten X im Weltall

Der den Planeten X umgebende Staub wird eine Beobachtung im Bereich des sichtbaren Lichts so lange praktisch unmöglich machen, bis der Planet sichtlich heller wird. Derzeit haben wir kaum eine andere Möglichkeit, als mit Weltraumteleskopen im Spektrum von UV, Infrarot und Ferninfrarot nach ihm zu suchen, insbesondere weil sich der Planet nicht auf der Ekliptikebene bewegt.

IRAS – die erste „inoffizielle" Sichtung des Planeten X

Der Infrared Astronomical Satellite (IRAS), der im Januar 1983 ins All geschossen wurde, war ein Gemeinschaftsprojekt von USA, Großbritannien und den Niederlanden, das den Weltraum mit dem im Satelliten integrierten Infrotteleskop kartographisch erfassen wollte. Der Satellit wurde auf eine Umlaufbahn um die Erde gebracht und war zehn Monate lang in Betrieb, bis er aufgrund einer Fehlfunktion abgeschaltet werden musste. In diesen zehn Monaten fand er über 350.000 verschiedene Quellen von Infrarotstrahlung und erfasste 96 Prozent des Himmels gleich zweimal.

Offiziell wurde der Abbruch der IRAS-Mission mit einer schweren Fehlfunktion im Kühlsystem des Satelliten begründet. John Maynard allerdings – ein ehemaliger amerikanischer Geheimdienstoffizier, der sich später als Informant gegen die US-Regierung wandte – behauptet, diese „offizielle" Erklärung sei nicht der wahre Grund für das Abschalten des IRAS-Satelliten gewesen.

Maynard zufolge entdeckten die IRAS-Astronomen mehrere Monate nach dem Start der Mission eine ausgeprägte Wärmesignatur am Rande unseres Sonnensystems, weit unterhalb der Ekliptikebene. Um sich die Erstellung der besten Ephemeride nicht streitig machen zu lassen, erklärte die amerikanische Bodenkontrolle „offiziell", das Kühlsystem sei ausgefallen, und teilte ihre Daten nicht länger mit den europäischen Projektpartnern. Dann benutzten die Amerikaner den verbliebenen Treibstoff an Bord des IRAS-Satelliten, um dieses neue Objekt weiterhin beobachten zu können, bis der Treibstoff schließlich aufgebraucht war.

Astro-F – der neue, leistungsstärkere IRAS

Der Astro-F, der auch unter dem Namen Akari bekannt ist, wurde im Februar 2006 von den Japanern ins All geschossen, um in einem Radius von 1.000 Lichtjahren zur Erde die protoplanetarischen Scheiben von Sternen zu erforschen. Astro-F reagiert zehnmal sensibler auf Infrarotstrahlung als der IRAS im Jahr 1983, und er wird uns mehr Details über den inneren Aufbau einer protoplanetarischen Scheibe liefern, wie sie zum Beispiel den Planeten X umgibt.

Astro-F ist auch auf Ferninfrarot ausgelegt, sodass er nicht nur die protoplanetarischen Scheiben, sondern auch die Sterne selbst erfassen kann. Dadurch kann er auch kühlere, dunklere Sterne ausmachen, die im sichtbaren Lichtspektrum im Innern ihrer Staubscheiben nicht zu sehen sind.

SPT – ein Blick auf den Planeten X vom Südpol aus

In Kapitel 8 haben wir erfahren, dass unsere wachsende Flotte von weltraumgestützten Sonnenobservatorien gegenüber dem Wüten eines ausgewachsenen Sonnensturms verwundbar ist. Sollten mehrere Observatorien beschädigt oder zerstört werden, wird Ersatz in Form von Mikrosatelliten wie dem belgischen Proba-2 ins All geschickt werden können.

Um jedoch die kontinuierliche Beobachtung des Planeten X sicherzustellen, musste ein Plan B her. Im Jahr 2004 begann Amerika im Rahmen von Plan B mit dem Bau eines Observatoriums, des South Pole Telescope (SPT).

Ende 2006 flogen speziell ausgerüstete Transportflugzeuge vom Typ C-130 vormontierte Teile für das SPT zur Amundsen-Scott-Südpolstation, die sich fast unmittelbar über dem Südpol befindet. Erbaut unter den rauhen polaren Bedingungen, nahm das SPT im Februar 2007 den Betrieb auf.

Die Bedingungen am Südpol sind für Personal und Ausrüstung gleichermaßen hart. Es wäre sehr viel wirtschaftlicher gewesen, das Teleskop an einem anderen Ort, beispielsweise in Chile, zu bauen, insbesondere wenn man den Aufwand berücksichtigt, den eine ständige Versorgung der Station mit Personal und Material bedeutet. Selbst ein weltraumgestütztes Observatorium stellt, verglichen mit den Kosten für den Bau und die Aufrechterhaltung des SPT, eine erschwingliche Alternative dar.

Abgesehen von dem praktischen Aspekt aber ist das SPT das perfekte Instrument zur rechten Zeit am rechten Ort. Der Grund dafür ist einfach: Dieses Infrarotteleskop ist ideal geeignet, um ein Objekt wie den Planeten X zu verfolgen. Sollten wir unsere weltraumgestützten Aktivposten verlieren, werden wir den Planeten X trotzdem während der gefährlichsten Abschnitte seines Vorbeiflugs im Auge behalten können.

Herschel Space Observatory – ein Blick auf den Stoff, aus dem der Planet X ist

Das Herschel Space Observatory, dessen Start für 2008 geplant ist, soll die Molekularchemie des Universums im Ferninfrarot- und im Submillimeterbereich untersuchen.

Seine Mission besteht darin, neue Informationen über die ältesten, sehr weit entfernten Sterne und Galaxien, aber auch über jüngere, näher gelegene Sterne zu liefern. Das Teleskop kann durch Staubwolken dringen und so Aufschluss über die chemische Zusammensetzung der Atmosphäre und Oberfläche von Kometen, Planeten und Monden geben.

Einmal in Betrieb, wird das Teleskop wichtige Daten über den Planeten X sowie über die vielen kleinen Objekte und die Gase sammeln können, die dem Planeten vorangehen und folgen. Ebenfalls bedeutsam ist, dass das Teleskop Informationen über den kometenähnlichen Schweif des Planeten X liefern kann, von dem in den historischen Berichten der Kolbrin-Bibel und anderen alten Schriften ausführlich die Rede ist.

WISE – das Aufspüren des „kleinen" Braunen Zwergs

Laut Definition muss ein Brauner Zwerg lediglich größer sein als der Planet Jupiter. Die Braunen Zwerge, die wir bislang mit anderen Weltraumteleskopen entdeckt haben, besitzen allerdings das Vielfache dieser Größe. Falls der Planet X tatsächlich ein „kleiner" Brauner Zwerg sein sollte, der gerade einmal etwas größer als Jupiter ist, ist es durchaus sinnvoll, in weit entfernten Sonnensystemen nach ähnlich großen Objekten zu suchen, um ihr Verhalten zu studieren.

Das Weltraumteleskop Wide-Field Infrared Survey Explorer (WISE) ist perfekt geeignet, um „kleine" Braune Zwerge aufzuspüren. Sein Start soll 2009 erfolgen. Das Teleskop soll den gesamten Himmel im Infrarotspektrum untersuchen, so wie IRAS im Jahr 1983, mit dem Unterschied, dass dieses Teleskop tausendmal sensibler als IRAS ist. Dadurch kann es bislang unentdeckte Braune Zwerge aufspüren, die zu klein sind, um sie mit herkömmlichen Beobachtungsvorrichtungen auszumachen.

Spitzer – der ultimative Jäger Brauner Zwerge

Das Spitzer-Teleskop ist das größte Infrarotteleskop, das je ins All geschossen wurde. Schon Hubble war mit 2,4 Metern groß, aber Spitzer überbietet diesen Rekord mit seinen 4,45 Metern. Spitzer startete im August 2003 zu einer zweieinhalb Jahre dauernden Mission in den Weltraum. Das Weltraumteleskop zählt neben Hubble, Chandra X-Ray und Compton Gamma Ray zu den „großen Vier" der NASA.

Die Mission des Spitzer-Teleskops besteht darin, weit entfernte Objekte anhand ihrer Infrarotstrahlung zu erfassen. In vielen Bereichen des Weltalls gibt es dichte Wolken aus Gas und Staub. Infrarotlicht durchdringt diese Wolken, wodurch wir in ihr Zentrum, in Galaxien und in neu entstehende Planetensysteme schauen können.

Im September 2006 schoss das Spitzer-Teleskop ein Bild von einem Braunen Zwerg, der einen größeren und helleren Stern umkreist. Der Braune Zwerg ist etwa fünfzigmal so groß wie Jupiter, und der Abstand seiner Umlaufbahn zum Mutterstern entspricht dem zehnfachen Abstand zwischen unserer Sonne und Jupiter.

Ebenfalls sehr interessant ist eine andere Beobachtung, die das Spitzer-Teleskop jüngst machte: Es entdeckte einen Braunen Zwerg, der seine riesige Muttersonne auf einer instabilen Umlaufbahn mit Kollisionskurs umkreist. Das beweist, dass die Umlaufbahn eines Braunen Zwergs durchaus so verlaufen kann, dass dieser mit dem Mutterstern zusammenstößt, so wie er auch die Umlaufbahnen anderer Planeten innerhalb seines Systems aus dem Gleichgewicht bringen kann. Dieser Beweis zeigt uns, wie dringlich es ist, neue Welten in anderen Bereichen der Galaxie zu finden und zu besiedeln.

Die Suche nach neuen Welten

Angenommen, der Planet X ist wirklich ein Brauner Zwerg auf einer instabilen Umlaufbahn, die nahezu senkrecht zur Ekliptikebene verläuft, so könnte dies der letzte Vorbeiflug sein, den wir überleben. Daher wird die Suche nach extrasolaren Welten in weit entfernten Systemen unserer Galaxie zu einer wichtigen Aufgabe für die Menschheit. Und die Zeit läuft ...

Nostradamus hat für das Jahr 3797 n. Chr. einen möglichen Weltuntergang voraus-gesagt. Dieses Datum könnte sehr wohl für den endgültigen Todessturz des Planeten X in unsere Sonne stehen. Dabei könnte er auch die Erde und die anderen Planeten unseres Systems auf eine Umlaufbahn bringen, die sie mit der Sonne kollidieren las-sen oder aber in die kalten Tiefen des Raumes verschlägt. Auch möglich ist, dass der Planet X im Jahr 3797 mit der Sonne kollidiert und es dabei zu einer so beispiellosen Sonneneruption kommt, dass von unserem Planeten nichts als ein verbrannter, leb-loser Felsbrocken zurückbleibt.

Hubble – ein altes Teleskop gelangt zu neuem Leben

Das Weltraumteleskop Hubble, das im Jahr 1990 ins All startete, hat den Himmel mit beispielloser Präzision erforscht. Nach einem anfänglichen Einstellungsfehler, der die Mission beinahe scheitern ließ, führte die NASA an der Optik des Teleskops einige Korrekturen durch. Seitdem hat das Teleskop die wohl spektakulärsten Bilder überhaupt geliefert. Die bekanntesten zeigen Galaxien und Nebel, die Milliarden von Lichtjahren entfernt sind.

Dank Hubble konnten Astronomen die Geburt von Sternen mitverfolgen und wert-volle Hinweise auf den Ursprung unserer eigenen Sonne und Planeten finden. Auch ist Hubble leistungsstark genug, um viele Lichtjahre entfernte Braune Zwerge und Exoplaneten zu erfassen. Diese Objekte strahlen so gut wie kein Licht aus und sind weit schwerer zu entdecken als die Muttersterne, um die sie kreisen.

Mehrere bemannte Spaceshuttle-Missionen konnten die Funktionsdauer des Te-leskops verlängern. Bis vor kurzem noch wollte die NASA es im Jahr 2010 abschalten. Dann aber wurde eine weitere Service-Mission für 2008 anberaumt, die das Leben des Hubble-Teleskops noch bis 2013 verlängern soll.

Dank dieser neuen Mission wird Hubble uns auch weiterhin unschätzbar wertvolle Einblicke in das Verhalten Brauner Zwerge liefern und uns dabei helfen, in fernen Gala-xien nach neuen Welten zu suchen. So entdeckte Hubble beispielsweise im September 2006 ein Objekt von der zwölffachen Größe Jupiters. Dabei könnte es sich um einen Braunen Zwerg oder einen riesigen Planeten handeln.

COROT – ein neuer leistungsstarker Jäger extrasolarer Welten

Im Dezember 2006 schoss die ESA den Satelliten COROT (Convection Rotation and Planetary Transits) ins All. Er soll nach Planeten und neuen erdähnlichen Objekten suchen, die um weit entfernte Sterne kreisen. Dafür wird er die sogenannte Transit-methode anwenden: Er misst kleine Veränderungen in der Helligkeit ferner Sterne, die dadurch entstehen, dass ein Planet vor dem jeweiligen Stern vorbeizieht.

Auch andere weltraum- und bodengestützte Observatorien eignen sich zum Auf-spüren großer extrasolarer Gasriesen wie Jupiter und Saturn. Aber wenn COROT den Erwartungen entspricht, dann wird dieser Satellit sich als der leistungsstärkste Jäger extrasolarer erdähnlicher Planeten erweisen und in der Lage sein, Gesteinsplaneten wie den unseren aufzuspüren. Daher wird das COROT-Observatorium eine wichtige Rolle bei der Suche nach neuen, ferne Sterne umkreisenden und bewohnbaren Planeten spielen, und zweifelsohne werden ihm noch viele Satelliten folgen.

Das Überleben der Spezies

Im Juni 2006 wurde ein Radiointerview mit Stephen Hawking ausgestrahlt, dem weltberühmten Physiker und Autor von „Eine kurze Geschichte der Zeit". Darin sagte Hawking, er glaube, dass das Risiko der vollständigen Auslöschung der Menschheit auf der Erde von Tag zu Tag steige. Daher ist das Überleben unserer Spezies durch die Besiedelung ferner Welten für ihn ein persönliches Anliegen.

Er wird oft von weniger visionären Wissenschaftlern verspottet, die glauben, dass wir zunächst die Dinge auf der Erde in Ordnung bringen müssten, bevor wir uns damit befassen können, neue Welten zu besiedeln. Diese selbstgerechten vermeintlichen Aufklärer nehmen an, dass wir jede Menge Zeit dafür haben, aber Stephen Hawking und alle, die seine Ansichten teilen, wissen es besser.

Wir haben eben nicht mehr viel Zeit, und die von Hawking vorhergesagte Besiedelung des Mars bis zum Jahr 2046 ist lediglich eine provisorische Stufe. Die Besiedelung anderer Himmelskörper innerhalb unseres Sonnensystems wird sich für uns als eine Art Experimentierstube erweisen, um zu lernen, was funktioniert und was nicht. Wenn wir dieses dringend benötigte Fachwissen erworben haben, werden wir umso erfolgreicher über die Grenzen unseres eigenen Sonnensystems hinaus in neue extrasolare Welten vordringen können. Im Gegensatz zu Noahs Arche, deren Bau nur wenige Jahre in Anspruch nahm, wird diese künftige Migration zu fernen Welten in mehreren Stufen ablaufen.

Zuerst müssen wir künftige Welten ausfindig machen und Robotermissionen zu diesen fernen Planeten schicken, um zu prüfen, ob sie bewohnbar sind. Das wird Jahrhunderte in Anspruch nehmen. Anschließend werden wir riesige Weltraumarchen bauen und uns genetisch so verbessern, dass wir den besonderen Strapazen einer ausgedehnten Reise durch den Raum gewachsen sind.

Eines Tages werden unsere Nachkommen mit den Hoffnungen und Gebeten vieler vorangegangener Generationen im Gepäck zurückschauen und sehen, wie unser schöner blaugrüner Heimatplanet unter ihnen immer kleiner wird. Wir werden überleben!

10

Archen für die Auserwählten

Wenn wir das Wort „Arche" hören oder lesen, dann denken wir an die Arche Noah, ein großes, von Noah und seiner Familie gebautes Schiff. Das riesige Holzschiff, das sie bauten, um sich selbst und jeweils ein Paar von jedem Tier vor der Flut zu retten, wird in Genesis 6 – 9 beschrieben.

Im modernen Sinn ist eine Arche jedoch weit mehr als nur ein großes Holzschiff. Heute bezeichnet eine Arche vielmehr jeden sicheren Ort, der Schutz oder Zuflucht bietet. Größe und Aussehen der planetarischen Archen können daher sehr unterschiedlich sein. Der größte Unterschied besteht dabei zwischen den Erbauern und denen, die auserwählt werden, um während der schlimmsten Phase des Vorbeiflugs in den Archen zu leben.

Wer von den Machteliten der Welt zurückgelassen wird, um auf eigene Faust zu überleben, wird in Höhlen Zuflucht suchen oder sich einen Bunker anlegen müssen, der mindestens zwei Meter tief unter der Erde liegt. Die von den Mächtigen Auserwählten dagegen werden in speziellen ozeanischen, unterirdischen oder unterseeischen Archen Schutz finden. Für diese verschiedenen Arten von Archen gelten unterschiedlich hohe Überlebenschancen, und eine Garantie gibt es nicht.

Keine der Archen ist absolut sicher

Es ist schwer vorherzusagen, welche Art von Arche für den Vorbeiflug des Planeten X im Jahr 2012 besonders geeignet ist, weil wir nicht mit Sicherheit wissen, welch heftige Auswirkungen die Katastrophe haben wird.

Trotz der hervorragenden Mittel, die uns im astronomischen und computertechnischen Bereich zur Verfügung stehen, müssen wir uns nach wie vor den drei Grundregeln des Erfolges in der Immobilienbranche beugen: Lage, Lage und Lage. Oder auf die Orbitalmechanik übertragen: Objekte, Objekte und Objekte.

Um herauszufinden, wohin und mit welcher Geschwindigkeit der Planet X sich bewegt, ist eine sogenannte Bahnbestimmung erforderlich. Je mehr Bahnelemente wir in diese Bestimmung einbeziehen, desto komplexer wird sie.

- **Bahnbestimmung mit zwei Elementen:** Wenn wir davon ausgehen, dass unsere Sonne und der Planet X die einzigen maßgeblichen Elemente in unserem Sonnensystem sind, dann bräuchten wir nur einen guten Taschenrechner und etwas Zeit, um die Bahn zu bestimmen.

- **Bahnbestimmung mit drei Elementen:** Wenn wir davon ausgehen, dass Sonne, Planet X und Erde die einzigen maßgeblichen Elemente in unserem Sonnensystem sind, dann sind bedeutend mehr Zeit und Rechenleistung nötig als für eine Bestimmung mit nur zwei Elementen. Aber es ist mathematisch machbar.

- **Bahnbestimmung mit zwölf Elementen:** Um die Bahn des Planeten X definitiv zu bestimmen, müssen wir die Einflüsse von insgesamt zwölf Elementen in die Berechnung einbeziehen. Selbst wenn wir alle Computer der Welt miteinander verbinden würden, um seine Umlaufbahn zu bestimmen, würden sie dies wahrscheinlich nicht bis auf die letzte Nachkommastelle genau können. Wir könnten uns lediglich mathematisch „annähern". Mit anderen Worten: Es ist wesentlich leichter festzustellen, wie viele Engel auf einen Stecknadelkopf passen.

Damit wollen wir sagen, dass wir trotz unserer wissenschaftlichen Fähigkeiten nicht genau wissen, was während des Vorbeiflugs von Planet X passiert und wie wir dies am besten überleben können. Stattdessen wird es wohl bestenfalls eine von Fachleuten ausgesprochene Vermutung bleiben.

Es ist allgemein bekannt, dass unsere Staatsführungen unterirdische Bunker besitzen, um eine Weiterführung der Regierungsgeschäfte sicherzustellen. Diese Archen reichen aus, um die Regierungen zu retten, nicht aber eine ganze Nation, ganz zu schweigen von der gesamten Spezies.

Daher verlassen sich unsere sichtbaren wie unsichtbaren Regierungen nicht nur auf eine einzige einfache Strategie. Stattdessen sichern sie ihre Chancen, indem sie an verschiedenen Orten unterschiedliche Arten von Archen bauen.

Ein Großteil dieser Maßnahmen vollzieht sich im Verborgenen; eine ganz unverhohlene Art von Archen, in denen wir den Planeten X und das Jahr 2012 überleben können, sehen wir allerdings fast jeden Abend im Fernsehen. Sie nennen sich Kreuzfahrtschiffe, und sie sind das bestgehütete, für 2012 relevante Geheimnis im Fernsehen. In den turbulenten Jahren, die vor uns liegen, könnten diese modernen Archen bis zu 150 Millionen Leben retten.

Ozeanische Archen

Um eine richtige Arche zu sein, muss ein Zufluchtsort ein Lebensraum mit Unterkunft, Nahrung, Abfallbeseitigung, medizinischen Einrichtungen, Kommunikationstechnik usw. sein. Somit können Ozeandampfer und Kreuzfahrtschiffe als Archen fungieren.

Im Gegensatz zu Ozeandampfern, die in erster Linie zum Transport von Hafen zu Hafen dienen, sind moderne Kreuzfahrtschiffe eher wie ein Hotelkasino in Las Vegas mit Bug und Heck. Meist bieten sie Rundreisen an, die sie für gewöhnlich wieder zu dem Hafen zurückbringen, aus dem sie ausgelaufen sind.

Ozeandampfer dagegen sehen ihren Auslaufhafen oft jahrelang nicht wieder. Neben Reiseroute und Luxus ist das Tempo der größte Unterschied zwischen beiden. Ozeandampfer sind für höhere Geschwindigkeiten als Kreuzfahrtschiffe ausgelegt.

Als Archen eignen sich beide Schiffstypen gleichermaßen, nur sind moderne Kreuzfahrtschiffe die besseren futuristischen Archen. Ein kurzer Vergleich dreier berühmter Schiffe wird dies verdeutlichen.

Moderne Kreuzfahrtschiffe als Archen

Im Jahr 1977 bot die amerikanische Fernsehserie „Love Boat" leichte, romantische Unterhaltungskost an Bord des Kreuzfahrtschiffs Pacific Princess. Heute tut eine ganz neue Pacific Princess ihren Dienst, und das ursprüngliche „Love Boat" hat schon einige Male Besitzer und Namen gewechselt. Das Schiff wurde 2003 runderneuert und kreuzt nun als die MV Discovery zwischen osteuropäischen Häfen hin und her.

Verglichen mit der RMS Queen Mary, die inzwischen als Museumsschiff im Hafen der kalifornischen Stadt Long Beach liegt, und dem Kreuzfahrtschiff Freedom of the Seas, das erst 2006 zu seiner Jungfernfahrt aufbrach, nimmt sich das alte „Love Boat" wie eine lahme Liebesschnulze aus.

	Queen Mary	**Love Boat**	**Freedom of the Seas**
Jungfernfahrt	1936	1972	2006
Schiffstyp	Ozeandampfer	Kreuzfahrtschiff	Kreuzfahrtschiff
Länge	311 m	168,8 m	339 m
Breite	36,1 m	24,7 m	56 m
Verdrängung	81.961 t	20.636 t	160.000 t
Geschwindigkeit	29,5 Knoten	18 Knoten	21,6 Knoten
Passagiere	2.139	650	4.370
Mannschaft	1.101	305	1.360

In der Kreuzfahrtindustrie ergibt sich die Anzahl der Passagiere für gewöhnlich aus der Zahl der zur Verfügung stehenden Betten. Diese Zahl schwankt, da die Anzahl der mehrräumigen Kabinen, Doppelkabinen usw. bei jedem Schiff variiert. Dasselbe trifft auch auf Züge zu. Wir haben die Wahl, uns ein komplettes Abteil mit zwei Schlafkojen zu reservieren oder aber nur eine einzelne Koje im Schlafwagen.

Auch die Anzahl der Betten kann sich ändern. Als beispielsweise das „Love Boat" 1972 seinen Dienst antrat, konnte es 780 Passagiere aufnehmen. Als es von 2001 bis 2003 generalüberholt wurde, sank die Zahl auf 650 Betten, weil die Kabinen geräumiger geworden waren.

Kreuzfahrtschiffe und Ozeandampfer können auch als schwimmende Hotels, Pflegeheime und Wohnungskomplexe genutzt werden. Ein gutes Beispiel hierfür ist die Sommerolympiade 2004. Weil nicht genügend Hotelzimmer zur Verfügung standen, legten in Athen mehrere Kreuzfahrtschiffe an, um zusätzliche Quartiere für die Touristen bereitzustellen. Im Jahr 2005 ließ die amerikanische Katastrophenschutzbehörde FEMA vor New Orleans drei Kreuzfahrtschiffe vor Anker gehen, um vor Ort Unterkünfte für die Menschen zu schaffen, die durch den Hurrikan Katrina obdachlos geworden waren.

Wichtig hierbei ist, dass jeder Ozeandampfer und jedes Kreuzfahrtschiff den verschiedenen Einsatzgebieten und benötigten Schlafplätzen entsprechend umgestaltet werden kann. Dadurch lässt sich die Zahl der Passagiere variieren, was uns mit drei einfachen Fragen konfrontiert:

1. Wie viele Kreuzfahrtschiffe sind derzeit weltweit im Einsatz?

2. Wie viele werden bis zum Jahr 2012 noch hinzukommen?

3. Wie viele Passagiere können sie insgesamt aufnehmen?

Auf den ersten Blick könnte man meinen, dass sich diese Informationen ganz einfach im Internet finden lassen. Versuchen Sie es. Schließlich werden Sie zum selben Schluss kommen wie die Lighthouse Foundation, die Stiftung für Meere und Ozeane: „Es mangelt an Studien und wissenschaftlicher Literatur über den Kreuzfahrttourismus, obwohl dieser Sektor der am schnellsten wachsende in der Tourismusindustrie ist." Das trifft den Nagel recht gut auf den Kopf.

Falls Sie 1.900 Dollar übrig haben sollten, können Sie beim Wirtschaftsinformationsdienst Bharat Book Bureau einen Bericht aus dem Jahr 2005 erstehen, der all diese Zahlen enthält. Unabhängig davon haben wir im Folgenden zusammengefasst, was Sie durch eine intensive Internetrecherche schließlich selbst herausfinden würden.

Das Wachstum der Kreuzfahrtindustrie

Die große Nachfrage nach Kreuzfahrten begann Ende der 1980er Jahre, und bis 1991 standen auf Kreuzfahrtschiffen, die die Karibik, Alaska und Mexiko anliefen, insgesamt etwa hunderttausend Plätze zur Verfügung.

Zu dieser Zeit setzte in europäischen Werften ein wahrer Bauboom ein, wodurch die internationale Flotte jährlich um etwa acht Prozent wuchs. Bis zum Jahr 2000 war die Zahl der zur Verfügung stehenden Plätze von hunderttausend auf eine Million gestiegen.

Im Jahr 2004 unterhielten die Kreuzfahrtgesellschaften weltweit mehrere hundert moderne Luxusliner. Wie wir an der Freedom of the Seas sehen, werden diese Schiffe immer größer. Inzwischen bauen Werften Kreuzfahrtschiffe mit einer Bruttoregisterzahl von über hunderttausend, die 3.000 Passagiere und mehr aufnehmen können. Und sie bauen sie, so schnell sie können.

Wenn in demselben Tempo weitergebaut wird, dann wird die weltweite Luxuslinerflotte bis 2012 auf 20 Millionen Plätze angewachsen sein! Das heißt, Plätze für Urlauber, die gerne bequem schlafen, im Kasino sitzen und jede Woche Berge von Eiscreme verschlingen.

Einmal angenommen, dass die verschiedenen Regierungen alle Schiffe, die derzeit im Einsatz sind, rechtzeitig bis zum Jahr 2012 generalüberholen lassen – wie lassen sich Schiffe mit 20 Millionen Plätzen für Eiscreme essende Touristen so umfunktionieren, dass sie sich für die Aufnahme von Menschen eignen, die vor dem vorbeifliegenden Planeten X flüchten? Menschen, die bereit sind, auf schmalen Pritschen zu schlafen und von faden Rationen zu leben; ähnlich den amerikanischen Soldaten, die während des Zweiten Weltkriegs an Bord der RMS Queen Mary auf dem Weg nach England den Atlantik überquerten.

Wie aus Luxuslinern Ozeanarchen für 2012 werden

Während des Zweiten Weltkriegs war der Transport von Soldaten und Material über den Atlantik ein Spießrutenlauf durch die deutschen U-Boote hindurch. Das Arbeitspferd der deutschen U-Bootflotte war der sogenannte Typ VII.

An der Oberfläche erreichte der Typ VII eine Dauergeschwindigkeit von 17,7 Knoten (33 km/h), unter Wasser die Hälfte. Mit den meisten Handelsschiffen hatten diese grauen Wölfe der See leichtes Spiel, aber ein Schiff, die RMS Queen Mary, konnte sie ohne weiteres abhängen.

Dieses geräumige, luxuriöse Schiff, das einen prachtvollen Anblick bot, konnte eine Maximalgeschwindigkeit von 32,6 Knoten (60 km/h) beibehalten und hielt von 1936 bis 1952 sämtliche Geschwindigkeitsrekorde für moderne Ozeandampfer. Dadurch war sie perfekt dafür geeignet, Amerikas wertvollsten Rohstoff – Soldaten – an Hitlers im Atlantik lauernden U-Booten vorbeizuschleusen.

Ursprünglich war die Queen Mary für 2.139 Passagiere und eine Crew von 1.101 Personen ausgelegt. In Friedenszeiten, heißt das. Nach Ausbruch des Zweiten Weltkriegs wurde sie generalüberholt und in einen Truppentransporter der Alliierten mit maximaler Belegungskapazität umfunktioniert. Mit einer Atlantiküberquerung brachte sie über 17.000 amerikanische Soldaten sicher nach England.

Wenn alle heutigen Kreuzfahrtschiffe weltweit bis 2012 auf gleiche Weise umfunktioniert würden, dann ließen sich auf dieser globalen Flotte von Archen über 150 Millionen Flüchtlinge unterbringen. Unterstützt würde die Flotte von einer Hilfsflottille aus Öltankern, Getreidefrachtern, Frachtschiffen, Fischdampfern, schwimmenden Trockendocks usw.

Da moderne Kreuzfahrtschiffe dafür gemacht sind, überall hinzureisen, lassen sie sich über den tiefsten Stellen der Ozeane positionieren, wo sie keine Schwierigkeiten mit Tsunamis haben, die einfach unter ihrem Rumpf hindurch laufen. Zwar können Tsunamis verheerend sein, wenn sie Land treffen, doch die meisten Kreuzfahrtschiffe auf See bemerken sie gar nicht, denn dort sind sie eher wie vorbeirollende „Hügel" im Meer.

Am stärksten bedroht werden diese Schiffe durch Stürme, Strahlung und Stoßwellen von Asteroideneinschlägen sein. In einem „Best Case Scenario" wird ein Großteil dieser Ozeanarchen auch noch die schlimmsten Situationen überstehen und als dringend benötigte Notunterkünfte dienen, während sich die Menschheit daranmacht, die zerstörten Hafenstädte wieder aufzubauen.

Zwar werden Ozeanarchen einer größeren Zahl an Menschen Zuflucht bieten können als andere Arten von Archen, aber ein „Worst Case Scenario" würden die meisten nicht überstehen. Die Zahl der Toten wäre katastrophal hoch, und die Schiffe, die nicht untergingen, wären nur noch dahintreibende Wracks. Nach dem Vorbeiflug würden sie allenfalls noch als Altmetall einigen Wert besitzen, nicht aber als ankernde Unterkünfte.

Im Gegensatz zu solchen Ozeanarchen bieten unterirdisch und unterseeisch gebaute Archen zwar wesentlich weniger Menschen Schutz, dafür aber bessere Überlebenschancen.

Vor aller Augen verborgen, überstehen diese geheimen Archen problemlos ein „Best Case Scenario", und eine beträchtliche Zahl von ihnen dürfte auch einen „Worst Case" überdauern.

Die geheimen Archen

Um die Sache anschaulicher zu machen, wollen wir uns vorstellen, dass Sie ein „schwarzes Regierungsprogramm" leiten und Ihnen eine unbegrenzte Summe an – legalem oder illegalem – Geld zur Verfügung steht.

Sie erfahren, dass im Jahr 2012 der Planet X kommen wird, und Spitzenwissenschaftler warnen Sie davor, dass dies zu einem Extinction Level Event (ELE) werden könnte, einem Ereignis von katastrophalem Ausmaß, das zur Auslöschung der Menschheit führt. Ihnen wird gesagt, dass andere dafür verantwortlich seien, die Weiterführung der Regierungsgeschäfte sicherzustellen, während Sie selbst verantwortlich sind für:

- den Entwurf eines globalen Netzwerks aus miteinander verbundenen unterirdischen und unterseeischen Archen, um den Fortbestand der Menschheit zu gewährleisten;

- den Bau sehr widerstandsfähiger Archen, die dem Planeten X standhalten können, mit genügend Vorräten für ein Jahrzehnt;

- den Entwurf eines „Verwaltungsprogramms für Angst und Familientrennung", um verstörte Überlebende, die für eine der Archen auserwählt wurden, in der ersten Zeit psychisch zu stabilisieren;

- das Bevölkern der Archen auf Befehl hin mit vorab ausgewählten gesunden, gebildeten und geistig stabilen Männern und gebärfähigen Frauen;

- den Wiederaufbau einer Infrastruktur, die für eine sich regenerierende Welt nach dem Vorbeiflug des Planeten X wesentlich ist.

Wenn Sie so jemand wären, dann würden die Früchte Ihrer Arbeit wahrscheinlich dem geheimen Netzwerk heutiger Archen ähneln, wie es Philip Schneider beschrieben hat, der sich schließlich als Insider gegen die amerikanische Regierung wandte.

Schneider enthüllt globales Netzwerk von Archen

Im Jahr 1995 hielt ein amerikanischer Geologe, Generalplaner und Statiker mit Namen Philip Schneider, der angeblich geheime Militärbasen für die US-Regierung baute und die Regierungsarbeit schließlich aufkündigte, über 30 Vorträge.

Im Januar 1996 starb er auf höchst verdächtige Weise, und seine Geschichte soll hier erzählt werden, weil sie ein sehr realistisches Bild davon liefert, welche Schutzvorrichtungen heute vielleicht bereits existieren.

Bevor wir uns in seine angeblich wahre Beschreibung des heutigen globalen Systems vertiefen, das aus miteinander verbundenen unterirdischen und unterseeischen Archen besteht, wollen wir uns zunächst mit dem verstorbenen Philip Schneider vertraut machen.

Über Philip Schneider

Er war ein Geologe und Ingenieur, der Zugang zu Regierungsinformationen der höchsten Geheimhaltungsstufe hatte. Daher reiste er während seiner 17-jährigen Tätigkeit für die amerikanische Regierung viel ins Ausland, um die jeweiligen Regierungsoberhäupter zu instruieren. 11 dieser 17 Jahre verbrachte er auf dem Luftwaffenstützpunkt Nellis bei Groom Lake, Nevada, nördlich von Las Vegas.

Er war an der Erfindung von Methoden zur profilgenauen Sprengung und der Laserschneidtechnik beteiligt. Sein Vater war ein ehemaliger U-Bootkommandeur der Nazis. Nach dem Zweiten Weltkrieg war Schneiders Vater am Bau der Nautilus, dem weltweit ersten Atom-U-Boot, beteiligt.

Die Geräte für den Vortrieb mittels Maser/Laser, die Schneider erfunden hat, werden zum Bau unterirdischer Tunnel und Komplexe benutzt. Dabei wird der Fels geschmolzen und achatisiert. In Tunnelbohrsystemen können diese Geräte einen Schacht von 8,50 mal 8,50 Metern mit einer Geschwindigkeit von gut elf Kilometern täglich schaffen.

Um den Tunnel von dem Felsmaterial freizuräumen, das von dem Gerät nicht achatisiert worden ist, werden auf einer Seite des Querschachts Löcher gebohrt und das Material mittels Aufzügen nach oben abtransportiert. Dadurch sinkt die Gefahr, dass Steinstaub in die Maschine oder die Lungen bzw. Atemmasken der Arbeiter dringt. Außerdem werden Lüftungsschächte gebohrt. Wird beides gleichzeitig durchgeführt, können die Maschinen bei minimaler Staubbelastung gut elf Kilometer am Tag schaffen.

Die Frage nach Schneiders Glaubwürdigkeit

Die wenigen Menschen, die die Vorstellung rigoros ablehnen, dass unsere Regierungen in geheimem Kontakt zu außerirdischen Rassen stehen, werden alle Aussagen Schneiders für verrückt halten. Sie werden auf Schneiders Vorträge verweisen, in denen er gesagt hat, dass die USA und möglicherweise viele weitere Nationen in Kontakt mit elf außerirdischen Rassen stehen, von denen zwei friedfertig sind. Die übrigen neun Rassen sind Ausbeuter, die unseren Planeten, seine Ressourcen und seine Lebensformen skrupellos für sich beanspruchen.

Die zahlreichen Menschen dagegen, die an die Existenz außerirdischer Rassen glauben, werden deutliche Parallelen zwischen Schneiders Aussagen von 1995 und den gegenwärtigen Globalisierungstrends entdecken, die die Unterschicht immer mehr anschwellen lassen, während gleichzeitig immer mehr Geld und Macht in die Hände einiger Weniger gelangt.

Schneider hat davor gewarnt, dass eine Neue Weltordnung kontinuierlich daran arbeitet, die nationalen Regierungen zu zersetzen und sie zu den Vereinten Nationen zu verschmelzen, die sich schließlich zu einer Eine-Welt-Regierung entwickeln werden.

Den Menschen, die an dieser geheimen Intrige mitwirken, wird gesagt, dass sie auf das edle Ziel hinarbeiten, dem Krieg ein Ende zu setzen. Nachdem auch Schneider 17 Jahre lang gewissenhaft mitgewirkt hatte, kündigte er, weil er zu der Überzeugung gelangt war, dass es um ein viel dunkleres Ziel geht und die Kontrolle in den Händen von außerirdischen Rassen liegt, die regelmäßig gegen die getroffenen Abkommen verstoßen.

Eben dieses Verhalten löste 1979 bei Dulce, New Mexico, einen Krieg zwischen Außerirdischen und Menschen aus, dessen Ursache in einem Versehen wurzelte. Laut Schneider starben bei diesem nicht geplanten und kurzlebigen Kampf 66 amerikanische Geheimdienstagenten und Mitglieder einer Sondereinsatztruppe, und er selbst gehörte zu den drei Überlebenden.

Der Kampf begann, als Schneiders Ingenieurteam gerade vier Querbohrungen vornahm, um mit dem Bau eines neuen Untergrundkomplexes zu beginnen. Aus einem der Löcher traten plötzlich übel riechende Dämpfe aus, und die Bohraufsätze liefen blank, sobald sie in das Loch hinabgelassen wurden. Schneider und ein Untersuchungsteam ließen sich durch einen schmalen Aufzugsschacht hinunter, um sich das

Loch genauer anzusehen. Schneider trug einen Schutzanzug und einen Werkzeuggürtel mit geologischen Arbeitsgeräten und Auffangbehältern. Er nahm Proben.

Dabei begegnete er zwei großen grauen Außerirdischen, und da er durch seine Ausbildung auf solche Begegnungen vorbereitet war, zog er seine halbautomatische Pistole und erschoss beide. Dann tauchte ein dritter Außerirdischer auf und schoss Schneider mit einer Strahlenwaffe an, wobei er ihm einen Lungenflügel und zwei Finger wegsengte. Schneider behauptete auch, dass er von einem „Green Beret", dem Angehörigen einer amerikanischen Sondereinheit, gerettet wurde, der selbst während des Kampfs getötet wurde.

Anschließend unterzog sich Schneider 400 Tage lang einer Strahlentherapie, während die beiden anderen Überlebenden in einem kanadischen Pflegeheim vor sich hinsiechten. Dieser Punkt seiner Beschreibung wirft Fragen auf, da die Strahlenwaffe des Außerirdischen bei einem Angriff zum Einsatz kam und eine 400 Tage dauernde Strahlentherapie äußerst ungewöhnlich ist. Doch gibt es noch weitere Ungereimtheiten.

Bei seinem letzten Vortrag gab er an, bei der kleinen Pistole, die er zum Töten der beiden großen grauen Außerirdischen verwendet hatte, habe es sich um eine „Walther PPK mit einer Magazinkapazität von neun Schuss" gehandelt. Das ist eindeutig falsch, denn die Carl Walther Sportwaffen GmbH hat nie ein PPK-Modell mit einem Magazin für neun Patronen hergestellt. Die PPK-Modelle von damals waren für das Kaliber 9 mm kurz ausgelegt und besaßen ein Magazin für sieben Schuss. Wahlweise gab es sie für das Kaliber 7,65 Browning und acht Schuss.

Zugegeben, die PPK für das Kaliber 7,65 Browning konnte acht Schuss aufnehmen und zusätzlich eine Patrone in der Kammer haben, was zusammen neun Schuss macht. Bei seinem letzten Vortrag aber sagte Schneider, er habe die Pistole laden müssen, bevor er feuerte, und das weist darauf hin, dass sich keine Patrone in der Kammer befunden haben kann. Vielmehr musste er die Pistole erst laden: Dazu musste er den Schieber in Richtung Kimme zurückziehen, ihn los- und zurückschnappen lassen, wodurch eine Patrone aus dem Magazin in die Kammer befördert wurde.

Dass er neun Schuss besaß, ist somit eine Falschaussage aus Schneiders Mund während eines aufgezeichneten Vortrags, die jeder auf eigene Faust anhand unanfechtbarer Quellen überprüfen kann. Dennoch klingen seine Warnungen aus dem Jahr 1995 auf beunruhigende Weise zusehends glaubwürdiger. Dasselbe gilt für seinen Tod im Jahr 1996.

Todesumstände verleihen Schneider Glaubwürdigkeit

Die Umstände, unter denen Schneider im Januar 1996 ums Leben kam, sind mehr als verdächtig. Laut seiner Exfrau Cynthia Drayer wurde Schneiders teilweise bereits verweste Leiche in seiner Wohnung in Wilsonville, Oregon, gefunden.

Der Gerichtsmediziner, der ihn untersuchte, bescheinigte Selbstmord, weil er mit einem Gummikatheterschlauch aufgefunden worden war, der dreimal um seinen Hals gewickelt und vorne halb zugeknotet war. Das ist seltsam, denn Schneider fehlten an einer Hand zwei Finger, und zudem lagen in seinem Medizinschrank jede Menge starke, verschreibungspflichtige Schmerzmittel, die er gegen seine zahlreichen Leiden nahm.

Drayer zufolge wurden Schneiders Leiche zwar Körperflüssigkeiten entnommen, aber nie untersucht, und die Ermittler fanden keinen Abschiedsbrief. Zudem verschwand Schneiders persönliche Sammlung von Forschungsmaterial zu geheimen Regierungsoperationen, wohingegen ein beachtlicher Geldbetrag und wertvolle Gegenstände unberührt blieben.

Während seiner Vorträge 1995 erzählte Schneider dem Publikum, dass bereits 13 Mordanschläge auf ihn verübt worden seien. Seine Exfrau Cynthia Drayer fügt dem hinzu, dass Schneider seinen Freunden und Verwandten ständig sagte, falls er eines Tages „Selbstmord begehen" sollte, dann wüssten sie, dass er ermordet worden sei.

Alles deutet darauf hin, dass er beim 14. Versuch endlich zum Schweigen gebracht wurde. Die verdächtigen Umstände seines Ablebens verleihen den folgenden Aussagen Schneiders über schwarze Regierungsoperationen und unterirdische/unterseeische Basen ein Maß an Glaubwürdigkeit, wie es wohl nur einem Sterbenden zuerkannt wird.

Schneiders unterirdische und unterseeische Archen

Laut Schneider gab es im Dezember 1995 weltweit insgesamt 131 Untergrundbasen. Im Zirkel der schwarzen Operationen heißt die unterirdische Variante „Deep Underground Military Base" (DUMB), während die unterseeische Ausgabe unter dem Festlandsockel als DUMB2-Basis bezeichnet wird. Schneider befasste sich in seinen Vorträgen vor allem mit der unterirdischen DUMB-Variante und legte die folgenden Fakten offen:

- **Unterirdische Einrichtungen in den USA:** DUMBs befinden sich vorwiegend auf Grundbesitz der Regierung. Neun DUMBs liegen beispielsweise unter dem Luftwaffenstützpunkt Nellis nördlich von Las Vegas.

- **Durchschnittliche Größe und Kosten:** Die Kosten für knapp 19 Kubikkilometer liegen zwischen 17 und 31 Milliarden Dollar.

- **Umfang und Kosten der größten Basis:** Die größte Basis befindet sich in Schweden, umfasst 125 Kubikkilometer und hat zwei Billionen Dollar gekostet. Ihre Fertigstellung dauerte fünf Jahre, und die Kosten wurden vollständig von den Vereinten Nationen getragen.

- **Tiefe:** Die Tiefe reicht von 152 Metern für ältere Vorratseinrichtungen bis zu gut 3.200 Metern für militärische Einrichtungen, die damit fast so tief wie die knapp 3.600 Meter tiefe East-Rand-Mine in Südafrika liegen.

- **Durchschnittstiefe:** Während eines Erdbebens ist man unter der Erde besser aufgehoben als an der Oberfläche. Deshalb sind die meisten DUMBs knapp 740 Meter tief. Dies ist die optimale Tiefe zum Überleben, ohne dass besondere Vorkehrungen gegen Hitze oder Druck nötig sind, wie es bei tiefer gelegenen Einrichtungen der Fall ist.

- **Typen unterridischer DUMBs:** Ältere, etwa 40 Jahre alte DUMBs befinden sich kurz unter der Oberfläche und werden vor allem als Vorratsspeicher benutzt. Die neueren, tieferen DUMBs sind entweder autarke, mehrstöckige Militäreinrichtungen oder aber Gefängnisse.

- **Anzahl unterirdischer DUMBs:** Im Jahr 1995 waren 131 DUMBs in Betrieb. Derzeit kommen jährlich im Durchschnitt zwei weitere hinzu, während mehrere ältere, nicht allzu tief liegende Einrichtungen geschlossen werden. Wie viele DUMBs es derzeit gibt, ist nicht bekannt.

- **Bauarbeiten:** Für jede DUMB sind zwischen 1.800 und 10.000 erfahrene Arbeitskräfte nötig, deren Monatslohn, je nach Position und Beschäftigungsdauer, zwischen 4.000 und 40.000 Dollar liegt. Alle Arbeiter unterliegen einer strengen Geheimhaltungsvereinbarung.

- **Verteilung in den USA:** Im Schnitt gibt es pro amerikanischem Bundesstaat drei DUMBs, von denen etwa jede vierte als Gefangenenlager dient. Die meisten befinden sich innerhalb des US-amerikanischen Kernlands.

- **Transportnetzwerke:** Alle DUMBs sind über zwei Tunneltypen miteinander verbunden. Der eine Typ ist ein einfaches Netzwerk aus schmalen zweispurigen Tunneln. Das andere ist ein hochentwickeltes Magnetschwebebahnsystem mit elektrisch betriebenen Zügen, die doppelte Schallgeschwindigkeit erreichen können. Einige Züge sind für Gefangengentransporte der Vereinten Nationen vorgesehen und besitzen pro Waggon 143 Plätze zum Anketten von Gefangenen.

- **Energiequellen:** Atommotoren mit gitterförmigem Unterbau von der Größe eines kleinen Kühlschranks liefern die Energie. Als Vorlage hierfür diente die Technik in den Raumschiffen gefangen genommener Außerirdischer. Jeder einzelne dieser Motoren liefert genug Energie, um drei Flugzeugträger zu betreiben.

- **Finanzierung:** Ein Teil des Geldes ist Steuergeld, aber das meiste stammt aus Geheimoperationen, unter anderem aus dem Drogenhandel. Jährlich kommen so über 500 Milliarden Dollar zusammen.

Eigenen Angaben zufolge wirkte Schneider während seiner 17-jährigen Arbeit für die Regierung an 13 DUMBs mit. Während dieser Zeit beobachtete er das wachsende Bestreben, die Technik gekaperter außerirdischer Raumschiffe nachzubauen und mit fortschrittlichen menschlichen Entwicklungen zu kombinieren.

Im Gegensatz zum heute in unseren Schulen gelehrten Periodensystem mit 117 Elementen umfasst das Periodensystem, das bei schwarzen Operationen verwendet wird, 140 Elemente – und das war im Jahr 1995. Schneider nannte beispielsweise Mirrinit als zusätzliches Element. Mirrinit ist eine neue Substanz, die sich aus seltenen Erdmineralien, Lehmarten und außerirdischen Elementen aus zerschellten Raumschiffen zusammensetzt. Mirrinit wird verwendet, um Tarnkappenflugzeuge und sogenannte „schwarze Helikopter" zu beschichten.

Schneider erwähnt auch Niob, Titan, Uran, Kupfer und Oxid in Form skalenoedrischer Kristalle (Kristalle, bei denen alle Seiten unterschiedlich groß sind). Diese werden verwendet, um Tarnkappenschiffe zu beschichten und den Titanrumpf von U-Booten der Phoenix-Klasse zu versiegeln, wodurch diese U-Boote monatelang in extremer Tiefe operieren können.

Das ist nur ein Teil von Schneiders Ausführungen zu dem krebsartigen Wachstum der DUMB-Netzwerke und ihrer Transportinfrastruktur. In seinen Vorträgen gab er seinem Glauben Ausdruck, dass die Militärtechnik der zivilen Technik über tausend Jahre voraus ist. Er fügte hinzu, dass der Vorsprung der Militärtechnik um jährlich 45 Jahre wächst.

Der Grund, den Schneider für seinen Treuebruch anführt, lässt Fragen aufkommen, auf die es wohl nie eine Antwort geben wird. Vor dem Hintergrund einer Spezies allerdings, die sich vor einer drohenden globalen Naturkatastrophe retten will, fügt sich alles zusammen wie Legobausteine.

Gibt es, abgesehen von der beängstigenden Vorstellung einer außerirdischen Hybridtechnik, die angeblich zum Bau eines riesigen Netzwerks von gut versteckten unterirdischen und unterseeischen Archen verwendet wurde, vielleicht noch ein konventionelleres Beispiel, das wir uns ansehen können?

Ja, das gibt es, und dieses Beispiel ist unanfechtbar: Robert Hopper und die Bunker-Hill-Mine.

Die Bunker-Hill-Mine in Kellogg, Idaho

Knapp 50 Kilometer östlich von Coeur d'Arlene liegen die kleine Bergbaugemeinde Kellogg und die Bunker-Hill-Mine, das industrielle Rückgrat des Bergbaureviers von Coeur d'Arlene und seines derzeitigen Besitzers Robert Hopper.

Laut der amerikanischen Umweltschutzbehörde EPA ist die Bunker-Hill-Mine die größte Blei-Zink-Silbermine der USA. In den frühen Tagen der Clinton-Regierung unternahm die EPA den ersten von zahllosen Versuchen, Hopper die Mine ganz unverhohlen zu stehlen. Hopper sagt, er habe weder gegen einzelstaatliche Gesetze noch gegen

Bundes- oder Minenrecht verstoßen, und es liege kein Verdacht gegen ihn vor, der das Vorgehen der EPA rechtfertigen würde.

Dieser Kampf ist für unsere Auseinandersetzung mit dem Planeten X und dem Jahr 2012 von großem Interesse, denn Hopper schaffte es, die EPA zu stoppen. Noch immer allerdings muss er gegen eine EPA ankämpfen, die ihre rechtlichen Befugnisse missbraucht, um die Mine zu konfiszieren, ohne Hopper sein Eigentum zu bezahlen.

Eine Mine, so groß wie 25 Städte

Die Stelle, auf der die Bunker-Hill-Mine entstehen sollte, wurde 1887 von dem Goldsucher Noah Kellogg entdeckt. Die Mine war durchgehend in Betrieb, bis sie 1982 von der Gulf Resource Ltd. geschlossen wurde. Bis dahin wurden 5.528 Tonnen Silber, 2.863 Tonnen Blei und verschiedene andere Metalle gefördert. Zu ihrer besten Zeit beschäftigte die Mine knapp 600 Arbeiter.

Im April 2004 trat Robert Hopper in der Internetradiosendung „Cut to the Case" von Marshall Masters auf (www.yowusa.com/radio). Während des Interviews beschrieb Hopper die Bunker-Hill-Mine folgendermaßen:

- **Ebenen:** Die EPA beschreibt die Mine als „25 übereinander liegende Städte". Jede Ebene ist voll ausgebaut und verfügt über eine Wasser- und Stromversorgung, Druckluft, Schienennetze und Arbeitsbereiche.

- **Horizontale Ausdehnung:** Gut 240 Kilometer an drei Meter breiten Schächten, die drei bzw. 3,60 Meter hoch sind. Diese horizontalen Gänge sind groß genug für einen Kleinlaster.

- **Vertikale Schächte:** Die 25 Ebenen sind über vertikale Schächte miteinander verbunden, die zusammen knapp zehn Kilometer lang sind. Diese Schächte funktionieren ähnlich wie Aufzüge in modernen Hochhäusern.

- **Erzvorkommen:** Hopper zufolge lagern in der Mine noch immer gut 36 Tonnen an Blei-Zink-Silbererz im Wert von zwei Milliarden Dollar.

- **Trinkwasser:** Die Mine grenzt an eine umfangreiche Grundwassereinlagerung. In den vergangenen Jahren drang dieses artesische Wasser in die Mine ein und flutete die unteren Ebenen komplett.

- **Via Bodentransportmittel:** Der Haupteingang der Mine liegt etwa 300 Meter von der Hauptstraße der Stadt sowie der Interstate 90 entfernt.

- **Via Flugzeug:** Der Haupteingang der Mine ist durch eine Schnellstraße mit dem gut drei Kilometer entfernten Kellogg City Airport verbunden, der über eine Rollbahn von 1.830 Metern Länge verfügt. Kein Problem für Amerikas neuestes Transportflugzeug, die C-17 Globemaster III, die mit einer Rollbahn von 1.064 Metern Länge auskommt.

Hopper vermutet, dass die Mine in ihrem gegenwärtigen Zustand im Falle einer nachhaltigen Naturkatastrophe mühelos 1.000 Menschen Zuflucht gewähren könnte, mit einigen Nachbesserungen sogar bis zu 10.000 Menschen. Dies ist auch wahrscheinlich der Grund dafür, dass die EPA ihre außergerichtlichen Befugnisse so rabiat ausnutzt, um die Mine zu beschlagnahmen.

Die außergerichtlichen Befugnisse der EPA

Angeblich sollte die Bunker-Hill-Mine wegen einer Verunreinigung durch Blei beschlagnahmt werden. Die EPA besaß eine mit viel Geld gestützte Sanierungsvollmacht und nutzte die außergewöhnliche rechtliche Macht aus, die Nixon ihr 1971 gewährt hatte.

Der Übernahmeplan der EPA begann mit einer Untersuchung, die den harmlos anmutenden Titel „Informationsanfrage" (engl.: Request for Information, kurz: RFI) trug. Eine solche Informationsanfrage rückt jeden gesetzestreuen Bürger sofort in ein verdächtiges Licht, und es droht ihm ein Strafantrag, sofern er der EPA nicht von jedem geschriebenen Wort, jeder Gesprächszusammenfassung und jedem Kontakt, mit dem er Umgang pflegt, eine Kopie zukommen lässt – sein Leben lang!

Einfach ausgedrückt heißt dies, dass Vergewaltiger und Axtmörder mehr Rechte haben als ein biederer amerikanischer Grundbesitzer, der von der EPA eine Informationsanfrage erhält. Der größte Schaden aber, den ein Minenbesitzer durch eine solche Anfrage davonträgt, ist, dass ihm kein Kredit mehr gewährt wird. Auch wenn ein Bürger noch nie eines Vergehens oder einer Gesetzesübertretung verdächtigt oder angeklagt wurde, muss er der Informationsanfrage der EPA nachkommen. In den Augen eines Bankiers ist eine solche Anfrage gleichbedeutend mit dem Todeskuss.

Die Übergriffe der EPA wurden so penetrant, dass gleich zweimal eine Kongressanhörung anberaumt wurde. Bei der zweiten Anhörung betraute der Kongress einen staatlichen Ombudsmann mit der Untersuchung der Angelegenheit. Auch die National Academy of Sciences wurde einbezogen, und Spitzenwissenschaftler der NASA, unter denen einer an den Marserkundungsprojekten mitgewirkt hatte, entkräfteten die wissenschaftliche Grundlage des EPA-Vorwurfs schließlich. Daraufhin ließ die EPA heimlich das Büro des Ombudsmanns schließen und beschlagnahmte alle seine Unterlagen.

Es ist Robert Hopper anzurechnen, dass er sich noch immer mit allen ihm zur Verfügung stehenden Mitteln gegen die EPA zur Wehr setzt, aber letztlich wird es so laufen wie in der Geologie: Mit genügend Zeit und Druck wird die EPA die Mine bekommen, so oder so. Danach wird sie über eine Deckfirma betrieben und ganz nach Belieben genutzt werden.

Wenn Sie eine goldene Eintrittskarte für eine dieser DUMBs oder einen überholten Bunker-Hill-Bunker besitzen, haben Sie Glück. Was aber bleibt uns anderen?

Bauen Sie Ihre eigene Arche

Diejenigen unter uns, die sich an der Oberfläche alleine durchschlagen müssen, werden sich einen Bunker bauen oder eine Höhle suchen müssen, um die schlimmste Phase des Vorbeiflugs von Planet X zu überleben. Uns werden keine Tunnelbohrmaschinen zur Verfügung stehen, die mit einem Laser täglich gut elf Kilometer Tunnel in den Fels fressen.

Stattdessen werden wir dieselben „fortschrittlichen" Mittel zur Hand haben, mit denen schon der Vietcong im Vietnamkrieg das ausgedehnte Tunnelnetzwerk in Südvietnam schuf: Spaten, Hacken, Schaufeln, Eimer und Schubkarren.

In unserer modernen materialistischen Welt ist es ein lohnender Zeitvertreib, sich zum Mittagessen im Rotary Club mit Anwälten, Buchhaltern, Lebensversicherungsvertretern und Werbegurus zu treffen. Wenn Sie allerdings nicht über einen goldenen Gutschein für eine der DUMBs verfügen, sollten Sie Ihre Zeit vielleicht besser mit der Sorte Menschen verbringen, die Ihre Überlebenschancen erhöht.

Ein Großmütterchen mit grünem Daumen ist zehnmal mehr wert als ein Bürohengst. Ebenso ist ein anonymer Arbeiter, der seine Getreidefarm in Mexiko aufgegeben und sich über die amerikanische Grenze gestohlen hat, mehr wert als eine ganze Armee von Anwälten.

Ja, genau – die hart arbeitenden illegalen Einwanderer von heute könnten in den kommenden Jahren für Sie den feinen Unterschied zwischen Leben und Tod bedeuten. Wenn wir in unseren hoch industrialisierten Ländern Hunger bekommen, steigen wir in unser klimatisiertes Auto und fahren zum nächsten Supermarkt. Etwas anderes können wir nicht.

Werden wir, wenn wir schließlich von ein paar mageren, mühsam der Erde abgerungenen Kalorien leben müssen, noch Zeit haben, um die Grundlagen der Landwirtschaft zu erlernen, wie sie ganz selbstverständlich von einer Generation mexikanischer Campesinos (span. für Bauern, Landarbeiter) an die nächste weitergereicht wurden? Wer von uns kann es sich schon leisten, sich durch eine heuristische Versuch-und-Irrtum-Methode zu hungern, um sich alte Überlebenskünste neu anzueignen?

Vielleicht trifft diese Frage Sie so sehr, dass Sie nun als Gegenargument anbringen, auch die industrialisierte Welt verfüge schließlich über Kleinbauern. Machen Sie sich in diesem Fall schnellstmöglich ein aktuelles Bild der Lage.

Im Jahr 1935 war Amerika beispielsweise noch mit 3,8 Millionen landwirtschaftlichen Familienbetrieben gesegnet. Bis 2002 wurde diese Zahl dank subventionierter Großunternehmen und großbäuerlicher Betriebe auf 2,1 Millionen gedrückt.

Inzwischen liegt das Durchschnittsalter von Kleinbauern in den USA bei 50 aufwärts, und über 40 Prozent gehen einem Zweitjob nach, um über die Runden zu kommen. Ihre Kinder und Enkelkinder sind in die Städte verschwunden, um dort im Büro oder in der Fabrik zu arbeiten.

Daher könnten künftige Generationen das Nordamerikanische Freihandelsabkommen NAFTA durchaus als rettenden Segen für all die Amerikaner ansehen, die von ihrer Regierung sich selbst überlassen wurden.

Die großen amerikanischen Landwirtschaftsbetriebe haben Rekordgewinne eingefahren, als ihr subventioniertes Getreide schließlich auch auf den mexikanischen Markt drängte. Das allerdings bedeutete das Aus für viele mexikanische Bauerngemeinschaften. Verzweifelt bemüht, ihre Familie durchzubringen, kamen viele dieser Bauern mit ihrem umfassenden landwirtschaftlichen Können nach Amerika, um dort Teller zu spülen und Gräben auszuheben.

Wenn es an der Zeit ist, mit Spaten, Hacken, Schaufeln, Eimern und Schubkarren einen Unterschlupf zu bauen, werden diese Bauern tun, was sie immer getan haben: Sie werden sich die Hände schmutzig machen und tun, was zu tun ist, ohne der guten, alten Zeit am Mittagstisch im Rotary Club hinterherzuweinen. Behalten Sie dies erst einmal im Hinterkopf, denn es gibt noch einen dunkleren, wenn auch notwendigen Punkt, der bei der Belegung der Regierungsarchen 2012 eine Rolle spielen wird.

Noch einmal der Transport in Ketten

In seinen Vorträgen sagte Philip Schneider seinem Publikum, dass sämtliche DUMBs über ein hochentwickeltes Tunnelnetzwerk mit einem Magnetschwebebahnsystem verbunden seien. Darunter sind auch Züge, die für „Gefangenentransporte der Vereinten Nationen" vorgesehen sind und pro Waggon 143 Plätze zum Anketten von Gefangenen besitzen.

In seinen Augen symbolisierten diese Plätze zum Anketten das brutale Establishment einer Eine-Welt-Regierung und einen tragischen Verlust der Menschenrechte; einen Verlust, der einen Nationalstaat wie die USA und seine Verfassung in ein mythisches Atlantis verwandeln würde.

Wenn wir bedenken, wie lange Schneider an diesen Projekten mitgewirkt hat, wird dies verständlich. Vor dem Hintergrund des Infernos, zu dem die Erdoberfläche an einem bestimmten Punkt des Vorbeiflugs von Planet X werden wird, gibt es dafür allerdings eine vernünftige Erklärung.

Einmal angenommen, die Oberfläche unseres Planeten verwandelt sich in der Tat in einen Albtraum – warum sollte sich dann irgendwer die Mühe machen, Gefangene in Sicherheit zu bringen, wo sie beaufsichtigt, ernährt, gekleidet und versorgt werden müssten? Denken Sie einmal darüber nach. Würde irgendwer wirklich eine solche Mühe auf sich nehmen, nur um diese renitenten, unerwünschten Menschen nach 2012 auf eine verwüstete Welt loszulassen? Oder um es noch deutlicher zu sagen: Sind diese Menschen die Billionen von Dollar wert, um den Fortbestand der Spezies zu sichern? Nur in Hollywood!

Es ist an der Zeit, sich der brutalen Wirklichkeit zu stellen. Ganz gleich, was die Regierungen und die Gruppen hinter den schwarzen Operationen dazu bewegt hat, die in diesem Kapitel vorgestellten Archen zu bauen, gibt es doch nur ein gemeinsames Ziel: Sie alle wollen, dass unsere Spezies überlebt.

Dieses Ziel mag nicht unbedingt auf ehrbarem Wege erreicht werden, aber wenn dieser Weg funktioniert, dann funktioniert er eben. Das müssen wir akzeptieren und das Beste hoffen. Wenn wir das, was Philip Schneider gesagt hat, einmal kurz überdenken – was könnte das für die Zukunft bedeuten?

Das Einsammeln

Irgendwann in den kommenden Jahren wird ein kritischer Punkt erreicht sein, an dem das Einsammeln beginnen wird. Die Kandidaten für die DUMBs werden bereits vorab ausgesucht worden sein, ohne dass ihnen dies mitgeteilt worden wäre.

Raum und Vorräte für jeden Menschen bereitzustellen, ist unmöglich. Daher werden nur Menschen in gebärfähigem Alter ausgesucht werden, die gesund, gebildet, hochtalentiert und angepasst sind.

Sobald das Einsammeln beginnt, könnte jede Sackgasse in Wohngegenden zu einem perfekten Landeplatz für Transporthubschrauber vom Typ Huey oder Blackhawk werden. Familien könnten gewaltsam auseinandergerissen werden.

Die Menschen, die zusehen müssen, wie ihre Angehörigen in Sicherheit gebracht werden, werden dankbar und bekümmert zugleich sein. Den Auserwählten bleibt das schreckliche Wissen, dass sie diejenigen, die sie am meisten lieben, wahrscheinlich zum letzten Mal sehen.

Diejenigen, die an der Oberfläche zurückbleiben, werden Trost in dem Wissen finden, dass jemand, den sie lieben, knapp zwei Kilometer tief unter ihnen in der Sicherheit eines DUMB geborgen ist. Diejenigen aber, die ihrer Familie entrissen wurden, werden sicherlich einen tiefen, quälenden Verlust empfinden.

Wie bei allen folgenschweren Ereignissen im Leben wird jeder damit auf seine Weise fertig werden müssen. Die meisten werden ihre Situation mit düsterer Miene hinnehmen und auf ihre Art trauern. Andere dagegen werden mit Sicherheit durch das unfassbare Leid, das sie empfinden, hysterisch werden. Zu ihrer eigenen Sicherheit und zur Sicherheit anderer werden sie, bis sie sich in ihren Verlust schicken, wie Gefangene – oder schlimmer – behandelt werden.

Die Plätze zum Anketten Gefangener in den Magnetschwebebahnen werden somit einem brutalen, aber notwendigen Zweck dienen: dem Überleben unserer Spezies.

Wenn das Schlimmste erst vorüber ist, wird es die Menschheit nach wie vor geben, und die Menschen im Untergrund werden an die Oberfläche kommen, um gemeinsam mit denen, die dank ihrer spirituellen Stärke überlebt haben, in eine hellere Zukunft aufzubrechen.

Teil IV

Auf eigene Faust

„Es ist besser, Bohnen aus eigener als Steak aus fremder Hand zu essen."

Marshall Masters

Nach 2012 werden zwei Gruppen von Menschen aus ihren Verstecken hervorkommen, und diese Gruppen werden sich aufgrund heute getroffener Entscheidungen bilden: Es wird diejenigen geben, die auserwählt wurden zu überleben, und diejenigen, die beschlossen haben, ebenfalls zu überleben.

In den Jahren nach 2012 werden sie gemeinsam als die Kinder der Zukunft an die Oberfläche kommen, und unsere Welt wird durch sie zu einem besseren Ort werden.

11

Seien Sie ein 2012-Rambo

Wenn uns das, was uns bevorsteht, wirklich bewusst wird, verspüren wir – entsprechend dem Motto „Jeder ist sich selbst der Nächste" – den starken Drang des Konsumenten, etwas zu tun oder zu kaufen, und zwar sofort! Als veranschaulichendes Beispiel hierfür stellen wir uns vor, dass Sie beschlossen haben, aus einem großen Kellerraum einen Schutzraum zu machen. Als Erstes verpflichten Sie Ihre Familie zur Geheimhaltung. Ihre Frau hält Sie für verrückt, spielt aber mit. Die Kinder sind leicht zu überzeugen. Sie bestechen sie einfach mit Freizeitparkkarten für die komplette Saison.

Abends durchstöbern Sie das Internet nach Informationen über die richtige Bauweise und die benötigten Materialien. Sie bestellen sie, aber nicht alle auf einmal. Schließlich wollen Sie nicht zu einem Umschlagplatz für Paketsendungen werden, und deshalb verteilen Sie die Bestellungen auf mehrere Monate und horten gleichzeitig Produkte, die Sie vor Ort finden.

Sie gehen davon aus, dass Sie etwa ein Jahr lang in dem Schutzraum bleiben müssen, und kaufen dementsprechend viele vorgepackte Überlebenspakete mit Nahrungsmitteln für sich selbst, Ihre Frau und Ihre beiden Kinder – plus zehn Prozent, um ganz sicher zu gehen.

Schließlich ist der Schutzraum fertig und mit Vorräten vollgepackt, ohne dass irgendjemand etwas mitbekommen hat. Für den Fall, dass Nachbarn einfach so in Ihren Keller marschieren sollten, verstecken Sie die Stahltür hinter einer Abdeckplane, an die Sie ein Schild mit der Aufschrift: „Vorsicht, Abwasserrückstau" hängen. Nachdem Sie mit den Nachbarn übereingekommen sind, dass Klempner Halsabschneider sind, wird schließlich niemand mehr über Ihren Keller reden. Wenn Sie Amerikaner sind, kaufen Sie sich ein Sturmgewehr mit Red-Dot-Zielsystem und mehrere Pistolen. An den Wochenenden üben Sie auf dem nächsten Schießplatz.

Alles läuft bestens, bis zur alljährlichen Familienfeier. Nachdem ordentlich Grillwaren und Bier verschlungen wurden, plaudert Ihre Frau ihrem Bruder gegenüber Ihre geheimen Vorbereitungen aus. Der Bruder ist ein 35-jähriger Versagertyp, der noch immer bei seinen Eltern lebt, weil er sich schwer tut, eine Arbeitsstelle zu behalten.

Jetzt, da er weiß, dass Ihr Abwasserproblem in Wahrheit ein Überlebensbunker ist, beginnt er gnadenlos damit, Sie zu erpressen. Sie sind wütend auf Ihre Frau, weil diese Sie bloßgestellt hat, aber sie sagt Ihnen, dass Sie nicht so viel Aufhebens machen sollen. Immerhin ist er ihr kleiner Bruder.

Ein Jahr später wird das Schlimmste wahr, und Sie und Ihre Familie sitzen gut versorgt, sicher und bequem im Bunker. Das heißt, bis einige Wochen später der kleine Bruder mit zwei neuen Bekannten im Schlepptau auftaucht. Die beiden sehen aus, als wären sie bis vor kurzem noch im Gefängnis gewesen, und der kleine Bruder hat ihnen von Ihrem Bunker erzählt. Nun sind alle drei der Meinung, dass es nur gerecht ist, wenn Sie die drei mit in den Bunker lassen und ihnen gleiche Rationen geben.

Abgesehen davon, dass es gefährlich ist, die unerwünschten Fremden in Ihr Haus zu lassen, sieht es düster aus, wenn Sie nachrechnen: Drei erwachsene Männer zusätzlich zu ernähren, mindert die Überlebenschancen Ihrer Familie um die Hälfte. Das aber ist ausgeschlossen, also geben Sie den Männern Konserven für drei Tage und schicken sie höflich weg. Der kleine Bruder beklagt sich bitterlich bei Ihrer Frau, aber dieses Mal steht sie hinter Ihnen. Auch sie hat nachgerechnet.

Die Zeit fließt zäh dahin, während Sie sich fragen, ob der kleine Bruder und seine Freunde tatsächlich weiterziehen oder zurückkommen, weil ihnen der Sinn nach Rache steht. Die Antwort lässt nicht lange auf sich warten. Die drei haben einige der Nahrungsmittel, die Sie ihnen gegeben haben, gegen Whiskey eingetauscht. Nach einer durchzechten Nacht hat dieser sie zu der Überzeugung gebracht, dass Sie ein schlechter Mensch sind. Die Freunde des kleinen Bruders versichern diesem, dass seiner Schwester und den Kindern nichts passieren wird, aber Sie, Sie sind jetzt dran. Denn ein hartherziger Mistkerl wie Sie hat es nicht verdient zu leben.

Am nächsten Morgen stürmen sie das Haus mit Vorschlaghämmern, Äxten, Knüppeln und einer Handvoll alten Revolvern. Sie aber haben diesen Angriff geahnt und erwarten die drei schon. Nach wenigen Minuten ist alles vorbei.

Sich der beiden Fremden zu entledigen war leicht, aber der kleine Bruder ist nur verletzt. Sie haben es einfach nicht über sich gebracht, ihn zu erschießen. Stattdessen haben Sie ihm eine Fleischwunde zugefügt, damit er eine zweite Chance bekommt. Er aber hält Ihr Mitgefühl fälschlich für schlechte Schusstechnik und schwört, Sie umzubringen. Genug ist genug, sagt eine Stimme in Ihrem Innern. Die nächste Kugel landet zwischen seinen Augen.

Während Sie die Leichen zu einer kleinen Grube im Garten schleifen, kommt Ihre Frau aus dem Bunker. Sie sieht die Waffen und die Toten und heult los. Wütend kommt sie auf Sie zu, verpasst Ihnen eine Ohrfeige und schreit: „Du Mistkerl, du hast meinen kleinen Bruder getötet! Ich hasse dich!"

Sie sind sprachlos, teils wegen ihrer Wut und teils wegen der Erkenntnis, dass Sie das nächste Jahr auf engstem Raum zusammengepfercht mit einer hasserfüllten Frau und zwei völlig verstörten Kindern verbringen werden. Und das gesamte Jahr hindurch wird der Gedanke an diesen zweiten Schuss Sie quälen. So ein Pech aber auch.

Ihr größter Fehler war die Annahme, dass Sie sich den Weg aus dem Jahr 2012 freikaufen könnten. Hätten Sie Ihre Zeit und Mühe stattdessen investiert, um sich mit Gleichgesonnenen zusammenzuschließen und einen harten Kern in Form einer Überlebensgemeinschaft zu bilden, hätten der kleine Bruder und seine Freunde es mit einer eingeschworenen, zum Überleben entschlossenen Gruppe zu tun bekommen.

Höchstwahrscheinlich hätten der kleine Bruder und seine Freunde die Konserven genommen und wären ihres Weges gegangen, um ein Opfer zu finden, das leichter auszunehmen ist. Vielleicht aber wären sie zuvor ihrerseits von Raufbolden getötet worden, die nicht lange gefackelt hätten, um an die Konserven zu kommen.

Wenn die drei Sie aber dennoch angegriffen hätten, dann hätte die gesamte Gruppe sich gewaltsam und gnadenlos gewehrt. Somit hätte der Tod des kleinen Bruders keine irrationale, gegen Sie gerichtete Empörung bei Ihrer Frau hervorgerufen. Die Bedrohung, die der Bruder für die Gruppe darstellte, hätte im Vordergrund gestanden. Das Geheimnis für das Überleben des Jahres 2012 liegt also nicht in einem konsumorientierten Verhalten.

Konsumorientiertes Verhalten ist kein Weg, um 2012 zu überleben

Ein altes Sprichwort bringt die überall gegenwärtige Marketingbotschaft unserer modernen Konsumgesellschaften gut auf den Punkt: „Wen es juckt, der kratze sich." Als Konsumenten werden wir tagtäglich mit einer Flut von Botschaften berieselt, die uns auffordern, etwas zu kaufen, sobald es uns juckt.

In dieser Kapitalismuskakophonie gehen wir so hoffnungslos unter, dass wir instinktiv einkaufen gehen, wenn wir uns nach etwas sehnen oder uns fürchten. Geben Sie es zu. (Gruppenumarmung: Sie sind nicht allein.) Wie Pawlows Hund sind auch wir darauf trainiert, entsprechend zu reagieren, seit wir den Blick das erste Mal auf einen Fernseher gerichtet haben. Wenn es uns in den Fingern juckt, uns den Magen vollzuschlagen, fahren wir zu McDonald's. Der einzig schwierige Punkt bei diesem Prozess ist die Frage, ob wir so viel Willenskraft besitzen, unsere juckenden Finger von dem Maxi-Menü zu lassen.

Na und? Ist es nicht immer so gelaufen? Nein. Jahrtausendelang hielten sich unsere jagenden, sammelnden Vorfahren an die Erde, wo sie frisches Aas und essbare Früchte, Gemüse, Getreide und Knollen fanden. Mag sein, dass ihnen bei diesem Menü die Sauce als besonderer Pfiff fehlte, aber immerhin haben sie auf diese Weise zahlreiche globale Katastrophen überlebt. Kurznachricht: Das ist etwas, das wir modernen Konsumenten im Gegensatz zu unseren primitiven Vorfahren erst noch lernen müssen. Eine einfache Tatsache, bei der wir uns fragen können, ob wir vielleicht der Außenseiter in einem Rennen auf Leben und Tod sind.

Stellen Sie sich Folgendes vor: Mehrere hundert Jahre nach 2012 bestaunen zukünftige Archäologen eines Tages die Erhabenheit der Großen Pyramide von Gizeh. Abends sitzen sie ums Lagerfeuer und spekulieren darüber, ob es die magischen goldenen Bögen der sagenumwobenen Konsumtempel tatsächlich gegeben hat.

Dann wird einer von ihnen von der jüngst gefundenen Zeitkapsel berichten, in der die unbeschädigte Ausgabe eines einst sehr beliebten, alten, historisch wertvollen Filmkunstwerks mit dem Titel „Rambo I – First Blood" gefunden wurde.

Anmerkung: Um aus diesem Kapitel den größtmöglichen Nutzen zu ziehen, sollten Sie sich den Film „Rambo I – First Blood" (1982) besorgen. Es ist der erste der „Rambo"-Filme mit Sylvester Stallone in der Hauptrolle. Bevor Sie weiterlesen, sollten Sie sich zunächst auf Unterhaltungsbasis den Film ansehen und danach erst mit dem Lesen fortfahren.

Rambos moralischer Kompass

Was es bedeutet, im Jahr 2012 ein Rambo zu sein, erfahren Sie nicht, indem Sie die Figur des John Rambo vor dem Hintergrund alltäglicher Ansichten oder Ihrer Überzeugung betrachten, dass Sie mit Ihrem treuen Rambo-Kampfmesser schon alle Widrigkeiten meistern werden. Vielmehr erschließt es sich durch das, was Rambo so beliebt gemacht hat.

Weil Rambo von Erinnerungen an seine diversen Streifzüge durch Vietnam als Mitglied der Eliteeinheit „Delta Force" des amerikanischen Militärs gequält wird, besitzt er einen ausgeprägten moralischen Sinn für Richtig und Falsch, die wohl positivste Eigenschaft dieser Figur. Es ist Rambos innerer moralischer Kompass, der seinen Charakter durch alle vier Filme hindurch kennzeichnet, was ihm einen erstaunlich menschlichen Touch verleiht.

Beherzt sagt Rambo stets die Wahrheit, kämpft gegen die Ungerechtigkeit und riskiert bereitwillig sein Leben, um die Unschuldigen und Hilflosen vor Ausbeutung und Missbrauch zu schützen. Um diese Eigenschaft in ihrer ganzen Bedeutung zu begreifen, müssen wir uns mit der Zeit befassen, in der der erste Film entstand.

Der erste „Rambo"-Film, der 1982 in die Kinos kam, schlug Kapital aus dem wachsenden allgemeinen Bedauern darüber, dass die Vietnamveteranen ungerechterweise als grausam und unmenschlich abgestempelt worden waren. Sie kamen aus einem elenden Krieg und gingen dem Wohlstand entgegen, und viele von ihnen konnten nicht vergessen, dass eine stolze Nation sich gegen ihre eigenen Männer gewandt hatte. Nun hatten viele das tiefe Bedürfnis, die Dinge richtigzustellen.

Aus diesem Grund schlug der Film „Rambo" mit solch phänomenalem Erfolg ein. Er kam zu einer Zeit in die Kinos, als sich die Leute noch an Nachrichtenmeldungen über junge Frauen erinnern konnten, die am Flughafen auf heimkehrende Soldaten zueilten – aber nicht, um ihnen Blumen zu überreichen, sondern um ihnen auf die Uniform zu spucken.

Heute können wir nur spekulieren, wie viele dieser selbstgerechten jungen Damen später mit ansehen mussten, wie ihre eigenen Söhne und Enkel in den Krieg zogen, und wie viele sich fragten, ob auch sie bei ihrer Rückkehr mit Schimpf und Schande empfangen oder ob sie überhaupt zurückkehren würden. Reue ist wie ein Gespenst. Sie sucht einen lebenslang heim.

In den kommenden Jahren werden Sie wahrscheinlich mit größeren Schwierigkeiten zu kämpfen haben, als sie in den Rambo-Filmen dargestellt werden. Seien Sie so entschlossen wie Rambo, und behalten Sie den richtigen moralischen Kurs bei. Diejenigen, die sich wie Rambo in der so beliebten Filmreihe in den Dienst anderer stellen, werden überleben. Unsere Vorfahren haben uns Folgendes übermittelt:

Die Kolbrin-Bibel (Ausgabe 21. Jahrhundert)

- **Manuskripte 3,9:** „Dann werden die Menschen Unruhe in ihrem Herzen spüren. Sie werden nach etwas suchen, das sie nicht beschreiben können, und Unsicherheit und Zweifel werden sie quälen. Sie werden große Reichtümer besitzen, ihre Seele aber wird Mangel leiden. Dann wird der Himmel erzittern und die Erde beben, die Menschen werden vor Angst schlottern, und während sie noch in Angst leben, werden die Herolde des Untergangs erscheinen. Leise werden sie kommen, wie Grabräuber, und die Menschen werden sie nicht erkennen. Die Menschen werden sich täuschen lassen. Die Stunde des Verwüsters steht kurz bevor."

- **Manuskripte 3,10:** „Die Menschen werden das Große Buch besitzen, das ihnen Weisheit bringt. Eine Handvoll wird sich zusammenfinden und sich wappnen. Es ist eine Zeit der Prüfung. DIE FURCHTLOSEN WERDEN ÜBERLEBEN; DIE UNVERZAGTEN WERDEN NICHT DEM UNTERGANG ANHEIMFALLEN."

Wenn Sie den Bezug zu Ihrem inneren moralischen Kompass verlieren und unschuldige Menschen aus egoistischen Motiven ausbeuten, werden Sie zu einer einsamen, wütenden Seele werden, die von ihrer Selbstsucht gesteuert wird.

Was ist mit all den selbstsüchtigen Menschen, die vorübergehende Katastrophen stets auf Kosten anderer überleben? Werden auch sie in den kommenden Jahren ungeschoren davonkommen? Nun, sie werden so lange überleben, wie sie noch Menschen finden, die sie ausbeuten können, doch dieser Vorrat ist nicht unerschöpflich. Schließlich wird er verbraucht sein, und dann werden sie sich gegenseitig zerfleischen.

Sie werden von den Rambos wissen, die nicht zu fangen sind, aber sie werden weder die Stärke noch den Willen haben, sich ihnen entgegenzustellen. Denn ein Rambo des Jahres 2012 ist ein Meister des Situationsbewusstseins.

Sofort durchstarten

Wir hören oft den Ausdruck „sofort durchstarten". Er wird in Zusammenhang mit Menschen verwendet, denen es stets gelingt, sich in neuen Situationen sofort zurechtzufinden und instinktiv einen erfolgreichen Start hinzulegen. Wie ein Landstreicher, der, um eine neue Stadt zu erkunden, vom Güterzug springt und sofort zielgerichtet losläuft, sobald seine Füße den Boden berühren. Oder wie Luftlandetruppen, die mit dem Fallschirm über Feindgebiet abspringen und sofort einsatzbereit sind, wenn sie landen.

Doch ganz gleich, ob Sie nun ein Landstreicher sind, der auf schmerzhafte Weise durch die Versuch-und-Irrtum-Methode lernt, oder ob Sie wie die Figur des Rambo vom Militär ausgebildet wurden – der fliegende Start wird immer von einem Überlebenskonzept namens Situationsbewusstsein eingeleitet.

Situationsbewusstsein in „Rambo I – First Blood"

Ein hervorragendes Beispiel für Situationsbewusstsein zeigt sich in einer Szene des Films, kurz nachdem Sheriff Will Teasle Rambo fälschlich wegen Vagabundierens festnimmt. Er nimmt ihn mit auf die Wache, lässt seine Personalien aufnehmen und ihn einsperren.

Rambo verfällt wieder in seinen Militärdrill und lässt die Aufnahme der Personalien ruhig über sich ergehen. Er ignoriert die Respektlosigkeit, mit der die Polizisten ihn behandeln, und sondiert das Büro nach Fluchtmöglichkeiten. Auch macht er eine geistige Notiz vom Schreibtisch, auf den jemand achtlos sein Überlebensmesser geworfen hat.

Achten Sie darauf, was geschieht, als der Beamte, der die Personalien aufnimmt, Rambo damit droht, ihm das Gesicht zu zertrümmern. Der Beamte ist sich seiner Macht über Rambo zu sicher und registriert daher nicht, dass dieser in den Überlebensmodus gewechselt ist. Regisseur Ted Kotcheff profitiert hier von seinen überaus fachkundigen Produktionsberatern und lässt Stallone in dieser Szene einen überwachsamen Gesichtsausdruck annehmen (weit geöffnete Augen, angespannter Kiefermuskel).

Das Situationsbewusstsein fragt nicht nach dem Schuldigen

Im Wesentlichen besteht das Situationsbewusstsein aus drei Schritten, durch die Sie eine beliebige Situation auf einen Blick erfassen und entsprechend reagieren können:

1. Was geschieht, und warum?

2. Was wird als Nächstes geschehen?

3. Welche Möglichkeiten habe ich?

Daher fragt Situationsbewusstsein in einer Lage, in der es ums Überleben geht, nicht nach dem Schuldigen. Im Gegenteil, wenn Sie mit Sätzen wie „Der Katastrophenschutz sollte hier sein!" oder „Die Regierung war's!" reagieren, dann wird die Natur, sollte dies Ihr Schicksal sein, Sie aus der Herde aussondern.

Wenn der Katastrophenschutz dann tatsächlich auftaucht oder die Regierung aufhört, sich wie ein vom Scheinwerferlicht gelähmtes Reh zu verhalten, umso besser. Bis dahin aber müssen Sie alleine mit der Situation fertig werden. Seien Sie objektiv genug, um die Lage durch Ihr Situationsbewusstsein realistisch einzuschätzen, und vertrauen Sie auf Ihre Intuition.

Vertrauen Sie auf Ihre Intuition

Als Wesen, denen ein freier Wille nachgesagt wird, ziehen wir das rationale Denken einem intuitionsgesteuerten Ansatz vor. Beim rationalen Denken haben wir die Kontrolle über einen Prozess, der vor allem auf Logik und eine quantitative Analyse baut. Diese Vorgehensweise gibt uns ein Gefühl der Kontrolle, während wir die verschiedenen Optionen im Hinblick auf voraussichtlichen Ausgang, Wichtigkeit, Nutzen, Risiko usw. abwägen. Ist dieser Prozess abgeschlossen, entscheiden wir uns für die Option, die den größten Erfolg verspricht – oder aber versagt. So oder so haben wir bis zu einem bestimmten Punkt die Kontrolle inne.

Wenn Sie es sich zeitlich leisten können, einen Plan auszuhecken, dann ist das rationale Denken bestens geeignet, einem grausamen Schicksal zu entgehen, vor dem Alexander Pope mit den Worten warnte: „Der Narr prescht vor, wo der Weise kaum zu treten wagt." Zudem lässt das rationale Denken Sie Gewinne einheimsen, die andere normalerweise übersehen würden. Wenn wir uns aber rationales Denken zeitlich NICHT leisten können, kann ein intuitiver Ansatz schnell den Unterschied zwischen Leben und Tod bedeutet.

Wir alle besitzen diese innere Stimme, und wir haben ihr die unterschiedlichsten Namen gegeben, wie zum Beispiel Unterbewusstsein, spirituelle Führung, Jahwe usw. Hier wollen wir sie einfach als die gute, alte Intuition oder auch als Bauchgefühl bezeichnen.

In den Buchläden gibt es eine stattliche Zahl von Büchern, aus denen wir erfahren, wie wir aus unserer Intuition Kapital schlagen können. Sie weisen uns den Weg zu lukrativeren Geschäftsabschlüssen und zeigen uns, wie wir spontane Alltagssituationen erfolgreich handhaben. Damit dies funktioniert, müssen Sie bereit sein, Ihrem Instinkt so weit zu vertrauen, dass Sie die Kontrolle fahren lassen, die mit dem rationalen Denken einhergeht.

Vertrauen in die eigene Intuition birgt Vorteile

Für das Überleben der Katastrophen im Jahr 2012 bringt es drei enorme Vorteile mit sich, wenn Sie in einer sich rasant entwickelnden Krisensituation auf einen intuitiven Denkmodus zugreifen können:

Symbiotische Verarbeitung

Eine intuitive Herangehensweise ermöglicht es uns, die Arbeitsleistung unseres Geistes voll auszunutzen.

Bei einer rationalen Analyse schließt das Bewusstsein das Unterbewusstsein praktisch aus. Dagegen wird unser intuitives Denken zwar vom Unterbewusstsein dominiert, bleibt jedoch mit dem Bewusstsein verbunden. Dadurch stellt sich ein machtvolles symbiotisches Gleichgewicht ein.

Ganzheitliche Wahrnehmung

Eine intuitive Herangehensweise ermöglicht es uns, unseren leistungsstarken inneren Überlebenscomputer hochzufahren.

Der Prozess der rationalen Analyse ähnelt den Lochkartencomputern der 1960er Jahre. Probleme wurden mittels dicker Stapel an Lochkarten mit bestimmten Stanzmustern gelöst. Dieses rationale, aber ziemlich steife Vorgehen eignet sich zwar gut für das Speichern von Daten, aber nicht sonderlich für Systeme, die dem menschlichen Geist nachempfunden sind.

Der Mensch betrachtet Situationen ganzheitlich; er erfasst die verschiedenen Teile eines Bildes gleichzeitig. Eine ausgefeilte Kunstfertigkeit, die von der Natur nach und nach perfektioniert wurde, seit die ersten Menschen über die Erde wandelten.

Emotionale Verbindung

Eine intuitive Herangehensweise erhöht die Chance darauf, dass wir in einer sich rasant entwickelnden Krisensituation die richtige Entscheidung treffen.

Mit einer rationalen Analyse versuchen wir, uns von unseren Gefühlen zu distanzieren, und in vielen Situationen ist dies das Beste, was wir tun können. Deshalb zählen wir bis zehn, bevor wir etwas sagen, das wir hinterher bereuen könnten, oder wir beschließen, eine Nacht über etwas zu schlafen, um keine voreilige Entscheidung zu treffen.

Wenn sich aber die Umstände, in denen Sie sich befinden, rasanter entwickeln, als Sie rational verarbeiten können, oder nur schwer zu erfassen sind, dann sollten Sie Ihren tiefsten Gefühlen nachspüren. Filtern Sie die Gefühle heraus, die von einem verletzten Ego, Gier oder Stolz herrühren, und legen Sie diese beiseite. Konzentrieren Sie sich allein auf die Gefühle, die Ihr Instinkt hervorbringt.

Wenn Sie beispielsweise eine schnelle Entscheidung treffen müssen und eine Möglichkeit, die Ihrem rationalen Denken nach richtig erscheint, sich nicht richtig anfühlt, dann sollten Sie sich für das entscheiden, was sich richtig anfühlt. Meistens ist dies die richtige Entscheidung, denn wo keine reine Logik vorhanden ist, muss jede Möglichkeit auf rationaler Ebene mit Vorsicht genossen werden.

Ein anschauliches Beispiel ist eine Szene in „Krieg der Sterne: Episode IV – Eine neue Hoffnung" (1977) gegen Ende des Films. Luke Skywalker fliegt in seinem X-Wing-Raumjäger durch den Äquatorgraben des Todessterns und zielt auf den Luftschacht des Hauptreaktors des Todessterns, während Darth Vader und seine beiden Handlanger ihm dicht auf den Fersen sind.

Eine rationale Vorgehensweise wäre es, den Zielcomputer auf den Luftschacht des Todessterns auszurichten, aber als Luke Skywalker seinen Angriff gerade starten will, hören wir die Stimme seines Mentors Obi-Wan Kenobi: „Nutze die Macht, Luke! Vertraue auf dein Gefühl!" Zum Erstaunen der Rebellenanführer schaltet Luke seinen Zielcomputer aus und startet einen erfolgreichen Angriff, wobei er sich allein auf seine Intuition verlässt. Dies ist ein gutes Beispiel, doch der Film „Rambo" hält noch ein besseres bereit, weil dieses den Kernpunkt unserer Ausführungen besser trifft.

„Intuitionsszene" in „Rambo I – First Blood"

Rambo hat sich in eine verlassene Mine geflüchtet, und die Männer der Nationalgarde haben den Eingang belagert. Nach einem Kugelhagel feuert ein Nationalgardist mit einer Schulterwaffe eine Rakete in die Mine und bringt sie zum Einsturz. Ohne zu zögern wickelt Rambo Streifen von seinem Poncho um einen Stock und baut sich so eine Fackel. Er zündet sie an und beginnt, die Mine nach einem weiteren Ausgang zu durchstöbern. Dabei stößt er auf einen Kanister mit etwas Benzin und imprägniert die übrigen Stoffstreifen, um mehr Licht zu erhalten.

Nachdem er einen gefluteten Minenbereich durchquert hat, in dem er mit seiner Fackel einen Rattenangriff abgewehrt hat, fällt ihm auf, dass das Feuer der Fackel auf einen Luftzug reagiert, der durch einen Hintereingang der Mine eintritt. Der führt Rambo unbemerkt aus der Mine heraus.

Rambo nutzt Intuition, Instinkt und das in Fleisch und Blut übergegangene Militärtraining, um sich aus einer lebensbedrohlichen Lage zu befreien. Indem er auf seine Instinkte hört, kann er die Mine verlassen, ohne vom Sheriff und der Bundespolizei entdeckt zu werden. Da diese sich auf rationales Denken stützen, gehen sie davon aus, dass Rambo tot ist, und blasen die Suche ab. Warum fürchteten sie ihn so sehr? Weil Rambo den Mut und das Vermögen hatte, dem brüllenden Löwen direkt in die Arme zu laufen.

Dem brüllenden Löwen in die Arme laufen

In den Jahren, die vor uns liegen, werden wir mit Ängsten konfrontiert werden, die uns heutigen Menschen noch unbekannt sind. Unsere Vorfahren allerdings haben sie beim letzten Vorbeiflug des Planeten X während des Exodus bereits erfahren müssen.

Die Kolbrin-Bibel (Ausgabe 21. Jahrhundert)

- **Manuskripte 3,4:** „Wenn Blut auf die Erde tropft, wird der Verwüster erscheinen. Berge werden sich auftun und Feuer und Asche speien. Bäume werden zerstört, und alles Leben wird verschlungen. Gewässer werden vom Land verschluckt, und die Meere werden kochen."

- **Manuskripte 3,5:** „Der Himmel wird hell und rot erstrahlen; ein Kupferton wird das Antlitz der Erde färben, und dann wird ein Tag der Dunkelheit folgen. Ein neuer Mond wird erscheinen, zerbersten und niederfallen."

- **Manuskripte 3,6:** „Die Menschen werden sich in ihrem Wahnsinn zerstreuen. Sie werden die Trompete und den Schlachtruf des Verwüsters vernehmen und Schutz im Innern der Erde suchen. Furcht wird an ihrem Herz nagen, und ihr Mut wird sie verlassen wie Wasser, das aus einem zerbrochenen Krug rinnt. Die Flammen des Zorns werden sie verzehren, und der Atem des Verwüsters wird sie vernichten."

An anderer Stelle erfahren wir, dass Frauen vor lauter Angst unfruchtbar und Männer impotent wurden – weltweit.

Wir haben den Vorteil, dass wir uns dank unserer Wissenschaft besser auf die schrittweisen Schübe dieses Evolutionsereignisses vorbereiten können und sie uns daher nicht unerwartet treffen werden. Dennoch werden wir uns derselben Bestie stellen müssen, und auch wir werden spüren, wie uns der Mut verlässt. Rufen Sie sich in einem solchen Moment die Jagdmethode vor Augen, die bei bestimmten Löwenrudeln in Afrika beobachtet wird.

Das Rudel weiß, dass es für eine gesunde Gazelle ein Leichtes ist, einer alten Löwin auszuweichen und zu fliehen, und daher teilen sich die Löwen auf. Die jüngeren, schnelleren Löwen, die die Gazelle zur Strecke bringen sollen, kriechen auf dem Bauch leise durchs hohe Gras, bis sie eine günstige Position gefunden haben, an der der Wind aus Richtung Beute kommt.

Wenn es so weit ist, bewegen sich die älteren Löwen mit dem Wind auf die Beute zu und brüllen sich die Seele aus dem Leib. Die Gazellen hören und wittern die alten Löwen und rennen ängstlich vor dem Gebrüll davon. Damit laufen sie den jungen, schnellen Löwen, die im hohen Gras lauern, direkt in den Rachen.

Wichtig hierbei ist, dass die Gazellen sich mit dem richtigen Gespür in Sicherheit bringen könnten, indem sie den älteren, brüllenden Löwen in die Arme laufen würden. Daher meint der Satz „dem brüllenden Löwen in die Arme laufen", auf den Menschen übertragen, dass wir unserer schlimmsten Angst entgegentreten müssen.

Das sollen Sie nun nicht als Aufruf ansehen, sich den Weg durch das Jahr 2012 freizukämpfen, so wie die Figur des Rambo sich durch den Film kämpft. Einerseits nämlich hätte Rambo, wenn er vernünftig gewesen wäre, noch ein paar Kilometer weiter laufen oder per Anhalter fahren können, anstatt sich zu Beginn des Films mit dem Sheriff Will Teasle anzulegen. Natürlich hätte es, wenn er vernünftig gewesen wäre, keinen Film gegeben. Im Jahr 2012 sollten Sie jedenfalls mehr Vernunft an den Tag legen.

Das Wesentliche des Films „Rambo"

Im Jahr 2012 wird es keine Kinos und keine mitfiebernden Kinogänger geben, die auf die große Leinwand starren und aus einem Pappbehälter Popcorn in sich hineinschaufeln. Wir dürfen nicht vergessen, dass der Film zwar zahlreiche realistische Elemente beinhaltet, die die Handlung glaubwürdig erscheinen lassen, dass er aber dennoch nur eine fiktive Darstellung ist.

Es wird auch keine Krankenhäuser voller Antibiotika, Schmerzmittel und anderer gewohnter wissenschaftlicher Wunderwerke mehr geben. Stattdessen werden wir in einer Welt leben, in der Menschen an einfachen Infektionen sterben, sofern sie nicht vorher verhungern.

Zwar ist es überflüssig, sich bei einer Aktion töten zu lassen, die durch Rache oder Draufgängertum zustande kam, doch wird es Situationen geben, in denen ein Konflikt unvermeidlich ist. In einer solchen Situation sollten Sie gemein wie ein tollwütiger Hund sein, hart zuschlagen, schnell zuschlagen und dann verschwinden, als wären Sie nie dagewesen. Ansonsten aber sollten Sie Konflikte meiden, wann immer möglich.

Die Kampfszenen im Film „Rambo" sollten als Unterhaltung und nichts anderes dienen. Abgesehen davon lehrt uns die Figur des Rambo die drei folgenden Lektionen:

- Wenn Sie Ihrer Intuition nicht vertrauen können, sind Sie verloren.

- Wenn Sie die Fähigkeit einbüßen, Mitgefühl für die Hilfsbedürftigen und Schutzlosen zu empfinden, sind Sie verloren.

- Wenn Sie die Fähigkeit zu lieben und geliebt zu werden einbüßen, sind Sie verloren.

Ganz gleich, wie viel Schmerz und Leid Sie ertragen müssen – verlieren Sie nie, niemals Ihren inneren moralischen Kompass!

12

Maßnahmen gegen
eine erbarmungslose Sonne

In Kapitel 8, „Die Beobachtung von Sonnenstürmen", haben wir uns die heldenhaften Bemühungen angeschaut, die derzeit von Amerika, Europa und Japan unternommen werden, um bis 2008 eine riesige Flotte von Sonnenobservatorien ins All zu bringen. Selbst die Mission des altehrwürdigen Sonnenobservatoriums SOHO, das seit 1995 in Betrieb ist, wurde bis 2009 verlängert.

Die Absicht ist offensichtlich: Unsere Regierungen beobachten die Sonne, um den Ausbruch von Sonnenstürmen vorhersagen zu können und die Stürme selbst zu verfolgen, die die Erde bedrohen. Warum? Weil sich ein perfekter Sonnensturm – ein extrem heftiger Sturm, der genau in Richtung Erde abgeht – verheerend auf die Menschheit und unsere industrialisierten Gesellschaften auswirken könnte.

Ein derart heftiger Sonnensturm könnte sogar eine Raumfähre und selbst die Internationale Raumstation ISS so schwer beschädigen, dass es zu einem unkontrollierten feurigen Absturz in unsere Atmosphäre kommt.

Könnte dies tatsächlich geschehen? Dem Volk der Hopi-Indianer zufolge wird es geschehen; laut ihnen wird es der Vorbote einer Zeit voller Leid sein, und diese Zeit wird auf zweifache Weise schrecklich sein. Als Erstes steht uns der tragische Verlust mutiger Besatzungen bevor, und als Zweites wartet die Erkenntnis auf uns, dass auch wir, die wir auf der Oberfläche des Planeten zurückgeblieben sind, entsetzlich leiden werden.

Sonnenstürme – ein Überblick

Mit dieser neuen Flotte von Sonnenobservatorien werden Wissenschaftler das Verhalten unserer Sonne unter vielen Gesichtspunkten untersuchen können. Zwei Arten von Stürmen werden dabei von besonderem Interesse sein: Sonneneruptionen und koronale Massenauswürfe (KMA).

Beide Arten werden von plötzlichen großflächigen Veränderungen im Sonnenmagnetfeld ausgelöst. Meistens treten sie wie ein Doppelschlag zusammen auf. Allerdings können sie auch unabhängig voneinander auftreten. Es kommt auch vor, dass das Eine zu einem Sonnensturm führt, der dann das Andere auslöst.

Der koronale Massenauswurf (KMA)

Ein koronaler Massenauswurf (KMA) ist wie ein heftiger Schluckauf in der äußeren Sonnenatmosphäre, einem Bereich, der als Korona bezeichnet wird. Im Wesentlichen handelt es sich bei der Korona um eine gigantische Wolke aus heißem, elektrisiertem Gas, das sich Plasma nennt und bis zu 48 Stunden braucht, um die Erde zu erreichen.

Die meisten KMA stellen vorwiegend für Satelliten, Weltraumfahrzeuge und Astronauten eine Gefahr dar und können deren Verbindung zur Erde kappen. In einem „Worst Case Scenario" könnte ein KMA stark genug sein, um den Magnetschild der Erde lahmzulegen, wodurch es zu heftigen Unwettern und Strahlenstürmen käme.

In den kommenden Jahren könnten wir durchaus erleben, wie starke KMA das Erdmagnetfeld beeinflussen. Eine Folge daraus werden intensive Polarlichter sein. Sie werden aussehen wie die Aurora Borealis (das Nordlicht), und sie werden sich bis zu den mittleren Breitengraden erstrecken und somit auch über Mitteleuropa zu sehen sein.

Ähnliche Auswirkungen könnte dies auch auf die Aurora Australis (das Südlicht) über der Südhalbkugel haben. Dann können wir nur beten, dass unser Erdmagnetfeld standhalten wird.

Das Erdmagnetfeld schützt uns vor den schlimmsten Treffern eines KMA-Plasmasturms, ähnlich den Schutzschilden des Raumschiffs Enterprise, das mit „Star Trek" zu Ruhm gelangte. Wenn die Schilde der Enterprise geschwächt sind, ist auch diese schweren Schlägen ausgesetzt. Etwas Derartiges ereignete sich Mitte des 19. Jahrhunderts auf der Erde.

Im September 1859 traf ein heftiger Sonnensturm die Erde. Dabei handelte es sich um einen KMA von enormem Ausmaß, der sich mit großer Geschwindigkeit vorwärtsbewegte. Die Magnetfelder dieses KMA waren nicht nur sehr intensiv, sondern auch noch entgegengesetzt zu dem der Erde ausgerichtet. Daher durchdrang der KMA das Erdmagnetfeld, und geladene Teilchen konnten bis in die obere Erdatmosphäre vordringen. Überall in Amerika und Europa wurden Telegraphenverbindungen kurzgeschlossen und Brände ausgelöst.

Stellen Sie sich vor, so etwas geschähe heute. Was würde von unserem Internet, unserem Stromnetz und den Computern in Autos, Häusern und Büros, unseren Radios, Fernsehern usw. noch übrig bleiben? Nicht viel. Aber eben solche KMA sind zu erwarten, sobald wir die Schwelle zum Jahr 2012 überschreiten, denn das Erdmagnetfeld wird in Vorbereitung auf einen Polsprung schwächer, während die Sonnenaktivität ihren höchsten Stand seit Beginn der Geschichte erreichen wird.

Was wird mit uns geschehen, wenn das Erdmagnetfeld, das Schutzschild der Erde, durch einen sich anbahnenden Polsprung geschwächt ist und uns gerade dann ein heftiger, direkt in Richtung Erde abgehender KMA trifft? Die Folgen könnten, gelinde gesagt, schlimm sein. Eine direktere und weniger spekulative Bedrohung stellen dagegen Sonneneruptionen dar.

Sonneneruptionen

Was die Gefahr für die Menschheit angeht, sind Eruptionen der härteste Schlag, den die Sonne austeilen kann. Die von einer Sonneneruption ausgehende Strahlung erreicht uns mit Lichtgeschwindigkeit, und damit ist sie sehr viel schneller als das Plasma eines KMA. Eine weitere Bedrohung geht von den geladenen Teilchen aus, die der Strahlung einer Eruption unmittelbar folgen und dabei beinahe Lichtgeschwindigkeit erreichen.

Das bedeutet, dass die Erde vom Doppelschlag einer Sonneneruption sehr viel schneller getroffen wird als vom langsamer vordringenden Plasma eines KMA. Das Plasma braucht maximal vier Tage, um uns zu erreichen, kann die Strecke aber auch in weniger als einem Tag zurücklegen, was insbesondere dann verheerend sein kann, wenn es sich um eine Sonneneruption der Klasse Y handelt.

Sonneneruptionen der Klasse Y

Im 20. Jahrhundert wurden Sonneneruptionen in die Klassen A, B, C, M und X eingeteilt. Die Kategorie X war dabei den heftigsten Stürmen vorbehalten, und innerhalb dieser Klasse konnten Sonneneruptionen noch einmal in die Kategorien X1 bis X20 unterteilt werden.

Am 2. April 2001 sprengte eine Sonneneruption das mit X20 markierte Ende dieser Skala. Es war die schwerste Eruption der Geschichte, und einige stuften sie als X22 ein, andere sogar als X40! Die Sprengung der Klassifizierungsskala führte zur Einführung der neuen Klasse Y für Megaeruptionen.

Zum Glück für uns ging die Sonneneruption der Klasse Y im Jahr 2001 in entgegengesetzter Richtung zur Erde ab. Ansonsten hätte die Menschheit 2001 in ein neues vorindustrielles Zeitalter von Ackerbau und Viehzucht zurückgeworfen werden können.

Sonnenstürme – Zielscheibe Erde

Unabhängig davon, ob ein Sonnensturm zur Klasse X oder Y zählt und von einem KMA begleitet wird oder nicht, werden die drei goldenen Regeln der Immobilienbranche die Auswirkungen bestimmen: Lage, Lage und Lage.

Stellen Sie sich vor, die Erde starrt in den Lauf einer Schrotflinte und die Sonne ist der Schütze. Wenn die Flinte direkt auf Sie zielt, befinden Sie sich am denkbar schlechtesten Ort. Wenn Sie ein wenig abseits stehen, werden Sie zwar einige Schrotkörner abbekommen, wenn Sie sich nahe der Schusslinie befinden, aber Sie werden überleben. Ganz offensichtlich aber ist Position Nummer drei bei weitem die beste – die hinter dem Schützen.

Für Sonnenstürme gilt, dass die meisten Eruptionen und KMA in eine Richtung in den Weltraum schießen, die der Erde abgewandt ist. Problematisch sind die KMA, die in Richtung Erde abgehen. Wenn sich die Erde im Fadenkreuz eines schweren Sonnensturms der Klasse X oder Y befindet, dann starren wir genau in den Lauf einer auf die Erde zuschießenden Katastrophe.

Die unangenehmen Effekte eines Sonnensturms

„Unangenehm" ist das Wort, das Sonnenstürme und ihre Röntgenstrahlung, UV-Strahlung, Gammastrahlung, Elektromagnetischen Impulse und Magnetischen Stürme beschreibt. Für die Menschheit und die elektrisch betriebene Infrastruktur, die unseren Alltag bestimmt, ist dies wahrlich keine frohe Botschaft. Daher sollten Sie sich mit den unangenehmen Effekten eines Sonnensturms vertraut machen:

- **Gammastrahlung:** Die bei einem Sonnensturm freigesetzte Gammastrahlung stellt eine tödliche Kombination aus einer kurzen Wellenlänge und einem hohen Energiegehalt dar und wirkt quasi wie Röntgenstrahlung auf Steroiden. Gammastrahlen können die Zellen von Lebewesen schwer schädigen.

- **Röntgenstrahlung:** Der Begriff bezieht sich gemeinhin auf künstlich erzeugte Strahlung, wird in der Wissenschaft aber auch verwendet, um Strahlung derselben Bandbreite zu beschreiben. Röntgenstrahlen sind eine Form von ionisierender Strahlung, die sich zerstörerisch auf jeden biologischen Organismus auswirkt und zu Schäden und Mutationen an der DNS führen kann.

- **Ultraviolette Strahlung (UV):** Ultraviolette Strahlung ist die gefährlichste Hochenergiestrahlung im Bereich des ultravioletten Lichts. Dieser Strahlung längere Zeit ausgesetzt zu sein, kann zu akuten und chronischen Schädigungen an Haut, Augen und Immunsystem führen.

- **Elektromagnetischer Impuls (EMP):** Ein kurzer, heftiger, pulsartiger Anstieg von elektromagnetischer Energie, die mehrere Wellenlängen umfasst. In bestimmten Spektren bedeutet eine längere Exposition gemeinhin schwerwiegendere Folgen. Bei einem EMP aber gilt das Gegenteil. Je kürzer der Puls, desto fataler die Folgen. Aber auch, wenn sich ein EMP verheerend auf elektronische Geräte auswirkt, ist er für die Zellen von Lebewesen doch harmlos.

- **Magnetischer Sturm:** Ein Magnetischer Sturm entsteht, wenn die geladenen Teilchen eines KMA auf den äußeren Bereich des Erdmagnetfelds treffen und so zu einer globalen Störung dieses Felds führen.

Sonneneruptionen und KMA haben jeweils ihre ganz eigene teuflische Munition in Form unangenehmer Effekte, und einige davon können die Erde innerhalb von Minuten erreichen. Andere wiederum brauchen Stunden. Der unten stehenden Tabelle können Sie entnehmen, was Sie treffen könnte, wann und wie hart.

Effekt	Risiko	Klasse	KMA	Zeit bis zum Erreichen der Erde	Dauer des Ereignisses
Röntgenstrahlung		A – Y	Heftig	8,3 Minuten	1 – 3 Stunden
	Mensch: *Krebs und Grauer Star*		Das Hauptrisiko besteht in der krebserregenden Wirkung. Die empfindlichsten Organe sind die Schilddrüse und die Fortpflanzungsorgane (Hodenkrebs beim Mann und Eierstockkrebs bei der Frau). Bei längerer Aussetzung besteht zudem das Risiko, durch Grauen Star zu erblinden oder an Knochenkrebs zu erkranken.		
	Elektronik		Für gewöhnlich keinerlei Auswirkungen. Für Lebewesen tödliche Mengen können allerdings zu Ausfällen bei Geräten führen.		
UV-Strahlung		A – Y	Keine	8 – 15 Minuten	1 – 3 Stunden
	Mensch: *Verbrennungen und Blindheit*		Hohe Dosen können insbesondere bei längerem Ausgesetztsein zu schweren Verbrennungen (ersten, zweiten und dritten Grades) führen. Geringere Dosen können zum Erblinden und zu Hautkrebs führen.		
	Elektronik		Eine direkte Aussetzung führt zu einer verminderten Lebensdauer und Funktionalität.		
Gammastrahlung		A – Y	Keine	8 – 15 Minuten	1 – 3 Stunden
	Mensch: *Der Todeskuss*		Die Auswirkungen sind vergleichbar mit denen der Röntgenstrahlung, aber Gammastrahlung ist weit tödlicher. Die Hauptrisiken umfassen alle Risiken der Röntgenstrahlung. Weitere Risiken ergeben sich für Menschen, die auf medizinische Geräte angewiesen sind. Die Strahlung kann die Funktion von Hörgeräten und implantierten Apparaten wie Herzschrittmachern beeinträchtigen.		
	Elektronik		Für gewöhnlich keine Auswirkungen. Für Lebewesen tödliche Konzentrationen können aber zu Ausfällen führen.		

Effekt	Risiko	Klasse	KMA	Zeit bis zum Erreichen der Erde	Dauer des Ereignisses
EMP		A und Y	Keine	8 – 15 Minuten	1 – 3 Stunden
	Mensch: *Gefahr für Patienten*	Es ist zu erwarten, dass implantierte Geräte wie Herzschrittmacher und ebenso Hörgeräte ausfallen. Am schlimmsten betroffen werden Patienten sein, die gerade in Behandlung sind. Krankenhäuser und Kliniken verwenden eine Vielzahl an elektronischen Geräten, und viele davon werden ausfallen. Ärzte und Pflegepersonal werden mit einer Welle an Notfällen der Alarmstufe rot konfrontiert werden, während sie gleichzeitig auf alte manuelle Systeme zurückgreifen müssen.			
	Elektronik: *Der Todeskuss*	Transformatoren, Festkörperschaltkreise und gedruckte Schaltkreise werden kurzgeschlossen und schmelzen.			
Magnetischer Sturm		Keine	Ja	17,5 – 48 Stunden	24 – 48 Stunden
	Mensch: *Gefahr für Patienten*	Kann die Funktion medizinischer Apparate wie Hörgeräte oder implantierter Apparate wie Herzschrittmacher beeinträchtigen.			
	Elektronik	Während der Dauer des Ereignisses werden Kommunikationsvorrichtungen beeinträchtigt oder lahmgelegt sein. Radio- und Fernsehgeräte sowie Mobiltelefone werden wahrscheinlich von atmosphärischem Rauschen gestört.			

Sich vor diesen unangenehmen Effekten eines Sonnensturms zu schützen, erfordert dasselbe Maß an Vorbereitungen, wie wir es von Tornados oder schweren Unwettern kennen: Wir suchen uns einen sicheren Ort, an dem genügend Material zwischen uns und der tödlichen Gefahr ist. Einige Orte eignen sich hierfür optimal, andere sind besser als gar nichts.

Wenn Sie das Glück haben, durch eine Sirene oder über den Rundfunk vor dem drohenden Sonnensturm gewarnt zu werden, dann sollten Sie Ihre Suche an etwas namens „Halbwertsdicke" ausrichten. Das bedeutet, dass Sie nach etwas Ausschau halten sollten, das Sie so gut wie möglich vor dem gefährlichsten Nebeneffekt eines Sonnensturms schützt: der Gammastrahlung.

Aus der unten stehenden Tabelle geht die Halbwertsdicke herkömmlicher Baustoffe hervor, die Sie benötigen, um die Intensität eindringender Gammastrahlung um die Hälfte zu verringern. Prägen Sie sich dies gut ein!

Material	Halbwerts-dicke (HWD)	Verringerung um 50 % (minimal), 1 x HWD	Verringerung um 75 % (mittelmäßig), 2 x HWD	Verringerung um 87,5 % (gut), 3 x HWD	Verringerung um 99 % (sehr gut), 7 x HWD
Eisen oder Stahl	18 mm	18 mm	36 mm	54 mm	126 mm
Ziegelsteine	51 mm	51 mm	102 mm	153 mm	357 mm
Beton	56 mm	56 mm	112 mm	168 mm	392 mm
Erde	84 mm	84 mm	168 mm	252 mm	588 mm
Eis	173 mm	173 mm	346 mm	519 mm	1211 mm
Weichholz	224 mm	224 mm	448 mm	672 mm	1568 mm
Schnee	516 mm	516 mm	1032 mm	1548 mm	3612 mm

Wenn Sie nach Schutz vor einem Sonnensturm Ausschau halten, orientieren Sie sich an der Gammastrahlen-Halbwertsdicke aus der Tabelle sowie an den folgenden drei Regeln:

1. **BEGEBEN SIE SICH SCHNELL ZUM SCHUTZQUARTIER:** In dem Moment, in dem Sie von dem tödlichen Sonnensturm erfahren, sollten Sie alles liegen lassen und Ihre ganze Aufmerksamkeit darauf richten, auf bestmögliche Weise Schutz zu suchen – und zwar möglichst schnell!

2. **JE DICKER, DESTO BESSER:** Je dicker das Material ist, desto besser schützt es. Eine 18 Millimeter dicke Eisenschicht reduziert die Strahlung gerade einmal um die Hälfte, ist aber immer noch besser als wie der sprichwörtliche Pudel in der Mikrowelle im Freien zu stehen.

3. **ABSICHERUNG NACH OBEN:** Im Gegensatz zu Hurrikanen, Tsunamis und Tornados, die von der Seite kommen, dringen die unangenehmen Effekte eines Sonnensturms direkt von oben auf Sie ein.

Um Ihnen dabei zu helfen, Schaden an Ihrer Person und Ihren teuren Elektrogeräten zu vermeiden, haben wir einen einfachen Überlebensplan für den Fall eines Sonnensturms aufgestellt.

8-18 und Situationsbewusstsein – Überlebensplan für einen Sonnensturm

Ziel des auf dem 8-18-Prinzip und Situationsbewusstsein beruhenden Überlebensplans für einen Sonnensturm ist es, Sie auf ein „Worst Case Scenario" vorzubereiten – einen perfekten Sonnensturm: Eine auf die Erde ausgerichtete Sonneneruption der

Y-Klasse mit KMA. Sollte ein perfekter Sonnensturm bevorstehen, müssen Sie dort mit ihm fertig werden, wo Sie gerade sind. Daher sollten Sie stets diesen Grundsatz aus dem 15. Jahrhundert im Kopf behalten: „Wo immer du bist, da bist du." Machen Sie diesen Grundsatz zu Ihrem Mantra für das Jahr 2012.

In Kapitel 11, „Seien Sie ein 2012-Rambo", haben Sie gesehen, wie das Situationsbewusstsein Ihre Fähigkeit, Naturkatastrophen oder auch vom Menschen verschuldete Katastrophen zu überleben, maßgeblich verbessern kann. Daher ist das Situationsbewusstsein ein Schlüsselelement unseres Plans.

8 Minuten nach Beginn des perfekten Sonnensturms durchdringt die durch die Eruption freigesetzte Gammastrahlung Ihren Körper wie atomare Schrotkörner. Dieser tödliche Hagel kann bis zu drei Stunden lang anhalten. 18 Stunden später trifft dann das KMA-Plasma das Erdmagnetfeld.

Wenn die Polarität eines heftigen KMA der der Erde entgegengesetzt ist (Nord-Süd-Ausrichtung des KMA-Magnetfelds gegenüber der Süd-Nord-Ausrichtung des Erdmagnetfelds), kann die Strahlung das Schutzschild unseres Planeten durchdringen und durch die äußere Schicht unserer Atmosphäre bis in die Atmosphäre selbst vordringen – mit tödlichen Folgen.

Nachdem der Planet X die Ekliptikebene gekreuzt hat, werden unsere Regierungen sich auf den ersten perfekten Sonnensturm einstellen. Wenn (bzw. falls) die Sirenen losheulen, werden Geheimdienstagenten alle Führungspersonen in Sicherheit bringen.

Bevor die meisten Bürger überhaupt begreifen, was los ist, werden unsere Oberhäupter bereits tief unter der Erde in Sicherheit sein. Ihre Zufluchtsstätten sind vor den Gefahren eines Sonnensturms gefeit, und auch elektronische Apparate, Kommunikationsmittel und Umweltsysteme sind entsprechend gesichert.

Was aber ist mit uns übrigen Menschen? Wenn die Sirenen losheulen, werden keine Geheimagenten auftauchen, um auch uns in Sicherheit zu bringen. Daher müssen wir nicht nur für uns selbst Sorge tragen. Wir müssen auch versuchen, unsere Elektronik zu schützen. Ohne sie werden wir uns schließlich hölzerne Ochsenkarren zimmern müssen, wie es unsere Mitmenschen in der Dritten Welt tun.

Somit besteht der erste Schritt in unserem Sonnensturm-Überlebensplan, der auf der Grundlage von 8-18 und Situationsbewusstsein beruht, im Auffinden einer schnell zugänglichen unterirdischen Sicherheitszone, in der wir untertauchen können.

Ein gut zugängliches Versteck

Jeder, der monate- oder gar jahrelang in einen Bunker oder Keller säße, würde über kurz oder lang durchdrehen. Deshalb tut das keiner. Stattdessen leben wir unser Leben, kümmern uns um unsere Familie, gehen zur Arbeit, kaufen ein und tun all die anderen alltäglichen Dinge. Daher sollten Sie sich mehrere Sicherheitszonen suchen, in denen Sie sich vor einem Sonnensturm in Sicherheit bringen können und die sich innerhalb Ihres täglichen Bewegungsrahmens befinden.

Schutz zu Hause

- sichere Räume
- Unwetterschutzräume
- Vorratskeller
- Keller

Schutz in der Stadt

- Tiefgaragen
- Verkehrstunnel, Fußgängerunterführungen
- U-Bahntunnel
- große Gebäude mit tiefen Kellern
- Banken mit offenen Tresorräumen
- Katakomben (unterirdische Leichengewölbe)
- Abwassersysteme
- Regenkanäle

Schutz auf dem Land

- Höhlen
- Minen
- Tunnel
- Düker
- Felsüberhänge
- natürliche Steinbögen

Die geladenen Teilchen von Sonneneruptionen dringen schon acht Minuten nach der Eruption in Ihren Körper ein. Daher sollten Sie so früh wie möglich damit beginnen, solche Sicherheitszonen ausfindig zu machen.

Erinnern Sie sich an Ihr Mantra für 2012: „Wo immer du bist, da bist du." Fangen Sie schon heute an, nach Sicherheitszonen in Ihrem Umfeld Ausschau zu halten, um Ihr Geschick in dieser Hinsicht durch die Praxis zu fördern. Mit der Zeit werden Sie entsprechende Zonen rein instinktiv erkennen. Sie können auch Ihr Mobiltelefon zur Hilfe nehmen, um weniger offensichtliche Sicherheitszonen aufzuspüren.

Sicherheitszonen mit dem Mobiltelefon aufspüren

Dank der modernen Mobilfunktechnik ist es für die Meisten von uns bereits auf einfache, effektive Weise möglich, Sicherheitszonen mit dem Handy aufzuspüren –

ähnlich den Figuren aus „Star Trek", die mit ihren zuverlässigen, kleinen Trikordern alles Mögliche aufspüren können.

Der beste Weg, Zonen ausfindig zu machen, die Schutz vor Strahlung bieten, sind teure Analysegeräte und eine entsprechende Ausbildung, um die Ergebnisse auswerten zu können. Eine weniger präzise, aber dafür umso hilfreichere Alternative hierzu stellt die Beobachtung der Empfangsbalken Ihres Mobiltelefons dar, während Sie Gebäude, Höhlen, Tunnel usw. untersuchen.

> **Die Empfangsregel:** Bereiche mit perfektem Empfang (alle Balken sichtbar) sollten nicht als Sonnensturmschutz in Erwägung gezogen werden. Sie sind eher das Gegenteil, nämlich Todeszonen, weil sie elektromagnetische Strahlung keineswegs abschirmen!

Denken Sie immer daran, dass Zonen innerhalb der Reichweite einer Mobilfunkantenne, in denen der Empfang schlecht ist, als elektromagnetisch abgeschirmte Zonen gelten. Wenn Sie beispielsweise in einer Einkaufspassage in einem Geschäft stehen und Ihr Mobiltelefon fünf Empfangsbalken anzeigt, ist dies offenbar nicht der richtige Ort, um einen Sonnensturm auszusitzen.

Andererseits besitzt eine solche Einkaufspassage für gewöhnlich eine mehrgeschossige Tiefgarage. Wenn Sie durch die Garage gehen, werden Sie schließlich auf eine Ebene stoßen, auf der Ihr Handy keinen Empfangsbalken anzeigt. Volltreffer. Nach diesem Ort haben Sie gesucht.

Wenn Sie sich mit Ihrem Mobiltelefon auf die Suche nach Sicherheitszonen begeben, in denen Sie vor einem Sonnensturm Unterschlupf finden können, erzielen Sie die bestmöglichen Ergebnisse, wenn Sie die folgenden fünf Punkte beachten:

1. **Verringern Sie Mobilfunkstörungen:** Wenn Sie nach sicheren Zonen suchen, dann tun Sie dies möglichst zu Fuß, da Autos den Empfang von Mobiltelefonen stören können. Sollten Sie andere Elektrogeräte wie elektronische Organizer oder einen Laptop bei sich haben, stellen Sie sicher, dass diese komplett ausgeschaltet und nicht nur im Ruhemodus sind.

2. **Grenzen Sie äußere Empfangsbereiche ab:** Wenn die nächste Mobilfunkantenne in Sichtweite ist, kann dies die Anzeige der Signalstärke beeinflussen. Insbesondere dann, wenn sich das Gebäude in einem Gebiet befindet, in dem sich verschiedene Sendemasten nur wenig oder gar nicht überschneiden. Umrunden Sie das Gebäude zunächst einmal komplett, und achten Sie auf Schwankungen in der Empfangsstärke.

3. **Suchen Sie im Innern nach Bereichen mit niedrigem Empfang:** Gehen Sie die unteren Etagen des Gebäudes ab und überprüfen Sie dabei permanent den Empfang. Untersuchen Sie auch die Treppenhäuser. Vergessen Sie nicht, dass die Strahlung direkt von oben kommen wird – je tiefer Sie also sind, desto besser. Außenwände sind nicht entscheidend für das Überleben.

4. **Erregen Sie keine Aufmerksamkeit:** Wenn jemand Sie fragt, was Sie da tun, sagen Sie ihm einfach die Wahrheit: Sie suchen Empfang. Dies ist ein so verbreitetes Element des modernen Lebens, dass der Fragende sofort das Interesse verlieren und seines Weges gehen wird. Manchmal wird er Ihnen vielleicht von sich aus die Stellen im Gebäude mit dem schlechtesten Empfang nennen. Diese Art von Information ist pures Gold wert. Wenn sie Ihnen in den Schoß fällt, prägen Sie sie sich ein und bedanken Sie sich.

5. **Vergleichen Sie die Empfangsstärke im Innern mit der draußen:** Sagen wir beispielsweise, dass Sie an der Nordseite des Gebäudes die meisten Empfangsbalken haben und dass Sie aber im Nordteil des Gebäudes gleichzeitig eine Zone finden, in der Sie überhaupt keinen Empfang haben. Damit sind Sie innerhalb des Gebäudes auf die optimale Sicherheitszone gestoßen.

Die Mobilfunkmethode mag Sie zu der optimalen Sicherheitszone in ihrem täglichen Bewegungsrahmen führen oder auch nicht, aber sie ist allemal besser, als wie ein kopfloses Huhn durch die Gegend zu rennen. Kommen wir nun zu Ihrem Zuhause.

Sicherheitszonen zu Hause

Um unser Mantra für das Jahr 2012 einmal umzuformulieren: „Wo immer du lebst, da bist du." Wenn Sie sich bei sich zu Hause nach einer Sicherheitszone umschauen, dann zählt nur, welches Material und wie viel davon sich zwischen Ihnen und der Sonne befindet.

In der oben stehenden Tabelle ist die Halbwertsdicke von mehreren gebräuchlichen Materialien, darunter Schnee, angegeben. Wenn Sie ermitteln, wie viel Schutz Ihr Haus ungefähr bietet, dann sollten Sie diese Werte immer im Kopf behalten, denn was auf den ersten Blick wie ein erstklassiger Sonnensturmschutz wirken mag, könnte sich später als Enttäuschung erweisen.

So haben Amerikaner, die auf dem Land leben, häufig einen Vorratskeller, der etwas abseits des Hauses liegt und zugleich als Schutzraum bei Tornados dient. Da schon ein guter halber Meter Erde über dem Kopf einen hervorragenden Schutz gegen Gammastrahlung darstellt, erfüllen die meisten dieser Keller die Bedingungen. Moderne vorgefertigte Tornadoschutzräume allerdings könnten sich während eines heftigen Sonnensturms als Todesfallen erweisen.

Moderne Schutzräume sind häufig nur teilweise in den Boden eingelassen, um einen bequemen Zugang zu gewährleisten. Um die Baukosten möglichst niedrig zu halten, besteht die Decke zumeist aus knapp 130 Millimeter dickem Beton. Dieser Durchmesser verleiht dem Gebäude zwar sicherlich die nötige Stärke, um einen Tornado zu überstehen, doch bietet er einen allenfalls mittelmäßigen Schutz gegen Gammastrahlung.

Noch einmal: Das Einzige, was zählt, ist die Art und Menge des Materials zwischen Ihnen und der Sonne. Wenn Sie sich einen Fertigschutzraum zulegen möchten, dann seien Sie dem Verkäufer gegenüber in punkto Deckenabschirmung ruhig misstrauisch. Rechnen Sie selber nach, und machen Sie das Beste draus. Und dann zählen Sie, wie viele Personen sich unter der Abschirmung befinden werden.

Sicherheitszonen in der Stadt

Wir alle kennen die tragischen Szenen in Filmen über sinkende Ozeandampfer und erschaudern, wenn überfüllte Rettungsboote kentern und panische Menschen ins Meer stürzen und ein furchtbares Schicksal erleiden. In den überfüllten Rettungsbooten, die nicht kentern, sind Nahrung und Wasser stets knapp, was zu allen möglichen Formen von rücksichtslosem Verhalten führt.

Das mag in einem Hollywoodfilm von großartigem Unterhaltungswert sein, aber wenn erst der Tag kommt, an dem Sie einen schlimmen Sonnensturm aussitzen müssen, wird es sich plötzlich um das wahre Leben handeln. Bei der Planung eines Schutzraums für Ihre Familie sollten Sie daher immer eine Überfüllung mit einkalkulieren. Der folgenden Tabelle können Sie entnehmen, wie viel Raum die jeweilige Personenzahl minimal erfordert.

Personenzahl	Ungefähre Größe (m)
1 – 4	1,20 X 1,80
5 – 7	1,50 X 1,80
8 – 11	1,80 X 2,40
12 – 15	1,80 X 3,70
16 – 20	2,40 X 3,70
21 – 25	2,40 X 4,90
26 – 30	2,40 X 6,10

Wenn Sie sich an die Planung eines Schutzraums machen, bauen Sie auf den Räumlichkeiten auf, die Ihnen bereits zur Verfügung stehen bzw. zu denen Sie sich leicht Zugang verschaffen können. Wenn Sie beispielsweise in einem Hochhaus leben, dann befinden Sie sich bereits innerhalb riesiger Mengen an Beton und Stahl. Sie sind gewappnet und können sich glücklich schätzen. Wenn Sie auf einer der oberen Etagen wohnen, dann haben Sie Nachbarn unter sich. Lernen Sie sie kennen. Einen Nachbarn heute auf Kaffee und Kuchen einzuladen kann Ihnen morgen das Leben retten.

Alternativ stellt auch ein Keller, sofern Ihr Gebäude einen besitzt, einen erstklassigen Schutz gegen Gammastrahlung dar. In einigen Hochhäusern besitzt jeder Bewohner einen kleinen Verschlag im Keller. Dieser provisorische Wohnraum kann in einen bequemen Schutzraum gegen Sonnenstürme verwandelt werden. Wenn Sie nichts dergleichen haben, müssen Sie sich Ihren eigenen Schutzraum bauen.

Es gibt zahllose Wege, an einen kostenlosen Unterschlupf zu gelangen oder sich kostengünstig einen zu bauen. Im Folgenden einige Vorschläge für Hausbesitzer mit Eigeninitiative. Wenn diese nicht direkt in Ihre gegenwärtige Situation passen, können Sie ihnen immer noch entnehmen, worauf es ankommt.

Städtische Schutzräume für frei stehende Häuser

Viele von uns besitzen ein frei stehendes Holzrahmenhaus, das sehr wenig Schutz vor einem Sonnensturm bietet. Um einem solchen Haus einen effektiven Sonnensturmschutz hinzuzufügen, brauchen Sie nicht viel Geld und nur ein einziges Wochenende.

Gerade viele ältere Gebäude verfügen über einen Keller. Wenn Ihr Haus einen Keller hat, räumen Sie sich einen Winkel für Ihren Schutzraum frei. Gerade Häuser in trockeneren Regionen aber besitzen keinen Keller.

In diesem Fall können Sie auch einen robusten Schuppen zu einem Schutzraum umfunktionieren. Selbst wenn Sie in einem Reihenhaus mit einem Garten leben, der kaum breiter als der Bürgersteig ist, können Sie sich dort einen stabilen Schuppen bauen, der das Erscheinungsbild Ihres Hauses vervollständigt.

Wenn Sie entschieden haben, wie groß Ihr Schutzraum werden soll, fragen Sie im örtlichen Holzhandel nach Fachbodenregalen. Diese Art von Stahlregalsystem für hohe Belastungen ist für industrielle Lagerflächen mit manueller Sortierung konzipiert. Diese Lagersysteme lassen sich leicht Ihren Anforderungen anpassen. Achten Sie darauf, dass der oberste Regalboden aus Stahlblech ist, und wählen Sie die dickste Stärke.

Seitenwände und Boden zu verkleiden ist nicht nötig, sofern nicht ein Mitglied Ihrer Familie ein implantiertes medizinisches Gerät hat, beispielsweise einen Herzschrittmacher. In diesem Fall können Sie Seitenwände und Boden des Schutzraums mit extradickem Stahlblech auskleiden. Sorgen Sie dafür, dass die Decke und, falls nötig, Seitenwände und Boden mit genügend leitendem Material verbunden sind, sodass ein abgedichteter Schutzraum entsteht.

Nachdem Sie Ihr Fachbodenregalsystem montiert haben, fügen Sie die Abschirmung hinzu. Dies ist zum Glück einfach und kostengünstig. Suchen Sie sich einen örtlichen Steinbruch, Baustoffhandel, Steinmetz- oder Gartenbaubetrieb, wo Sie Sand und Sandsäcke bekommen. Geben Sie die Maße Ihres Schutzraums an und sagen Sie, dass Sie genügend Sandsäcke brauchen, um diesen Raum komplett mit einer gleichmäßigen, gut 60 Zentimeter dicken Schicht zu bedecken.

Verlangen Sie Sandsäcke mit gewaschenem Sand. Gewaschener Sand ist gesiebt und von Schlamm und Lehm gesäubert. Er ist geruchlos und hat eine typisch gelbbraune bis weißgelbe Farbe. Wenn der Betrieb berechnet hat, wie viele Säcke Sie brauchen, bezahlen Sie ihn für das Abfüllen des Sandes und lassen Sie sich die Säcke nach Hause liefern.

Während Sie auf Ihre Sandsäcke warten, decken Sie die obersten Regalböden Ihres Schutzraums mit mehreren Schichten Alufolie ab, sodass die Streifen einer Schicht die der jeweils unteren überkreuzen. Kleben Sie die Zwischenräume mit Klebeband ab, sodass keine Luft mehr zwischen den einzelnen Streifen ist. Im Falle eines Sonnensturms ist Alufolie ein unerlässlicher universaler Kitt gegen die Sonne.

Wenn die Sandsäcke kommen und die Decke Ihres Schutzraums sorgfältig mit Alufolie abgedeckt ist, legen Sie die Säcke ordentlich und dicht gepackt nebeneinander. Achten Sie darauf, dass die einzelnen Schichten sich überkreuzen, sodass ein geladenes Teilchen höchstens ein paar Säcke tief vordringen kann. Drei bis vier Schichten Sandsäcke sind erforderlich.

Sozusagen als letzten Schliff sollten Sie Ihren Sonnensturmschutz mit den wichtigsten Überlebensreserven bestücken, wie Nahrung, Wasser und einer tragbaren Toilette. Als Toilette reicht notfalls schon ein verschließbarer Farbeimer. Ein weiteres Behältnis, das Sie bereithalten sollten, ist eine kleine, verschließbare Dose mit einem fest sitzenden Deckel für Mobiltelefon oder Hörgerät.

Elektronische Geräte schützen

Wir leben in einer Welt voller technischer Apparate. Bei der Arbeit und beim Lernen sind wir auf Computer angewiesen. Wir surfen im Internet. Jeden Tag verlassen sich mehr Autofahrer auf ein satellitengestütztes Navigationssystem mit Panikknopf, über den sie Hilfe anfordern können. Großeltern können über eine Webcam oder auf einer DVD die ersten Schritte ihres Enkelkinds verfolgen, und viele dieser Großeltern haben zudem ein implantiertes medizinisches Gerät, zum Beispiel einen Herzschrittmacher oder ein Dosiergerät für Medikamente. Und zweifelsohne würden sich viele Jugendliche nur zu gern Ihr Handy implantieren lassen, um noch bequemer SMS verschicken zu können.

All diese Geräte sind ein so allgegenwärtiger Teil unseres Alltags, dass wir uns eine Welt ohne sie gar nicht vorstellen können. Doch es ist nur ein perfekter Sonnensturm nötig, um unsere bunte, lärmende elektronische Welt verstummen zu lassen. Der Elektromagnetische Impuls einer Sonneneruption der Klasse Y oder der Magnetische Sturm, der von einem in Richtung Erde abgehenden KMA ausgelöst wird, würden ihr Ende bedeuten.

Es ist eine merkwürdige Fügung, dass das, was für uns Menschen am schädlichsten ist, unsere Elektronik am wenigsten beeinträchtigt, und umgekehrt. Während unser Körper am stärksten unter der Strahlung leidet, werden unsere elektrischen und elektronischen Geräte am meisten von den Störungen im Magnetfeld beeinflusst.

Daher müssen wir elektronische Apparate wie kleine Not- und Kurzwellenfunkgeräte, tragbare medizinische Vorrichtungen wie Hörgeräte, Mobiltelefone und andere Kommunikationsvorrichtungen wie CB-Funkgeräte schützen. Das können wir auf zweierlei Weise: indem wir den Stromkreis unterbrechen und indem wir die Geräte abschirmen.

Den Stromkreis unterbrechen

Jede Antenne und jedes Netzkabel, die bzw. das mit einem netzstrombetriebenen Elektrogerät wie Radio, Fernsehen etc. verbunden ist, wird im Falle eines Sonnensturms zu einem Blitzableiter für Elektromagnetische Impulse, weil Antennen und Kabel einen geschlossenen Stromkreis bilden.

Wenn wir Glück haben, warnen uns unsere Sonnenobservatorien so früh, dass wir noch handeln können. Sobald der erste Alarm zu hören ist, sollten Sie, falls Sie noch Zeit haben und bevor Sie sich in den Schutzraum begeben, Folgendes tun:

- Entfernen Sie die Batterien bzw. Akkus aus Taschenlampen, Mobiltelefonen, Notfunkgeräten, elektronischen Organizern und Laptops. Wenn Sie ein Hörgerät haben, nehmen Sie auch aus diesem die Batterien heraus.

- Gehen Sie zum Sicherungskasten Ihres Hauses und stellen Sie alle Schutzschalter auf Nullposition, auch den Hauptschalter, der Ihr Haus mit dem Stromnetz verbindet.

- Ziehen Sie die Netzstecker aller elektronischen Geräte, die Ihnen am Herzen liegen. Trennen Sie auch, sofern möglich, die Verbindung zu etwaigen Antennen.

Zwar sind auch die Computer in Autos anfällig für elektromagnetische Impulse, doch sind sie robuster als Haushaltselektronik, weil sie für das raue elektromagnetische Klima auf den Straßen konzipiert sind. Das heißt jedoch nicht, dass sie unverwundbar sind. Zumindest werden sie mit die letzte Verbraucherelektronik sein, die durch einen Sonnensturm unbrauchbar wird.

Flugzeuge verfügen über eine noch stärkere elektromagnetische Abschirmung als Autos und sollten daher hoffentlich in der Lage sein, auch während eines schweren Sonnensturms zu landen. Falls sie dann überhaupt noch fliegen.

Wenn Sie sich aber am Boden befinden, ist es am besten, zu Fuß zu gehen. Wenn Sie nicht mehr viel Zeit haben, sind Mobiltelefone, kleine Notfunkgeräte und Hörgeräte am wichtigsten. Was den Rest angeht: Falls Sie Ihre Flucht unterbrechen, um einen Laptop zu retten, sollten Sie sich fragen, ob er wirklich das Maß an Strahlung wert ist, das Sie an Prostatakrebs oder Grauem Star erkranken lassen könnte. Denken Sie darüber nach.

Abschirmung

Wie schon gesagt, sollten Sie Alufolie als Ihren universalen Kitt gegen die Sonnenaktivität betrachten. Tragen Sie immer einen großen Streifen davon zusammengefaltet in Ihrem Portmonee für den Fall, dass Sie außerhalb Ihres Hauses von einem Sonnensturm überrascht werden.

Nachdem Sie durch Entfernen des Akkus den Stromkreis in Ihrem Mobiltelefon unterbrochen haben, können Sie mit der Alufolie für eine zusätzliche Abschirmung sorgen. Holen Sie einfach die Alufolie aus Ihrer Geldbörse, falten Sie sie auf und wickeln Sie sie straff um Telefon und Akku sowie um andere Handgeräte, deren Akkus bzw. Batterien und Ihre Kreditkarten. Natürlich ist dies nicht der beste Schutz, aber er ist besser als nichts – und das kann schon den Unterschied machen.

Wenn der Sonnensturm abgeflaut ist und die Mobilfunknetze wieder funktionieren, sollten Sie somit in der Lage sein, Ihre Angehörigen anzurufen, um sich zu vergewissern, dass es ihnen gut geht. Vorausgesetzt natürlich, dass sie dieselben Vorsichtsmaßnahmen getroffen haben.

Vergessen Sie nie, dass Sie sich aus Alufolie ganz leicht eine relativ wirkungsvolle Form von Faradayschem Käfig, wie Physiker und Elektrofachleute es nennen, basteln können. Jeder Fachmann wird Ihnen allerdings sagen, dass es sehr viel ausgefeiltere und bessere Methoden gibt, um sich einen Faradayschen Käfig für Elektrogeräte zu bauen, und Sie werden sich wundern, wie leicht das ist.

Ein einfacher Faradayscher Käfig für zu Hause

Wir kaufen Tee und Kekse in luftdicht verschlossenen Dosen, und für alle, die glauben, sie hätten schon alles, gibt es außerdem als ideales Geschenk den Dosenkuchen. Die Dosen werfen wir regelmäßig weg (nachdem wir den Kuchen an den Nachbarshund verfüttert haben), und das ist wirklich schade.

Denn diese Dosen eignen sich hervorragend als Faradayscher Käfig, weil genau das, was sie ideal für die Aufbewahrung verderblicher Lebensmittel macht, auch für kleinere Elektronikgeräte nützlich ist. Voraussetzung hierfür sind die folgenden Eigenschaften:

- **Leitfähiges Metall:** Der Behälter muss aus einem leitfähigen Metall bestehen, wie zum Beispiel Eisen, Kupfer, Zinn oder Nickel. Kunststoff- oder Aluminiumbehältnisse sind für diesen Zweck ungeeignet.

- **Luftdichter Verschluss:** Um die Kekse knackig bzw. den Kuchen saftig zu halten, muss der Deckel die Dose luftdicht verschließen. Weil die Dose dafür gemacht ist, keine Luft eindringen zu lassen, hält sie auch Elektromagnetische Impulse ab.

Erzählen Sie allen Ihren Arbeitskollegen, dass Sie ganz versessen auf Kekse sind, besonders auf solche in Dosen. Bald schon werden Sie für jedes Zimmer in Ihrem Haus einen kleinen Faradayschen Käfig haben. Investieren Sie das Geld, das Sie auf diese Weise sparen, in Alufolie, mit der Sie als zusätzliche Schutzmaßnahme das Innere der Dosen auskleiden.

Wenn Sie größere Elektrogeräte wie eine Stereoanlage oder einen kleinen Fernsehapparat schützen wollen, eignet sich ein Abfalleimer aus Metall, vorausgesetzt, er ist neu und unbeschädigt. Präparieren Sie den Rand des Mülleimers mit reichlich Alufolie, um sicherzustellen, dass Deckel und Abfalleimer lückenlos miteinander verbunden sind.

Wenn Sie bei der Abschirmung Ihrer Elektrogeräte gegen einen Magnetischen Sturm noch gründlicher vorgehen wollen, können Sie sich aus leitfähigem dickem Metallblech einen Faradayschen Käfig bauen. So sind auch die Faradayschen Käfige konzipiert, mit denen sich das Militär vor den Elektromagnetischen Impulsen atomarer Explosionen schützt. Ein solcher Faradayscher Käfig schirmt praktisch alle Arten von elektromagnetischem Feld ab.

Sollten auch Sie sich einen militärtauglichen Faradayschen Käfig bauen wollen, müssen Sie ein leitfähiges Metall wie Eisen, Nickel oder Kupfer verwenden. Zudem muss der Käfig undurchlässig nach außen abgeschlossen sein.

Einen Käfig in kleinerem Maßstab stellt die Keksdose Ihrer Großmutter mit luftdicht abschließendem Deckel dar. Diese ist sogar besser geeignet als eine ausgemusterte Munitionskiste des Militärs. Eine Munitionskiste hat normalerweise eine weiche Versiegelung, um vor Wasser und Feuchtigkeit zu schützen. Diese Versiegelung sorgt dafür, dass Deckel und Kiste keinen Kontakt haben, sodass die Kiste als Faradayscher Käfig ungeeignet ist. Alternativ können Sie die Versiegelung auch durch Alufolie ersetzen. Dasselbe gilt für eine metallene Thermosflasche. Wenn Sie unter Zeitdruck stehen, stecken Sie Ihr Handy in die Thermosflasche und stopfen Sie Alufolie zwischen Deckel und Flasche.

In den kommenden Jahren sollten Sie, wenn Sie Ihre Elektrogeräte schützen möchten, die folgenden drei Punkte beachten:

- **Unterbrechen Sie den Stromkreis:** Ziehen Sie alle Netzstecker, schalten Sie sämtliche Schutzschalter auf null, entfernen Sie Batterien und Akkus, und trennen Sie Antennen und Kabel vom Netz.

- **Verwenden Sie Abschirmungen:** Alle Arten von Faradayschem Käfig müssen aus leitfähigem Metall sein und über luftdicht schließende Deckel verfügen, damit sie zuverlässig abschirmen.

- **Versiegeln Sie sämtliche Lücken:** Alufolie ist der universale Kitt für Abschirmungen gegen die Sonnenaktivität. Halten Sie stets genügend davon bereit.

Bedenken Sie auch, dass es keine Garantie gibt. Unsere Sonne ist so stark, dass sie durchaus Stürme entfesseln kann, die selbst die widerstandsfähigsten, militärtauglichen Faradayschen Käfige durchdringen können. Lassen Sie dies aber nicht als Ausrede gelten. Sich freiwillig zum sprichwörtlichen Pudel in der Mikrowelle zu machen, ist eine sehr unangenehme Art zu sterben.

13

Maßnahmen gegen wirtschaftliche Engpässe

Je näher das Jahr 2012 rückt, desto mehr natürlichen sowie vom Menschen verschuldeten Katastrophen werden wir uns gegenübersehen. Viele Menschen werden ums Leben kommen, verletzt werden oder ihr Zuhause verlieren, aber die meisten von uns werden so weitermachen wie bisher, bis wir die erste der schweren Phasen wirtschaftlicher Knappheit zu spüren bekommen. Schlimmer noch: die Hauptursache wird aus der einzigartigen Öl-Epoche erwachsen, die vor 150 Jahren begann.

Ganz gleich, wie und zu wem wir beten, ist der ökonomische Gott dieser Welt das Erdöl, und auf sein Geheiß hin wuchsen und mehrten wir uns während der vom Öl gesteuerten Agrarrevolution in den 1950er Jahren. In den Jahren des Aufschwungs, die auf den Zweiten Weltkrieg folgten, lag die Bevölkerungszahl bei weltweit 2,2 Milliarden Menschen. Dank der Agrarrevolution ist sie heute auf 6,5 Milliarden angewachsen und steigt stetig weiter.

So sehr wir auch von unserer Wissenschaft und uns selbst überzeugt sein mögen, bleibt es doch eine einfache Tatsache, dass die Agrarrevolution ohne das Erdöl zum Erliegen kommt. Ohne sie aber wird unser Planet nur 1,5 bis zwei Milliarden Menschen ernähren können, vorausgesetzt die Biosphäre bleibt stabil, was nicht der Fall sein wird.

Im Sinne eines „Worst Case" heißt dies, dass wir die höchste Opferzahl auf unserem Planeten bereits vor den großen Katastrophen im Jahr 2012 erwarten können, als Folge von Hungersnot, Wassermangel, Krieg und Krankheit.

Abgesehen von Regierungsoberhäuptern und Reichen werden auch die Industrienationen leiden, wenngleich geringer. Dennoch wird die breite Masse schwer getroffen werden, und in dieser Gruppe werden diejenigen am meisten aushalten müssen, die überrascht werden.

Ziel dieses Kapitels ist es daher, Ihnen die Hauptschwachstellen unserer Wirtschaft aufzuzeigen, die die breite Masse voraussichtlich am meisten betreffen werden. Dank dieser Informationen werden Sie heutige Chancen erkennen können, was Ihnen dabei helfen wird, die zu erwartenden schmerzvollen wirtschaftlichen Engpässe besser zu überstehen.

Der Schlüssel zu diesen Chancen liegt darin, diese als solche zu erkennen, sodass Sie sie zu Ihrem Vorteil nutzen können. Um dies zu veranschaulichen, werfen wir einen Blick zurück auf das Jahr 1999 und das Gefühl drohenden Unheils, das so viele von uns angesichts des Jahrtausendwechsels erfüllte.

Im Chaos stecken Chancen

Es ist leicht, unsere moderne Wirtschaft als etwas Unverrückbares anzusehen; einen Arbeitsplatz zu verlieren ist aber beinahe so schmerzhaft wie der Verlust eines Angehörigen. Daher weigern wir uns gern, die unsicheren Seiten unserer Zukunft zu betrachten. Oft weisen wir die Vorstellung, dass in der Zukunft Unsicherheit lauern könnte, sogar gänzlich von uns, wie es vor der Jahrtausendwende der Fall war.

Der Wechsel zum Jahr 2000 war wie eine Titanic, die auslief, aber nicht sank. Um die schwierigen Jahre zu bewältigen, die vor uns liegen, ist es daher im Hinblick auf 2012 von Vorteil, die wahre Bedrohung der Jahrtausendwende zu erkennen.

Die Nutznießer der Jahrtausendwende

Für die Öffentlichkeit ging es beim Jahrtausendwechsel um Angst. Wir wurden in Panik versetzt, indem uns eingeredet wurde, dass Computer und Softwareprogramme weltweit in dem Moment abstürzen würden, in dem sie den Wechsel vom 20. zum 21. Jahrhundert vollziehen würden. Glücklicherweise war das nicht der Fall, und so wurde die Jahrtausendwende fälschlicherweise als großer Reinfall betitelt. Doch sie stellte wirklich eine Bedrohung dar. Die Katastrophe bestand darin, dass eine Lawine an eigennütziger Propaganda losgetreten wurde.

Die Jahrtausendwende wurde von Medienexperten aufgebauscht, die uns mit zweifelhaften Weltuntergangsszenarien von außer Kontrolle geratenden Atomkraftwerken und abstürzenden Flugzeugen vom Umschalten abhielten. Hinterher wiesen sie mit dem Zeigefinger auf die Regierung und forderten, dass Köpfe rollten – wohl deswegen, weil die Regierung für die hohen Einschaltquoten und die entsprechenden Werbeeinnahmen verantwortlich war.

Auch Goldbroker schürten die allgemeine Angst, um die eigenen Taschen zu füllen. Sie überhäuften die ohnehin schon aufgestachelten Medien mit Internetartikeln und Emails, die den Jahrtausendwechsel in den düstersten Farben malten. All dies sollte den Eindruck vermitteln, dass jeder mit viel Gold ungeschoren davonkommen und sogar noch einen hübschen Profit einfahren würde. Es war ein perfekter Doppelschlag, bei dem sich Angst und Gier ergänzten. Hinterher zählten die Broker ihre enormen Gewinne und gingen wieder zur Tagesordnung über.

Wer hatte das meiste Geld gemacht, als schließlich alles vorüber war? Die Menschen, die verhindert hatten, dass der Jahrtausendwechsel zu einer politischen und ökonomischen Katastrophe wurde, und sie machten diesen Profit auf althergebrachte Weise – durch Dienstleistung.

Dank ihres Einsatzes überschritt die Weltwirtschaft unbeschadet die Schwelle zum 21. Jahrhundert. Niemand sah abstürzende Flugzeuge oder eine Kernschmelze der Tschernobyl-Klasse, außer in Doku-Dramen im Fernsehen. Worin also bestand die eigentliche Bedrohung?

Die wahre Bedrohung durch die Jahrtausendwende

Während Medienexperten und Goldbroker ein Vermögen an der öffentlichen Panik verdienten, gaben viele Manager von Informationssystemen und ihre Vorgesetzten für die Jahrtausendwende eine Summe aus, mit der sich auch ein mittelgroßer Krieg in Nahost hätte finanzieren lassen.

In Wirtschaftspublikationen hieß es sogar, dass mehr als 18 Prozent des amerikanischen Gesamtbudgets für Informationssysteme investiert wurden, um einer möglichen Krise durch die Jahrtausendwende vorzubeugen. Und dies von Menschen, die so konservativ sind, dass sie mit Gürtel *und* Hosenträgern zur Arbeit gehen! Es setzt schon eine Menge naiver Eitelkeit voraus zu glauben, dass es Medienexperten leicht fällt, solche Leute in Panik zu versetzen.

Nach umfangreichen Recherchen erkannten die Technologen, dass sie die Jahrtausendwende nicht dem Zufall überlassen durften, weil es durchaus möglich war, dass sie das weltweite automatisierte Versorgungsmanagement stören könnte, mit katastrophalen Folgen.

Was für ein Brocken. Lassen Sie uns dieses fachterminologische Kauderwelsch vereinfachen, damit es auf die Rückseite einer Cornflakespackung passt.

Cornflakes und Jahrtausendwende

Nehmen wir einmal an, Ihnen ist nach einer Schale Cornflakes, und Sie steigen ins Auto, um zum nächsten Supermarkt zu fahren und sich einen Karton ihrer Lieblingssorte und eine Packung Milch zu holen. Im Supermarkt gehen Sie zielstrebig zum Gang mit den Frühstücksflocken, und dort steht auf Augenhöhe Ihre Lieblingssorte.

Ganz gleich, was passiert, Sie wissen, dass Sie stets eine Packung Ihrer Lieblingscornflakes an derselben Stelle finden werden, weil der Hersteller sich diesen guten Regalplatz in Augenhöhe hart erarbeitet hat. Diesen Platz zu behalten, setzt voraus, dass er den Supermarkt kontinuierlich mit Ihren Lieblingscornflakes beliefert.

Um diese Position im Regal dauerhaft zu halten, muss der Supermarkt mit genügend Cornflakespackungen versorgt werden, sodass immer welche vorrätig sind. Das ist ein kostenintensives Unterfangen, da zwischen Hersteller und Supermarktregal ein breites internationales Netzwerk aus Arbeitern, Verteilern, Großhändlern usw. liegt.

Jedes Element ist ein Glied in der Kette, und wie das alte Sprichwort sagt: „Eine Kette ist nur so stark wie ihr schwächstes Glied."

In der Zeit vor dem Computer musste der Hersteller aufgrund der leistungsschwachen manuellen Systeme ständig einen 90-Tage-Vorrat in der Versorgungskette halten, sodass der Prozess mehr einer Spirale als einer Kette ähnelte. Ganz gleich, wie viele menschliche Fehler gemacht wurden, es gab immer genügend Cornflakes in der Versorgungskette, um sich die begehrte Position in Ihrem Supermarktregal zu sichern.

Dann hielt der Computer Einzug, und eine ganz neue Welt an kostengünstigen Möglichkeiten tat sich auf, insbesondere ab Juni 1974, als der erste Barcodescanner in einer Filiale der amerikanischen Supermarktkette Marsh's installiert wurde.

Dieser Wendepunkt brachte ein Konzept namens automatisiertes Versorgungsmanagement hervor. Mit den Jahren entwickelte es sich zu einem nationalen (bzw. globalen) System, das unterschiedliche Computertypen und Softwareprogramme miteinander verbindet und so in unserem modernen Informationszeitalter einen imposanten und stabilen Turm zu Babel errichtet. Nachrichtensysteme sind in der Tat ein gewaltiger Fortschritt.

In der Zeit, die zwischen dem Einscannen des Strichkodes auf der Cornflakespackung durch den Kassierer und dem Genuss des ersten Löffels Cornflakes vergeht, wird ein erstaunlicher Ablauf in Gang gesetzt.

Der Barcodescanner schickt eine Mitteilung über Ihren Einkauf an den Kassencomputer, der wiederum eine Botschaft an den Computer im Büro des Supermarkts sendet. Von da aus wird die Mitteilung von den Computern aller Großhändler, Verteiler und Arbeiter in der Versorgungskette erfasst und weitergeleitet, bis sie schließlich auf dem Rechner des Herstellers landet.

Wenn Sie sich vor den Fernseher setzen und Ihre Cornflakes genießen, hat der Hersteller bereits den Produktionsplan angepasst, um das Produkt, das Sie gerade erworben haben, zu ersetzen. All dies geschieht, ohne dass auch nur ein Mensch an dem Prozess beteiligt ist, abgesehen von dem Supermarktmitarbeiter, der Ihren Einkauf scannt! Versuchen Sie einmal, diese Art von Produktivität nach Indien auszulagern!

Wenn Sie dies schon erstaunlich finden, dann wohl erst recht Folgendes: All dies geschieht mittels unterschiedlichster Computertypen und -modelle sowie Softwareversionen, die alle reibungslos zusammenarbeiten und einen einzigen Zweck erfüllen – Cornflakes oder was immer wir sonst haben möchten zu verkaufen.

All dies wäre nicht ohne das sogenannte Nachrichtensystem möglich. Wie die berühmten Universalübersetzer in „Star Trek", übertragen sie Botschaften von verschiedensten Menschen und aus verschiedensten Sprachen in Echtzeit. Nur dass es sich in unserem Fall um verschiedene Computer handelt, die mit verschiedenen Arten von Software betrieben werden.

Genau dies war die Achillesferse der Jahrtausendwende, die Führungspersonen und Managern von Unternehmen solches Kopfzerbrechen bereitete.

Die Achillesferse der Jahrtausendwende

Die Informationsverwalter fürchteten, dass sich, wenn genügend ältere Computer und Programme innerhalb der Versorgungskette durch den Datumswechsel betroffen würden, ihr Versagen wie bösartige Krebszellen im System ausbreiten würde.

So würden selbst solche Systeme, die von dem Wechsel zum neuen Jahrtausend selbst nicht betroffen wären, durch die beeinträchtigten Systeme vom Versorgungsnetzwerk abgeschnitten. Es würde Wochen dauern, um das globale Netzwerk wieder zum Laufen zu bringen. In der Zwischenzeit läge die Verteilung von Nahrungsmitteln und anderen Produkten im ganzen Land brach, weil die Unternehmen damit beschäftigt wären, ihre alten Handbücher für den manuellen Warenumschlag auszugraben.

Warum sich aber Sorgen machen, wenn sich in der Versorgungskette doch ein Nachschub für 90 Tage befindet? Weil dort kein Nachschub ist.

Der Sinn und Zweck der Einführung des automatisierten Versorgungsmanagements bestand vor allem darin, nicht länger Kosten und Verschwendung in Kauf nehmen zu müssen, die ein 90-tägiger Vorrat in der Versorgungskette darstellte. Das wurde erreicht, und mit bemerkenswertem Erfolg.

Unsere Geschäfte erwecken den Eindruck, als wären sie bis unter die Decke mit Vorräten gefüllt, um die Nachfrage zu befriedigen. Doch diese Wahrnehmung ist, wie bei Schönheit auch, rein oberflächlich. Der einstige 90-Tage-Vorrat hinter den Supermarktregalen ist dank der Computerisierung zu einem 90-Stunden-Vorrat geschrumpft.

Wäre es beim Jahrtausendwechsel wirklich zur Katastrophe gekommen, dann hätten in unseren Supermärkten schnell Zustände wie in der Sowjetära geherrscht: überall leere Regale, und Brot nur dienstags – wenn überhaupt.

Ohne den Mut einiger weniger Regierungsmitarbeiter und fortschrittlich denkender Entscheidungsträger aus dem Bereich der Informationstechnik, die auf diese Mitarbeiter hörten, hätte die Jahrtausendwende durchaus zu einer wirtschaftlichen und politischen Katastrophe werden können.

Der einzige Lohn allerdings, den diese Leute dafür erhielten, dass sie Alarm schlugen, waren der Spott der Öffentlichkeit und die Demütigung durch die Medien. Dieses törichte und gierige Verhalten der gesamten Medien wird sicherlich langfristige Auswirkungen haben, die noch zu spüren sein werden, wenn die Geister der Jahrtausendwende uns erneut heimsuchen.

Die Geister von Jahrtausendwende und Planet X

Sobald die Wechselwirkungen zwischen dem Planeten X und unserer Sonne spürbar werden, müssen wir mit einem sprunghaft steigenden Bombardement unserer Erde durch Sonneneruptionen rechnen. Wenn wir uns nicht darauf vorbereiten, werden unsere Computer buchstäblich in ihrem eigenen Saft schmoren, und genau deshalb beeilen sich Amerika, Europa und Japan so sehr, eine ansehnliche Flotte von Sonnenobservatorien ins Weltall zu befördern.

Auf ihrer Sonnenumlaufbahn werden sie die ersten Anzeichen der heftigen Sonneneruptionen erfassen, lange bevor die Nase der Sonne auch nur zu zucken beginnt. Dies wird uns zu verhindern helfen, was zur Jahrtausendwende hätte geschehen können, wenn wir nicht darauf vorbereitet gewesen wären.

Abgesehen von den Nachrichtensystemen, mit deren Hilfe unterschiedliche Computertypen und Softwareprogramme untereinander Informationen austauschen können, gibt es aber noch ein weiteres schwaches Glied in der Versorgungskette – unser Transportsystem.

Wenn dieses System nicht mit ausreichend Treibstoff versorgt wird, könnte selbst der bescheidene 90-Stunden-Vorrat an Lebensmitteln auf einem Abstellgleis verkommen, bis hungrige Plünderer seinen Standort herausfinden.

Oder anders ausgedrückt: Die Versorgungskette zwischen dem Cornflakeshersteller und dem Supermarktregal aus unserem vorangegangenen Beispiel hängt nicht nur von Nachrichtensystemen ab, sondern auch von einem weit umfangreicheren System – der Erdölindustrie.

Unsere globale Abhängigkeit vom Erdöl

Erdöl kommt, was seinen Wert angeht, gleich nach Freier Energie. Ein Barrel dieses schwarzen Goldes entspricht der jährlichen Arbeitsleistung von zwölf Menschen, und wir brauchen Öl für nahezu alles.

Von jedem Barrel gehen 70 Prozent für Treibstoff ab. Der Rest wird zur Herstellung von Kunststoffen, Medikamenten, Düngemitteln, Straßenbelägen und vielem mehr verwendet. Daher gilt:

- **Öl bringt uns vorwärts:** 98 Prozent aller auf den Transport verwandten Energie, Treibstoffe wie Benzin, Kerosin, Lkw- und Schiffsdiesel, beziehen wir aus Erdöl.

- **Öl ernährt uns:** Jede einzelne Kalorie, die wir in der westlichen Welt an Nahrungsmitteln verzehren, kostet in der Produktion zehn Kalorien an Energie, die aus Erdöl bezogen wird.

- **Öl bevölkert die Welt:** Kurz nach dem Zweiten Weltkrieg gab es auf der Welt etwa 2,2 Milliarden Menschen. Dann kam die Agrarrevolution, durch die die landwirtschaftliche Aktivität dank Düngemitteln und Insektiziden auf Erdölbasis um das Fünffache anstieg. Das nährte die wachsende Weltbevölkerung so gut, dass diese inzwischen 6,5 Milliarden Menschen misst.

Als Wale noch so stark bejagt wurden, dass sie kurz vor der Ausrottung standen, nur damit unsere Lampen nicht ausgingen, hätten sich die oben aufgeführten drei Punkte auch auf Weizen beziehen lassen. Mit einem deutlichen Unterschied: Anders als Weizen können wir den Erdölvorrat nicht so einfach durch eine weitere Pflanzsaison erneuern.

Ein Großteil der weltweiten Erdölreserven entstand während zwei Phasen extremer globaler Erwärmung vor 90 und 150 Millionen Jahren. Somit ist der Vorrat begrenzt, und was noch übrig ist, lässt sich zunehmend schwerer aufspüren und fördern.

Die USA und das Öl

Ungefähr 100 Jahre lang förderten die USA mehr Erdöl als jedes andere Land auf der Welt. Überzeugt davon, dass es ihm niemals an dieser wunderbaren, energiereichen schmierigen Substanz mangeln werde, fühlte sich Amerika wie das Saudi-Arabien der Welt und verhielt sich dementsprechend.

Als Amerika 1941 damit drohte, kein Erdöl mehr nach Japan zu exportieren, waren die Konsequenzen so fatal, wie sie es heute wären, wenn Saudi-Arabien eine solche Drohung aussprechen würde. Daraus resultierte der Angriff auf Pearl Harbor; die Amerikaner erklärten Japan den Krieg und Nazi-Deutschland erklärte ihn den USA.

Zwar war Amerika, als es in den Krieg eintrat, knapp an Waffen und ausgebildeten Soldaten, doch verfügte das Land über einen unbegrenzten Ölvorrat und besaß die Produktionskapazität, die nötig war, um einen Weltkrieg an zwei Fronten zu führen. Die USA gewannen den Zweiten Weltkrieg nicht mit Kriegsanleihen; sie gewannen ihn mit dem Erdöl, das die Entstehung des militärisch-industriellen Komplexes förderte, vor dem der ehemalige Präsident Dwight D. Eisenhower 1961 warnte.

Nach dem Zweiten Weltkrieg kamen erschöpfte amerikanische Soldaten nach Hause und gründeten Familien. Um die Nachfrage befriedigen zu können, startete Amerika die Agrarrevolution, die den Hauptgrund für den Anstieg der Bevölkerung auf heute 6,5 Milliarden Menschen darstellt, Tendenz steigend. Erdöl wurde überall genutzt, und die Produktivität landwirtschaftlicher Betriebe wuchs dank Düngemitteln und Insektiziden auf Erdölbasis um das Fünffache. Zudem wurde Öl noch für eine Vielzahl anderer Produkte und Zwecke eingesetzt.

Amerikas herrschaftliche Position als das Saudi-Arabien der Welt endete in den 1950er Jahren zwischen dem Sieg im Zweiten Weltkrieg und dem Beginn der Agrarrevolution. Im Dezember 1970 erreichte die Förderleistung an amerikanischem Öl schließlich ihren Höhepunkt. Im Jahr 1973 dann wurde Amerika hinsichtlich des Erdöls unsanft geweckt.

Im Jom-Kippur-Krieg 1973 führte eine arabische Koalition von zwei Fronten aus einen gewaltigen Überraschungsangriff gegen Israel, und zwar an Israels höchstem Feiertag des Jahres. Die arabische Koalition brachte Israel schwere Schäden und Verluste bei und ignorierte den UN-Waffenstillstand, bevor Präsident Richard Nixon Israel schließlich mit Geheimdienstinformationen und einer regen Luftbrücke zu Hilfe kam, über die dringend benötigte Kriegsausrüstung ins Land geschafft wurde. Nixons Unterstützung wendete das Blatt zu Gunsten Israels, und als Vergeltungsmaßnahme verhängten die arabischen Länder ein Ölembargo, um Amerika dafür zu bestrafen, dass es ihnen den Genozid an den Juden versagt hatte. Das Embargo ließ die Welt aufhorchen.

Im Ersten und Zweiten Weltkrieg waren Ölreserven Kriegsbeute gewesen. Nun hatte die OPEC diese Reserven in Waffen verwandelt, und der Fluss der politischen Energie änderte die Richtung. Der Beweis dafür sollte erst Jahrzehnte später deutlich werden, als der Irak 1991 in Kuwait einfiel, um die Ölfelder zu stehlen.

Das Embargo von 1973 sorgte dafür, dass Amerika vermehrt im eigenen Land, in Staaten wie Texas und Louisiana, nach Öl suchte. Das übrige Amerika allerdings war gezwungen, sich durch die ökonomischen Konsequenzen des arabischen Ölembargos zu kämpfen.

Das texanische Houston, die Ölhauptstadt dieser Welt, erlebte einen Aufschwung wie nie zuvor, konnte der Nachfrage jedoch letztlich nicht entsprechen, obwohl die Bohrungen um das Vierfache gesteigert wurden. Die amerikanische Ölförderung sank weiter.

Das Ergebnis ist, dass die USA heute zwei Prozent der weltweit bekannten Ölreserven besitzen, aber 25 Prozent des weltweit geförderten Öls verbrauchen. Damit sind die Amerikaner nicht nur den Launen faschistischer und fundamentalistischer Diktatoren ausgeliefert, sondern haben auch noch die Natur gegen sich.

+ Gott

Öl und Naturkatastrophen

Öl ist ein unglaublich preiswerter Energielieferant. Die Förderung eines Barrel aus den enormen Reserven des Nahen Ostens kostet gerade einmal einen Dollar. Es anschließend zu transportieren, raffinieren, lagern und auszuliefern allerdings ist ein umfangreicher, teurer Vorgang, der überaus anfällig für Katastrophen durch Mensch und Natur ist.

Wenn diese empfindlichen Netzwerke unterbrochen werden, dann hat das unmittelbare und zutiefst beunruhigende Auswirkungen. Ein gutes Beispiel hierfür ist, was Amerika im Jahr 2005 durchlebte, nachdem Hurrikan Katrina über die Golfregion hinweggefegt war. Der Hurrikan löste nicht nur Überschwemmungen in New Orleans aus, sondern legte auch noch 95 Prozent der Ölproduktion an der amerikanischen Golfküste lahm.

Katrina ließ einen unbrauchbaren, verbogenen Haufen aus Bohrinseln, Raffinerien und Pipelines zurück. Dass 95 Prozent der Ölproduktion am Golf und 88 Prozent der Erdgasförderung vor der Küste dem Sturm zum Opfer gefallen waren, machte sich finanziell praktisch sofort an der Zapfsäule bemerkbar. Die Preise schossen nach oben, während sich Spekulanten mit den Ellenbogen zu den Trögen des Finanzmarktes durchkämpften, um Panikkäufe zu tätigen, und ihr Ertrag konnte sich sehen lassen.

Monate nach Katrina gaben die Ölkonzerne bekannt, Rekordgewinne in beschämender Höhe eingefahren zu haben. Mit dem Mantra des freien Marktes auf den Lippen zeigten sie sich schockiert angesichts der Vorstellung, dass ihnen dieser redlich verdiente Geldsegen nicht gegönnt wurde. So sehr wir auch die Hände ringen – genauso läuft es ab. Wollen Sie Benzin? Dann nehmen Sie es, und finden Sie sich mit den Gegebenheiten ab. So ist das Leben, wie es so schön heißt, aber nicht mehr lange.

Planet X und das Ölfördermaximum

Das Thema Ölfördermaximum wird heiß diskutiert. Die Gegenseite verweist auf das etwa 2,2 Milliarden Barrel fassende Ölfeld, das China kürzlich vor seiner Küste entdeckt hat, als Beweis dafür, dass das Öl uns niemals ausgehen wird. Wir müssen lediglich ein wenig tiefer graben und ein bisschen stärker quetschen. Einerseits ist dies eine grob vereinfachende, wenn auch tröstliche Annahme. Andererseits sehen besorgte Wirtschaftsexperten Chinas jüngsten Ölfund in einem ganz anderen Licht.

Die Chinesen haben 15 Jahre gesucht, bis sie das Ölfeld entdeckt haben. Angenommen, sie können die geschätzte Menge bis auf den letzten Tropfen fördern, dann liefert das Feld gerade einmal so viel, dass China seinen gesamten Energiebedarf zwei Jahre lang decken kann. Aber nur unter der Voraussetzung, dass der gegenwärtige Verbrauch des Landes konstant bleibt, was nicht realistisch ist.

China ist zu einem wirtschaftlichen Machtzentrum geworden, und seine Menschen wollen dieselben Fernseher und Klimaanlagen haben, die sie für Amerika produzieren – und ebenso wollen sie energiefressende Autos, Waschmaschinen und andere Geräte, die in der westlichen Welt so selbstverständlich sind. Somit wird China die USA bald abgehängt haben, was die Produktion von Treibhausgasen angeht. In Hinblick auf das Aufspüren neuer Rohölquellen ist China zum aggressivsten Anwärter weltweit geworden. Zwangsläufig.

Das intensive Outsourcing amerikanischer Mittelklassejobs hat die indische Wirtschaft angekurbelt, und so ist Indien China dicht auf den Fersen, was die wachsende Nachfrage nach Öl angeht. Die Folge dieser allerorts steigenden Nachfrage sind neue politische Spannungen weltweit.

Wie Erdöl für Krieg sorgt

Öl ist, globalpolitisch betrachtet, der empfindlichste Reibungspunkt, und man könnte sagen, dass die Welt nun an diesem Punkt angelangt ist, weil wir die unten hängenden Früchte bereits abgeerntet haben. Was noch übrig ist, befindet sich im Nahen Osten, aber wie viel ist dort tatsächlich noch?

Um die Ölmenge zu verdoppeln, die sie laut OPEC fördern dürfen, haben Länder wie Venezuela, Kuwait und Saudi-Arabien mit ein paar Federstrichen ihre offiziellen Reserven verdoppelt. Ganz gleich, wie viel gefördert wird, an der Zahl des noch verbleibenden Vorrats ändert sich nichts. Wen kümmert es schon, dass diese Zahlen fingiert sind? Wir wollen Öl, und sie wollen es fördern. Wie der amerikanische Konsument so gerne sagt: „Das ist in Ordnung für mich."

Was aber geschieht, wenn wir eines Tages erfahren, dass die Produktion in Saudi-Arabien ihr Maximum erreicht hat? Dann wird die Lage ernst, denn wir prügeln uns schon jetzt um die wenigen Früchte, die noch in der Baumkrone hängen. Darum graben wir immer tiefer, fördern Ölschiefer und wenden immer ausgefeiltere Fördertechniken an, um auch noch den letzten Tropfen aus alten Förderstellen herauszusaugen.

Darum sind auch die Armen von Darfur einem so grausamen Genozid durch arabische Milizen ausgesetzt. Sie sitzen auf einer großen, jüngst entdeckten Ölreserve, und die ethnisch intolerante Regierung im Norden des Landes will sie ganz für sich haben.

Zudem bemüht sich Amerika durch die Demokratisierung der Region im Rahmen des Irakkriegs verzweifelt darum, sich seinen Anteil am Öl des Nahen Ostens zu sichern. Dieses neokonservative Konzept macht in ungefähr so viel Sinn, als würde man zum dritten Mal dieselbe Person heiraten.

Amerika hofft, dass der Irak nun, da Saddam aus dem Weg ist, sein Öl ausschließlich an die USA verkauft, so wie es die neue demokratische Regierung des Irak angekündigt hat.

Inmitten dieses Wahnwitzes kommt uns der Planet X immer näher, und die Naturkatastrophen, die er auslösen wird, werden auf unvorstellbare Weise unsere menschlichen Schwachstellen ergänzen.

Die drohende Krise

Sobald sich Wetterphänomene vom Ausmaß Katrinas und zerstörerische, vom Menschen verursachte Katastrophen mehren, wird sich an den Tankstellen das Bild von 1973 wiederholen – in Amerika konnten damals nur knapp 40 Liter auf einmal getankt werden. Nur dass die Preise dieses Mal unser aller Haushaltsbudget dahinraffen werden, weil die Infrastruktur des Bohrens, Förderns, Raffinierens und Verteilens zunehmend lahmgelegt wird.

Wie damals werden die schlechten Neuigkeiten in Wellen kommen. Doch wie viele schlechte Neuigkeiten kann unsere Wirtschaft verkraften – zwei Euro pro Liter, drei Euro oder mehr? Wie lange wird es dauern, bis die Arbeitnehmer, die jeden Tag 50 bis 80 Kilometer aus umliegenden Orten in die Städte fahren müssen, erkennen, dass ihre fetten Jahre vorbei sind?

Wenn es so weit ist, werden Hausbesitzer in einer wirtschaftlichen Misere stecken. Zum einen schießen die Kraftstoffpreise in die Höhe, was bedeutet, dass Autofahren, Einkaufen, Heizen und Kühlen das verfügbare Einkommen auffressen werden. Zum anderen steigen auch die Steuern rapide an, da auch die Regierungen unter den eskalierenden Spritpreisen zu leiden haben. Auch die Hypothekenraten werden höher werden, da die Märkte mit höheren Zinssätzen auf die schlechten Neuigkeiten reagieren dürften.

Wenn die Kraftstoffpreise die Drei-Euro-Marke überschreiten, werden die Industrienationen von einer Flut von Massenentlassungen, Insolvenzen und Zwangsvollstreckungen überrollt werden. Familien werden aus Vororten in überfüllte Städte ziehen müssen, da ihre einst grünen und wohnlichen Viertel zunehmend verkommen. Aber das ist nur die erste Phase. Weit schlimmer ist, dass sich höchstens einer von fünfzig Menschen dies vorstellen kann.

Für alle, die sich dies tatsächlich vorzustellen vermögen, gibt es einen Hoffnungsschimmer. Und ob Sie es nun glauben oder nicht, er kommt in Gestalt großer Einzel- und Fachhandelsketten wie Wal-Mart und Obi daher.

Der rettende Einzelhandel

Wenn Wal-Mart ein Land wäre, dann wäre es der weltweit achtgrößte Importeur chinesischer Produkte. Die offizielle Begründung für diesen phänomenalen Erfolg lautet, dass Wal-Mart sein automatisiertes Versorgungsmanagement (von der Art, wie es bereits besprochen wurde) zu einer ausgeklügelten Einzelhandelswissenschaft weiterentwickelt hat. Dadurch hat die Kette das Kaufverhalten der Kunden angeblich wie kein anderes Unternehmen in der Menschheitsgeschichte beobachten können. Aber das ist nur die offizielle Version.

Die wahre Geschichte lautet, dass große Ketten wie Wal-Mart und Obi nicht ohne die preiswerte Erdölenergie auskommen, ganz gleich, wie viel Köpfchen und Kaufkraft sie besitzen. Der Grund dafür ist, dass sie preiswerte Energie brauchen, um:

- die Waren in Übersee unter ausbeuterischen Verhältnissen herstellen zu lassen. Die Kosten für das Betreiben der Maschinen sind dort drüben in etwa gleich, aber die Steuern sind niedriger und die Arbeitskräfte sind sehr billig.

- die Waren auf riesigen Containerschiffen über die Weltmeere zu bringen. Solche Schiffe verbrauchen täglich 30 bis 50 Tonnen Schiffsdiesel.

- die Waren über die zum Verteilernetz gehörenden Lager zu verteilen.

- die großen Wal-Mart-Filialen, die durchschnittlich 17.200 Quadratmeter Ausstellungsfläche besitzen, mit den Waren zu bestücken.

- die Kassen und Computer zu betreiben, die Filialen zu beleuchten und zu kühlen bzw. zu beheizen.

Um den Energiebedarf dieser Einzelhandelskette ins rechte Licht zu rücken: Das Empire State Building in New York nimmt eine Grundfläche von knapp 8.000 Quadratmetern ein.

Somit passt es zweimal in eine typische Wal-Mart-Filiale. Kein Wunder also, dass Wal-Mart oft als der zweitgrößte amerikanische Energiekunde gleich nach der US-Regierung angesehen wird.

Da sich Wal-Mart seines Energieprofils sehr wohl bewusst ist, versucht die Kette, energiesparendere Filialen zu bauen und den Kraftstoffverbrauch ihrer Lastwagenflotte so weit wie möglich zu senken.

All dies ist in den Augen umweltbewusster Menschen eine gute Werbung, aber im Grunde sind all diese Maßnahmen nichts als ein ungenügender Versuch, der sich abzeichnenden Bedrohung zu begegnen. Eine globale Ölkrise wird das Wal-Mart-Imperium lähmen und in den Bankrott treiben. Wal-Mart wird reagieren müssen.

Ein Hoffnungsschimmer für Einzelhandelsketten

Je mehr natürliche und vom Menschen verursachte Probleme zu Engpässen in der weltweiten Ölversorgung führen, desto schwerer wird es Einzelhandelsketten wie Wal-Mart fallen, den Betrieb aufrechtzuerhalten und Gewinne zu erwirtschaften.

Energiesparend konzipierte Filialen sind eine ungenügende Maßnahme. Eines Tages werden die Ketten sich der Tatsache stellen müssen, dass die erschöpften Öl-vorräte sie vom Markt zu drängen drohen.

Werden die großen Ketten dies tatenlos hinnehmen, weil ihr Geschäftsmodell auf Billigenergie fußt? Nein.

Zwar ist Energie nicht ihre einzige Geschäftsgrundlage, doch ist sie ebenfalls ein Produkt, und in dieser Hinsicht haben Einzel- und Fachhandel eine Menge Erfahrung, die sie wirksam einzusetzen wissen. Sie verkaufen jetzt bereits Energieprodukte wie Batterien, mit denen wir Autos, Radiogeräte, Spielzeug, Hörgeräte und vieles mehr betreiben. Neue Energieprodukte auf den Markt zu bringen, durch die unsere Autos und Apparate weniger Energie verbrauchen, ist eine natürliche Folge. Wenn es so weit ist, werden wir im Auge eines ökonomischen Sturms eine vorübergehende Ent-spannung erleben.

Die großen Ketten werden sich ein Wettrennen um jederzeit verfügbare Ener-gielösungen liefern. Sonnenkollektoren, deren Herstellung in Europa und Amerika zu kostenintensiv ist, werden in der Dritten Welt in Massenproduktion gehen.

Bald schon werden Autos von den Obi-Parkplätzen rollen, auf deren Dachgepäck-träger Kartons mit erschwinglichen Sonnenkollektoren festgezurrt sind. Wir werden erneut die Hoffnung verspüren, dass wir vielleicht, nur vielleicht, unser Leben weiter-leben können wie bisher. Doch das ist nur vorübergehend. Daher müssen Sie zu einem „Vorreiter" werden und früh zuschlagen.

Als ein Vorreiter sollten Sie diese neuen, alternativen Energieprodukte ohne zu zögern kaufen. Die breite Masse der übrigen Käufer wird Sie beobachten, weil sie sich typischerweise beim Erwerb neuer Produkte und Technologien zurückhält. Sie beobachtet die Early Adopter, um zu sehen, wie die Dinge sich entwickeln, und wartet darauf, dass die Preise fallen. In einer idealen Welt mit vielfachen Wahlmöglichkeiten ist dies durchaus sinnvoll. In einer Welt jedoch, die durch immer knapper werdendes Öl voller wirtschaftlicher Engpässe steckt, ist dies absolut nutzlos.

Wenn diese neuen alternativen Energievorrichtungen auf den Markt kommen, sollten Sie sich auf die Geräte konzentrieren, die nicht auf das öffentliche Stromnetz angewiesen sind. Nehmen Sie einen Kredit auf Ihr Haus auf, verkaufen Sie eine Niere oder tun Sie, was immer nötig ist, um so viele dieser alternativen Energieprodukte wie möglich zu erwerben. Einige werden funktionieren, andere nicht, aber wenn Sie sich wie ein Käufer aus der breiten Masse verhalten, wird der nächste wirtschaftliche Engpass Ihnen alles nehmen, was funktioniert.

Der nächste Engpass

Je näher das Jahr 2012 rückt, desto aktiver wird unsere Sonne werden. Dadurch wird es vermehrt zu Stürmen, Erdbeben, Tsunamis und Vulkanausbrüchen kommen. Die großen Einzelhandelsketten werden verzweifelt versuchen, mit dieser Marktstörung fertig zu werden, doch im Laufe der Zeit werden wir bedeutsame Veränderungen sehen.

Die enormen Mengen an Holz und petrochemischen Stoffen, die Wal-Mart für die bunten Produktverpackungen benötigt, werden zu kostspielig werden. Als Folge daraus werden wir immer weniger Waren in den Regalen sehen, und viele von ihnen werden sehr einfach oder gar nicht verpackt sein.

Weitere Faktoren werden jedes einzelne Glied der Versorgungskette zwischen Herstellern und Filialen beeinflussen, sobald die Naturkatastrophen ihren Tribut fordern. Im Gegensatz zu dem flüssigen und zügigen Transportsystem von heute, wird es zunehmend schwieriger werden, die Produkte zu den Läden zu transportieren.

- Tornados werden ganze Straßenabschnitte aufreißen.

- Erdbeben werden die Straßen durch Felslawinen blockieren, Brücken und Überführungen einstürzen lassen und befestigte Straßen aufbrechen, sodass sie unpassierbar werden.

- Überschwemmungen und Tsunamis werden Ortschaften und Straßen fortspülen.

- Sonneneruptionen werden das Zündsystem von Lastwagen lahmlegen.

Wenn die vom Erdöl abhängigen Transportnetze zusammenbrechen, von denen wiederum der Einzelhandel abhängt, werden die Geschäfte sich gezwungen sehen, sich aus kleineren Städten und Gemeinden zurückzuziehen und in die Großstädte abzuwandern. Dadurch werden mehrere zehntausend Beschäftigte sich zu den übrigen Arbeitslosen gesellen.

Erst wenn es nicht mehr schlimmer werden kann, wird sich der starke Griff der Ölinteressen lockern. Dann werden wir sehen, wie zahlreiche bahnbrechende Techniken auftauchen, die lange Zeit unterdrückt wurden. Zweifelsohne werden sie von denselben Energie- und Förderunternehmen herausgebracht werden, in deren Kellergewölben sie jahrzehntelang verborgen waren.

An diesem Punkt wird es um den Schutz geistigen Eigentums in Europa, Amerika und der übrigen Welt eher so bestellt sein wie heute in China, wo nur wenige hundert legale Kopien von Windows Vista, Microsofts neuestem Betriebssystem, verkauft wurden.

Sobald diese neuen alternativen Energietechnologien zu haben sind, werden die Menschen sie kaufen und Wege ersinnen, sie preiswert nachzubauen und in ihrem Umfeld an Freunde und Nachbarn zu verkaufen. Wahrscheinlich verkaufen sie sie von einer billigen, kleinen Verkaufsbude in einer alten Wal-Mart-Filiale aus, die verlassen und dann von der Stadt wegen Steuerrückständen konfisziert wurde. Auch die Nachbarn dieser Leute werden, um zu überleben, zu Hause ihr eigenes Geschäft unterhalten und sich so über den wirtschaftlichen Engpass hinweghelfen.

Das eBay-Phänomen

Wenn die amerikanische Kultur einen Vorzug hat, von dem die ganze Welt profitieren kann, dann ist das ihr Einfalls- und Erfindungsreichtum. Nur in Amerika hört man die Menschen sagen: „Wenn du eine Zitrone hast, mach Limonade daraus." Und genau das tun die Amerikaner.

Ein gutes Beispiel hierfür ist das Schicksal vieler amerikanischer Arbeiter des Mittelstands. Nachdem sie ihr Leben und ihre gesamte Energie dem Erfolg eines Produktionsbetriebs gewidmet haben, dürfen sie ihren letzten Gehaltscheck entgegennehmen und mit ansehen, wie die Fertigungsanlage nach China verschifft wird.

Für viele ist dies ein harter Schlag, und manche ertränken ihren Kummer zu Hause in Alkohol. Andere dagegen verschanzen sich auf dem Dachboden und durchforsten ihn nach Dingen, die sie bei eBay versteigern können.

Wenn sie dann einige Monate später die Tricks und Kniffe des Geschäfts kennen, verdienen sie fast bzw. genauso viel wie früher. Das Beste daran ist, dass sie ihren Kindern beim Fußballspielen zuschauen können, wann immer sie wollen, weil sie es geschafft haben, aus der Zitrone Limonade zu machen.

Das ist der Grund dafür, warum Sie sich schon heute Gedanken über ein Heimgewerbe zum Überleben machen und dementsprechend vorsorgen sollten.

Unternehmen Überleben & Co.

Seit vielen Jahren sagen amerikanische Politiker zu ihren Wählern, dass „die steigende Flut jedes Boot flottmacht". Ein markiger Spruch, den der ehemalige Präsident John F. Kennedy prägte, um sich gegen die Kritik zu wehren, seine Steuersenkungen würden vor allem den Reichen zugute kommen, was sie auch taten.

Es gibt noch ein anderes Sprichwort: „Was aufsteigt, muss auch fallen." Wenn die Flut sinkt, werden die großen Schiffe der Reichen auf Grund laufen, und die kleinen Boote werden die Nase vorn haben.

Um in diesem Bild zu bleiben und den nächsten logischen Schritt zu machen: Auf eben diese Weise werden der Planet X und das Jahr 2012 unsere Wirtschaft beeinträchtigen, und daher ist es sinnlos sich zu fragen, was die großen Schiffe tun werden.

Nutzen Sie ihre Zeit besser, um ein kleines Boot mit wenig Tiefgang zu bauen, das viel Ladung aufnehmen kann. Dafür müssen Sie keinen Doktor haben, jeder kann das! Um zu veranschaulichen, worauf es ankommt, folgen hier drei Beispiele, wie Frauen sich ein einfaches, aber lohnendes Heimgewerbe aufbauen können, um das Jahr 2012 zu überstehen.

Unternehmen Kerzen & Co.

Arbeiten Sie im Büro und tippen Sie zwischen 09:00 und 17:00 Uhr 80 Anschläge pro Minute, und verzieren Sie am Wochenende gerne Kerzen? Damit haben Sie die Grundlage für ein Heimgewerbe zu Überlebenszwecken.

Bienenwachs, Paraffin, Dochte und Gießformen sind derzeit noch preiswert und praktisch überall zu bekommen. Decken Sie sich jetzt schon damit ein. Legen Sie sich auch einen Vorrat an Zündhölzern an, solange diese noch günstig sind, und durchstöbern Sie Secondhandläden nach einer gut erhaltenen Schreibmaschine. Lassen Sie diese warten, und kaufen Sie auch Farbbänder. Legen Sie noch ein paar Blankoetiketten für Ihre Kerzen dazu, ur d packen Sie alles gut ein. Legen Sie dann alles zusammen, was Sie für Ihr Kerzengeschäft besorgt haben, und verstauen Sie es an einem sicheren, trockenen Ort.

Wenn Sie schon dabei sind, sollten Sie lernen, selber Kerzen herzustellen. Experimentieren Sie mit allem, was als Ersatz herhalten könnte. Anstatt am Wochenende nur Kerzen zu dekorieren, machen Sie selbst welche, und zwar auf jede nur erdenkliche Weise. Testen Sie alles, um zu sehen, wie gut es funktioniert. Besser Sie finden heraus, was funktioniert und was nicht, solange Sie sich Fehler noch leisten können.

Unternehmen Garten & Co.

Während des Zweiten Weltkriegs wurden Lebensmittel in Amerika rationiert, weil der Kriegsaufwand gerechterweise an erster Stelle stand. Findig wie immer, glichen die Amerikaner dies durch sogenannte „Victory Gardens", zu Deutsch „Siegergärten", aus, wo sie nur konnten.

Viele ältere Amerikaner können sich noch an die Einmachräume im hinteren Bereich von Lebensmittelmärkten erinnern, wo die Menschen das Selbstangebaute einmachen und eindosen konnten. Sind auch Sie jemand, der das kann? Sind Sie im Ruhestand, haben Sie ein geregeltes Einkommen und gärtnern gerne?

Hervorragend! Damit erfüllen Sie alle Voraussetzungen, um sich zu Hause ein Überlebensgeschäft aufzubauen. Suchen Sie auf Flohmärkten nach günstigen Gartengeräten, solange es diese noch preiswert und in ausreichender Zahl gibt. Legen Sie sich außerdem einen Vorrat an Saatgut von verschiedenen Gemüsesorten an, die bei unterschiedlichen Temperaturen und Bedingungen wachsen.

Die grundlegenden Sorten wie Kohl, Karotten, Kartoffeln, Erbsen, Mais und Kräuter zum Würzen werden immer gefragt sein. Genauso wie Blumen, die erst eine Fensterbank verschönern und dann genutzt werden können, um belebende Tees oder Kräuterumschläge herzustellen. Selbst im Jahr 2012 werden wir das Bedürfnis haben, uns zum Plaudern zu treffen, und eine gemeinsame Tasse Tee mit einem guten Freund ist Nahrung für die Seele.

Nach dem Jahr 2014 wird die Erde wieder von Pflanzen- und Tierarten wimmeln. Darunter werden verschiedenste Kräuter, Blumen und andere Pflanzen mit heilender Wirkung sein. Es ist schwer zu sagen, welche Arten erneut wachsen werden und wo, aber die Kolbrin-Bibel liefert eine hilfreiche Liste von Pflanzenarten, die vergangene Katastrophen überstanden haben. Eine detaillierte Auflistung finden Sie unter „Anhang E – Heilkräuter und -pflanzen".

Unternehmen Kleidung 2012 & Co.

In New York wissen die Modebewussten, dass Männer, die sich keinen neuen Anzug leisten können, grelle neue Krawatten tragen, weil eine grelle neue Krawatte von dem Anzug ablenken kann, der allmählich in die Jahre kommt.

In der Welt des Jahres 2012 werden wir uns keine Gedanken darüber machen, ob wir modisch gekleidet sind oder nicht. Vielmehr werden wir glücklich über die Mode sein, die wir am Leib tragen. Dann werden ein guter Schneider oder eine fähige Näherin Gold wert sein.

Wenn Sie die neueste Nähmaschine von Singer mit all den hübschen Stichtypen besitzen, haben Sie Glück. Erfreuen Sie sich daran, solange es noch Strom gibt, denn in Zukunft wird das nicht mehr der Fall sein. Im Jahr 2012 wird Ihre schicke, elektrische Nähmaschine wahrscheinlich mausetot sein, weil der Mikroprozessorschaltkreis durch einen überraschenden Sonnensturm geröstet wurde. Dann können Sie alles per Hand nähen, und das ist ein hart verdientes Brot, aber es gibt noch einen anderen Weg.

Kaufen Sie schon heute, da sie noch zu haben und relativ günstig ist, eine gut erhaltene Singer-Nähmaschine aus der Zeit der Jahrhundertwende. Die Sorte, die mit einer Tretkurbel betrieben wird. Es gibt noch mehrere andere Marken mit Tretkurbel, und sie alle wurden für die Ewigkeit gebaut. Kaufen Sie zwei oder sogar drei solcher Maschinen, und lassen Sie sie professionell warten. Versuchen Sie auch an Ersatzteile zu kommen, und verstauen Sie sie sicher.

Legen Sie sich einen Vorrat an Nadeln, Garnen, Reißverschlüssen, Maßbändern usw. an, solange dies alles noch preiswert ist. Durchstöbern Sie Ausverkäufe. Was heute „out" ist, wird das Ausgeh-Outfit von morgen sein. Und was Sie nicht verkaufen können, dient immer noch als Flicken. Denken Sie immer daran, dass das Flicken von Kleidungsstücken in den kommenden Jahren den größten Teil Ihrer Arbeit ausmachen wird.

Stöbern Sie auch in Secondhandläden nach brauchbarer Kleidung. Kaufen Sie keine bunten Modestatements, denn die ziehen nur unerwünschte Aufmerksamkeit auf sich, und das werden die Leute wissen. Gefragt sein werden eher haltbare Kleidungsstücke aus angenehm zu tragender Naturfaser mit verlässlichen, stabilen Verschlüssen.

Achten Sie darauf, dass die Kleidungsstücke viele Taschen haben, denn in den kommenden Jahren werden wir Fundsachen verstauen wollen.

Beginnen Sie heute

Diese drei Beispiele waren für Frauen gedacht, aber dasselbe gilt auch für Männer. Wenn Sie ein guter Mechaniker sind, dann können Sie beispielsweise nach alten Fahrradrahmen suchen und einen solchen mit einer funktionstüchtigen Autolichtmaschine verbinden, um einen fußbetriebenen Elektrogenerator herzustellen.

Wenn Sie selber Munition herstellen, legen Sie sich einen Vorrat an überschüssiger Munition, Zündhütchen, Schießpulver usw. an. Die Menschen werden zuverlässige Feuerwaffen brauchen, um ihre Familie zu schützen, denn in den mageren Jahren, die vor uns liegen, werden streunende Hunde ein großes Problem darstellen. Ein dreijähriges Kind, das seinen schlafenden Eltern entwischt, ist eine leichte Beute für einen hungrigen Pitbull.

Dies ist ein Aspekt der verschiedenen, in diesem Buch vorgestellten Katastrophenszenarios. Aber einmal angenommen, es kommt zum Schlimmsten, ist es dann nicht ein müßiges Unterfangen, Pläne zu schmieden und Vorräte anzulegen? Keineswegs! Denn noch leben Sie nicht in einem solch finsteren Zukunftsszenario, sondern verfügen über den Luxus der Zeit. Nutzen Sie ihn weise.

14

Marschgepäck und Fluchtplan

In Kapitel 13, „Maßnahmen gegen wirtschaftliche Engpässe", haben wir uns angesehen, welche praktischen Maßnahmen Sie treffen können, um sich mit kostengünstigem Überlebensproviant und mit Vorräten für Ihr Heimgewerbe zu Überlebenszwecken einzudecken.

Das sind nützliche Dinge, die wir schon heute erledigen können, aber was geschieht mit unserem Proviant und der Ausrüstung für unser Heimgewerbe, wenn eine Katastrophe unseren Wohnort unbewohnbar macht? Und wie können wir all diese Sachen woanders hinbringen, wenn alle Straßen durch die Wracks liegen gebliebener Autos verstopft sind?

In den kommenden Jahren werden wir mit genau denselben Katastrophen zu kämpfen haben wie heute, aber unter ganz anderen Voraussetzungen. Die Katastrophen werden dichter aufeinander folgen, insgesamt heftiger ausfallen und zudem auch vormals nicht betroffene Gebiete treffen. Dadurch wird sich unsere Umgangsweise mit diesen Katastrophen ändern.

Eine Lösung besteht darin, einen Fluchtplan und alles damit Verbundene bereitzuhalten, sodass Sie Ihre Angehörigen in Sicherheit bringen können, sobald die Katastrophe zuschlägt. Diese neue Wirklichkeit wird sich stark von den heutigen Vorbereitungen auf eine Katastrophe unterscheiden. Um den Unterschied zu verstehen, müssen wir uns zunächst ansehen, was die Bevölkerung gegenwärtig unter Katastrophenschutz versteht.

Dreitageskatastrophen

Heute stellen wir uns im Falle einer Katastrophe darauf ein, Haus und Familie über einen relativ kurzen Zeitraum hinweg schützen zu müssen. Jeder TV-Experte ist klug genug, den Fernsehzuschauern zu raten, Vorräte für nur drei Tage zu horten. Damit ist er auf der sicheren Seite, denn wenn er eigenmächtig zu drastischeren Maßnahmen raten würde, täte man ihn als Weltuntergangsspinner ab und er würde seine Arbeit verlieren.

Die meisten Amerikaner glauben, dass sie die Vorbereitungen perfekt beherrschen. Sie glauben, dass, wenn sie erst einmal das Schlimmste überstanden haben, das Sicherheitsnetz der Regierung sie schon auffangen wird. In Gebieten allerdings, die häufig von Naturkatastrophen betroffen sind, haben die Menschen einen besseren, wenn nicht gar pragmatischeren Eindruck gewinnen dürfen.

Die Kalifornier an der amerikanischen Westküste sind daran gewöhnt, sich mit einem dreitägigen Vorrat an Mineralwasser, Batterien usw. auf ein Erdbeben vorzubereiten, und sie machen alte Gebäude durch Nachbesserungen erdbebentauglicher.

Auch bringen sie ihren Kindern bei, sich in einen Türrahmen zu stellen, sobald die Erde zu beben beginnt, und einige sichern ihre Lieblingsporzellanfiguren sogar mit Museumswachs, damit sie während eines Erdbebens nicht herunterfallen.

Holzfachhändler in Florida an der amerikanischen Ostküste decken sich vor der Hurrikansaison mit Sperrholz für Kunden ein, die ihr Haus verbarrikadieren wollen, bevor sie die Stadt verlassen. Man muss zugeben, dass die Bewohner Floridas und die Regierung von Florida ein eingespieltes Team sind, wenn es darum geht, aus der Gefahrenzone zu gelangen, bevor ein Hurrikan das Land trifft.

Weltweit bauen Menschen, die in häufig von Stürmen heimgesuchten Gebieten leben, Schutzräume, um ihre Familie vor tödlichen Unwettern zu schützen. Meteorologen in solchen Gebieten stützen sich auf ein ausgedehntes Dopplerradarnetz, um ihre Zuschauer früh genug warnen zu können, damit diese sich in Kellern und Schutzräumen in Sicherheit bringen können.

All dies beweist, dass wir als Spezies inzwischen sehr viel Eigeninitiative beweisen, wenn es darum geht, mit derartigen Naturkatastrophen fertig zu werden. Doch konzentrieren wir uns dabei noch immer auf kurzfristige Lösungen. Sobald die Katastrophe vorüber ist, bleibt den Hauptleidtragenden nur zu beten, ihre Toten zu begraben, zu bergen, was noch übrig ist, und sich mit geizigen Versicherungsgesellschaften zu streiten. Alles in allem ist das nicht ideal und erst recht nicht angenehm, aber wir kämpfen uns dennoch durch. Je näher das Jahr 2012 rückt, desto stärker wird sich dies aber ändern.

Das Schlimmste wird schlimmer als zuvor sein

Viele, die sich seit Jahren mit diesem Thema auseinandersetzen, haben hart daran gearbeitet vorherzusagen, welche Regionen welcher Länder in den kommenden Jahren sicher und welche unbewohnbar sein oder gänzlich verschwinden werden.

Amerikaner sind recht gut damit beraten, in sichere Gebiete wie die Appalachen oder die Sierra Nevada zu ziehen. Jede Gebirgsregion nahe Ihres Heimatorts ist geeignet. Allerdings ist es leichter gesagt als getan, einfach zusammenzupacken und Haus, Erwerbsquelle und Leben zurückzulassen.

Lieber stellen wir uns darauf ein, dass wir zwar eines zukünftigen Tages gezwungen sein könnten zu gehen, derzeit aber bleiben können, wo wir sind, und plötzlich passiert es.

Einer dieser Orte, von dem viele sich nur schwer vorstellen können, ihn für die kalten, trockenen Berge der Sierra Nevada aufzugeben, ist San Francisco. Aber es gibt wohl keine Stadt, die sich unmittelbarer im Fadenkreuz des Jahres 2012 befindet. Ein Schreckensszenario wird in dem Buch „Godschild Covenant: Return of Nibiru" gezeichnet, einem Abenteuerroman um das Jahr 2012, der auf wissenschaftlichen Fakten beruht. Ähnliche Aussichten hat eine Stadt, die am anderen Ende des Pazifischen Feuerrings liegt: Tokio.

2012 und der Tsunami von San Francisco

Küstenregionen verfügen über die höchste Bevölkerungsdichte. In den kommenden Jahren werden diese Regionen von schweren Naturkatastrophen getroffen werden, die durch den Einfallsreichtum des Menschen noch verstärkt werden, so wie es treffend in dem Buch „Godschild Covenant" geschildert wird. Auf den ersten Seiten des Buches löst ein Seebeben einen riesigen Tsunami aus, ähnlich dem, der 2004 durch ein Beben im Indischen Ozean entstand und etwa 250.000 Menschenleben forderte.

Der Tsunami zieht eine Schneise entsetzlicher Verwüstung durch die Gebiete der San Francisco Bay und des Silicon Valleys. In diesem gnadenlos realistischen Szenario wird das Leiden noch dadurch verschlimmert, dass die petrochemische Industrie im Osten der Bay Area sowie die Elektronikhersteller mit ihren flüssigen Schwermetallen im Süden schwer getroffen werden. Die Folge ist eine tödliche Suppe aus Erdöl und Schwermetallen, die einen qualvollen, langwierigen Tod bewirkt.

Die Regierung, die mit den vielen Todgeweihten überfordert ist, richtet im trockenen Sand eines leeren Speicherbeckens in den Bergen südlich von Los Gatos ein Triagezentrum ein. Von überall aus der Bay Area drängen die Menschen zu Fuß oder per Lkw zu nur einem Zweck dorthin: um zu erfahren, ob sie leben oder sterben werden, denn das ist es, vereinfacht gesagt, was Triage bedeutet.

Wer gerettet werden kann, wird mit den wenigen verfügbaren Mitteln behandelt werden. Wer nicht mehr gerettet werden kann, wird unter Betreuung Suizid begehen dürfen oder so lange Heroin verabreicht bekommen, bis er von selbst stirbt.

So dramatisch dieses fiktive Szenario auch erscheinen mag, so liefert es doch ein sehr realistisches Bild von dem, was uns in den kommenden Jahren erwartet. Wie Oscar Wilde so treffend sagte: „Das Leben ahmt die Kunst weit mehr nach als die Kunst das Leben."

Sollte das Gebiet, in dem Sie leben, von einer Katastrophe wie in „Godschild Covenant" heimgesucht werden, dann werden auch Sie vor einer ähnlichen Entscheidung stehen: Werden Sie einen Fluchtplan erstellen, mit dessen Hilfe Sie sich und Ihre Familie in Sicherheit bringen können? Oder werden Sie die Brücke erst dann in Angriff nehmen, wenn Sie bei ihr angelangt sind, in dem Glauben, dass Sie auf der anderen Seite das Sicherheitsnetz der Regierung auffangen wird?

Überforderte Regierungen

Verglichen mit der Lage vor 20 Jahren ist das heutige Krisenmanagement Amerikas und Europas im Fall einer drohenden Naturkatastrophe weit gediehen. Dadurch sterben heute bei solchen Ereignissen weit weniger Menschen als früher.

Stellen Sie sich vor, was geschehen wäre, wenn die Warnung vor Katrina und Lothar nur wenige Minuten, bevor diese das Land trafen, herausgegangen wäre. Der Schaden hätte sich auch dann auf 81,2 bzw. 107,19 Milliarden Dollar belaufen, aber die Opferzahl wäre weit höher gewesen als 238 bzw. 150. Es hätte leicht mehrere zehntausend Tote geben können.

Um einer Hurrikankatastrophe zu begegnen, hat die Regierung von Florida ein ausgeklügeltes Evakuierungssystem eingeführt, damit die Küstenbewohner ohne tödliche Staus vor einem nahenden Sturm fliehen können. Während der Hurrikansaison 2005 allerdings war der Treibstoff in einigen Regionen Floridas knapp, was sich als eine Achillesferse des Evakuierungssystems entpuppte.

Während das Jahr 2012 immer näher rückt, können wir uns schon einmal auf zwei Dinge vorbereiten: Jedes Jahr wird es mehr Stürme von der Stärke Katrinas geben, und Treibstoffknappheit wird Normalität werden. Zunächst werden sich viele Menschen darauf einstellen, indem sie zu Hause Benzin bunkern oder auf dem Schwarzmarkt immense Summen dafür zahlen.

Währenddessen werden die Regierungen alles tun, um den Bürgern zu helfen und eine Anarchie zu verhindern. Irgendwann wird die Aufnahmekapazität der örtlichen Flüchtlingslager erschöpft sein, und der Flüchtlingsstrom wird zu Auffanggeländen außerhalb des Katastrophengebiets umgeleitet werden. Zunächst wird es noch warme Mahlzeiten, Feldbetten und medizinische Versorgung geben, aber mit der Zeit werden sich diese Ressourcen erschöpfen. Dann wird es die Triagezentren geben, wie sie im Buch „Godschild Covenant" beschrieben werden, und diese werden kein schöner Anblick sein. Wenn Sie diesem Schicksal entgehen möchten, dann sollten Sie schon heute Ihre eigene Flucht planen.

Erstellung eines Fluchtplans

Das Erste, was Sie bei der Erstellung eines Fluchtplans tun müssen, ist zu entscheiden, wohin Sie gehen wollen. Ihr Ziel sollte in einem Gebiet liegen, das gute Chancen darauf hat, die meisten Katastrophen zu überstehen. Wenn Sie beispielsweise in einer Region leben, die anfällig für Überschwemmungen ist, suchen Sie sich ein Gebiet, das oberhalb der Flutmarke liegt.

Weil es bei den verschiedenen Möglichkeiten so viele Unsicherheiten gibt, sollten Sie eigenständig recherchieren. Wenn Ihr Wohnort einen Fluchtplan notwendig macht, sollten Sie auf jeden Fall Recherchen anstellen, bevor Sie:

* Ihr Heimgewerbe zu Überlebenszwecken planen;

* Vorräte für Ihren Zufluchtsort besorgen;

* Ihren Fluchtplan erstellen;

* sich Ausrüstung und Vorräte für die Flucht besorgen.

Es wird Sie nicht über die kommenden Jahre retten, Pläne für dreitägige Katastrophen zu schmieden und schlecht durchdachte Großeinkäufe zu tätigen – ganz im Gegenteil. Daher müssen Sie zunächst entscheiden, wo Ihr Zufluchtsort liegen soll. Wenn die Wo-Frage geklärt ist, ergibt sich das Wie und Wann von selbst.

Die Wahl der Zufluchtsstätte

Wenn Sie wissen, dass Sie eines Tages werden flüchten müssen, sollten Sie Ihre Zufluchtsstätte lange im Voraus planen. Nutzen Sie die Zeit, in der die Verhältnisse noch relativ stabil sind, um Ihre Überlebensvorräte und die Ausrüstung für Ihr Heimgewerbe an einen sicheren Ort zu schaffen.

Diese unschätzbar wertvollen Vorräte und Gegenstände in einem Gebiet zu lagern, das unbewohnbar werden wird, wäre sinnlos. Daher ist es am naheliegendsten, als Zufluchtsstätte das Haus eines guten Freundes oder nahen Verwandten zu wählen, eines Menschen, zu dem Sie eine enge, vertrauensvolle Beziehung pflegen.

Wenn Sie ein Großvater oder eine Großmutter sind und sich im Ruhestand befinden, wird es auf kurze Sicht keine leichte Entscheidung sein, eine solche Gegend zu finden und zum Besten Ihrer Kinder und Enkelkinder dorthin zu ziehen. Auf kurze Sicht werden Sie dafür Ihren Freundeskreis sowie, in vielen Fällen, eine bessere medizinische Versorgung aufgeben müssen. Auf lange Sicht aber wird die Weisheit Ihrer Jahre sich damit auszahlen, dass Sie Ihre Angehörigen inmitten einer Welt, die durch Katastrophen ins Chaos gestürzt wurde, wohlauf sehen werden.

Eine andere Möglichkeit besteht darin, sich mit ähnlich gesinnten, verantwortungsbewussten Menschen zusammenzuschließen und alle Ressourcen zu teilen. Zum Beispiel könnten Sie gemeinsam einen kleinen Bauernhof in einem sicheren Gebiet erwerben. Damit würden Sie nichts anderes als eine Kommune erschaffen, in der alle als Kollektiv zusammenarbeiten, um Vorräte und für Ihr Gewerbe notwendige Ausrüstung zusammenzutragen. Stellen Sie in diesem Fall sicher, dass sich ständig jemand auf dem Hof befindet. Betrachten Sie den Hof als Ihren Beitrag zum Überleben.

Wenn Sie im Hinblick auf Ihren angestrebten Zufluchtsort keine vertrauensvolle Beziehung zu anderen aufbauen können, bleibt Ihnen noch die Möglichkeit, in einem sicheren Gebäude einen Lagerraum zu mieten und Ihre Sachen dort aufzubewahren. Informieren Sie andere nur im äußersten Notfall davon.

Unabhängig davon, was für eine Zufluchtsstätte Sie gefunden haben, sollten Sie jede Menge Handwerkzeuge wie Hacken und Spaten dort verstauen. Denn Sie werden nicht nur selber Nahrungsmittel anbauen müssen, sondern auch einen Schutzraum gegen Sonnenstrahlung bauen und unterhalten müssen.

Und ganz gleich, ob Sie sich nun für einen unterirdischen Bunker, eine verlassene Mine oder eine Höhle entscheiden, werden Sie Schutz suchen müssen, wenn die in Kapitel 12 erläuterten Sonnenstürme die Erde zu bombardieren beginnen.

Wenn es zum Äußersten kommt, ist es gut möglich, dass Sie einen Teil des Weges zu Ihrer Zufluchtsstätte per Auto oder Lastwagen werden zurücklegen können, aber verlassen Sie sich nicht darauf. Stellen Sie sich lieber darauf ein, unvermittelt aufbrechen und den ganzen Weg laufen zu müssen. Daher sollten Sie wissen, was für eine Strecke Sie pro Tag zurücklegen und wie viele Tage Sie auf den Beinen bleiben können, bevor Sie Ihren Zufluchtsort erreichen.

Die Planung der Fluchtroute

Wenn sich am Horizont die Katastrophen zusammenbrauen, haben wir oft noch genügend Zeit, unsere Angehörigen zusammenzusuchen, um gemeinsam in Deckung gehen oder fliehen zu können. Dann wieder schlagen Katastrophen unerwartet zu. In diesem Fall denkt wohl fast jeder daran, so schnell wie möglich nach Hause zu gelangen.

Das eigene Zuhause bzw. der Ort, an dem die Kinder sich aufhalten, dürfte bei einer Katastrophe ein ganz natürlicher Anlaufpunkt sein. Wenn Angehörige vermisst werden, beginnt eine albtraumhafte Suche, insbesondere dann, wenn die Mobilfunknetze ausfallen.

Daher sollten Familien und Freunde ein gut durchdachtes System von Treffpunkten erstellen, das verschiedene Szenarien berücksichtigt. Sie sollten dabei nicht nur natürliche Anlaufpunkte wie das Zuhause, die Schule oder die Kindertagesstätte einbeziehen, sondern auch nahe gelegene Fluchttreffpunkte.

Wenn Sie sich daranmachen, Ihre Fluchtroute zu planen, bedenken Sie eine grundlegende Regel: Halten Sie immer einen Plan B parat – eine alternative Route für den Fall, dass Ihre erste Route unpassierbar wird. Die Wahl Ihrer Treffpunkte hängt von Ihren persönlichen Umständen und von Ihrer ersten und der alternativen zweiten Fluchtroute ab.

Wenn einige in Ihrer Flüchtlingsgruppe zurückfallen, weil ihnen die Füße wehtun – wie lange lassen Sie dann alle Übrigen warten, bis die Betreffenden aufgeholt haben? Diese Art von Entscheidungen werden Sie im Rahmen Ihres Fluchtplans treffen müssen, und daher sollten Sie ein einfaches grafisches Zeichensystem ausmachen, das alle Beteiligten kennen.

Die Entwicklung eines einfachen Zeichensystems

Einfache Strichzeichnungen wurden schon Anfang des 20. Jahrhunderts von Landstreichern benutzt, um anderen Umherziehenden wertvolle Informationen zu vermitteln. Diese heimatlosen Vagabunden arbeiteten, wo es sich ergab, schliefen unter freiem Himmel und reisten als blinde Passagiere auf Güterzügen.

Sie waren eine locker verbundene Gemeinschaft und hinterließen daher für andere Landstreicher symbolische Botschaften, die von allen verstanden wurden. Durch diese einfachen Strichzeichnungen erfuhren andere Vagabunden, ob ein bestimmter Ort sich zum Übernachten eignete, ob man sich vor einem bissigen Hund in Acht nehmen oder aber schnell weiterziehen musste, um einem unfreundlichen Polizisten zu entgehen.

Entwickeln Sie, wie die Landstreicher, eigene Strichsymbole. Wenn Sie kleine Kinder haben, dann lassen Sie sie die Symbole entwerfen. Kinder werden sich selbst erfundene Symbole wahrscheinlich besser merken können, insbesondere wenn Sie diese in Spiele und andere Freizeitaktivitäten einbinden. Vorteilhaft ist dies auch deshalb, weil Sie die Symbole damit auf kreative Weise einbinden.

Wenn Sie Route und Treffpunkte festgelegt haben, bestimmen Sie Haltepunkte, an denen sich Trinkwasser und Obdach finden. Das ist besonders dann wichtig, wenn Ihre Zufluchtsstätte zwei oder mehr Tage entfernt liegt. Nehmen Sie sich die Zeit, die Route abzugehen und all Ihre Treff- und Haltepunkte persönlich in Augenschein zu nehmen.

Gehen Sie gründlich vor. Je mehr Sie über Ihre Routen wissen – über nahe gelegene Städte, medizinische Einrichtungen, Polizeireviere und Militärstützpunkte –, umso besser. Nehmen Sie auch Ihre Familie auf diesen Wanderungen mit, und machen Sie für die Kinder ein kreatives Spiel daraus, beispielsweise dadurch, dass Sie ihnen für jeden Teich, jeden Wasserspeicher und jede Quelle, die sie entdecken, ein paar Cent in Aussicht stellen.

Wenn alles organisiert ist und Ihr Fluchtplan steht, händigen Sie jedem die entsprechenden Karten, Kontaktinformationen usw. in einer versiegelten durchsichtigen Plastikhülle aus. Ist das erledigt, dann ist es Zeit, einkaufen zu gehen und sich Ausrüstung und Vorräte für die Flucht zu besorgen. Das Erste, das alle erwachsenen Familienmitglieder besitzen sollten, ist ein Rucksack.

Marschgepäck für Erwachsene

Kleine und mittelgroße Rucksäcke sind an Schulen und Universitäten mittlerweile ein normaler Anblick geworden, da sie für Schüler und Studenten eine bequeme Möglichkeit darstellen, mehrere Kilo an Büchern, Notizblöcken, Lunchpaketen, Wasserflaschen usw. zu tragen.

In einem Katastrophenszenario haben diese vielseitigen Rucksäcke einen ganz besonderen Vorteil: Im Gegensatz zu einem großen, sperrigen Trekkingrucksack mit Alurahmen für lange Strecken ist ein einfacher Rucksack ideal für jeden, der vor einer Katastrophe fliehen muss. Mit seinem mehrere Kilo schweren Inhalt aus Proviant und Ausrüstung kann er jederzeit abgestreift, als Schutzschild zur Selbstverteidigung benutzt oder aber leicht durch Engstellen gezwängt werden.

Ihr Marschgepäck könnte sich als das wichtigste Stück in Ihrer Überlebensausrüstung für das Jahr 2012 erweisen. Daher ist es wichtig, dass Sie sorgfältig auf Kleinigkeiten achten, damit Sie es richtig zusammenstellen. Denken Sie daran, dass die Menge an Ausrüstung, die Sie auf dem Rücken tragen können, von Ihrem Alter und Ihrer körperlichen Fitness abhängt.

Benutzen Sie, wann immer möglich, vielseitige Gegenstände. Wenn Sie zwischen zwei Gegenständen wählen müssen, entscheiden Sie sich für den leichteren, sofern er zuverlässig ist. Wenn Sie Ihr auf sich persönlich zugeschnittenes Marschgepäck zusammenstellen, dann bedeutet weniger Gewicht mehr Komfort – in einem sehr praktischen Sinn.

Die folgenden Vorschläge für die Art von Rucksack und sonstigen Gegenstände, die Sie brauchen, sollen Ihnen nur als Anhaltspunkt dienen. Benutzen Sie sie als Grundlage, um sich Gramm für Gramm Ihr eigenes Marschgepäck zusammenzustellen, wobei Sie stets geographische Gegebenheiten, Jahreszeiten, mögliche Bedrohungen und persönliche Bedürfnisse im Hinterkopf behalten sollten.

Die Wahl des Rucksacks

Wenn es an den Kauf eines Rucksacks geht, sollten Sie Sonderangebote zum Schulbeginn meiden. Auf diese Weise ein paar Euro zu sparen, könnte Sie später in Form von kraftraubenden Schmerzen teuer zu stehen kommen. Gehen Sie lieber zu einem Fachgeschäft für Sport- und Wanderausrüstung und probieren Sie verschiedene Rucksäcke aus, um herauszufinden, welche Größe für Sie geeignet ist. Achten Sie besonders auf die Teile des Rucksacks, die Körperkontakt haben.

Die Riemen sollten breit und gut gepolstert sein und sich leicht über- und abstreifen lassen. Wie ein „S" geformte Riemen eignen sich am besten. Achten Sie darauf, dass die Riemen bequem sitzen und zu Ihren Schultern passen. Rucksäcke haben oben einen Tragegriff. Er sollte stabil sein und angenehm in der Hand liegen.

Die Rückseite des Rucksacks sollte ebenfalls gepolstert sein und bequem sitzen und so anliegen, dass Ihr Rücken nicht schwitzt oder vom Inhalt des Rucksacks wundgescheuert wird. Praktisch sind auch seitliche Netztaschen, in denen eine Wasserflasche Platz hat.

Fragen Sie einen Verkäufer, ob Sie ein paar Kilo Gewicht in den Rucksack legen dürfen, und wandern Sie dann zehn Minuten lang mit dem Rucksack auf dem Rücken durch das Geschäft, um sicherzugehen, dass er auch auf Dauer bequem sitzt. Und wenn Sie schon einmal in dem Geschäft sind, schauen Sie sich auch nach anderen praktischen und leichten Überlebensutensilien um.

Marschgepäck für Erwachsene – Artikel von Outdoorausrüstern

Hier sind noch ein paar weitere Dinge, nach denen Sie beim Outdoorausrüster Ausschau halten sollten, sofern Sie sie nicht bereits haben:

- **Kompass:** Je näher das Jahr 2012 rückt, desto schwächer wird das Erdmagnetfeld werden, und seinen Kurs nach dem Kompass zu bestimmen, könnte problematisch werden. Dennoch ist ein Kompass unerlässlich. Ein kombinierter Peil- und Kartenkompass eignet sich am besten, aber ein einfacher Kompass tut es auch.

- **Überlebensmesser:** Ein hochwertiges Überlebensmesser mit einer fest stehenden zehn Zentimeter langen Karbonstahlklinge und einem Holz- oder Gummigriff und einer Scheide ist eine sichere Sache. Ein Messer ist ein sehr persönlicher Gegenstand; achten Sie darauf, dass das Messer, das Sie erwerben, aus hochwertigem Karbonstahl besteht und von einer renommierten europäischen oder amerikanischen Firma hergestellt wurde.

  Ein Klappmesser dient zwar als praktischer Ersatz und eignet sich für den allgemeinen Gebrauch, aber seien Sie sich bewusst, dass es leicht bricht, wenn Sie etwas Hartes schneiden. Sie können sich natürlich auch für ein Multifunktionsmesser wie zum Beispiel ein Schweizer Taschenmesser entscheiden.

- **Trekkingstöcke:** Wanderer benutzen Trekkingstöcke, um Bäche und Flüsse zu überqueren und Berghänge zu erklimmen, weil Stöcke ihnen zusätzliche Kraft und Balance verschaffen und gleichzeitig dem Verschleiß an Knien, Hüften und Wirbelsäule entgegenwirken. In Zukunft werden Sie solche Trekkingstöcke brauchen, um aufgebrochene Straßen und Trümmer zu überwinden und hungrige Tiere abzuwehren.

  Es gibt alle möglichen Arten von Trekkingstöcken, und hier sollten Sie ein paar Euro mehr investieren und sich einen hochstabilen Teleskopstock aus eloxalbeschichtetem Aluminium mit Korkgriff und Stahlspitze zulegen. Wenn Sie ein Spektiv besitzen und es anstelle eines Fernglases verwenden möchten, dann wählen Sie einen Trekkingstock mit einer Kamerahalterung unter einer abschraubbaren Abdeckung.

- **Fernglas:** Die Welt im Jahr 2012 wird voller Hindernisse und Widrigkeiten sein. Diese schon von Weitem zu erkennen, kann entscheidend sein. Oft finden sich normale Ferngläser oder solche, wie Vogelkundler sie benutzen, mit einer Stärke von 8 x 30 in Sonderangeboten oder auf Flohmärkten. Sportartikelläden haben oft klappbare Kompaktferngläser der Stärke 10 x 25 im Angebot. Bevor Sie ein

Fernglas kaufen, sollten Sie es ausprobieren. Achten Sie darauf, dass sich die Brennweite leicht regulieren lässt, dass es stabil ist usw.

- **Ersatzlesebrille oder Vergrößerungsglas:** Viele von uns brauchen eine Lesebrille, aber wenn wir in Eile sind, kommt es vor, dass wir sie vergessen. Bewahren Sie daher eine kleine, preiswerte Lesebrille in einem Hartschalenetui in Ihrem Marschgepäck auf. Damit sind Sie in der Lage, jederzeit eine Karte zu lesen, einen Splitter unter der Haut auszumachen oder einen Fremdkörper im Auge eines anderen zu erkennen. Wenn Sie keine Lesebrille brauchen, tut es auch ein kleines Vergrößerungsglas, zum Beispiel eines im Kreditkartenformat, das ins Portmonee passt und sich als extrem nützlich erweisen könnte.

- **Brillenreinigungspaket:** Das Brillenreinigungstuch, das wir gemeinhin mit einer neuen Brille erhalten, ist ein unbedingtes Muss im stürmischen Milieu des Jahres 2012, das voller Staub, Bimssteinteilchen, Asche, Rauch, Salzen und anderen kleinen Partikeln sein wird. Zusätzlich sollten Sie sich noch ein kleines Reinigungspaket, wie es Fotografen benutzen, zulegen. Darin enthalten sind Luftpinsel, Linsenreinigungspapier und Linsenreinigungsflüssigkeit.

- **Einliterflasche:** Es ist schneller und einfacher, eine Flasche mit einer weiten Öffnung als eine herkömmliche Feldflasche aufzufüllen. Achten Sie darauf, dass Ihr Rucksack über Netztaschen an den Seiten verfügt, in die jeweils eine Einliterflasche mit weiter Öffnung passt, und kaufen Sie zusätzlich zum Rucksack eine neue Flasche. Einige Flaschen gibt es sogar mit einem integrierten Kompass, sodass Sie zwei Fliegen mit einer Klappe schlagen.

  Ihre Wasserflasche wird Ihre erste Maßnahme gegen Dehydrierung sein. Trinken Sie so viel Wasser, dass Ihr Urin möglichst klar ist. Eine dunkelgelbe Farbe bedeutet, dass Sie dehydriert und dadurch stark beeinträchtigt sind. Wenn dies geschieht, ist Trinken der wichtigste Punkt auf Ihrer Tagesordnung.

- **Faltbarer Wasserkanister:** Die israelische Armee ließ einst eine Gruppe ihrer Männer tagelang durch heißes Wüstengelände laufen. Sie fand heraus, dass die Männer lange Zeit ohne Energieverlust auf den Beinen bleiben konnten, sofern sie genügend Wasser zu sich nahmen. Schon bei einem Wasserverlust von fünf Prozent allerdings drohen Sie in den gefährlichen Bereich abzugleiten.

  Im Jahr 2012 wird Trinkwasser zu einem raren, aber unerlässlichen Gut werden, daher sollten Sie immer einen faltbaren Wasserkanister im Gepäck haben. Achten Sie darauf, dass er stabil ist, robuste Nähte hat und der Griff gut in der Hand liegt. Ohne Inhalt wiegt ein solcher Kanister knapp 30 Gramm pro Liter Fassungsvermögen; ein Sechsliterkanister, der sich zusammenrollen und platzsparend im Rucksack verstauen lässt, wiegt somit noch nicht einmal 360 Gramm.

- **Wasserreinigung:** Es gibt viele verschiedene Arten von Trinkwasserfiltern, unter denen Sie wählen können, und gerade solche, die sich auf eine Einliterflasche mit weiter Öffnung schrauben lassen, sind sehr praktisch. Allerdings sind sie auch teuer. Eine andere, kostengünstigere Methode, um Wasser keimfrei zu bekommen, besteht in einer zweiprozentigen Jodtinktur bzw. einer 10-prozentigen Betadinlösung. Beide haben den zusätzlichen Vorteil, dass sie sich auch als Erste-Hilfe-Maßnahme eignen.

  Geben Sie auf einen Liter Wasser acht Tropfen der zweiprozentigen Jodtinktur oder vier Tropfen der 10-prozentigen Betadinlösung, um das Wasser zu desinfizieren. Warten Sie bei klarem Wasser 30 Minuten, bei trübem Wasser 60 Minuten, bevor Sie es trinken.

  Diese Methode der Wasserbehandlung hat sich bewährt, aber sie ist nicht hundertprozentig sicher. Der einzige todsichere Weg, alle Übeltäter abzutöten, besteht in einem Dampfkocher oder einem Autoklav.

- **Regenponcho:** Ein Regenponcho schützt nicht nur hervorragend gegen Regen, sondern Sie können unter ihm auch wie unter einer Plane schlafen oder sich durch ihn vor Bodenfeuchtigkeit schützen. Auf der Flucht vor einem Vulkanausbruch schützt er Sie zudem vor Bimsstaub, der auf Ihrer Haut zu einer Kruste werden oder sich in Ihrer Kleidung festsetzen könnte.

- **Rettungsdecke:** Eine Körpertemperatur von konstant 37 Grad Celsius aufrechtzuerhalten, ist lebenswichtig. Rettungsdecken wurden ursprünglich von der NASA für Weltraummissionen konzipiert und stellen einen Kompaktschutz in Notfallsituationen und bei allen Wetterverhältnissen dar.

  Auch schützt eine Rettungsdecke im Fall eines Sonnensturms vor dem UV-Licht der Sonne. Bei einem Atomangriff verhindert sie, dass der nukleare Fallout direkt mit Ihrer Haut in Berührung kommt oder sich in Kleidung oder Haaren festsetzt, während Sie sich aus dem betroffenen Gebiet in Sicherheit bringen. Haben Sie die Decke für diesen Zweck benutzt, müssen Sie sie hinterher entsorgen; packen Sie daher zwei oder drei Rettungsdecken in Ihren Rucksack.

Maßnahmen bei einer nuklearen Bedrohung unter freiem Himmel  **Information**

Der Bedrohung durch radioaktive Strahlung sind wir in Form mehrerer Quellen ausgesetzt, wie zum Beispiel durch Atombomben, sogenannte „schmutzige Bomben" von Terroristen und Atomkraftwerke. Die meisten Atomkraftwerke sind sehr sicher und gegen schwere Schläge und Überschwemmungen gefeit. Ältere Meiler an den

Küsten allerdings könnten anfällig gegenüber Erdbeben und Tsunamis sein. Und vor einem größeren Asteroideneinschlag ist kein Atomkraftwerk sicher.

Wenn Sie einen Atompilz sehen, denken Sie daran, dass 90 Prozent der Strahlung unmittelbar bei der Explosion freigesetzt werden. Die Freisetzung der übrigen Strahlung variiert. Sobald Sie eine Alarmsirene hören, sollten Sie im Untergrund Schutz suchen oder sich ducken und so gut wie irgend möglich abdecken. Wenn dies geschieht, während Sie im Freien unterwegs sind, tun Sie Folgendes:

∴ **Bringen Sie sich in Sicherheit:** Der einzig wahre Schutz besteht in einem möglichst großen Abstand zur Quelle. Halten Sie sich nirgends auf, wo Strahlung zu erwarten ist.

∴ **Halten Sie nicht an:** Wenn Sie sich schlafen legen, bevor Sie sicheres Terrain erreicht haben, legen Sie sich damit in Ihr eigenes Grab. *Bleiben Sie nicht stehen.* Nehmen Sie Koffein- und Hoodiatabletten, und essen Sie die Kaffeebohnen mit Schokoladenüberzug, die Sie im Gepäck haben, um auf den Beinen zu bleiben.

∴ **Schützen Sie sich vor radioaktivem Niederschlag:** Der radioaktive Niederschlag wird sich in Ihren Haaren oder der Kleidung festsetzen. Ohne Schutzmaßnahme werden Sie Ihre Kleidung verbrennen und Ihren gesamten Körper rasieren müssen. Denken Sie immer daran: Wenn die Strahlung erst einmal in Ihrem Körper ist, bleibt sie dort für immer. *Benutzen Sie Ihre Rettungsdecke, um sich vor dem radioaktiven Niederschlag zu schützen*, und entsorgen Sie die Decke, sobald Sie in Sicherheit sind. Aus diesem Grund sollten Sie zwei oder mehr Rettungsdecken in Ihrem Marschgepäck haben.

∴ **Schützen Sie sich vor radioaktiver Vergiftung:** Wo radioaktiver Fallout niedergeht, ist *alles, was Sie aufheben, giftig.* Teiche und andere stehende Gewässer sind gefährlich. Verwenden Sie nur das Wasser aus Ihrer Flasche und die versiegelten Nahrungsmittel, die Sie mit sich führen. Als zusätzlichen Schutz sollten Sie Jodtabletten einnehmen.

- **Signalspiegel:** Von Vulkanen ausgeworfene Asche führt zu einer globalen Verdunkelung. Der Himmel wird rötlich und weist schwarze Schlieren auf. Zwar dämpft dies das durch einen Signalspiegel reflektierte Licht, aber dennoch sollte dieses praktische Gerät in keinem Marschgepäck fehlen. Ein Signalspiegel hat in der Mitte ein Loch als Visier.

- **Laute Trillerpfeife:** Wenn Sie verschüttet werden und Ihr Mund so trocken ist, dass Sie höchstens noch krächzen können, dann sorgt eine laute Trillerpfeife dafür, dass Rettungskräfte Sie schneller finden. Achten Sie darauf, dass die Pfeife stabil ist und über die meisten natürlichen und vom Menschen verursachten Geräusche hinweg zu hören ist.

- **Armeedosenöffner:** Ein paar Abstecher von Ihrer Route zu machen, um nach Konservendosen zu suchen, kann Ihnen sofort verfügbares Protein einbringen. Wenn Sie Hunger haben, schmeckt sogar Dosenfleisch gut. Auch Dosenmais in Wasser versorgt Sie mit Energie, die vor Kohlehydraten nur so strotzt, sowie mit aromatiertem, sauberem Wasser.

  Aber Vorsicht: Dosen mit dem Messer oder einem anderen behelfsmäßigen Gegenstand zu öffnen, ist ein sicherer Weg, sich die Hand zu verletzen. Da ist es besser, den besten kleinen Dosenöffner bei sich zu haben, der je erfunden wurde. Im Zweiten Weltkrieg entwarf die amerikanische Armee einen Dosenöffner mit der Bezeichnung P-38. Er ist preiswert und eine leichte und sichere Methode zum Dosenöffnen. Ein größeres Modell mit der Bezeichnung P-51 wurde für Feldköche entworfen. Es funktioniert genauso gut und eignet sich ideal für Leute mit Arthritis in den Händen.

- **Magnesiumanzünder:** Wenn Sie unterwegs sind, werden Sie tagsüber nur im Bedarfsfall ein Feuer anzünden. Nachts aber liefert ein Feuer Sicherheit und Wärme. Dabei werden Sie den guten, alten Magnesiumanzünder des Militärs schätzen lernen. Er ist klein genug, um an einen Schlüsselanhänger zu passen, funktioniert selbst bei schlechtem Wetter und reicht aus, um damit hunderte Feuer zu entzünden.

- **Schütteltaschenlampe:** Eine Maglite-Taschenlampe ist hervorragend, sofern Sie bereit sind, Ersatzbatterien mitzuschleppen. Die neuartige Schüttellampe ist in den kommenden Jahren aber praktischer, weil sie weder neue Batterien noch Glühbirnen benötigt. Sie laden sie auf, indem Sie sie schütteln, wodurch sich ein starker, seltener Magnet durch eine Spule im Innern bewegt. Je nach Modell muss man die Lampe 30 Sekunden bis drei Minuten lang schütteln und erhält dafür zwischen acht Minuten und zwei Stunden lang Licht.

- **Klappspaten:** Ein Armeefeldspaten ist für Erwachsene gut geeignet und sowohl preiswert als auch robust. Wer etwas mehr Geld investieren möchte, sollte einen leichten Multifunktions-Klappspaten in Betracht ziehen. Diese neueren Modelle besitzen viele Extras, wie zum Beispiel eine Holzsäge. Für Kinder stellt ein Gärtnerhandspaten ein kleines, aber nützliches Gerät dar.

Alle oben aufgelisteten Dinge zusammengenommen wiegen nur wenige Pfund bzw. Kilogramm und sind in jedem Outdoor-Shop und im Internet erhältlich. Die nächste Liste ist in der Anschaffung weniger kostspielig, da Sie das meiste wahrscheinlich schon zu Hause haben.

Kleidung für Ihr Marschgepäck, die Sie in jedem Kaufhaus erhalten

Welche Schuhe oder Kleidung Sie brauchen, hängt von Ihren persönlichen Bedürfnissen und Ihrem Plan ab, aber behalten Sie die folgenden drei Dinge immer im Kopf:

1. Im Freien sind Sie anfällig für Strahlung, doch können Sie den Auswirkungen von UV-Strahlung durch angemessene Kleidung entgegenwirken.

2. Ein Fußmarsch ist nicht der richtige Zeitpunkt, um Neues auszuprobieren. Welche Kleidungsstücke Sie auch immer für Ihre Flucht beiseite legen, probieren Sie sie vorher aus, bessern Sie nach und testen Sie erneut.

3. Bewahren Sie Ihre saubere Marschkleidung in zusammenfaltbaren Behältnissen auf, zum Beispiel in einem Vakuumbeutel.

Bequemlichkeit ist wichtig; wenn Sie daher zu- oder abnehmen, sollten Sie überprüfen, ob Ihre Marschkleidung und die übrige Ausrüstung noch sitzen. Dafür sollten Sie alles auspacken, kontrollieren, bei Bedarf ersetzen und wieder einpacken. Wenn es so weit ist, wird es sich als nützlich erweisen, dass Sie wissen, wo die Dinge sind.

Behalten Sie dies im Hinterkopf, wenn Sie über die Anschaffung der folgenden Kleidungsstücke nachdenken:

• **Schuhe:** Was auch immer Sie sonst auszugeben gedenken – die Schuhe sind etwas, für das Sie tief in die Tasche greifen und die großen Scheine auf den Tisch legen sollten, um ein gutes Paar Wanderschuhe zu erwerben. Kaufen Sie Schuhe, die gut sitzen und den Knöchel umschließen und in denen Sie 13 bis 16 Kilometer pro Tag zurücklegen können. Wählen Sie eine bekannte Marke, damit Sie sichergehen, dass die Nähte robust und das Leder hochwertig ist und der Schuh Ihren Knöchel vor Verletzungen und Schlangenbissen schützt.

Amerikanische wie europäische Billigschuhhersteller haben schon lange vor der chinesischen Konkurrenz kapituliert. Sollten Sie ein preiswertes Paar Schuhe erwerben, das in einem chinesischen Ausbeuterbetrieb gefertigt wurde, dann könnte Folgendes passieren:

Auf einem längeren Marsch werden Ihre Füße wahrscheinlich so sehr anfangen zu schmerzen, dass jeder Schritt zur Qual wird. Außer Schmerzen nehmen Sie kaum noch etwas wahr. Dadurch werden Sie unachtsam gegenüber Gefahren wie Giftschlangen, bis Sie auf eine solche treffen. Dann werden Sie feststellen, wie leicht ein Schlangenbiss das papierdünne chinesische Leder oder Plastik durchdringt.

Wer nur über ein begrenztes Budget verfügt, kann sich im Armeeshop oder über das Internet ein Paar ausgemusterte Kampfstiefel besorgen. Am besten ist es jedoch immer noch, in Geschäften zu stöbern und sich dann die besten Schuhe zu besorgen, die man sich leisten kann. Laufen Sie sie auf den langen

Wandertouren ein, die Sie unternehmen, um Ihre Route mit Zwischenstationen und Zielpunkt ausfindig zu machen.

- **Hut:** Ein guter Hut ist Ihr wichtigster UV-Schutz, also lassen Sie die Finger von luftigen Panamahüten und bequemen Baseballkappen. Was Sie brauchen, ist ein Hut mit breiter Krempe aus einem robusten Material wie Leder, dickem Filz oder Leinen, je nach Klima und persönlicher Vorliebe. Das Jahr 2012 wird aufgrund der abnormen Wetterverhältnisse stürmisch werden, und daher sollten Sie einen australischen Oilskin-Hut oder einen Cowboyhut mit Kinnbändchen in Betracht ziehen.

- **Brille:** Im Jahr 2012 das Sehvermögen durch zu viel UV-Strahlung, Asche oder Bimsstaub zu verlieren, kann Ihren Tod bedeuten. Wenn es nicht allzu windig ist, sollten Sie stets eine gute, extrem belastbare Sportsonnenbrille mit hohem UV-Schutz tragen. Wenn Sie Brillenträger sind, können Sie auch eine Sonnenbrille in Ihrer Sehschärfe mit hohem UV-Schutz in Auftrag geben.

  Zum Schutz gegen Starkwind und kleinere durch die Luft gewirbelte Teilchen eignet sich am besten eine hochstabile Militärbrille mit Polycarbonatgläsern und Antifog-Beschichtung, die jedoch teuer ist. Alternativ können Sie sich auch eine preiswerte Schwimmbrille zulegen, um Ihre Augen vor Staub, Rauch, vulkanischem Bimsstaub, Asche und Sand zu schützen.

  Unabhängig von Marke und Design sollte die Schwimmbrille aus Sicherheitsglas mit UV-Schutz bestehen. Eine Antifog-Beschichtung ist ein nettes Extra, aber die Abdichtung ist das Wichtigste. Bei langer Tragedauer wird sich besonders eine weiche hypoallergene Silikonabdichtung als bequem erweisen.

- **Cowboyhalstuch:** Dieses kleine Stück Cowboytechnik ist unerlässlich. Ein Halstuch unterstützt die Regulierung der Körpertemperatur, dient als Kopfschutz und schützt Sie vor Staub, der in Mund oder Kragen eindringen könnte. Wählen Sie eine Naturfaser und eine grelle Farbe, die auch aus weiter Ferne gesehen werden kann, wenn Sie damit winken. Größere Halstücher mit einer Kantenlänge von einem Meter können zudem als Armschlinge verwendet werden.

- **Kleidung:** Tragen Sie ein langärmeliges Baumwoll- oder Flanellhemd und Jeans oder eine Cargohose. Die Kleidung sollte locker und bequem sitzen. Ein Baumwollgürtel eignet sich besser als ein Ledergürtel, weil er haltbarer ist und noch anderweitig verwendet werden kann, beispielsweise um einen Druckverband anzulegen.

- **Lederjacke oder -weste:** Leder eignet sich am besten, weil es wie eine zweite Haut ist und hervorragend gegen das Wetter, UV-Strahlung und Abschürfungen schützt. Eine Lederjacke mit Innenfutter oder einer herausnehmbaren Weste empfiehlt sich für ein kühleres Klima. In einem wärmeren Klima sollten Sie eine leichte Weste in Betracht ziehen. Verschwenden Sie keinen Gedanken an das Aussehen, sondern achten Sie auf viele Taschen und robuste Nähte.

- **Socken und Unterhosen zum Wechseln:** Zu überleben kann eine beängstigende Angelegenheit sein, und wenn Sie durch schlammiges Wasser gewatet sind, um jemanden aus dem Matsch zu ziehen, werden Sie froh sein, ein trockenes Paar Socken dabei zu haben.

  Bewahren Sie Socken und Unterwäsche in einem Plastikbeutel mit Verschluss, und legen Sie einen zweiten Beutel für die Schmutzwäsche bei. Wenn Sie Durchfall bekommen, weil Sie etwas Falsches gegessen haben, wird eine frische Unterhose Ihnen ein Gefühl von Normalität geben.

- **Arbeitshandschuhe aus Leder:** In den kommenden Jahren werden medizinische Einrichtungen überlastet sein, und der uns heute so selbstverständliche Vorrat an Antibiotika und Schmerzmitteln wird knapp werden, um es einmal vorsichtig auszudrücken. Wenn Sie eine Stelle von Unterholz befreien oder eine Feuergrube ausheben müssen, nehmen Sie sich die Zeit, vorher ein Paar robuste Arbeitshandschuhe anzuziehen. Denken Sie daran, dass im Jahr 2012 schon ein kleiner Schnitt den Tod bedeuten könnte.

Marschgepäck für Erwachsene – Praktische Dinge von zu Hause

Jeder hat zu Hause eine Menge praktischer Dinge, die für das Überleben nützlich sind:

- **Toilettenpapier:** Wenn Sie in Ihrem Haus eine halb verbrauchte Rolle Toilettenpapier entdecken, ersetzen Sie diese durch eine neue. Pressen Sie die benutzte Rolle zusammen, und stecken Sie sie in einen Plastikbeutel mit Verschluss. Wenn das Leben seine harten Seiten zeigt, sind es die kleinen Dinge, die einem helfen, bei Verstand zu bleiben. In einem bestimmten Moment hinter Büschen ein paar Blatt weiches, doppellagiges Toilettenpapier zu haben, erinnert Sie daran, dass Sie immer noch ein Mensch sind.

- **Seife und Hygieneartikel:** Haben Sie je aus einem Hotel diese kleinen Seifenschachteln mit nach Hause gebracht? Stecken Sie ein paar davon zusammen mit einem kleinen Nagelknipser, einer Zahnbürste und einem Kamm in einen verschließbaren Plastikbeutel.

- **Verschließbare Plastikbeutel:** Wenn Ihr Gepäck aus Versehen in einen Fluss fällt oder dem Regen ausgesetzt ist, wird alles, was nicht wasserdicht verpackt ist, zu unnützem Gewicht. Verpacken Sie daher alles, was sich verpacken lässt, in verschließbaren, strapazierfähigen Plastikbeuteln, und bewahren Sie die Beutel nach Gebrauch auf.

- **Filtertüten Größe 4:** Dreieckig geformte Filtertüten der Größe 4 sind in jedem Marschgepäck unerlässlich, weil Sie damit trübes Wasser filtern können. Sie eignen sich zudem hervorragend dafür, Staub aus Ihren Lungen fernzuhalten.

  Erinnern Sie sich noch, wie beim Zusammensturz der Zwillingstürme am 11. September 2001 riesige Wolken an erstickendem Staub freigesetzt wurden? Bewahren Sie eine Filtertüte der Größe 4 in Ihrem Portmonee auf für den Fall, das Ihnen etwas Ähnliches zustößt. Sie lässt sich sehr gut über Nase und Mund stülpen und hält so den Staub ab.

  In den kommenden Jahren sind viele Vulkanausbrüche zu erwarten, wobei es Asche und Bimsstaub regnen wird. Zwei Filtertüten übereinander verhindern, dass sich vulkanischer Bimsstaub in Ihren Lungen als tödlicher glasartiger Zement absetzt. Ein verschließbarer Plastikbeutel mit 20 oder mehr Filtern der Größe 4 wiegt nicht viel, und Sie haben damit genug, um anderen welche abzugeben. Bewahren Sie die Filtertüten oben im Rucksack oder in einer Reißverschlusstasche auf, wo sie leicht zu finden sind.

- **Erste-Hilfe-Set:** Zu Hause sind fertige Erste-Hilfe-Kästen durchaus zweckmäßig, aber für den Rucksack sind sie zu sperrig. Eine Kühl- bzw. Wärmekompresse ist zwar gut und schön, sie aber im Gepäck zu haben, ist ein gewichtiges Unterfangen. Andererseits sollten Salztabletten und eine sterile Augenwaschlösung in keinem Erste-Hilfe-Set für 2012 fehlen. Daher sollten Sie sich Ihr eigenes kompaktes Set zusammenstellen, unter Berücksichtigung Ihrer Umgebung, Ihrer Bedürfnisse und Ihrer Situation.

  Wenn Sie unter den nicht verschreibungspflichtigen Medikamenten wählen, sollten Sie sich an die leichtgewichtigen halten, die Ihr Vorwärtskommen gewährleisten, zum Beispiel Schmerzmittel wie Aspirin oder Naproxen, Tabletten gegen Durchfall und Kohletabletten bzw. -kapseln gegen Vergiftungen. Um Platz zu sparen, sollten Sie die Verpackung entfernen und die Tabletten in kleine, mit einem Etikett versehene Plastikbeutel mit Zippverschluss füllen. Auch ein Sonnenschutz (oder eine Zinkoxidsalbe) und ein Lippenpflegestift, beispielsweise von Labello, sind von Nutzen.

  Blasen und Splitter werden Sie, ebenso wie Menstruationskrämpfe, langsamer machen. Stellen Sie ein kleines Set aus praktischen Dingen wie kleiner Schere, Nadeln, Pinzetten, Verbandszeug, einer antibiotischen Salbe und Zündhölzern zusammen. Fügen Sie auch Faden hinzu, um größere Wunden nähen zu können. Sie können ein Schweizer Taschenmesser als behelfsmäßigen Nadelhalter verwenden.

- **Jodtabletten:** Wenn im Fall einer atomaren Explosion der Wind den Fallout in Ihre Richtung treibt, können Sie die Wirkung des radioaktiven Jods auf Ihre Schilddrüse mittels Kaliumjodidtabletten mindern. Dadurch füllen sie die Schilddrüse mit so viel natürlichem Jod, dass sie kein radioaktives Jod mehr aufnehmen kann. Packen Sie für jeden erwarteten Tag unterwegs eine Tablette ein (plus ein paar zusätzliche, falls Sie unerwartet aufgehalten werden).

- **Panzerband:** Als schnelle Möglichkeit, einen Riss im Regenponcho zu kleben, rettet dieses allgegenwärtige Produkt immer wieder Leben. Sie können es auch benutzen, um eine Filtertüte am Gesicht festzukleben, damit Sie die Hände frei haben. Oder verwenden Sie es, um jemanden zu bändigen, der psychisch labil geworden ist. Eine kleine oder auch eine halb aufgebrauchte Rolle von der Werkbank genügt.

- **Wäscheleine:** Hungrige Tiere werden auf Beute aus sein, insbesondere nachts, und sie werden die Lebensmittel in Ihrem Gepäck wittern. Bevor Sie sich schlafen legen, sollten Sie daher eine Wäscheleine über einen hohen Ast werfen und Ihre Sachen nach oben ziehen, um sie so außer Reichweite der hungrigen Tiere zu bringen. Acht Meter Wäscheleine sind völlig ausreichend.

Legen Sie sich eventuell einen strapazierfähigen Baumwollgürtel zu, wie Bauarbeiter ihn benutzen, oder aber einen Pistolengürtel aus Militärbestand. Mit Hilfe von Gürtelholstern können Sie so einen Teil des Gewichts vom Rücken auf die Hüften verlagern.

All diese praktischen Dinge sind zwar im Regal langlebig, aber dennoch sollten Sie sie in regelmäßigen Abständen überprüfen, um sicherzugehen, dass sie funktionstüchtig sind. Die verderblichen Lebensmittel, die Sie brauchen, sind natürlich eine andere Sache.

Marschgepäck für Erwachsene – Lebensmittel von zu Hause

Morgens aufzuwachen und sich erst einmal eine Schale Haferbrei zu gönnen, ist ein munterer Start in den Campingtag, weil Sie jede Menge Zeit haben, um ein Feuer zu entfachen, den Brei vorzubereiten, das Wasser dafür zu erhitzen und anschließend Topf und Utensilien abzuwaschen.

Wenn Sie die Lebensmittel für Ihren Marsch zusammenstellen, denken Sie immer daran, dass Sie unterwegs sein werden – Sie werden kein Zelt aufschlagen. Statt neben einem plätschernden Bach entspannte Tage zu verbringen, werden Sie in Sorge sein, und Ihre Gedanken werden darauf ausgerichtet sein, sich selbst und Ihre Familie in Sicherheit zu bringen.

In der Welt von 2012 wird Wasser knapp sein, und der Rauch eines Feuers wird Ihren Aufenthaltsort verraten. Daher brauchen Sie Fingerfood mit einem ausgewogenen Verhältnis von Eiweiß, Fett und Kohlehydraten; Nahrung, die Sie im Gehen essen können, weil Sie jeden Tag bis zum Umfallen laufen werden, bis Sie Ihren Zufluchtsort erreichen. Vor diesem Hintergrund im Folgenden nun einige simple und haltbare Dinge, die Sie in Ihren Rucksack packen können:

- **Trockenfleisch und Trockenfrüchte:** Beides ist hervorragend für unterwegs geeignet und lange haltbar. Zwar können Sie beides en gros einkaufen, aber noch besser ist es, sich einen Dörrautomaten zu besorgen und Trockenfleisch und -obst selbst herzustellen. Das ist besonders dann eine gute Idee, wenn Sie mehrere Münder zu stopfen und einen mehrtägigen Marsch vor sich haben.

  Es gibt großartige Rezeptbücher für Trockenfleisch, also kaufen Sie sich eines und experimentieren Sie, sodass Ihnen mehrere interessante Geschmacksrichtungen zur Verfügung stehen. Machen Sie dasselbe auch mit Obst, denn das wird, je näher 2012 rückt, immer knapper werden. Aus Trauben der süßen Sorte „Red Flame" beispielsweise lassen sich im Dörrautomaten leckere Rosinen herstellen.

- **Erdnussbutter und Cracker:** Nüsse sind eine beliebte Knabberei, müssen aber auf spezielle Weise gelagert werden, damit sie nicht ranzig werden. Zudem enthalten die meisten Nüsse Aromaöle, die aufdringlich oder bitter schmecken und gären, sodass sie schwer verdaulich sind. Das aber ist das Letzte, was Sie während eines langen Fußmarschs brauchen.

  Statt Nüssen und Studentenfutter sollten Sie lieber ein noch verschlossenes Glas „cremige" Erdnussbutter, also ohne Stückchen, sowie Cracker einpacken. Erdnussbutter ist eine reichhaltige Quelle an leicht verdaulichem Protein, insbesondere für Diabetiker und Menschen mit Zahnproblemen. Nehmen Sie keine Bio-Erdnussbutter, da sich die Inhaltsstoffe im Glas trennen. Die Stabilisatoren in kommerziellen Marken verhindern das.

- **Dunkle Schokolade:** Dunkle Schokolade mit einem Kakaoanteil von mindestens siebzig Prozent ist ein wertvoller Besitz. Die besten Sorten werden aus reiner Kakaobutter hergestellt und sind sehr gehaltvoll. Halten Sie sich an Marken aus Frankreich, der Schweiz oder Venezuela.

  Das Koffein in der Schokolade ist ein hilfreiches Stärkungsmittel und wird Sie bei Laune halten. Zudem ähnelt es Kodein und hilft so, hartnäckigen Husten zu bekämpfen und den Appetit zu vermindern.

- **Kaffeebohnen mit Schokoladenüberzug:** Wenn Sie regelmäßig und viel Kaffee trinken, dann ist ein Koffeinentzug während eines Fußmarschs gefährlich. Stecken Sie sich eine Tüte mit schokolierten Kaffeebohnen ins Gepäck, genug für ein paar Mundvoll jeden Morgen. Sie bringen Schwung in den Tag und bewahren Sie vor dem Entzugstief.

- **Hoodiatabletten:** Hoodia ist ein beliebtes Mittel zur Gewichtsreduzierung und wurde ursprünglich von Urvölkern genutzt, weil es Energie spendete und auf langen Märschen, auf denen die Mahlzeiten spärlich und selten waren, den Appetit zügelte. Es ist ein beliebtes Abnehmmittel, also lassen Sie Vorsicht walten. Es gibt viele Betrüger, die gefälschte Produkte über das Internet verkaufen. Am sichersten ist es, die Tabletten vor Ort bei einem seriösen Verkäufer zu erwerben.

Jetzt, da diese Dinge erledigt sind, fragen Sie sich vielleicht, ob es nicht an der Zeit ist, sich eine Waffe zu kaufen, falls Sie nicht schon eine haben.

„If I Had a Hammer"

Wenn wir heute über Hämmer sprechen, denken die meisten bestimmt an die kleinen, preiswerten Hämmer, die es in jedem Supermarkt gibt und mit denen sich lose Dielenbretter festnageln und Bilder aufhängen lassen. Ein solcher Hammer ist während eines Fußmarschs vollkommen nutzlos; legen Sie ihn also in die unterste Schublade, und lassen Sie ihn dort.

Das Großartige an einem Hammer ist jedoch, dass es durchaus Modelle gibt, die eine hervorragende Waffe abgeben, und es gibt kein Gesetz, das Ihnen verbietet, einen Hammer bei sich zu tragen. Nun, da Sie dies wissen, brauchen Sie einen großen Klauenhammer.

Klauenhämmer werden von Zimmerleuten verwendet und besitzen einen größeren, schwereren Kopf als herkömmliche Hämmer, um die Treffgenauigkeit zu erhöhen und einen Nagel mit weniger Schlägen ins Holz zu treiben. Vom Aussehen her ist der Klauenhammer auch das Modell, das dem mittelalterlichen deutschen Kriegshammer am ähnlichsten sieht.

Der Kriegshammer war eine scheußliche hammerähnliche Waffe, die viele Jahrhunderte lang weltweit eingesetzt wurde. Sie wurde in Deutschland zu dem Zweck erfunden, der zunehmenden Verbreitung von Rüstungen im mittelalterlichen Europa entgegenzuwirken. Im Gegensatz zu Schwertern konnten diese Schlagwaffen die Rüstung eines Ritters aufreißen und ihm anschließend schwere Brüche oder Prellungen beibringen.

Der beste Weg, sich einen guten Überlebenshammer für das Jahr 2012 auszusuchen, ist der Besuch des nächsten Eisenwarenhandels. Um vergleichen zu können, beginnen Sie beispielsweise mit einem Klauenhammer der Marke FatMax, der gut 600 Gramm auf die Waage bringt. Wiegen Sie ihn in der Hand, und stellen Sie sich und den Hammer in den folgenden Situationen vor:

- Sie schlagen auf ein Tier ein, das eines Ihrer Kinder angreift.

- Sie verteidigen sich gegen einen messerschwingenden Dieb.

- Sie beseitigen tiefhängende Äste und heben eine Feuergrube aus.

- Sie suchen an einem eingestürzten Haus nach losen Brettern, um sich eine Unterkunft zu bauen.

- Sie benutzen den Hammer als eine Art Steigeisen, um ein steiles Ufer zu erklimmen.

Ignorieren Sie sämtliche Preisschilder, und achten Sie auf die folgenden Eigenschaften:

- **Aus einem Stück geschmiedet:** Kopf und Stiel des Hammers sollten aus extrahartem Stahl gefertigt sein. Solche Modelle eignen sich besonders für den Kampf, weil sie stärker und besser ausbalanciert sind. Zudem liefern Sie eine zuverlässigere Hebelkraft, was praktisch ist, wenn Sie sich selbst oder ein anderes Opfer aus Trümmern oder Schutt befreien müssen.

  Während Sie an anderen Dingen sparen können, sollten Sie am Hammer nicht knausern. Preiswerte Hämmer aus Indien oder China sind so lange ein Schnäppchen, bis Sie sie brauchen. Wie für Messer gilt auch für Qualitätshämmer, dass sie von einer bekannten europäischen oder amerikanischen Firma hergestellt worden sein sollten.

- **Gewicht und Länge:** 600 Gramm ist ein bei vielen Männern beliebtes Gewicht. Je schwerer der Hammer, desto länger ist er. Auch trifft ein schwerer Hammer durch den längenbedingten zusätzlichen Schwung sein Ziel mit größerer Wucht. Deutsche Kriegshämmer waren für gewöhnlich gut einen halben Meter lang, also beträchtlich länger als ein moderner Klauenhammer.

- **Kopf:** Der Kopf sollte eine geraute Oberfläche besitzen. Das verhindert, dass der Hammer vom Nagelkopf abgleitet … oder von anderen Dingen. Ganz gleich, wo Sie einen angreifenden Räuber oder ein Tier treffen, werden Sie durch eine geraute Oberfläche weniger Energie durch einen „Streifhieb" verschwenden und den Schlag stattdessen landen können, wo er landen sollte.

- **Klaue:** Die Klaue eines Klauenhammers ist nur leicht gebogen, wohingegen ein typischer Haushaltshammer eine stark geschwungene Klaue besitzt. Doch auch mit einer nur leicht gebogenen Klaue können Sie Nägel ziehen, was sie werden tun müssen, wenn Sie beschädigte Gebäude nach Material zum Bau eines Unterschlupfs durchsuchen.

  Kaufen Sie keinen Hammer mit einer stark geschwungenen Klaue, nur weil sich damit leichter Nägel ziehen lassen. Mit einem solchen Modell lässt sich nicht so gut graben, stemmen und hacken. Suchen Sie sich einen Hammer mit einer dicken Klaue, die nur schwach geschwungen ist.

- **Stiel:** Ein breiter, abgeflachter Stiel mit einer schmalen Kante zwischen Kopf und Griff ist am Besten. Wenn Sie sich gegen einen Angriff verteidigen müssen, wird diese Art Stiel sie wuchtiger zuschlagen lassen als ein runder Holz- oder Fiberglasstiel.

- **Griff mit Vibrationsdämpfung:** Halten Sie nach einem Modell Ausschau, das die Wucht des Schlags, die auf Handgelenke und Ellenbogen wirkt, auf ein Minimum reduziert, ebenso wie die Erschütterungen durch das Auftreffen des Hammers. Das wird sich nicht nur im Kampf bewähren; es macht die Handhabung des Hammers allgemein einfacher.

Wenn Sie sich für einen solchen Hammer entscheiden, brauchen Sie auch einen guten Werkzeuggürtel mit Hammerholster, das sich auf beiden Seiten befestigen lässt. Tragen Sie den Hammer dort, wo Sie ihn am besten erreichen und gleichzeitig problemlos Ihr Gepäck abstreifen können, um es als behelfsmäßigen Schutzschild zu verwenden. Lassen Sie außerdem Ihren Namen in den Hammer eingravieren.

Wenn Sie einem messerschwingenden Angreifer gegenüberstehen, lässt ein Hammer dieser Machart ihn schnell wissen, dass Sie kein wehrloses Opfer sind. Denn Ihr Gegner wird sein 10 bis 20 Zentimeter langes Messer zunächst an Ihrem Rucksack vorbeimanövrieren müssen, wohingegen Sie mit Ihrem Hammer die dreifache Reichweite haben. Alles, was Sie brauchen, ist ein gut gezielter Hieb, der Ihren Gegner an beliebiger Stelle trifft. Der Schmerz der zerschmetterten Knochen wird ihn lähmen. Also kaufen Sie den Hammer nicht nur, um ihn wegzulegen. Trainieren Sie, mit ihm zu kämpfen, und bleiben Sie in Übung.

Teil V

Eine erleuchtete Zukunft

„Wenn der Mensch nicht länger Schulden, Unsicherheit und seinen Nachbarn fürchten muss, wird er um einiges liebenswürdiger."

Jacque Fresco

Zukünftige Generationen werden einsehen, dass der Schlüssel zum Überleben unserer Spezies darin liegt, die Einheit mit dem Kosmos zu suchen. Sie werden auf unsere Zeit zurückblicken und sich fragen, wie so viele von uns sich so lange von Gier und Dummheit blenden lassen konnten.

Einstimmig werden sie „Nie wieder" sagen, und sie werden die ganze Bedeutung dieser Worte erfassen und entsprechend handeln.

15

2012 ist ein evolutionäres Ereignis

Wie wir die bevorstehende Katastrophe überstehen, ist natürlich wichtig, aber weit wichtiger ist, warum. Das ist es, kurz gesagt, worauf es nach 2012 ankommt. Daher sagen die Autoren dieses Buches auch so gern: „Bis hinterher dann."

Auch wenn viele Menschen im 21. Dezember 2012 ein absolutes Datum sehen, bedeutet es lediglich den Wendepunkt innerhalb eines evolutionären Ereignisses von schwindelerregenden Ausmaßen. Wenn wir diesen Scheitelpunkt hinter uns gelassen haben, wird sich die Menschheit aufspalten, wie es schon einmal geschehen ist, als Cromagnonmensch und Neandertaler über die Erde wandelten.

Im Jahr 2012 wird der Planet X das „fehlende Glied" in einer ganz ähnlichen Aufspaltung werden. Nachdem der Planet vorbeigezogen ist, werden moderner Mensch und erleuchteter Mensch, eine neue Art von Homo sapiens, aus der Zerstörung hervorgehen. Gemeinsam werden sie die Welt wieder aufbauen.

Der moderne Homo sapiens wird vor allem aus den in Kapitel 10 beschriebenen Archen für die Auserwählten kommen. Sie werden von den Eliten dieser Welt gerettet werden, um nach 2012 die Vorherrschaft dieser Eliten zu gewährleisten.

Der erleuchtete Homo sapiens wird aus den Menschen bestehen, die von den Machteliten sich selbst überlassen worden sind. Aus ihren Reihen wird derjenige kommen, den Jesus in seiner Bergpredigt prophezeit hat, als er sagte, dass die Sanftmütigen die Erde besitzen werden.

Der Begriff „sanftmütig" gab in diesem Kontext lange Zeit Rätsel auf. Denn wie sollen Menschen, die als unterwürfig, schwach und fügsam gelten, je die Erde besitzen? Nichts anderes verstehen wir heute unter „sanftmütig". Zu Lebzeiten von Jesus allerdings beschrieb das Wort freundliche, gütige Menschen.

Damit dies geschehen kann, muss die Menschheit in ihrer Entwicklung einen großen Schritt vorwärts tun, und genau das ist es, was Jesus, Buddha und wohl auch viele andere religiöse Führungspersonen meinen, wenn sie von zukünftigen Ereignissen sprechen: dass der Tag der erleuchteten Menschheit kommen wird. Wenn Sie diejenigen ausfindig machen wollen, die sich dieser erleuchteten Vision von der Zukunft des Menschen entgegenstellen, dann müssen Sie nur diejenigen aufspüren, die die

Bedeutung des alten, schönen Wortes „sanftmütig" verdreht haben. Sie sind die Mörder dieses Traums.

Das ist eine gewagte Aussage, und einige mögen den Impuls verspüren, ihn entrüstet von der Hand zu weisen. Nicht etwa, weil sie die Logik dieses Arguments gebührend geprüft haben, sondern weil sie damit ihrer Pawlowschen Konditionierung gemäß handeln.

Evolution und Indoktrination

Schon in jungen Jahren werden wir von den Machteliten mit Glaubenssystemen geimpft, die den Zielen dieser Eliten entgegenkommen. Daher gibt es auch so viele verschiedene politische, theologische und philosophische Ansichten, die miteinander wetteifern.

Dann und wann begeben sich viele von uns an den Rand dieser Glaubenssysteme, um einen Blick hinaus zu werfen, weil wir meinen, einen freien Willen zu besitzen. Dieser drängt uns von Zeit zu Zeit dazu, über den Tellerrand unserer Glaubenssysteme zu blicken. Nur zu oft aber erweist sich unser freier Wille als nichts weiter als ein künstliches Placebo, denn sobald wir am Rand stehen, tritt ein tief verwurzelter Angstmechanismus in Aktion und zerrt uns zurück ins Zentrum.

Aufgewühlt durch das, was wir gesehen haben, klammern wir uns im Zentrum fest und wiederholten immer wieder: „Oh je, ich muss verrückt gewesen sein, das zu tun!" Daher erkennen viele Menschen auch nicht, wie tief diese durch Angst ausgelöste Gehorsamsreaktion in der menschlichen Psyche verankert ist.

Allerdings sehen wir manchmal so viel jenseits des Tellerrands, dass das Zentrum uns nicht länger Behaglichkeit bietet. Vielleicht liegt das daran, dass eine böse, leise Stimme uns immer wieder aufschreckt: „Wach auf, du wurdest zum Narren gehalten!" Die Machteliten wissen genauestens Bescheid über diese leisen Stimmen in uns. Gott hat uns so geschaffen, dass wir das Wecksignal hören, auch wenn nur wenige der Versuchung widerstehen können, immer wieder die Schlummertaste zu drücken.

In den Widrigkeiten, die uns 2012 bevorstehen, wird unser Leid so groß sein, dass es keine Schlummertaste mehr geben wird, und das Wecksignal wird ohrenbetäubend schrillen. Dann werden wir entweder den Mut haben, den künstlichen Glaubenssystemen zu trotzen und sie zu demontieren, oder aber wir müssen uns unserem Schicksal ergeben, wie auch immer das ausfallen wird.

So wird uns der Planet X äußerst schmerzhaft auf die nächste Sprosse der Leiter heben, die die Evolution unserer Spezies kennzeichnet. Auf dieser Leiter wimmelt es nur so von streitsüchtigen Raufbolden, und jeder von ihnen versucht, die anderen hinunterzustoßen.

Evolution und Macht

Die Evolution ist eines der großen Themen, wenn nicht das große Thema, an dem sich die Geister der westlichen Kultur scheiden. Folglich geht es bei der Frage, wer wir sind und wie wir an diesen Punkt gelangt sind, mehr um Disput als um Kontinuum.

An allen Fronten dieser jahrhundertealten Debatte ist den Verfechtern der jeweiligen Idee mehr daran gelegen, mit ihrer Vorstellung der Evolution die der anderen zu übertrumpfen als lange genug zu leben, um zu überprüfen, ob die eigene Theorie auch stimmt. Bei diesem ganzen Disput scheint ihnen zu entgehen, dass die Evolution für uns noch immer nahezu ebenso rätselhaft wie die Kosmologie ist.

Kosmologen sagen, dass wir kaum ein Prozent von dem wissen, was es über unser Universum zu wissen gibt. Selbst wenn wir zehnmal so viel über die Evolution wüssten – wie könnten wir uns absolut sicher über die Entwicklung unseres Universums und unsere sich darin entfaltende Funktion sein? Und sollen wir die 90 Prozent des Wissens, das uns über die Evolution noch nicht vorliegt, etwa blind glauben?

Evolution und Machteliten

Wenn Wissenschaftler, Gelehrte und Theologen einen Augenblick lang aufhören würden, sich um den Trog mit den Fördergeldern zu balgen, könnten sie einen völlig neuen Eindruck gewinnen: Sie alle haben teilweise Recht. Jeder von ihnen hält ein wichtiges Stück dieses nicht heterogenen Ideenpuzzles in Händen.

Bis es aber so weit ist, halten wir Zuschauer den Atem an und warten darauf, dass aus dieser Kakophonie eine Einigung hervorgeht. Der tatsächliche Schaden, der sich aus diesem sinnlosen Geduldsspiel ergibt, besteht darin, dass wir selbst nicht das gesamte Puzzle überblicken. Das nämlich würde jedem Einzelnen von uns eine Macht verleihen, die die herrschenden Eliten uns nicht zugestehen können. Denn unsere Unwissenheit ist die Grundlage ihrer Macht.

Ein gutes Beispiel für die Macht der Unwissenheit ist das Schicksal der russischen Leibeigenen (Bauern) unter der Herrschaft Peters des Großen.

Die Macht der Unwissenheit

Während seiner Herrschaft als Zar, die von 1682 bis 1725 währte, verwandelte Peter ein rückständiges Land recht zügig in ein westlich geprägtes Imperium. Dabei bediente er sich einer immensen Zahl an billigen Fronarbeitern.

Das funktionierte, weil die Leibeigenen jener Zeit ihr Schicksal, als Besitz zu gelten, klaglos hinnahmen. Sie erhielten keine Bildung und wurden mit harter Hand regiert, und dennoch akzeptierten sie ihren niederen Stand im Leben als das ihnen gegebene evolutionsbedingte Schicksal, ganz so, wie es ihnen von der Kirche beigebracht wurde. Dieses Schicksal band sie an das Land, das sie bearbeiteten, und somit an denjenigen, dem dieses Land gehörte.

Gemeinsam missbrauchten Staat und Kirche die kreationistische Theorie, um den Leibeigenen ihre Menschenrechte abzusprechen und ihnen stattdessen den rechtlichen Status des Viehs zu geben, um das sie sich kümmerten. Davon zeugt noch heute das russische Sankt Petersburg, eine Stadt, die von Peter dem Großen buchstäblich erschaffen wurde.

Eine Stadtführung durch das heutige Sankt Petersburg führt von einem eindrucksvollen Monument zum nächsten, und sie alle stehen für Peters ehrgeizige Ziele. Die gesamte Route entlang erzählt der Fremdenführer, wie Zar Peter nach Belieben eine immense Zahl an Leibeigenen zur Arbeit verpflichtete, um seine kühnen Bestrebungen zu verwirklichen. Dann folgt die Todesstatistik.

Wenn Sie erst wissen, wie viele Leibeigene durch die harten Arbeits- und Lebensbedingungen starben, als wären sie nichts weiter als ersetzbare Gegenstände gewesen, werden Sie im Geiste plötzlich Blut aus allen Ritzen dieser Bauwerke dringen und sich am Boden zu großen Pfützen sammeln sehen.

Dies geschah, weil das zentrale Glaubenssystem Russlands von Kirche und Staat geschickt missbraucht wurde, um den russischen Leibeigenen ihr gottgegebenes Recht vorzuenthalten, ihr evolutionäres Erbe selbst auszuloten. Das Ergebnis war ein gottloser Staat, in dem sich Ungemach für die Welt zusammenbraute. Daraus ersehen wir, dass es in unserer eigenen Verantwortung liegt zu begreifen, wer wir sind und wie wir so geworden sind.

Das evolutionäre Erbe ist eine persönliche Entdeckungsreise

Im Jahr 2012 werden wir unserem evolutionären Erbe und der Weisheit, die Gott uns gegeben hat, um sie zu begreifen, Auge in Auge gegenüberstehen. Das heißt, sofern wir es annehmen – und zwar unabhängig davon, wie fremd es aus der Perspektive unserer gegenwärtigen Glaubenssysteme auch erscheinen mag.

Was wäre, wenn wir durch den nächsten Vorbeiflug des Planeten X erführen, dass wir eine durch Genmanipulation entstandene Spezies sind? Was wäre, wenn Außerirdische uns erschaffen hätten, damit wir ihren utilitaristischen Zwecken dienten – so wie wir Menschen Getreide genetisch verändern, um höhere Ernteerträge zu erzielen?

Wären wir für den Schock gewappnet, der uns treffen würde, wenn wir unser evolutionäres Erbe plötzlich als eines erkennen würden, das sowohl Theologen als auch Wissenschaftler bislang standhaft von sich gewiesen haben? Von Zeit zu Zeit kommen uns solche Gedanken.

In seiner Rede vor der vollzählig anwesenden UN-Hauptversammlung am 21. September 1987 sagte Präsident Ronald Reagan:

> „Gelegentlich denke ich, wie schnell sich doch unsere Differenzen weltweit in Luft auflösen würden, wenn wir uns einer Bedrohung durch Außerirdische aus dem Weltall gegenübersähen. Doch frage ich Sie: Ist diese fremde Macht nicht längst unter uns?"

Reagans Betonung lag nicht etwa auf der Bedrohung durch Außerirdische, sondern vielmehr auf der Bedrohung, die von unserem eigenen zänkischen Verhalten und den Streitereien über nichtige Differenzen ausgeht. Lassen Sie uns damit die Differenzen beiseitelegen und, im Lichte des Jahres 2012, ein anderes Bild von der Evolution betrachten.

Eine Verbindung der gegenwärtigen Evolutionstheorien

Für unsere Diskussion bezüglich unseres evolutionären Voranschreitens im Jahr 2012 wollen wir uns drei Denkrichtungen anschauen, die sich mit dem Thema Evolution auseinandersetzen: Kreationismus, Darwinismus und Katastrophismus.

- **Kreationismus:** Dem Kreationismus zufolge erschuf Gott das Universum und alles in ihm innerhalb von sechs Tagen durch Gedankenkraft. Der strenge Kreationismus stützt sich auf die wörtliche Auslegung der Genesis in der Thora (dem Alten Testament) und siedelt die Erschaffung des Universums im Zeitraum zwischen 5500 und 4000 v. Chr. an.

- **Darwinismus:** Ein erstaunlicher Prozess der natürlichen Auslese sorgte laut Darwinismus dafür, dass sich die verschiedenen Arten als Reaktion auf ihre Umgebung weiterentwickelten. Der Darwinismus stützt sich auf die wissenschaftliche Philosophie des Aktualismus und wird oft durch folgenden Satz zusammengefasst: „Die Gegenwart ist der Schlüssel zur Vergangenheit."

- **Katastrophismus:** Im Gegensatz zum Darwinismus, der von einem langen, launenhaften Evolutionskreislauf ausgeht, glaubt der Katastrophismus, dass die großen Sprünge in der Evolution auf Katastrophen wie den Chicxulub-Einschlag zurückgehen, der vor etwa 65 Millionen Jahren die Dinosaurier auslöschte.

Politisch gesprochen liegen zwischen diesen drei Denkrichtungen Welten. Daher wollen wir sie noch einmal vorstellen, aber dieses Mal als die drei Komponenten einer vereinheitlichten Theorie, die wir die „drei Prüfungen der Evolution" nennen wollen.

Die drei Prüfungen der Evolution

Im Gegensatz zu Kreationismus, Darwinismus und Katastrophismus, die die Entstehung neuer Arten erklären, legt unsere Theorie dar, warum alte Arten verschwinden.

Halten Sie sich immer vor Augen, dass 99 Prozent aller Arten, die je auf unserem Planeten gelebt haben, heute ausgestorben sind, und als Neulinge müssen wir Menschen uns erst „die Sporen verdienen", wie es so schön heißt.

In unserer neuen vereinheitlichten Theorie wollen wir annehmen, dass jeder lebende Organismus die folgenden drei Prüfungen bestehen muss: Bestimmung, Zeit und Katastrophe.

Prüfung Nr. 1 – Bestimmung (Kreationismus)

In der Genesis heißt es, dass Gott alles aus einer bestimmten Absicht heraus erschaffen hat, indem er es durch seine Gedankenkraft entstehen ließ. Wenn wir aber einmal die Heisenbergsche Unschärferelation nehmen, die ja besagt, dass wir eine Sache bloß durch die Art des Betrachtens verändern können – welche der beiden Gruppen stützt sich dann mehr auf reinen Glauben:

Die Kreationisten, die davon ausgehen, dass wir das Produkt eines intelligenten Entwurfs sind? Oder aber die Darwinisten, die uns im Grunde nichts anderes sagen, als dass vor mehreren Milliarden Jahren ein Blitz per Zufall einige Moleküle in eine Art Ursuppe verwandelt hat. Schnell ein paar Jahrmilliarden vorgespult, und voilà – die Suppe liest Shakespeare!

Die Darwinisten machen sich über die Kreationisten lustig, weil diese blind glauben, so als hätte Gott ihnen per Fax eine Antwort zukommen lassen. Aber wie können die Darwinisten ihrerseits blind glauben, dass die Evolution durch einen dummen Zufall ins Rollen kam?

Selbst diejenigen unter uns, die nicht einmal im Traum daran denken, die Schwelle einer Kirche oder Synagoge zu überschreiten, möchten sich nicht den Rest ihres Lebens lang fragen: „Ist das etwa alles?"

Denn wir spüren, dass da mehr ist. Viel mehr. Somit ist der geläufige Satz „Alles geschieht aus einem bestimmten Grund" zu einem Standardausdruck des modernen Zeitgeistes geworden.

Er besagt, dass alle Dinge und jedes Leben eine Bestimmung haben. Dieses Konzept unseres Zeitgeistes wird treffend in einer Szene des Films „Matrix Reloaded" beschrieben, in der die Figur des Neo von Agent Smith und seinen Klonen gestellt wird: „[…] ohne Bestimmung würden wir nicht existieren. Es ist Bestimmung, die uns erschaffen hat. Bestimmung, die uns verbindet. Bestimmung, die uns motiviert. Die uns führt. Die uns antreibt. Es ist Bestimmung, die uns definiert."

Der Unterschied zwischen der Bestimmung in dem Film „Matrix" und der Bestimmung der Genesis ist der, dass die eine die Versklavung und die andere die Erleuchtung meint. In „Matrix Reloaded" findet sich eine dunkle, böse Botschaft, wie sie in all der wenig inspirierenden Negativität vorherrscht, die Hollywood heute hervorbringt.

Die Kreationisten andererseits bieten eine erleuchtete Vision, die davon ausgeht, dass unsere Bestimmung im Leben die ist, uns in Richtung unseres Schöpfers zu entwickeln. Leider wird ihre schöne Vision unserer Bestimmung von einer Überheblichkeit im „Matrix"-Stil getrübt, denn viele Kreationisten glauben, dass Gott alle Nonkonformisten und Ungläubigen strafen wird, um sich ihres eigenen Glaubens sicher zu sein.

Prüfung Nr. 2 – Zeit (Darwinismus)

Die darwinistische Auffassung der Evolution wird oft herangezogen, um einen Vorgang zu beschreiben, der sich langsam, aber in erstaunlichen Schritten über einen langen Zeitraum hinweg vollzieht. Andererseits aber besagt der Darwinismus, dass eine Spezies erst die Zeitprüfung bestehen muss, um als erfolgreich zu gelten.

Ein Beispiel für eine Spezies, die diesen Test bestanden hat, ist der Küstenmammutbaum, der in einem acht Kilometer von der Küste entfernten und 67 Kilometer breiten Gürtel an Amerikas nordwestlicher Pazifikküste wächst. Diese robusten Überlebenskünstler gibt es schon seit über 150 Millionen Jahren. Einst waren diese subtropischen Nadelbäume die dominante Spezies der nördlichen Hemisphäre.

Sie werden über 90 Meter hoch, und ein ausgewachsener Küstenmammutbaum braucht täglich knapp 1.900 Liter Wasser. Aus einem genetischen Vergleich mit dem Menschen geht der Küstenmammutbaum als klarer Sieger hervor.

Jede menschliche Zelle enthält normalerweise 23 Chromosomenpaare mit je einem Chromosom von jedem Elternteil, was insgesamt 46 Chromosomen ergibt. Küstenmammutbäume besitzen elf Chromosomenpaare von sechs verschiedenen Eltern, also insgesamt 66 Chromosomen! Mehr Vielfalt findet sich wohl nur in einer Hochzeitskapelle in Las Vegas.

Während nur wenige Menschen ihren hundertsten Geburtstag feiern können, werden Küstenmammutbäume 2.200 Jahre und älter. Sie pflanzen sich auf zweierlei Weise fort. Wie auch bei anderen Nadelbäumen sorgen die Samen in den Zapfen für die Vermehrung, doch zudem können Küstenmammutbäume auch aus ihrem Wurzelsystem neue Sprösslinge keimen lassen, sodass eine sogenannte „Kathedrale" entsteht.

Küstenmammutbäume unterscheiden sich dadurch von anderen Baumarten, dass jeder dieser Bäume seine Wurzeln mit denen der benachbarten Artgenossen verbindet und so Wasser und Nährstoffe mit ihnen teilt. Es gibt sogar Albinos unter diesen Bäumen, die weiße Blätter haben und allein von den Nährstoffen leben, die sie in großer Menge durch das Wurzelsystem benachbarter Küstenmammutbäume erhalten.

Ein solches Wurzelsystem ist so stark, dass jemand, der während eines Erdbebens in einer Gruppe von alten Küstenmammutbäumen steht, ähnlich wie auf einem Trampolin auf und ab hüpft. Deshalb haben Küstenmammutbäume die Erschütterungen selbst der heftigsten Erdbeben der vergangenen 150 Millionen Jahre überstehen können.

Dennoch sterben auch Küstenmammutbäume irgendwann. Sie werden durch Stürme umgeworfen, durch Feuer verbrannt oder aber sterben aufgrund ihres Alters. Wenn sie fallen, kommt es zur Totholzverjüngung, denn der abgebrochene Stamm nährt den ringförmigen Wuchs einer neuen Kathedrale von Mammutsprösslingen, die wiederum dem bereits vorhandenen Wurzelsystem in einem nahezu perfekten Kreis entwachsen. Sie haben es nicht eilig zu wachsen, da der sie nährende Stamm den Boden über einen Zeitraum von etwa 4.000 Jahren hinweg kontinuierlich mit Nährstoffen versorgt.

Küstenmammutbäume gab es schon mindestens 85 Millionen Jahre, bevor der Chicxulub-Einschlag vor etwa 65 Millionen Jahren die Dinosaurier auslöschte. Das bedeutet, dass die Bäume sämtliche Vorbeiflüge des Planeten X sowie die verschiedenen dadurch ausgelösten Katastrophen überstanden haben. Und auch den im Jahr 2012 werden sie überstehen.

Anstatt also auf künstliche Evolutionstheorien und theologische Vorstellungen zu vertrauen, sollten wir versuchen, mehr wie der amerikanische Küstenmammutbaum zu sein, eine Spezies, der es geschickt gelungen ist, durch genetische Vielfalt, Selbst-aufopferung und Gemeinschaftssinn die Prüfung der Zeit zu bestehen.

Prüfung Nr. 3 – Katastrophe (Katastrophismus)

Vor Darwinismus und Aktualismus war der Katastrophismus der vorherrschende Glaube vieler Kulturen. Mit ihm wurden die Entstehung der Welt und die Evolution der verschiedenen Arten erklärt. Aus Sicht der modernen Wissenschaft gelten drei Männer als maßgebliche Vertreter des Katastrophismus:

- **Georges Cuvier:** Cuvier war ein französischer Anatom und Paläontologe, der seine Kataklysmentheorie bzw. den Katastrophismus erstmals im frühen neun-zehnten Jahrhundert einführte. Cuviers Theorie sollte später von Darwins The-orie der natürlichen Auslese verdrängt werden, wenngleich diese nie durch irgendein ernst zu nehmendes wissenschaftliches Gutachten belegt wurde.

- **Immanuel Velikovsky:** Nachdem der Katastrophismus jahrelang vor sich hin-gedämmert hatte, rückte er 1950 durch die Veröffentlichung des Bestsellers „Welten im Zusammenstoß" von Immanuel Velikovsky erneut ins Rampenlicht. Velikovsky war ein angesehener Psychiater und Psychoanalytiker, der behaup-tete, es sei in früheren Zeiten zu mehreren Beinahezusammenstößen zwischen der Erde und anderen Planeten gekommen. Viele seiner Theorien erwiesen sich als problematisch, und die wissenschaftliche Gemeinschaft belächelte ihn. Dennoch belebten seine Bemühungen den Katastrophismus neu und brachten ihn erneut als Evolutionskonzept ins Gespräch.

- **Luis Alvarez:** Im Jahr 1980 sorgte der Katastrophismus dann noch einmal für Furore, als der spanischstämmige amerikanische Physiker Luis Alvarez eine Ab-handlung über einen 65 Millionen Jahre alten Einschlagkrater veröffentlichte, den er bei Chicxulub auf der mexikanischen Yucatán-Halbinsel entdeckt hatte. Der Einschlag war von solch enormem Ausmaß gewesen, dass ungefähr 70 Pro-zent aller Arten auf der Erde, darunter auch die Dinosaurier, ausgelöscht wurden. Sein Fund war so erschütternd, dass Alvarez dafür den Nobelpreis erhielt.

Um den Katastrophismus aber in einen wirklich sinnvollen Kontext zu setzen, soll-ten wir Astronomen zu Rate ziehen, die sich mit dem Aufspüren erdnaher Objekte (engl.: Near Earth Objects, kurz NEO) befassen.

Sie werden spontan antworten, dass die geologischen Tiefenschichten ein eindeu-tiges Muster aufzeigen. Danach konnten die verschiedenen Arten unseres Planeten während langer, relativ ruhiger Phasen wachsen und gedeihen, nur um in einem kurzen, aber intensiven Moment durch extreme Naturgewalten ausgelöscht zu werden.

Während die Menschheit die Prüfung der Zeit – und auch die der Bestimmung – erst noch bestehen muss, hat sie sich bei Katastrophen bereits bewährt. Das Schlimmste, dem uns der Planet X aussetzen kann, ist ein Polsprung und eine dadurch bedingte globale Sintflut. Beides aber hatten wir bereits und haben es überstanden. Das können und werden wir erneut überstehen.

Viele unserer geistigen Erfindungen allerdings haben diese Feuerprobe noch nicht bestanden, darunter viele der großen Religionen der Welt sowie Kapitalismus, Kommunismus, Sozialismus usw.

All dies hat sich erst in unserer derzeitigen Ruhephase entwickelt, und keines dieser Konzepte ist frei von innerer Korruption. Wer kann also schon sagen, was davon die kommenden Widrigkeiten überstehen wird?

Nicht etwa die Rache Gottes, sondern die Evolution wird als Jüngstes Gericht auf all das warten, das die Widrigkeiten nicht übersteht, und eines ist gewiss: Der kleinliche Triumphalismus unserer heutigen alltäglichen Glaubenssysteme wird in der anstehenden Katastrophe untergehen, und sei es nur, weil er sich längst selbst überlebt hat.

Wenn wir heute dem Jahr 2012 entgegensehen, dann wissen wir, dass der drohende Vorbeiflug des Planeten X unsere Welt auf eine Weise umformen wird, die wir uns heute noch nicht vorzustellen vermögen. Und so fragen wir: Was wird aus uns werden?

Etwas ganz Erstaunliches.

Was wird aus uns werden?

Man kann buchstäblich Wochen, wenn nicht gar Monate oder Jahre mit dem Durchstöbern von Evolutionstheorien in New-Age-Büchern und im Internet verbringen. Ob dabei nun von unserer Verbindung zu Gaia (Mutter Erde), außerirdischem Eingreifen, dem Aufkommen einer neuen, erleuchteten Geisteshaltung weltweit oder anderen Dingen die Rede ist, verkünden sie alle, dass wir uns zu einer edleren Spezies entwickeln werden.

Wenn diese New-Age-Autoren die Augen schließen, sehen sie ein Universum voller Möglichkeiten. Andere Menschen, Hollywood-Produzenten beispielsweise, sehen dagegen nur die Innenseite ihrer Augenlider. Ihre Seele hat durch die Ellenbogentaktik auf der Erfolgsleiter dermaßen Schaden genommen, dass diese Personen den Glauben an eine edlere Zukunft der Menschheit lieber als naives Gerede abtun.

Zumindest sofern sie es nicht für ihre eigenen Zwecke nutzen können. Dann nämlich machen sie Filme und Fernsehserien daraus, die unsere edle Zukunft zwar richtig darstellen, aber das Entscheidende dabei stets auslassen.

Wenn sich hier etwas für Sie richtig anhört und Sie verstanden haben, was gemeint ist, dann keimt in Ihnen wahrscheinlich die Frage, wie wir von hier nach dort gelangen. Die Antwort lautet, dass der Weg dorthin schon vor langer Zeit frei geräumt worden ist – weit in der Vergangenheit. Wir müssen lediglich all die sinnlosen Ablenkungen ignorieren und auf Kurs bleiben. Wir *müssen!*

Im Falle einer Katastrophe kann sich eine Umwelt ganz plötzlich verändern oder gar gänzlich verschwinden. Mit einem solchen Wandel mitzuhalten, erfordert eine schnelle Anpassung, was der Hauptgrund dafür ist, dass Küstenmammutbäume seit mehr als 150 Millionen Jahren überleben konnten. In ihrem Genom finden sich inaktive bzw. teilweise inaktive Gene – der Schlüssel, der über die Zeiten hinweg ihr Überleben als Spezies gesichert hat.

Tritt eine Katastrophe ein, dann haben die Arten mit genetisch gesicherten Überlebenseigenschaften die weit besseren Chancen zu überdauern. Unsere Spezies bildet da keine Ausnahme.

Die menschlichen Überlebensgene für den Katastrophenfall

Im Juni 2000 veröffentlichte das amerikanische Humangenomprojekt einen Arbeitsentwurf, in dem es die vollständige Sequenzierung des menschlichen Genoms präsentierte, und die Auswirkungen waren von großer Tragweite. Die Welt staunte angesichts der Verkündung, dass die Kodierung der etwa 30.000 Gene der menschlichen DNS nun identifiziert sei. Obwohl schon 30.000 Gene eine eindrucksvolle Zahl darstellen, machen sie lediglich 1,5 bis fünf Prozent der gesamten bekannten menschlichen DNS aus!

Was aber ist mit der nicht kodierenden DNS, die die übrigen 95 bis 98,5 Prozent ausmacht? Trägt auch sie dazu bei, dass wir fühlende Wesen sind? Vor wenigen Jahren noch wurde diese nicht kodierende DNS als „Junk-" bzw. „Abfall-DNS" bezeichnet, weil sie von keinem erkennbaren Nutzen war. Sie wurde, ähnlich wie der Kuipergürtel am Rande unseres Sonnensystems, für Abfall gehalten, der bei unserer Entstehung übriggeblieben ist.

Doch seitdem haben Genetiker herausgefunden, dass diese nicht kodierende „Abfall-DNS" sehr wohl eine wesentliche regulierende Rolle spielt, die direkten Einfluss auf das Verhalten der kodierenden DNS nimmt. Wie wesentlich ist diese Rolle?

In unserem neuen Zeitalter der Genmanipulation schlängeln wir uns im wahrsten Sinne durch ein Labyrinth aus unvorhersehbaren Gefahren. Was geschieht, wenn Wissenschaftler eigentlich gutartige fremde Gene miteinander verbinden und dadurch per Zufall eine monströse genetische Mutation erschaffen, die durch ihre nicht kodierende DNS gesteuert wird und aus dem Labor entkommen kann? Das könnte durchaus passieren, oder vielleicht ist es bereits passiert.

Vielleicht trifft Robert Burns den Nagel auf den Kopf, wenn er sagt: „Selbst die besten Pläne von Mäusen und Menschen werden oft durchkreuzt." Nun, da dies gesagt ist, kommen wir zu einem Faktor, der einen weit stärkeren und tiefgreifenderen manipulativen Einfluss auf die Gene hat – unsere Sonne!

Sonnenstrahlung und Langlebigkeit

Eine neue amerikanische Studie über genetisch bedingte Langlebigkeit fand heraus, dass im Dezember geborene Menschen im Hinblick auf ein langes Leben im Vorteil sind, weil ihre Empfängnis im März stattfand.

Embryonen, die im März gezeugt wurden, sind im Mutterleib einer nur geringen Menge an Sonnenstrahlung ausgesetzt. Sonnenstrahlung kann zu geringfügigen Mutationen in der DNS von Embryonen führen, wenn diese dafür am anfälligsten sind. Eine geringere Menge an Strahlung stellt somit, bedingt durch weniger Mutationen, ein längeres Leben sicher.

Auch in den letzten drei Monaten vor der Geburt im Dezember ist der Mutterleib, wieder aufgrund der Jahreszeit, nur einer relativ geringen Menge an ultravioletter Strahlung ausgesetzt. Auch das ist im Hinblick auf ein langes Leben entscheidend, denn es ist bekannt, dass ultraviolette Strahlung den Menschen anfällig für bestimmte Krankheiten macht.

Wichtig hierbei ist, dass unbestreitbar eine Verbindung zwischen einem erhöhten Maß an Sonnenstrahlung und genetischen Mutationen im Mutterleib besteht.

Erhöhte Sonnenstrahlung

Im Jahr 2003 veröffentlichten deutsche Wissenschaftler vom Max-Planck-Institut zusammen mit finnischen Kollegen von der Universität Oulu einige Forschungsergebnisse.

Sie hatten die Sonnenfleckenaktivität der letzten tausend Jahre rekonstruiert und daraus geschlossen, dass die Sonne bereits seit 1940 „überaktiv" ist.

Dieses Datum aus dem 20. Jahrhundert ist wesentlich, wenn wir eine Verbindung zwischen dem Jahr 2012 und der Evolution des Menschen herstellen wollen. Denn die Menschen von morgen leben schon in kleiner Zahl unter uns. Wir nennen sie Indigokinder.

Der Begriff „Indigo" verweist auf die Färbung der Aura (die Farbe der Lebensenergie), die ein Indigokind umgibt, aber dies ist nicht das einzige Merkmal. Ein Indigokind besitzt einen überdurchschnittlich hohen IQ, ein unbezwingbares Selbstwertgefühl und ein stark ausgeprägtes übersinnliches Gespür. Indigokinder werden bereits mit einem großen Wissensschatz geboren und erfassen Güte, Mitgefühl, böse Absichten und die Krise eines Mitmenschen auf einen Blick.

In den meisten von uns ist die nicht kodierende Saat der Indigokinder von morgen bereits angelegt. Gegen Ende dieses Jahrhunderts werden sie in einer genügend großen Zahl erscheinen, um vielleicht die Vorhut der „Sanftmütigen" zu bilden, von denen Jesus sprach. Momentan sind es erst wenige, doch ihre Zahl wächst stetig.

Die wachsende Zahl der Indigokinder

Viele Forscher und Autoren, die sich mit Indigokindern beschäftigt haben, behaupten, dass diese besonderen Kinder erst in den letzten 40 Jahren aufgetaucht sind. All diese Forscher und Autoren sind zwar freundliche, mitfühlende Menschen, doch sind sie selbst keine Indigokinder oder vielmehr Indigoerwachsene.

Denn wenn sie es wären, wüssten sie intuitiv, dass die genetische Veranlagung zur Indigoeigenschaft in den meisten von uns immer schon angelegt war – sie steckt tief in unserer nicht kodierenden DNS, wo sie auf das auslösende Ereignis bzw. auf ihre Justierung wartet.

Seit 1940 sind zum ersten Mal in der Menschheitsgeschichte zwei starke aktivierende Ereignisse eingetreten, die eine Mutation der Indigogene begünstigen: die verstärkte Sonnenstrahlung und das Bevölkerungswachstum.

Wie schon zuvor erwähnt, besteht eine direkte Verbindung zwischen der Sonnenstrahlung und genetischen Mutationen im Mutterleib, und unsere Sonne ist bereits seit 1940 „überaktiv".

Da die eine Hälfte der Justierung damit gegeben ist, kommen wir nun zur anderen Hälfte. Dabei schrauben wir im Grunde nur die zwei Schneiden einer bemerkenswert scharfen genetischen Schere zusammen.

Indigokinder und das globale Bevölkerungswachstum

Seit Juli 2007 gibt es 6,6 Milliarden Menschen auf der Erde, und ihre Zahl wird weiter steigen und sich bis zum Ende des 21. Jahrhunderts auf acht bis zwölf Milliarden Seelen belaufen – vorausgesetzt dass nichts geschieht, was dieser Entwicklung entgegenwirkt. Einfacher ausgedrückt: Heute gibt es mehr Menschen als je zuvor.

Dies zeigt sich in einem gewaltigen statistischen Schub durch die wachsende Weltbevölkerung, und dieser Schub bewirkt, dass Minderheiten sich zu einer Größe auswachsen, die sie auch für die Durchschnittsbevölkerung sichtbar macht.

Zwar sind Indigokinder durch ihre blauviolette Aura für Menschen mit übersinnlicher Wahrnehmung erkennbar, doch gibt es für den normalsterblichen Menschen keine praxistaugliche Methode, um solch subjektive, paranormale Befunde zu überprüfen. Allerdings gibt es für uns einen empirischen Weg, um den globalen Trend einer zunehmenden Zahl von Indigokindern nachzuweisen. Dieser Weg läuft über das Hauptkriterium der Indigoeigenschaft: den Intelligenzquotienten.

Wenn Sie das Gefühl haben, dass Ihr Kind ein Indigokind sein könnte, sollten Sie zuerst einmal davon absehen, es zu einem Medium zu bringen. Vielmehr sollten Sie Ihr Kind zunächst einem IQ-Test unterziehen, wie sie beispielsweise Mensa anbietet (www.mensa.de), eine 1946 in Großbritannien gegründete, internationale Organisation für Menschen mit hohem Intelligenzquotienten.

Um sich für die Mitgliedschaft bei Mensa zu qualifizieren, müssen Sie einen gültigen IQ-Test vorweisen können (oder einen solchen bei Mensa absolvieren), dessen

Ergebnis Ihnen bescheinigt, dass Sie zu den besten zwei Prozent der Menschheit zählen. [Anmerkung: Alle drei Autoren dieses Buches wurden von Mensa getestet und aufgenommen.]

Als Mensa gegründet wurde, umfassten diese besten zwei Prozent der Weltbevölkerung etwa 45 Millionen Menschen; das entspricht fast der heutigen Gesamtbevölkerung Südkoreas. Seit damals hat sich die Weltbevölkerung mehr als verdoppelt, und dies hat einen enormen statistischen Schub an Indigokindern bewirkt.

Um Ihnen dies zu veranschaulichen, wollen wir uns ansehen, wie viele qualifizierte Mensaner es zwischen dem ersten Jahr unserer Zeitrechnung und 2003 gab, als das Max-Planck-Institut bekannt gab, dass unsere Sonne „überaktiv" sei.

Datum (n. Chr.)	Weltbevölkerung	Qualifizierte Mensaner
1	150 Millionen	3 Millionen
1350	300 Millionen	6 Millionen
1700	600 Millionen	12 Millionen
1800	900 Millionen	18 Millionen
1900	1,6 Milliarden	32 Millionen
1950	2,4 Milliarden	48 Millionen
1985	5 Milliarden	100 Millionen
2003	6,3 Milliarden	126 Millionen

Wir wollen einmal vorsichtig schätzen und annehmen, dass heute nur einhundert Millionen qualifizierte Mensaner leben. Nehmen wir weiterhin an, dass nur zwei Prozent dieser qualifizierten Mensaner auch Indigokinder sind. Daraus ergibt sich, selbst bei einer so vorsichtigen Schätzung, dass es heute bis zu zwei Millionen Indigokinder auf der Welt geben könnte.

In den Jahrzehnten nach 2012 wird die Zahl der geborenen Indigokinder explosionsartig ansteigen. Dies wirft die logische Frage auf, warum das so ist. Um sie zu beantworten, müssen wir uns Popcorn machen.

Phänomen Popcornbevölkerung

Wie bereits erwähnt, tragen die meisten von uns den genetischen Indigokode in der nicht kodierenden DNS – diese mysteriösen 98,5 Prozent unseres Wesens, die nach wie vor die Genetiker verblüffen.

Auch haben wir bereits gesehen, dass es eine Verbindung zwischen der Sonnenaktivität und genetischen Mutationen im Mutterleib gibt. Im Folgenden wollen wir einen Vergleich anbringen, indem wir die Sonne als die große Mikrowelle der Evolution und die Gene des Ungeborenen im Mutterleib als die Maiskörner des DNS-Popcorns betrachten.

Drücken wir also die Starttaste:

- **Frühes Popcorn:** Wenn die Strahlung unsere Maiskörner allmählich erwärmt, platzen zunächst die Körner mit der entsprechenden Veranlagung dazu auf. Wir erkennen sie an dem leisen, zögerlichen „Popp", das in langen, unregelmäßigen Abständen zu hören ist. Wenn das Popcorn fertig ist, sind sie leicht zu erkennen: Es sind die großen, weichen Bällchen.

- **Durchschnittspopcorn:** Mit der Zeit ist eine nahezu rhythmische Zunahme in der Zahl der früh aufplatzenden Körner zu vernehmen, bis wir schließlich ein enormes Crescendo aufplatzender Maiskörner hören. Dies ist das typische Popcorn, das 90 Prozent des Endergebnisses ausmacht. Es ist nicht ganz so weich wie das frühe Popcorn, aber dennoch lecker.

- **Spätes, teilweise aufgeplatztes Popcorn:** Auf das Crescendo des Durchschnittspopcorns folgt das stetig abnehmende Stakkato der widerspenstigen Maiskörner. Sie enden für gewöhnlich als die kleineren Bällchen, an denen noch Reste der Schale haften. Wenn wir großen Appetit auf Popcorn haben, essen wir sie trotzdem.

- **Nicht aufgeplatztes Popcorn:** Wenn wir die Popcorntüte aus der Mikrowelle nehmen, finden sich darin auch immer ein paar Körner, die nicht aufgeplatzt sind. Wir können sie so lange erhitzen, bis sie sich in Kohle verwandelt haben oder die Küche verstrahlt ist, aber sie werden trotzdem nicht aufspringen. So ist das nun einmal.

Lassen Sie uns diesen Vergleich für das Phänomen Popcornbevölkerung nun auf die Indigokinder und die Evolution der Menschheit übertragen:

- **Frühes Popcorn:** Damit sind die frühen Indigokinder gemeint, die erleuchteten Genies, die im Laufe der Geschichte immer wieder zum Wohle der Menschheit erschienen sind. Durch die seit 1940 überaktive Sonne und den rapiden Bevölkerungsanstieg tauchte zunehmend mehr „frühes Popcorn" auf. Dieses rasante, sanfte Stakkato, das dem Crescendo des „Durchschnittspopcorns" voranging, begann nach dem Zweiten Weltkrieg.

- **Durchschnittspopcorn:** In den Jahren nach 2012, wenn auf der Erde wieder friedvolle Ruhe einkehrt, werden die Völker sich daranmachen, alles wieder aufzubauen und die Welt erneut zu bevölkern. Wer im gebärfähigen Alter ist und sich alleine durchschlagen musste, wird einer höheren Sonnenstrahlung ausgesetzt gewesen sein als diejenigen, die während der Katastrophe sicher in einem unterirdischen Bunker saßen. Doch selbst in dieser Tiefe werden sie genügend Strahlung abbekommen haben, um eine zwar kleinere, aber dennoch bedeutende Zahl an Indigokindern hervorzubringen.

- **Spätes, teilweise aufgeplatztes Popcorn:** Hunger wird sich insbesondere für Frauen als problematisch erweisen. Eine ernste Sorge vieler weiblicher Athleten, die ihren Körperfettanteil auf wenige Prozent reduzieren, ist das häufige Ausbleiben der Menstruation; sie werden unfruchtbar oder leiden unter noch größeren Komplikationen. Viele der Frauen, die die vor uns liegenden mageren Jahre überleben, werden sich nach dem Vorbeiflug ähnlichen Problemen gegenübersehen.

- **Nicht aufgeplatztes Popcorn:** Für viele Paare bedeutet dies ein grausames Schicksal. Ihre DNS wird so stark geschädigt sein, dass sie entweder keine Kinder mehr bekommen können oder aber ihre Kinder missgestaltet, geistig zurückgeblieben oder schwer krank zur Welt kommen.

Die wahre Tragödie, die sich 2012 abspielen wird, besteht darin, dass viele Eltern dieses Elend ertragen werden, nur um mit ansehen zu müssen, wie ihre Kinder dennoch sterben – denn wenn die Erde schließlich geheilt ist, werden sie unfruchtbar sein. Doch wird es auch Kinder geben, die mit ansehen müssen, wie ihre Eltern ein solches Schicksal ereilt. Sie werden sich finden und erneut Liebe und Familie erfahren, denn es gibt etwas wirklich Wunderbares, für das es sich zu leben lohnt.

Das kommende Jahrtausend des Friedens

Diese uns bevorstehende Phase, in der die Menschheit leiden und sich fortentwickeln wird, ist vorhergesehen und prophezeit worden. Sie wird schwierig, schmerzhaft und unvermeidlich sein, und daher müssen wir uns mit der Tatsache abfinden, dass uns angesichts der uns bevorstehenden Entwicklung keine Wahl bleibt.

Niemand von uns hat eine Wahl, auch nicht die reichen Eliten dieser Welt, die alle Menschen, mit Ausnahme ihrer eigenen Familie, für entbehrliches Gut halten. Selbst sie können es nicht aufhalten, abwenden, ändern oder kaufen.

Nach 2012 wird das Finanzsystem, dessen sich die eigennützigen Eliten heute bedienen, in dieser Welt mit neuem Horizont nicht länger von Interesse sein. Wenn diese Menschen dann der einen Quelle all ihrer Macht und Anziehungskraft beraubt sind, werden sie erfahren, was es heißt, seinen Feinden alleine gegenübertreten zu müssen. Warum also Zeit und Gefühle darauf verschwenden, gegen ihre Verschwörungen und Intrigen zu wettern? Sie sind schon heute passé.

Lieber sollten Sie sich die Herrlichkeit dessen vor Augen halten, was aus unserer Welt wird, wenn all das Leid erst einmal durchgestanden ist und eine wundervolle Zeit beginnt. Wie aber wird sie aussehen?

Das Wesentliche dessen, was uns erwartet, wurde sehr treffend von einem der eindrucksvollsten Indigoerwachsenen formuliert, den die Welt je gekannt hat:

„Der alte Reiz, den der rassistische, sexistische und religiöse Chauvinismus sowie der fanatische Nationalismus ausgeübt haben, beginnt zu schwinden. Es entwickelt sich ein neues Bewusstsein, das die Erde als einen einzigen Organismus betrachtet und erkennt, dass ein Organismus, der sich selbst bekriegt, dem Untergang geweiht ist. Wir sind ein einziger Planet."

Wenn Sie ein Indigokind treffen, dann wird es Gedanken dieser Art äußern. Die oben angeführten Worte stammen von dem berühmten Astrophysiker Carl Sagan und sind dem letzten Kapitel seines Erfolgsbuchs „Unser Kosmos" entnommen.

Carl Sagan glaubte, dass wir die lebendigen Kinder toter Sterne sind und dass uns ein großartiges Schicksal bevorsteht. Ganz gleich, wie schwierig die Situation wird – vergessen Sie niemals:

- Wir werden überleben.

- Wir werden uns weiterentwickeln.

- Wir werden nicht aufzuhalten sein.

Bis hinterher dann.

16

Der Aufbau
einer Star-Trek-Zukunft

Zecharia Sitchins Übersetzung der alten sumerischen Schriften zufolge baute die Natur nach jedem Vorbeiflug von Nibiru (der sumerische Name für den Planeten X) die Nahrungskette erneut auf. Daher sahen die Menschen diesem himmlischen Besucher stets freudig entgegen, obwohl sie wussten, dass er Zerstörung mit sich brachte.

Denn sie wussten, dass alles hinterher erneut beginnen würde, dass es in den Seen von Fischen wimmeln und die Ernte reichhaltig ausfallen würde, um sie zu ernähren. Sie wussten, dass diese Vorbeiflüge auch Geist und Seele nährten, indem sie für große technische und gesellschaftliche Fortschritte sorgten.

Wenn wir in dieses neue Jahrtausend eintreten, werden wir klein anfangen, aber uns schließlich wie der Phönix aus der Asche erheben. Das geht aus alten historischen Berichten und Legenden hervor, und diejenigen, die die kommenden Tage überleben, werden den Grundstock für die Entstehung einer ganz neuen menschlichen Zivilisation bilden; einer Zivilisation, die stark an Gene Roddenberrys Zukunftsvision gemahnt, wie sie in seiner ursprünglichen Star-Trek-Fernsehsendung vermittelt wurde.

Roddenberrys Zukunftsvision

Es war die egalitäre Vision, die Roddenberry von einem Leben im 23. Jahrhundert hatte, die viele Fernsehzuschauer zu glühenden Star-Trek-Fans machte. Dieser egalitären Gesellschaft ging in Roddenberrys Star-Trek-Universum eine etwas diffuse, postapokalyptische Phase in der Mitte des 21. Jahrhunderts voran.

Die Menschen, in deren Leben Star Trek eine wichtige Rolle spielt, glauben daran und verwandeln die Leinwandkulisse der Fernsehserie in die wirkliche Welt von heute.

Auch die übrigen Menschen würden es begrüßen, wenn Roddenberrys Zukunftsvision auf die eine oder andere Weise schließlich Wirklichkeit werden würde – in vielen Jahrhunderten, wenn das Geld und all das dadurch verursachte Leid durch eine vereinigte, mitfühlende und friedliebende Menschheit beseitigt worden ist.

Wie soll das funktionieren – eine Welt ohne Geld? Das ist für viele eine nur schwer fassbare Vorstellung. Könnte es sein, dass Roddenberry nur den Mond anheulte, um seine idealistischen Fans zu umwerben? Nein. Es war die Reinheit seiner Vision, die uns für seine Zukunftssicht gewann, auch wenn der Weg dorthin bestenfalls vage gezeichnet ist.

Roddenberrys Vision kam zur richtigen Zeit. Sie klinkte sich unmittelbar in den vorherrschenden Zeitgeist des laufenden Entwicklungsprozesses ein und trug zum Aufkommen des enormen Star-Trek-Booms bei. Umgekehrt erklärt ihr spürbares Fehlen nach Roddenberrys Tod 1991, warum sich alles auflöste.

Nach seinem Tod ersetzten Hollywood-Anwälte, Betriebswirte und Buchhalter diese Zukunftsvision durch Ableger, die besser zu der zynischen Wirklichkeit ihres eigenen Lebens passten. Unfähig, an eine egalitäre Zukunft zu glauben, produzierten sie wie am Fließband stereotype Handlungsabläufe, in denen Menschen des 20. Jahrhunderts mittels Zauberwerk des 24. Jahrhunderts Probleme des 19. Jahrhunderts lösen.

Denjenigen, die an Roddenberrys Stelle getreten waren, schien dies nur angebracht, doch hatte dies den Niedergang des Star-Trek-Booms zur Folge. Aber auch, wenn ein Großteil des Star-Trek-Zaubers verloren gegangen ist, so ist Roddenberrys Zukunftsvision nach wie vor lebendig.

Was noch fehlt, ist lediglich eine Methode, um die postapokalyptische Phase in der Mitte des 21. Jahrhunderts mit der egalitären Gesellschaftssicht eines erleuchteten 23. Jahrhunderts zu verbinden.

Dank unseres Verständnisses für das Jahr 2012 und des Planeten X besitzen wir bereits die halbe Verbindung zwischen dem Jahr 2014 und dem 23. Jahrhundert. Bis zum Jahr 2014 wird das Schlimmste vorbei sein, und wir werden Zeuge eines wieder aufkeimenden Lebens werden, wenn Mutter Natur die Nahrungskette wieder aufbaut und uns eine Welt voller neuer Ressourcen beschert.

Die Erneuerung der Nahrungskette 2014

Sobald der Planet X das Herz unseres Sonnensystems wieder verlässt, wird sich die Asche der Vulkanausbrüche legen, die der Vorbeiflug verursacht hat. Dann wird das mit schwarzen Schlieren durchsetzte Rotorange, das von 2012 bis 2014 den Himmel prägte, allmählich durch eine weniger bedrohliche Farbe ersetzt werden.

Wenn die Asche sich schließlich auf Land und Meeresboden gesetzt hat, wird auch das Wasser wieder klar. An diesem Punkt beginnt das Leben erneut, und zwar mit oder ohne uns. Denn es beginnt mit dem Phytoplankton, das am unteren Ende der Nahrungskette unseres Planeten steht.

Der Sauerstoff- und Kohlendioxidgehalt unserer Atmosphäre wird vor allem durch das Phytoplankton reguliert, und die enormen Eisenmengen, die durch die vom Planeten X verursachten Meteoritenstürme in unsere Meere gelangt sind, werden zu einem starken Wachstum des Planktons führen.

Ihr Wachstum wird der Atmosphäre helfen, sich zu reinigen, und bald schon werden wir wieder weiße Schäfchenwolken an einem blauen Himmel sehen. Wenn der Himmel wieder klar ist, werden von Phytoplankton lebende Arten wie Krill, Krabbe und Wal erneut gedeihen.

Auch die durch den Planeten X verursachte globale Erwärmung wird abklingen, weil das Phytoplankton den enormen Kohlendioxidüberschuss in unserer Biosphäre in Sauerstoff umwandelt, während es einen Teil des Kohlendioxids speichert und in Zucker verwandelt, der wiederum anderes Leben nährt. Dadurch sinkt die Oberflächentemperatur, wodurch sich das globale Wetter stabilisiert.

Ohne die Notwendigkeit, 6,6 Milliarden hungrige Menschen zu ernähren, und mit einem Überfluss an Phytoplankton am unteren Ende der Nahrungskette werden sich die Fischgründe weltweit stark ausdehnen. Innerhalb weniger Jahre werden sie den Überlebenden des Jahres 2012 eine wunderbare Fülle an lebenswichtigem Protein bieten.

Auch an Land wird es reichlich Nahrungsressourcen geben. Auch hier, wo einst die Großstädte des Menschen die Küsten der Kontinente dominierten, wird Mutter Natur die Nahrungskette neu aufbauen.

Die großartige Architektur wie auch die Straßen werden durch die zahlreichen Katastrophen zerstört worden sein, und die aufgerissene Erde, die übrig geblieben ist, wird mit den verrottenden Kadavern von Mensch und Tier übersät sein. Darunter werden auch die verwesenden Überreste von Meerestieren sein, die vom zurückweichenden Ozean zurückgelassen wurden.

All diese Kadaver werden sich zersetzen und beträchtliche Mengen an Nitraten und Mineralien an den Boden abgeben und ihn so düngen. Das Meersalz im Boden wird durch den Regen des wieder stabilen Wetters ins Meer zurückgespült.

In diesem neuen Überfluss werden wir die andere Hälfte unserer Verbindung zwischen dem Jahr 2014 und Gene Roddenberrys egalitärer Zukunftsvision vom 23. Jahrhundert entdecken. Sie wird der dem 21. Jahrhundert entstammenden Sichtweise von einer nahen Zukunft entspringen, die von einem anderen großartigen Visionär namens Jacque Fresco stammt.

Jenseits von Geld, Armut und Krieg

Wie Gene Roddenberry sieht auch Jaque Fresco, der weltbekannte Futurist und Gründer des Venus-Projekts, eine von Technik geprägte Zukunft, in der wir danach streben, in Harmonie und Frieden miteinander zu leben.

Sein ganzes Erwachsenenleben hindurch war Fresco unermüdlich bemüht, uns durch sichtbare und geistige Bilder eine liebevollere Welt vor Augen zu halten; Bilder, die eben die Animatoren inspiriert haben, die für Star Trek und zahlreiche andere Sciencefictionfilme und -fernsehserien futuristische Szenarien entwerfen. Er ist buchstäblich derjenige, der die Menschen inspiriert, die wiederum uns in unserer Zukunftssicht inspirieren.

Die Große Depression, die mit dem Börsencrash von 1929 begann, trieb ihn in diese Rolle. Er erlebte die Depression als junger Mann, konnte jedoch nie begreifen, wie so viele Menschen die schrecklichen Entbehrungen einfach hinnehmen konnten, während das Land doch so reich an Ressourcen war.

Erst jüngst haben wir die Wahrheit erfahren, dass nämlich elitäre Bankiersfamilien die Große Depression ausgelöst und gelenkt haben, um noch mehr Reichtum anzuhäufen, indem sie ihre Kontrolle über die Geldreserven Amerikas verschärften.

Als Folge daraus gehört die amerikanische Federal Reserve Bank nun einem Netzwerk von amerikanischen Privatbanken, die sich wiederum im Besitz britischer Banken befinden. Somit hat die amerikanische Bevölkerung nichts als eine wertlose Währung und einen nationalen Schuldenberg, der niemals getilgt werden kann. In anderen Ländern sieht es zweifellos ähnlich aus.

Das übergeordnete Ziel all dieser mächtigen Ränkeschmiede war seit jeher die Eine-Welt-Regierung, die sich in ihrem Besitz befinden und von ihnen kontrolliert werden soll. Sie versichern allen unter ihrer Fuchtel, dass sie ein edles Ziel verfolgen; dass sie die Menschheit von der Geißel des Krieges befreien wollen – von eben den Kriegen, die sie selbst finanzieren.

Um dieses Ziel zu erreichen, wollen sie jedem einzelnen Menschen eine Funkerkennungsvorrichtung (RFID) von der Größe eines Reiskorns einpflanzen. Wenn dies geschehen ist, werden sie ungeteilte Macht besitzen, und die Regierungen werden machtlos werden und verschwinden.

Wenn es so weit ist, wird Ihr Leben nicht mehr funktionieren, sobald Sie aus der Reihe tanzen. Ihr Auto wird nicht mehr anspringen, Sie werden keinen Zugriff mehr auf Ihr Bankkonto haben, Ihre Kreditkarten werden gesperrt, und Sie werden weder einkaufen noch zur Schule oder zur Arbeit gehen können, bis Sie sich wieder „benehmen".

Die Industrienationen der Welt werden die Ersten sein, die Zeuge des Beginns einer solch Orwellschen Zukunft werden – sobald die Bürger den Stich der Nadel zu spüren bekommen, mit dem der RFID-Chip implantiert wird.

Die Menschen dazu zu bringen, diesen Chip zu akzeptieren, wird nicht schwer sein. Zunehmender Hunger, Ölknappheit und der immer erbitterter geführte Kampf um schwindende Ressourcen werden ihnen Motivation genug sein.

Selbst Menschen, die nur für eine kostenlose Schale Suppe anstehen, werden den Nadelstich ertragen müssen, bevor sie auch nur einen Löffel voll bekommen. So wird es während des großen Sterbens aussehen, das uns bevorsteht. Aber das wird vorübergehen, und nach 2014 werden sich die Dinge auf tiefgreifende Weise ändern.

Nach 2014

Im Jahr 2014 wird Mutter Natur erneut Leben auf diesem Planeten keimen lassen. Es wird allmählich beginnen, aber zunehmend an Fahrt gewinnen, sodass wir immer ergiebigere Fischgründe und nährstoffreicheres Ackerland zu sehen bekommen. Und wir werden weit weniger Menschen zu ernähren haben.

Die meisten Planet-X-Forscher gehen davon aus, dass etwa 50 Prozent des Lebens weltweit sterben wird, und viele halten noch weit drastischere Zahlen für wahrscheinlich. Die pessimistischsten Schätzungen besagen, dass die Menschheit auf den Stand des Jahres eins nach Christus dezimiert wird, als die Gesamtbevölkerung gerade einmal 150 Millionen Menschen umfasste. Wie so oft, wird sich das wahre Ergebnis irgendwo dazwischen finden.

Die Überlebenden werden eine neue Welt mit enormen Ressourcen und neuem Land für einen Neuanfang vorfinden. Sie werden sich mit dem Finger über den RFID-Chip unter ihrer Haut fahren, und ihnen werden ähnliche Gedanken durch den Kopf gehen wie den afrikanischen Sklaven, als sie sich über die Narben fuhren, die von Fesseln und Peitschenhieben rührten, oder wie den Überlebenden des Nazi-Holocausts angesichts der eintätowierten Nummer auf ihrem Arm.

In diesem Moment werden sie sich sagen: „Es reicht." Und die Menschheit wird einen ganz neuen Weg einschlagen.

Sobald sich die Überlebenden des Jahres 2012 einmal entschlossen haben, ihre RFID-Fesseln abzuschütteln, werden sie auch die fehlgeschlagenen Wirtschaftsmodelle der ersten industriellen Revolution ersetzen, ihr modernes Vertrauen in die RFID-Implantate ablegen und sich stattdessen einem auf Ressourcen basierenden Wirtschaftssystem der nächsten Generation zuwenden.

Die RFID-Implantate der nahen Zukunft werden in den Überlebenden des Jahres 2012 weltweit den unbändigen Willen wachrufen, sich endgültig von den skrupellosen Finanziers und deren Versklavung durch Schulden zu befreien.

Wie nun könnte diese neue Freiheit aussehen? Sehen Sie sich um, und achten Sie auf die Vorboten, die bereits dabei sind, die Welt umzuformen.

Das auf Ressourcen basierende Wirtschaftssystem der Zukunft

In Kapitel 15, „2012 ist ein evolutionäres Ereignis", haben wir uns mit den Indigokindern befasst, die die Vorboten unserer Entwicklung vom modernen zum erleuchteten Menschen sind. Dasselbe gilt für das auf Ressourcen basierende Wirtschaftssystem, das unsere Zukunft nach 2014 dominieren wird.

Um eine Vorstellung davon zu bekommen, wie diese Zukunft nach 2014 aussieht, brauchen Sie nur einen Blick auf das Open-Source-Phänomen zu werfen, das das Internet so sehr geprägt hat.

Open Source entstand aus dem Wunsch heraus, sich von selbstsüchtigen Monopolen der Computersoftwareindustrie wie Microsoft zu befreien. Open Source brachte eine neue Generation an Softwareentwicklern hervor, die der Überzeugung waren, dass Software zu wichtig für die Menschheit ist, als dass jemand ein Monopol darauf besitzen sollte. Software sollte frei verfügbar sein!

Nur wenige kennen die Helden des Open Source, die aus dieser Bewegung hervorgegangen sind, so wie Richard Stallman von GNU oder den Linux-Erfinder Linus Torvalds. Dabei könnten wir ohne sie das Internet nicht so nutzen, wie wir es tun, denn mehr als die Hälfte des Internets wird von Rechnern aus betrieben, die mit kostenloser, zum Wohle der Menschheit beigesteuerter Software laufen.

So sind Stallman und Torvalds in einem sehr konkreten Sinne die modernen Pioniere in Sachen wirtschaftliche Ressourcen, und ihr Stellenwert wächst zusehends über die Welt der Software hinaus.

Fairer kontra freier Handel

Seit einigen Jahren sehen Kaffeeliebhaber zunehmend mehr Kaffee aus dem fairen Handel auf der Karte, wenn sie in ihrem Lieblingsbistro einen Espresso oder einen Latte Macchiato trinken gehen. Was Kaffee aus fairem Handel von solchem aus freiem Handel unterscheidet, ist der Respekt vor der Würde des Lebens.

Kaffeemischungen aus freiem Handel sind ein Produkt des Leids. Die Bauern, die die Kaffeebohnen anbauen und ernten, erhalten über Mittelsmänner nur einen Hungerlohn, von dem sie kaum ihr Leben bestreiten können. Ihr Kaffee hält uns bis spät in die Nacht wach, um für ein Examen zu lernen, doch ihren eigenen Kindern können diese Bauern nicht einmal eine einfache Schulausbildung finanzieren.

Die am fairen Handel teilnehmenden Händler reisen dorthin, wo der Kaffee angebaut wird, und schließen ihre Geschäfte direkt mit den Bauern ab.

So erhalten die Bauern für ihren Kaffee den gängigen Marktpreis, und zwar ohne Mittelsmänner, die den Löwenanteil des Gewinns einstreichen. Der faire Handel verschafft den armen Familien der Bauern sowohl neue Hoffnung als auch besseres Essen, eine bessere Gesundheitsvorsorge und, ja, auch die Chance, ein Kind, das es verdient, auf die Universität zu schicken.

Die fairen Händler sind der Beweis dafür, dass wir, nur weil wir im Wohlstand leben, nicht das Recht haben, kaltblütig die Armen auszubeuten. Dieses egalitäre Konzept ist Roddenberry in Reinform, und es gibt noch weitere Beispiele.

Wir sind nicht allesamt blutsaugende Bankiers

Die gemeinnützige Website www.kiva.org verbindet Menschen, die in den Industrieländern im Überfluss leben, auf einzigartig menschliche Weise mit Menschen in der Dritten Welt: durch zinslose Darlehen.

Dabei handelt es sich um typischerweise kleine Kredite von wenigen hundert Dollar an Kleinunternehmer und -betriebe, die sich damit beispielsweise einen Obst- und Gemüsestand aufbauen, Ware für ein kleines Familiengeschäft kaufen oder dieses ausbessern.

Damit soll deutlich gemacht werden, dass wir natürlich nicht alle blutsaugende Großbankiers sind, die darauf aus sind, zum Wohl ihrer eigenen Familie die Welt zu unterjochen. Ja, wir haben mit vielen Blutsaugern der einen oder anderen Art zu kämpfen, aber wenn der Planet X die Herde erst einmal verkleinert, werden sie schnell verschwunden sein.

Wer am ehesten überleben wird

Der Menschenschlag, der das Desaster des Planeten X und des Jahres 2012 am ehesten überleben wird, setzt sich aus den modernen Open-Source-Entwicklern, den fairen Kaffeehändlern und den Vergebern von zinslosen Darlehen zusammen.

Denn ihre Menschenliebe und ihr unerschöpflicher Respekt für die Würde des Lebens wird sie dazu befähigen, die Art von Überlebensgemeinschaften zu gründen, die wir brauchen, um den kommenden Katastrophen zu begegnen.

Wenn das Schlimmste erst einmal vorbei ist und diese Menschen wieder hervorkommen, um Zeuge zu werden, wie Mutter Natur die Nahrungskette wieder aufbaut, werden sie und die Indigokinder, die sie austragen, die Sanftmütigen sein, die die Erde besitzen.

Dann wird es mehr Ressourcen geben, als wir uns jetzt vorzustellen vermögen. Es wird keine Notwendigkeit mehr bestehen, stumpfsinnige finanzielle Hütchenspiele um die Verteilung der knappen Ressourcen zu spielen, die nur einigen Wenigen zugute kommen. Vielmehr werden wir begreifen, wie wichtig es ist, die uns zur Verfügung stehenden Ressourcen gut zu verwalten.

Im Grunde tun wir das bereits. Jedes Mal, wenn Sie an der Straße ein Schild sehen, auf dem zu lesen ist, dass sich eine bestimmte Gruppe der Reinhaltung dieses Bereichs angenommen hat, sehen Sie gute Verwalter. Jedes Mal, wenn Sie am Wochenende Menschen am Strand dabei beobachten, wie sie Müll aufsammeln, sehen Sie gute Verwalter.

Schauen Sie sich um; das wird Sie mit genügend Hoffnung erfüllen, um die Widrigkeiten des Jahres 2012 und danach zu überstehen. Überall um uns herum wächst die Zahl der Menschen, die *begreift*.

Im Jahr 2012 geht es darum, für die Menschheit da zu sein. Halten Sie daran fest, und Sie werden das Schlimmste überstehen, denn dieser einfache Glaubenssatz wird Ihr Leben mit einem grenzenlosen Maß an Hoffnung füllen.

Wir sind eine wunderbare Spezies mit einem edlen Schicksal, das uns niemand absprechen kann.

Bis hinterher dann.

Anhänge

„Wir leben in einer Gesellschaft, die auf außerordentliche Weise von Wissenschaft und Technik abhängig ist, in der jedoch kaum jemand etwas von Wissenschaft und Technik versteht."

Carl Sagan (1934 – 1996)

In den Jahren nach 2012 wird die Erde wieder grün und schön sein, und die Menschheit wird alles wieder aufbauen. Aber wehe uns, sollten wir die Lektion nicht beherzigen, die uns das Jahr 2012 gelehrt hat. Denn der nächste Vorbeiflug wird die Erde und alles Leben vollständig vernichten.

Als eine mit Bewusstsein gesegnete Spezies müssen wir diese wertvolle Zeit nutzen, um in der gesamten Galaxie neue Welten zu bevölkern. Sollten wir bequem werden und diese letzte Chance vertun, werden wir endgültig untergehen – und das zu Recht.

Technische Analyse der Vorboten

Je näher der Planet X unserem Sonnensystem kommt, desto mehr Anzeichen zeigen sich auf allen Himmelskörpern des Systems. Von außen nach innen werden alle Planeten, Sonnen und ihre Monde nach und nach gestört. Kometen brechen auseinander, und noch weitere rätselhafte physikalische Phänomene sind zu beobachten.

Aus der Gesamtheit dieser Ereignisse lässt sich ablesen, dass irgendetwas das gesamte Sonnensystem von außen nach innen zunehmend beeinflusst. Diese Einflussnahme kann auf eine einzige Ursache zurückgeführt werden, und der wahrscheinlichste Kandidat hierfür ist ein sich nähernder Himmelskörper; ein Körper, der die folgenden Veränderungen verursacht:

- Plasmaanomalien und Auffälligkeiten im Verhalten von Plasma;

- große Temperaturveränderungen;

- Sonneneruptionen und eine ungewöhnlich hohe Sonnenaktivität;

- Störungen der Umlaufbahnen innerhalb unseres Sonnensystems;

- elektromagnetische Effekte auf und zwischen den Himmelskörpern unseres Sonnensystems;

- Veränderungen der Atmosphäre und Helligkeit dieser Himmelskörper;

- Clustereffekt bei Kometenbahnen;

- Verschwinden von Objekten aus dem Kuipergürtel;

- Zunahme der Erdbebenstärke auf der Erde.

Plasmaanomalien

Am 19. August 2002 wurde ein von der Sonne ausgehender Plasmastrom abgelenkt. Eine Rekonstruktion des Stroms zeigte, dass er in Richtung eines Punktes im Weltraum abgelenkt wurde, der unterhalb der Konstellationen Cetus (Walfisch), Eridanus und Fornax (Chemischer Ofen) nahe dem Sternbild Stier liegt.

Im Juni 2000 zog der Komet 76P/West-Kohoutek-Ikemura dicht am Mars vorbei. Die Raumsonde Deep Space 1, die zu dieser Zeit auf dem Weg zu ihrem Missionsziel, dem Kometen Borrelly, war, beobachtete die Begegnung. Der Weitwinkel-Koronograph LASCO C3 an Bord des SOHO (Solar and Heliospheric Observatory) zeichnete die Begegnung am Rande seines Sichtfelds auf.

Eine Nahaufnahme von Mars und Komet, die der LASCO C3 am 4. Juni 2000 um 14:18 UT (Universal Time) schoss, zeigte ein verschwommenes Bild des Planeten. Es war unzweifelhaft zu sehen, dass beide Objekte sich gegenseitig beeinflussten.

Auf Bildern, die LASCO 25 Stunden später machte, scheint der Komet 76P wieder hinter dem Mars hervorzukommen. Was aber wichtiger ist: Um den Mars herum zeigte sich erneut ein horizontales Band, wie es auch um die Venus herum zu sehen ist.

Solche Linien auf Kameraaufnahmen heißen „CCD-Flügel". Dabei handelt es sich um Bildstörungen, die von einer Übersättigung des CCD-Chips der Kamera herrühren. Die Größe der „Flügel" hängt von der Intensität der aufgenommenen Lichtquelle ab.

Je heller und intensiver die Lichtquelle ist, desto länger werden die CCD-Streifen. Die Venus ist sehr viel heller als der Mars. Daher ist die Linie, die auf Bildern von der Venus zu sehen ist, länger, aber auch der Mars hat für gewöhnlich eine solche Linie. Zum Zeitpunkt des Vorbeiflugs von 76P war diese Linie allerdings verschwunden. Der Vorbeiflug des Kometen ließ den gesamten Planeten verschwimmen und dämpfte seine Helligkeit um einige Skaleneinheiten.

Einen Monat, bevor 76P am Mars vorbeiflog, gab es am 5. Mai 2000 eine seltene Konstellation zwischen den sieben erdnächsten Himmelskörpern unseres Sonnensystems (Sonne, Mond, Merkur, Venus, Mars, Jupiter und Saturn).

Zur Verblüffung der Wissenschaftler reichte der Plasmaschweif der Venus plötzlich bis zur Erde – das hatte SOHO entdeckt. Ein planetarer Plasmaschweif leitet den Sonnenwind besonders gut, sofern die Sonne gerade aktiv ist. Diese Beobachtung zeigt, dass die elektrische Interaktion zwischen Sonne und Planeten stärker als angenommen ist.

Im Jahr 1997 erreichte der Komet Hale-Bopp auf seiner Umlaufbahn das Perihel, den sonnennächsten Punkt. Als der Planet 1999 unser Sonnensystem wieder verließ, wurde eine Aufnahme von ihm gemacht, auf der zu sehen ist, wie sich der Komet, einer feurigen Spinne gleich, entzündet. Seine „Spinnenbeine" waren elektrische „Sprites"; es fand eine Plasmaentladung statt. Dies war ein eindeutiger Beweis für eine elektrische Interaktion zwischen dem Kometen und einem ihm nahen Objekt.

Temperaturveränderungen

Radarbilder vom Merkur zeigen, dass es auf dem Planeten Eis gibt. Da die Temperatur auf der Merkuroberfläche auf der Sonnenseite bis zu 450 Grad Celsius erreicht, ist das Vorkommen von Eis auf dem Planeten bemerkenswert.

Die Oberflächentemperatur auf Triton, dem größten Mond Neptuns, ist um etwa fünf Prozent gestiegen. Auch Plutos durchschnittliche Oberflächentemperatur ist um zwei Grad gestiegen. Laut den Wissenschaftlern des MIT handelt es sich dabei nicht um eine geringfügige Veränderung, die sich dem jahreszeitlichen Wetterverhalten zuschreiben lässt.

Sonneneruptionen

Seit Anfang des 20. Jahrhunderts hat die Sonnenaktivität deutlich zugenommen. Die Sonne gibt durchschnittlich mehr Energie ab. Forscher haben herausgefunden, dass die Menge an Energie, die die Sonne abgibt, in den letzten Jahrzehnten um einige Zehntelprozent zugenommen hat. Daraus folgt, dass die Erde heute ein Energieplus erhält, das dem zweihunderttausendfachen Gesamtenergieverbrauch der Stadt New York im Jahr 2001 entspricht.

Auch wurden seit 1940 mehr Sonneneruptionen und intensivere Sonnenflecken beobachtet als in den vorangegangenen tausend Jahren. Wissenschaftlern zufolge wird der nächste Sonnenzyklus extrem intensiv werden. Aber wie intensiv genau?

Forschungen haben Höhepunkte in der geomagnetischen Aktivität nachgewiesen, die Aufschluss über die zu erwartende Intensität des nächsten Sonnenzyklus geben. Voraussagen zufolge wird er einer der schlimmsten werden, der seit Beginn der Aufzeichnungen vor 400 Jahren beobachtet wurde.

Das nächste solare Maximum findet 2012 statt. Halten Sie sich dies vor Augen, wenn Sie die nun folgenden Fakten über derzeitige Zyklen und Vorhersagen lesen:

- Eine statistische Analyse hat ergeben, dass pro Tag etwa 160 Sonnenflecken entstehen, was einer Zunahme um 25 bis 30 Prozent im Vergleich zum letzten Zyklushöhepunkt 2001/02 entspricht.

- Vier der fünf intensivsten Sonnenzyklen wurden in den letzten 50 Jahren verzeichnet.

- Am 2. April 2001, während des Zyklushöhepunkts 2001/02, ereignete sich eine Sonneneruption der Stärke X20+, die alle bis dahin aufgezeichneten Eruptionen übertraf.

- Eine Sonneneruption am 4. November 2003 sprengte buchstäblich die Intensitätsskala der NASA. Die NASA war nicht in der Lage, die genaue Stärke anzugeben, aber sie vermutete, dass die Eruption stärker als X40 war. Um Ihnen eine Vorstellung von der Intensität dieser Sonneneruption zu geben: Sie überstieg die normale Sonnenaktivität um das Vierzigtausendfache.

- Drei Sonneneruptionen trafen bzw. streiften die Erdatmosphäre kurz nach dem 28. Oktober 2003. Die Eruptionen ereigneten sich etwa im Abstand von je einer Woche. Die Eruption am 4. November ging definitiv nicht in Richtung Erde ab. Die ersten beiden Eruptionen zielten auf denselben Punkt im Weltraum, in dessen Richtung schon der Plasmastrom der Sonne ein Jahr zuvor abgelenkt worden war. Von der Sonne aus betrachtet befand sich die Erde am 28. Oktober 2003 im Sternbild des Stiers, unmittelbar über der Konstellation Cetus.

Störungen der Planetenumlaufbahnen

Uranus wurde 1781 von William Herschel entdeckt, der ihn aufgrund der Störungen der Umlaufbahn des Saturns ausfindig machte. Die Störungen der Umlaufbahn des Uranus führten 1846 zur Entdeckung Neptuns durch Johann Galle.

Die Existenz sowohl von Uranus als auch von Neptun wurde durch die Beobachtung gestörter Umlaufbahnen vorausgesagt. Ebenso deuteten Störungen in der Umlaufbahn von Neptun und Uranus darauf hin, dass jenseits von ihnen ein weiterer Himmelskörper existieren musste – der mysteriöse Planet X, wobei das X für den unbekannten und nicht etwa den zehnten Planeten steht.

Im Jahr 1930 entdeckte Clyde Tombaugh auf seiner Suche nach dem Planeten X Pluto. Da Pluto kleiner als unser Mond ist, besitzt er nicht genügend Masse, um für die Störungen der Umlaufbahn von Uranus und Neptun verantwortlich zu sein. Inzwischen ist er auf einen Zwergplaneten zurückgestuft worden.

Da nun Pluto nicht der Planet X sein kann, durch den sich die Störungen in den Umlaufbahnen erklären lassen, werden nun meist die beiden folgenden Erklärungen geliefert:

- **Die Berechnungen waren falsch:** Die Umlaufbahnen von Uranus und Neptun seien falsch berechnet worden, heißt es. Wie aber könnte ein derart eklatanter Berechnungsfehler knapp zwei Jahrhunderte lang unentdeckt bleiben? Ein unwahrscheinliches Enthüllungsszenario.

- **Pluto wird schlecht behandelt:** Andere wiederum behaupten, dass Pluto sehr wohl genügend Masse besitze, um die Umlaufbahn von Uranus und Neptun zu stören, und diese Tatsache sei nur 70 Jahre lang durch falsche Berechnungen unerkannt geblieben. Diese Erklärung ist jedoch physikalisch unmöglich, da Pluto, der bedeutend kleiner als unser Mond ist, schlichtweg nicht genügend Masse aufbringen kann.

Es mag kaum vorstellbar sein, dass die Schwerkraft eines Körpers, der größer als Jupiter ist, die vor gut 200 Jahren entdeckten Störungen in der Umlaufbahn von Saturn, Uranus und Neptun ausgelöst haben soll. Er hätte im 20. Jahrhundert schwerlich unentdeckt bleiben können, wo doch jedermann nach ihm suchte. Aber irgendetwas muss für die Störungen, die zur Entdeckung Plutos führten, verantwortlich sein.

Es gibt zahlreiche Hinweise darauf, dass aus einer bestimmten Richtung etwas Großes einen Einfluss ausübt, wie wir an der Umlaufbahn der Planeten sehen können.

Von der Sonne aus betrachtet befindet sich der Planet X, laut den in Kapitel 2 darge-stellten Bahnparametern, in der Region zwischen den Sternbildern Cetus, Eridanus und Fornax.

Am 1. Juli 1846 wurde Uranus fast unmittelbar oberhalb dieser Himmelsregion aus-gemacht. Zu diesem Zeitpunkt befanden sich Saturn und Neptun im Sternbild des Wassermanns. Als Neptun entdeckt wurde, war er nicht weit von dem Bereich entfernt, der zwischen Cetus, Eridanus und Fornax liegt; und 1871, etwa 25 Jahre später, erreichte er diese Region schließlich. Pluto bewegte sich während dieser Zeit auf den tiefsten Punkt seiner Umlaufbahn zu, der im Sternbild Cetus liegt.

Die Neigung der Umlaufbahn zur Ekliptikebene sowohl von Uranus als auch von Neptun entspricht fast genau der Richtung, in die sich auch Plutos Umlaufbahn neigt. Je länger die Umlaufbahn ist, desto stärker geneigt scheint sie zu sein. Neptun passiert die Ekliptikebene im Sternbild des Steinbocks, taucht unter ihr hindurch und durch-sticht sie erneut im Sternbild des Krebses. Der niedrigste Punkt in der Umlaufbahn Neptuns liegt im Sternbild des Widders. Uranus verlässt die Ekliptikebene im Skor-pion/Schützen und taucht im Stier/den Zwillingen wieder auf. Der niedrigste Punkt in der Umlaufbahn von Uranus befindet sich im Sternbild der Fische und liegt somit ebenfalls oberhalb der Dreierkonstellation.

Im „CRC Handbook of Chemistry and Physics" ist der Neigungsgrad der Umlauf-bahnen angegeben, wobei sich alle Planetenbahnen nahezu in dieselbe Richtung neigen:

- 17,15 (Pluto)
- 1,77 (Neptun)
- 0,77 (Uranus)
- 2,49 (Saturn)
- 1,31 (Jupiter)

Masse ist nicht der ausschlaggebende Faktor bei der Neigung einer Umlaufbahn: Neptun ist um 17 Prozent schwerer als Uranus, und dennoch ist Neptuns Umlaufbahn stärker geneigt. Die Umlaufbahn von Saturn und Jupiter neigt sich in dieselbe gro-be Richtung und dies wiederum in einem größeren Winkel als die Umlaufbahn des Uranus.

Ein Planet bzw. ein Brauner Zwerg, der über ein Vielfaches der Masse von Jupiter verfügt und sich in regelmäßigen Abständen von einem zwischen Cetus, Eridanus und Fornax gelegenen Punkt her nähert, würde durchaus eine Erklärung für die Neigung von fünf Planetenumlaufbahnen liefern, wobei ihre Neigung von dem Zeitraum ab-hängig ist, die sie seinem Einfluss ausgesetzt sind. Die Anziehungskraft eines schweren Himmelskörpers, der in regelmäßigen Abständen relativ langsam und nahe vorbei-zieht, könnte auf seinen zahlreichen Vorbeiflügen die Planetenbahnen durchaus leicht neigen.

Die Neigungswinkel der inneren vier Planeten weisen in unterschiedliche Richtungen. Auf sie wirkt ein willkürlicher Effekt, möglicherweise aufgrund der Tatsache, dass sich der Planet X zwar im Einflussbereich ihrer Umlaufbahn um die Sonne befindet, diese Planeten die Sonne aber ein- oder auch mehrmals umrunden, sodass die Anziehungskraft des Planeten X auf sie nicht konstant einwirkt.

Elektromagnetische Effekte

In den letzten hundert Jahren ist im gesamten Sonnensystem eine ganze Bandbreite an elektromagnetischen Phänomenen entdeckt und untersucht worden. In den vergangenen zehn Jahren haben diese Effekte sowohl an Zahl als auch an Intensität zugenommen, und einige dieser neuartigen Phänomene verblüffen die Wissenschaft. Folglich können Wissenschaftler sie auch nicht erklären. Hier sind einige der Phänomene, die immer noch auf eine vernünftige Erklärung warten.

- Das äußere Magnetfeld der Sonne hat sich seit 1900 mehr als verdreifacht. Über diese Zunahme ist im Jahr 2000 ausführlich berichtet worden. Dr. Judith Lean vom Naval Research Laboratory hielt im Jahr 2000 auf der Generalversammlung der Internationalen Astronomischen Union (IAU) einen Vortrag zu diesem Thema. Bislang ist noch keine Erklärung für diese Zunahme gefunden worden, um sie als „reguläre periodische" Aktivität der Sonne einstufen zu können.

- Eine faszinierende Besonderheit des Mars sind seine „Valles Marineris", seine Mariner-Täler. Dieser Canyon lässt den irdischen Grand Canyon wie ein Zwergengebilde erscheinen. Er ist 4.000 Kilometer lang, bis zu 600 Kilometer breit und an einigen Stellen zehn Kilometer tief. Vom Weltraum aus betrachtet wirkt er, als habe ein enormer elektrischer Funke, der den Mars traf, ihn aus der Oberfläche des Planeten gesprengt.

- Der Kp-Index des Erdmagnetfelds wies am 25. November 2002 eine Anomalie auf. Der Kp-Index zeigt an, wie stark die Erdmagnetosphäre durch äußere Kräfte beeinflusst wird. An jenem Tag verzeichnete der Index einen besonders hohen Wert. Dies hätte von einem Spitzenwert an Sonnenaktivität begleitet werden müssen, der auf Eruptionen der M- oder gar Y-Klasse hinweist. Doch es gab keinen solchen Spitzenwert. Das Diagramm ließ auf eine Systemstörung schließen.

- Einen Tag später, am 26. November 2002, veröffentlichte ELFRAD (Extremely Low Frequency Research And Development) ein Diagramm vom 24. November. Daraus ging hervor, dass eine Art Gravitationswelle die Erde getroffen hatte. Diese hatte eine Wellenlänge von etwa 4,38 AE; ihre Herkunft blieb im Dunkeln. Allerdings überschnitt sich diese Welle mit dem Kp-Indexmaximum, den die amerikanische Wetterbehörde NOAA aufgezeichnet hatte.

Veränderungen in Atmosphäre und Helligkeit

Alle Planeten scheinen heller zu werden und erfahren atmosphärische Veränderungen, die jeder derzeit verfügbaren Theorie trotzen. Im Folgenden sind einige besonders auffällige Veränderungen in unserem Sonnensystem aufgeführt; die meisten davon konnten noch nicht erklärt werden.

- Der Schwefelgehalt in der Venus-Atmosphäre ist zwischen 1978 und 1983 „dramatisch" gesunken. Derzeit wird ein gigantischer Vulkanausbruch für den anfangs so hohen Schwefelgehalt verantwortlich gemacht; dieser Ausbruch soll kurz vor der ersten Messung 1978 stattgefunden haben.

- Das Nachtleuchten der Venus hat zwischen 1975 und 2001 um mehrere Skaleneinheiten zugenommen. Die Atmosphäre der Venus enthält heute einen so hohen Sauerstoffanteil wie nie zuvor.

- Im Sommer 2001 brach auf dem Mars ein heftiger Sturm los. Staubstürme ereignen sich regelmäßig auf dem Mars, aber selten so heftig und großflächig wie 2001. Auf seinem Höhepunkt umschloss der Sturm den gesamten Planeten. Er wütete mehrere Monate lang ohne Pause. Im August 2003 berichtete die NASA, dass die Polareiskappen auf dem Mars zunehmend schneller schmelzen. Laut NASA handelte es sich dabei um ein saisonbedingtes Phänomen. Einige unabhängige Forscher zweifeln dies jedoch an.

- Der große Rote Fleck auf dem Jupiter, eine Supersturmzelle, die größer als die Erde ist, schrumpft zusehends. Wenn sie in derselben Geschwindigkeit schwindet wie bisher, wird der Rote Fleck in einem halben Jahrhundert nicht mehr da sein. Neben den Polarlichtern und dem Roten Fleck verändert sich auch die Atmosphäre des Jupiters rapide.

- Weiße Ovale auf den mittleren Breitengraden des Jupiters lösen sich zusehends auf, und von Jupiters geographischen Polen geht intensive Röntgenstrahlung aus. Im August 2003 wurde von einem heißen Punkt in der Nähe von Jupiters Nordpol berichtet, von dem Röntgenstrahlung ausging. Es wirkte fast wie ein Polarlicht, das enorme Energiemengen abgibt. Bis heute ist noch keine eindeutige Erklärung für die Ursache dieses Phänomens gefunden worden.

- Der größte Vulkanausbruch, der je in unserem Sonnensystem beobachtet wurde, ereignete sich im Februar 2001 auf dem Jupitermond Io. Erst im November 2002 hatte die NASA sämtliche Daten zu diesem Ereignis analysiert.
  Es ist schwer zu ermitteln, was für die vulkanische Aktivität auf Io verantwortlich ist. Gut möglich ist, dass sie von den zwei solaren Maxima im Jahr 2001 herrührt, die den Jupiter beeinflussten. Der Jupiter wiederum beeinflusst Io über sein starkes elektromagnetisches Feld. Auch die Polarlichtaktivität auf Ganymed, einem weiteren Jupitermond, hat sich mehr als verdoppelt.

- Sowohl Jupiter als auch Saturn geben knapp 90 Megawatt an Röntgenstrah-lenenergie ab. Der Jupiter hat Ringe und einen heißen Punkt am Pol. Der Sa-turn dagegen hat nur Ringe. Einige führen die Strahlung der beiden Planeten auf eine Reflektion von solarer Röntgenstrahlung zurück, da das Spektrum der Strahlung von Saturn und Jupiter dem der Sonne stark ähnelt.
  Es ist jedoch nicht möglich, dass die Strahlung der beiden Planeten allein auf Reflektion zurückgeht. Zwar verläuft die Umlaufbahn des Jupiter in „nur" 5,2 AE Entfernung zur Sonne, die des Saturn jedoch in 9,5 AE Entfernung. Zudem ist der Jupiter beträchtlich größer als der Saturn; sein Durchmesser beträgt 143.000 Kilometer, während der des Saturns nur 120.000 Kilometer misst. Somit ist die von der Sonne aus sichtbare Oberfläche 1,4-mal so groß wie die des Saturns, während die Saturn-Umlaufbahn fast doppelt so weit von der Sonne entfernt ist wie die des Jupiters.
  Daher besitzt der Jupiter, von der Sonne aus betrachtet, mehr als doppelt so viel Fläche wie der Saturn, um auftreffende Strahlung effektiv zu reflektieren. Weil die Menge an Sonneneinstrahlung, die den Jupiter in einem stets gleichen Winkel trifft, konstant ist, sollte das Maß an reflektierter Energie mindestens doppelt so groß sein wie das des Saturns. Andernfalls müsste der Saturn Rönt-genstrahlung fünfzigmal besser als unser Mond reflektieren, um die Strahlungs-menge zu erklären, die er in unsere Richtung reflektiert. Er müsste quasi einer polierten Metallkugel ähneln, um Röntgenstrahlung besser als unser Mond reflektieren zu können. Somit ist es unmöglich, dass der Saturn Röntgenstrah-lung besser reflektiert. Neben der Reflektionskraft muss es noch eine weitere Röntgenstrahlenquelle geben.

- Im Jahr 1986 flog Voyager 2 an Uranus vorbei und beobachtete keine besonde-ren Merkmale auf der Oberfläche des Planeten. Das Weltraumteleskop Hubble machte 1996 Bilder von großen Wolkenformationen, die es zehn Jahre zuvor noch nicht gegeben hatte. Zunächst wurden saisonbedingte Veränderungen für diese Formationen verantwortlich gemacht. Eine Jahreszeit auf dem Uranus dauert 21 Erdenjahre.
  Die Atmosphäre des Uranus enthält jedoch nicht genügend Energie, um in so kurzer Zeit derartige Wolkenformationen hervorbringen zu können. Im Jahr 2000 wurden die hellsten Wolken aufgenommen, die je auf Uranus gesehen wurden. Die Veränderungen, die seit 1996 stattgefunden haben, gingen For-schern zufolge zu schnell vonstatten, als dass sie auf ein normales Wetterphä-nomen zurückgeführt werden könnten. Eine zusätzliche Energiequelle muss für diese Extraportion Energie verantwortlich sein.

- Die Zunahme an Helligkeit auf dem Neptun ist größer als die auf dem Uranus. In nur sechs Jahren, zwischen 1996 und 2002, ist der Neptun beträchtlich heller geworden. Seine Blaulichtstrahlung hat um drei, seine Rotlichtstrahlung um fünf und seine Nahinfrarotstrahlung gar um 40 Prozent zugenommen.

Fazit: Der Neptun erhitzt sich schneller als der Uranus, obwohl er 11 AE weiter von der Sonne entfernt ist als der Uranus. Die Sonne trägt somit wahrscheinlich nicht die Hauptschuld an der rapiden globalen Erwärmung auf dem Neptun. Das bedeutet, dass es noch eine andere, unbekannte Quelle geben muss, die für eine Erwärmung Neptuns sorgt.

- Auf dem Neptun war früher ein großer dunkler Fleck zu sehen, der einen Sturm in der dichten Gasatmosphäre kennzeichnete. Die Bilder, die das Hubble-Teleskop nach Voyager 2 im Jahr 1989 schoss, zeigen, dass der dunkle Fleck verschwunden und dafür an einer ganz anderen Stelle des Planeten ein neuer entstanden ist.

  Es ist unwahrscheinlich, das das Verschwinden des einen Sturms seit 1989 und die Entstehung des anderen auf jahreszeitliche Veränderungen zurückzuführen sind. Eine Jahreszeit auf dem Neptun dauert 41 Erdenjahre. Nebenbei bemerkt hat sich der atmosphärische Druck auf dem Neptunmond Triton zwischen 1989 und 1998 mehr als verdoppelt.

- Zwischen 1979 und 1999 war Pluto näher an der Sonne als Neptun. Er erreichte sein Perihel im Jahr 1989. Inzwischen hat der atmosphärische Druck auf dem Pluto um 300 Prozent zugenommen. Auch dieser Wert ist laut Wissenschaftlern zu groß, um auf jahreszeitliche Veränderungen zurückgehen zu können.

Störungen der Kometenumlaufbahnen

Doch nicht nur die Planeten unseres Sonnensystems sind zunehmenden Veränderungen unterworfen. Auch andere Himmelskörper, die sich in ihm oder durch ihn hindurch bewegen, entwickeln Anomalien.

Im Juni 2000 flog der Komet 76P/West-Kohoutek-Ikemura oder kurz 76P am Mars vorbei und verschwand dann. Es gibt keine verlässlichen Bilder, die den Kometen 76P nach diesem Vorbeiflug im Juni 2000 zeigen.

Um genau zu sein, wurden seit diesem Vorbeiflug am Mars überhaupt keine Bilder von dem Kometen 76P oder den Marsmonden mehr veröffentlicht. Stattdessen erschienen immer wieder alte Aufnahmen vom Mars und seinen Monden. Die Herausgeber behaupteten zwar, es handelte sich um neues Material, aber es ist eindeutig bewiesen, dass es bereits veröffentlicht worden war, bevor 76P am Mars vorbeiflog.

Im Jahr 2000 ereignete sich noch ein weiterer Kometenvorbeiflug. Im Juli 2000 zerfiel der Komet C/1999 S4, als er die Ekliptikebene passierte. Daher sind in der Kometenforschung Stimmen laut geworden, die behaupten, dass im Bereich der inneren Oortschen Wolke bzw. des Kuipergürtels ein großes Objekt die Sonne umkreisen müsse.

Statistisch bedeutsam ist, dass entsprechende Anomalien auch in der Ausrichtung des Aphels, der Entfernung des Perihels und der Energie von Kometen existieren. Dies

lässt darauf schließen, dass in 25.000 AE Entfernung ein Brauner Zwerg von der zwei-
bis dreifachen Masse des Jupiters kreist.

Dies folgt aus der statistischen Analyse von Beobachtungen, aus der sich ein Clustereffekt von Kometenumlaufbahnen bzw. ihres jeweiligen Aphels ablesen ließ, und
zwar entlang einer Bahn an der äußeren Grenze unseres Sonnensystems. Dieser Clustereffekt deutet darauf hin, dass ein Objekt durch den Kuipergürtel oder sogar weiter
entfernt durch die Oortsche Wolke zieht und Kometen nach innen in Richtung Sonne
ablenkt.

Die Astronomen Matese, Whitman und Whitmire sagten 1999, ihre Beobachtungen
ließen darauf schließen, dass sich ein großer Störfaktor in der Oortschen Wolke befindet und nach einem willkürlichen Muster Kometen ins Innere des Sonnensystems
lenkt. In der Abhandlung, die sie veröffentlichten, heißt es, dass „schätzungsweise
25 Prozent der 82 neuen Kometen der Klasse I innerhalb der Oortschen Wolke in ihrer
Umlaufbahn Anomalien aufweisen, die sich am ehesten mit einem Störfaktor im Innern
der äußeren Oortschen Wolke erklären lassen".

Im Jahr 1984 äußerten Davis, Hut und Muller die Vermutung, dass es einen Braunen Zwerg gebe, den sie Nemesis nannten. Dieser ist ihrer Meinung nach für die pe-
riodisch alle 26 Millionen Jahre auftretende Auslöschung allen Lebens auf der Erde
verantwortlich. Dieser Braune Zwerg zieht etwa alle 26 Millionen Jahre durch einen
dichteren Bereich der Oortschen Wolke und lenkt so Millionen von Kometen in unser
Sonnensystem hinein.

Im Oktober 1999 sagte Dr. John Murray von der britischen Open University, dass
seiner Meinung nach ein noch unentdeckter Planet von der Größe Jupiters die Sonne
in einem Abstand von etwa 30.000 AE umkreist. Bei seiner Erforschung des äußeren
Bereichs unseres Sonnensystems beobachtete er Anomalien in der Umlaufbahn weit
entfernter Kometen. Eine mögliche Erklärung hierfür ist seiner Meinung nach, dass
diese Anomalien durch ein größeres Objekt hervorgerufen werden.

Fehlende Objekte im Kuipergürtel

Um die Planetenregion unseres Sonnensystems herum zieht sich ein Bereich, der
tausende bis Millionen kleiner Felsobjekte enthält, von denen viele mit Eis überzo-
gen sind. Diese Scheibe heißt Edgeworth-Kuiper-Gürtel oder kurz Kuipergürtel und
beschreibt eine scheibenförmige Ansammlung von Asteroiden, die sich bis zu einer
„Schale" aus vereisten Kometen erstreckt, die unser Sonnensystem umschließt. Diese
Schale, die das gesamte Sonnensystem umgibt und Milliarden vereister Kometen
enthält, nennt sich Oortsche Wolke.

Astronomen haben eine Lücke im Kuipergürtel entdeckt. Diese Lücke liegt 70 bis
350/400 AE von der Sonne entfernt und ist beinahe frei von Objekten. Zudem gibt es
Ansammlungen bzw. Streifen im Kuipergürtel mit einer besonders hohen Dichte an
Objekten.

Diese Kuipergürtelobjekte folgen Umlaufbahnen, die sich in einem von der Titius-Bode-Regel festgelegten Abstand zur Sonne befinden. Der einzige Planet, der sich nicht entsprechend verhält, ist Neptun. Alle übrigen folgen der Regel mit nur wenigen Prozent Abweichung, und so auch der Asteroidengürtel zwischen Mars und Jupiter. Es gibt keine theoretische Erklärung für diese Anordnung der Umlaufbahnen innerhalb unseres Sonnensystems; es ist eine empirische Gesetzmäßigkeit.

Der Asteroidengürtel war entweder einst ein Planet oder schaffte es aufgrund der Gravitationswirkung Jupiters nie, einer zu werden. Die Gesamtmasse des Asteroidengürtels zwischen Mars und Jupiter entspricht Schätzungen zufolge vier Prozent der Masse unseres Mondes, was einen sehr kleinen Planeten ergeben würde (dessen Durchmesser nicht mehr als 900 bis 1.000 Kilometer betragen würde). Sehr viel wahrscheinlicher ist, dass sich aufgrund von Jupiters Einfluss kein Planet dort bilden konnte.

Wissenschaftler nehmen an, dass sich die Asteroidengürtel am äußeren Rand unseres Sonnensystems an Neptuns Umlaufbahn ausrichteten. Das bedeutet, dass ihre Umlaufbahn in einem ganzzahligen Verhältnis zu Neptuns Umlaufbahn steht. Beobachtungen haben Objektdichtekonzentrationen bei etwa 2:3, 4:7, 1:2 und 2:5 nachgewiesen, wobei der Bezugswert (1:1) der Entfernung zwischen Neptun und Sonne entspricht.

Jenseits von 67 AE jedoch, der Entfernung von 2003 UB313 oder auch Eris/Xena, gibt es so gut wie gar keine Kuipergürtelobjekte. Diese nahezu objekfreie Zone endet erst gut 350 AE von der Sonne entfernt. Eris, der etwas größer als Pluto ist, folgt einer exzentrischen Umlaufbahn (Exzentrizität 0,44), die mit 44 Grad stark geneigt ist. Das nächstgrößere Kuipergürtelobjekt ist Sedna.

Der Theorie nach hätte eine weit größere Menge an Kuipergürtelobjekten gefunden werden müssen, und zwar 99 Prozent mehr, als tatsächlich entdeckt wurden. Irgendetwas muss diese Objekte buchstäblich fortgewischt haben. Eine Entfernung von 350 bis 500 AE entspricht dem Aphel einer elliptischen Umlaufbahn um die Sonne, für die ein schweres Objekt 3.660 Jahre braucht. Das Objekt trägt den Namen Planet X.

Starke Erdbeben nehmen zu

Viele tausend Male am Tag erschüttern Beben die Erdkruste. Ein Großteil dieser Beben wird von keinem Seismographen erfasst und ist auch so nicht zu spüren. Diese Erdbeben sind entweder zu weit entfernt, als dass wir sie wahrnehmen könnten, oder aber so schwach, dass keines der vielen tausend seismischen Instrumente weltweit sie messen kann.

Der Geologische Dienst der Vereinigten Staaten USGS (United States Geological Survey) agiert weltweit. Der USGS ist tonangebend, wenn es um das Aufzeichnen von Erdbeben und die Untersuchung ihres Verhaltens geht; der Dienst sammelt statistische Daten von Erdbeben auf der ganzen Welt.

Diese Zahlen sagen nicht viel aus, wenn wir sie nur in Form einer Tabelle betrachten. Tendenzen lassen sich leichter erkennen, wenn wir die Zahlen in eine Grafik übertragen. Eine solche Grafik kann beispielsweise Aufschluss darüber geben, ob sich möglicherweise bei der Häufigkeit von Erdbeben einer bestimmten Stärke eine Tendenz abzeichnet. Auf diese Weise werden Trends sichtbar, die aus der Tabelle nicht unmittelbar hervorgehen.

Anzahl der Erdbeben weltweit von 1998 bis zum 3. Juli 2007										
Stärke	1998	1999	2000	2001	2002	2003	2004	2005	2006	2007
8,0 – 9,9	2	0	1	1	0	1	2	1	1	2
7,0 – 7,9	14	23	14	15	13	14	14	10	10	2
6,0 – 6,9	113	123	158	126	130	140	141	142	132	79
5,0 – 5,9	979	1.106	1.345	1.243	1.218	1.203	1.515	1.694	1.483	776
4,0 – 4,9	7.303	7.042	8.045	8.084	8.584	8.462	10.888	13.920	13.069	5.690
3,0 – 3,9	5.945	5.521	4.784	6.151	7.005	7.624	7.932	9.185	9.953	4.233
2,0 – 2,9	4.091	4.201	3.758	4.162	6.419	7.727	6.316	4.636	4.016	1.536
1,0 – 1,9	805	715	1.026	944	1.137	2.506	1.344	26	19	23
0,1 – 0,9	10	5	5	1	10	134	103	0	2	0
Ohne Größe	2.426	2.096	3.120	2.938	2.937	3.608	2.939	865	849	911
Gesamt	21.688	20.832	22.256	23.665	27.453	31.419	31.194	30.479	29.534	13.252

Die Gesamtzahl an aufgezeichneten Erdbeben pro Jahr hat von 22.000 im Jahr 1998 auf über 30.000 im Jahr 2005 zugenommen. Nach 2005 scheint die Gesamtzahl wieder zu sinken. Wenn wir uns die Zahlen aber genauer anschauen, dann erkennen wir, dass sich die Zunahme vor allem durch ein vermehrtes Auftreten stärkerer Beben ergibt.

Wir wissen, dass wahrscheinlich sensiblere Messgeräte für die statistische Zunahme von aufgezeichneten Erdbeben mitverantwortlich sind; wir sind heute einfach in der Lage, mehr Erdbeben nachzuweisen. Sensiblere Geräte erklären jedoch nicht die Spitzenwerte an Erdbebenzahlen innerhalb eines bestimmten Magnitudenbereichs – Spitzenwerte, die sich bereits abzeichnen oder sich abzuzeichnen beginnen.

Seit 1998 haben sich solche Spitzenwerte von Jahr zu Jahr zunehmend in die höheren Bereiche der Magnitudenskala verschoben. Die Veränderung der Zahlen in den einzelnen Magnitudenbereichen deckt sich nicht mit dem Trend, den die jährliche Gesamtzahl andeutet.

Viele Menschen weltweit stellen dem USGS immer wieder dieselbe Frage: Nehmen Erdbeben weltweit zu? Die Antwort des USGS ist interessant: Nein, sie nehmen nicht zu.

Der Dienst führt die Zunahme an verzeichneten Beben hauptsächlich auf sensiblere Messgeräte zurück. Auch wenn dies sicherlich eine Rolle spielt, können die verbesserten Geräte schwerlich allein für die Zunahme verantwortlich gemacht werden. Denn sie wirken sich nicht auf die Zunahme der *Stärke* der Erdbeben aus, die wir beobachten können.

Und es ist nachweisbar – wenn wir nämlich die Statistik aus einem anderen Blickwinkel betrachten, wird ersichtlich, warum die Antwort des USGS nicht die ganze Wahrheit sein kann. Wenn wir die statistischen Jahreswerte auf ihre Gesamtzahl normieren, klammern wir die Gesamtzahl an Erdbeben aus unserer Gleichung aus. Indem wir die Gesamtzahl ausklammern, klammern wir auch die Geräteentwicklung aus.

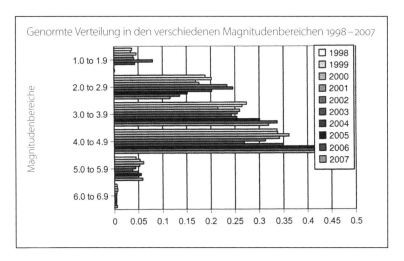

Erkennbar ist eine Verschiebung hin zu höheren Magnitudenbereichen. Wir multiplizieren die Zahl der aufgezeichneten Erdbeben eines jeden Jahres in jedem Magnitudenbereich mit der durchschnittlichen Stärke dieses Bereichs. Das Ergebnis teilen wir dann durch die Gesamtzahl der Erdbeben des jeweiligen Jahres. Einige Zahlenbeispiele sollen das veranschaulichen: Der Durchschnitt von 8 und 9,9 ist 9; 1 mal 9 ergibt 9; der Durchschnitt von 7 und 7,9 ist 7,5; 14 mal 7,5 ergibt 105.

Die sich so ergebenden Werte für alle Magnitudenbereiche pro Jahr addieren wir, und die Summe, die wir erhalten, teilen wir durch die Gesamtzahl an Erdbeben des jeweiligen Jahres. Das Ergebnis dieser Rechnung nennen wir den gewichteten Mittelwert; das Balkendiagramm zeigt die Ergebnisse für jedes Jahr. Der gewichtete Mittelwert lässt eine steigende Tendenz erkennen. Er zeigt eine starke Zunahme nach 2003 und fällt zum Jahr 2007 hin wieder ab.

Das folgende Diagramm zeigt den gewichteten Mittelwert der Erdbebenstärken, darunter auch Beben ohne Größe.

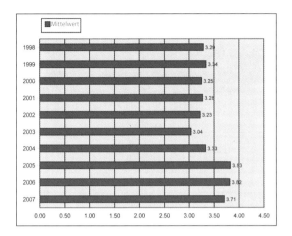

Ein Teil der Erdbebenstatistik manipuliert das Ergebnis der Durchschnittsstärke allerdings, indem es den Wert senkt: die Erdbeben ohne Magnitudenangabe. Erdbeben dieser Kategorie addieren den Wert null zur durchschnittlichen Gesamtstärke, doch die Summe wird durch eine höhere Erdbebenzahl geteilt. Dadurch fällt die errechnete Durchschnittsstärke niedriger aus. Wenn wir Beben der Stärke null aus unserer Berechnung des gewichteten Mittelwerts ausklammern, erhalten wir ein ganz anderes Bild.

Auch wenn die relative Zunahme in der Durchschnittsstärke nicht sonderlich groß ist, fällt sie im Jahr 2007 nicht ab, sondern steigt weiter! Irgendetwas sorgt seit 2003 dafür, dass die durchschnittliche Erdbebenstärke kontinuierlich steigt.

Wenn wir den oben genannten gewichteten Mittelwert ohne die Beben der Stärke null neu berechnen, zeigt sich ein ganz anderes Bild.

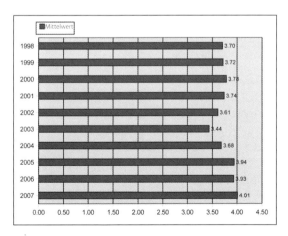

Erdbebendaten werden mittels einer logarithmischen Skala dargestellt. Ein Beben der Stärke 5 ist von der Erschütterung her zehnmal so stark wie eines der Stärke 4, und ein Beben der Stärke 6 ist hundertmal so heftig. Die Energiezunahme von Stärke zu Stärke ist sogar noch größer. Das wird aus der folgenden Tabelle ersichtlich, die auch auf der Website des USGS zu sehen ist.

Erschütterung und Energie im Verhältnis zur Erdbebenstärke		
Veränderung der Magnitude	Erschütterungen	Energiezunahme
1,0	10,0 Mal	ca. 32 Mal
0,5	3,2 Mal	ca. 5,5 Mal
0,3	2,0 Mal	ca. 3 Mal
0,1	1,3 Mal	ca. 1,4 Mal

Aus der Tabelle geht hervor, dass ein Durchschnittserdbeben im Jahr 2007 im Vergleich zum Jahr 2000 bis zu fünfmal mehr Energie generierte. Irgendetwas lädt die Erde mit dieser Energie auf. Ein sich nähernder Eindringling, der das elektromagnetische Feld der Sonne stört, wäre eine plausible Erklärung dafür. Dieser Eindringling ist uns als der Planet X bekannt.

Quellennachweise:

- Lide, David R. (Hrsg.): „CRC Handbook of Chemistry and Physics" (CRC Press Inc., 82. Auflage, 2001/02), ISBN: 978-1-420066-79-1

- Lloyd, Andy: „Dark Star: The Planet X Evidence" (Timeless Voyager Press, 2005), ISBN: 978-1-892264-18-3

- Bernstein, G. M.; Trilling, D. E.; Allen, R. L.; Brown, K. E.; Holman, M. und Malhotra, R.: „The size Distribution of transneptunian bodies" in The Astronomical Journal, 128:1364-90

B

Die Geschichte der Kolbrin-Bibel

Die Ausgabe des 21. Jahrhunderts der Kolbrin-Bibel enthält im originalgetreuen Wortlaut alle elf Bücher der historisch-prophetischen Anthologie, die früher unter dem Titel „Kolbrin" im Umlauf war. Die Kolbrin-Bibel ist ein altes profan-wissenschaftliches Werk; es enthält verschiedene Berichte sowohl aus der Bibel als auch aus anderen Weisheitstexten.

Das Buch, das ehemals den Titel „Kolbrin" trug, wurde vom heutigen Verleger unter dem Titel Kolbrin-Bibel herausgebracht, weil der Begriff „Bibel" das Werk treffend beschreibt. Zudem kommt der Begriff aus einer Kultur, die eine wesentliche Rolle bei der Verbreitung der Kolbrin-Bibel spielte.

Im klassischen Sinne stammt der Begriff „Bibel" vom griechischen Wort „Biblia" für „Bücher", das sich wiederum von „Byblos" ableitet. Byblos war ein antiker phönizischer Hafen an der heutigen Küste des Libanon.

Zu der Flotte der phönizischen Händler gehörten die fortschrittlichsten ozeantauglichen Schiffe der damaligen Zeit. Bevor sich das Römische Reich Phönizien einverleibte, zogen sich die phönizischen Haupthandelsrouten durch den gesamten Mittelmeerraum, entlang der Küsten Westeuropas und nach Norden hin bis Britannien.

In Zusammenhang mit der Kolbrin-Bibel ist von Bedeutung, dass die Phönizier Papyrus aus Ägypten nach Norden brachten und dort neben alten Weisheitsschriften verkauften. Damit verbreiteten sie in den Häfen, die sie anliefen, die älteste bekannte Version der Kolbrin-Bibel mit dem Titel „Das Große Buch".

„Das Große Buch" war von ägyptischen Gelehrten nach dem Auszug der Juden (um etwa 1500 v. Chr.) in hieratischer Schrift niedergeschrieben worden. Die 21 Originalbände wurden später in das aus 22 Buchstaben bestehende phönizische Alphabet übertragen (aus dem später das griechische und das römische und somit auch alle heutigen europäischen Alphabete hervorgingen).

Die einzige bekannte Kopie, die die Jahrtausende überdauert hat, war das Exemplar, das mit den Phöniziern im ersten Jahrhundert nach Christus nach Britannien gelangte. Leider wurde es größtenteils zerstört, als das Kloster von Glastonbury im Jahr 1184 einem Brand zum Opfer fiel. Der Übergriff auf das Kloster war von König

Henry II. angeordnet worden, weil er die Priester des Klosters des Mystizismus und der Häresie beschuldigte.

Weil die keltischen Priester um ihr Leben fürchteten, flohen sie mit den Überresten des „Großen Buches" und versteckten sich. In ihrem Unterschlupf übertrugen sie, was von der phönizischen Übersetzung übrig war, auf Bronzeplatten und verwahrten diese in kupferbeschlagenen Holzkisten. Daher rührt der Name „Bronzebook".

Im 18. Jahrhundert verschmolzen das „Bronzebook" und ein keltischer Weisheitstext mit dem Titel „Coelbook" zur Kolbrin-Bibel.

Die Kolbrin-Bibel erscheint bei Your Own World Books

Der amerikanische Verlag Your Own World Books veröffentlichte erstmals im April 2005 mehrere Ausgaben der Kolbrin-Bibel in gedruckter wie auch in elektronischer Form. Jede Ausgabe ist eine originalgetreue Kopie der Edition aus dem 20. Jahrhundert und verwendet das von Marshall Masters entworfene Kolbrin-Zitiersystem.

Im Mai 2006 brachte Your Own World Books eine zweite Auflage der Kolbrin-Bibel heraus. Über 1.600 typographische Fehler wurden nach dem „Chicago Manual of Style" korrigiert, wobei der Wortlaut aber derselbe blieb. Auch ein Index wurde eingefügt.

Kolbrin-Bibel	Bücher	Kommentare	Printausgabe	Ebook
Edition des 21. Jahrhunderts	Alle (1 bis 11)	Ausgabe für wissenschaftlich orientierte Leser als Taschenbuch im A4-Format mit breitem Rand für Notizen. Die Schrift ist auch für ältere Personen gut lesbar.	Taschenbuch, 21×30 cm	Adobe Microsoft MobiPocket Palm
Ägyptische Texte des „Bronzebook"	Nur 1 bis 6	Empfehlenswert für alle, die Interesse an den Maya-Prophezeiungen für das Jahr 2012, dem Planeten X (Nibiru) und verschiedenen Tatsachenberichten über die Sintflut und den Exodus haben.	Taschenbuch, 19×24,5 cm	Adobe Microsoft MobiPocket Palm
Keltische Texte des „Coelbook"	Nur 7 bis 11	Empfehlenswert für alle, die sich für druidische/keltische Philosophie und Prophezeiungen interessieren. Das Buch enthält zudem neue, detaillierte biographische Berichte über Jesus Christus, viele davon von Augenzeugen.	Taschenbuch, 19×24,5 cm	

Die Sprache der Kolbrin-Bibel

Eine der am häufigsten gestellten Fragen lautet: „In welcher Sprache ist die Kolbrin-Bibel ursprünglich verfasst worden, und wer schrieb sie?" Die Antwort besteht aus mehreren Teilen:

Kolbrin-Bibel: Ausgabe des 21. Jahrhunderts	v. Chr.		n. Chr.		
	15. Jhd.	1. Jhd.	1. Jhd.	18. Jhd.	20. Jhd.
	Original	ÜS	Original	ÜS	ÜS
Bücher	Hieratische Schrift	Phönizische Schrift	Altkeltische Schrift	Altenglische Schrift	Modernes Englisch
1. Schöpfung	X	X		X	X
2. Nachlese	X	X		X	X
3. Schriftrollen	X	X		X	X
4. Söhne des Feuers	X	X		X	X
5. Manuskripte	X	X		X	X
6. Moral und Prinzipien	X	X		X	X
7. Ursprung			X	X	X
8. Der Silberne Zweig			X	X	X
9. Lucius			X	X	X
10. Weisheit			X	X	X
11. Britannien			X	X	X

Sprachen vor der christlichen Zeitrechnung

Die ägyptischen Texte des „Bronzebook" (die ersten sechs Bücher der Kolbrin-Bibel) wurden ursprünglich unter dem Titel „Das Große Buch" in hieratischer Schrift von ägyptischen Gelehrten verfasst, und zwar nach dem Auszug der Juden aus Ägypten (etwa 1500 v. Chr.).

Eine von mehreren Kopien dieses Werks wurde ins Phönizische übersetzt und gelangte schließlich nach Britannien. Ägypten und Phönizien waren zur damaligen Zeit sehr mächtige Nationen, und ihre Sprachen waren weithin gebräuchlich.

Sprachen unserer heutigen Zeit

Die keltischen Texte des „Coelbook" (die letzten fünf Bücher der Kolbrin-Bibel) wurden ursprünglich auf Altkeltisch verfasst. Die Arbeit am „Coelbook" wurde um etwa 20 n. Chr. begonnen und um 500 n. Chr. abgeschlossen.

Die Kelten ließen sich von den umfangreichen ägyptischen Texten zu einer eigenen historischen und philosophischen Anthologie inspirieren, die der ägyptischen glich, jedoch in der Sprache der Kelten verfasst war. Zwar betrachten viele die keltischen Schriften als religiöses Werk, doch bieten diese Schriften vor allem einen zeitlosen Einblick in Überlieferungen, Mystizismus und Philosophie der Druiden.

Einige Historiker sind der Ansicht, dass das „Coelbook" teilweise durch einen Besuch von Jesus Christus in Britannien beeinflusst worden sei. Jesus war damals knapp oder Mitte 20 und reiste gemeinsam mit seinem Großonkel Josef von Arimathäa auf einem der schnellen phönizischen Handelsschiffe nach Britannien. Josef von Arimathäa wollte in Britannien eine Zinnmine in Augenschein nehmen, die ihm gehörte.

Diese Historiker behaupten zudem, dass Jesus in Britannien die ägyptischen Schriften studierte, denn die keltischen Texte wurden nach dem Zeitpunkt verfasst, an dem Jesus möglicherweise Britannien besuchte, und enthalten nie zuvor veröffentlichte biographische Daten über ihn.

Aufgrund der detaillierten und höchst aufschlussreichen biographischen Daten ist zu vermuten, dass der Verfasser Jesus persönlich kannte oder jemanden befragte, der ihn persönlich gekannt hat. Dies wird zusätzlich durch verlässliche historische Berichte gestützt, die darauf hinweisen, dass Josef von Arimathäa um das Jahr 36 unserer Zeitrechnung das Kloster von Glastonbury gründete und dass dieses während des ersten Jahrtausends die Schriften beherbergte.

Unter den wachsamen Augen der keltischen Priester waren die Texte sicher und wurden eifrig studiert, bis das Kloster im 12. Jahrhundert von Handlangern König Henrys II. angegriffen und in Brand gesteckt wurde.

Nach dem Übergriff flohen die Priester mit den Überresten des antiken Werks an einen geheimen Ort in Schottland, wo die ägyptischen Schriften auf Bronzeplatten übertragen wurden. Damals waren die beiden Bücher noch nicht kombiniert worden, und beide existierten nach wie vor nur auf Phönizisch (übersetzt aus der ägyptischen hieratischen Schrift) bzw. auf Altkeltisch.

Im 18. Jahrhundert wurden die beiden Bücher schließlich zusammengefasst und ins Altenglische übertragen und bildeten so die erste eigenständige Ausgabe der Kolbrin-Bibel. Im 20. Jahrhundert gelangten die Manuskripte nach London und wurden in modernes Englisch übersetzt.

Die aktuelle Auflage der Kolbrin-Bibel entspricht der letzteren Auflage, doch zusätzlich wurde der Text noch nach dem „Chicago Manual of Style" den modernen englischen Grammatik- und Interpunktionsregeln angepasst.

Die sieben Hauptwerke der Kolbrin-Bibel

Da die Kolbrin-Bibel aus großer Weisheit und Liebe heraus entstanden ist, ist ihre Entstehungsgeschichte länger als die der christlichen Bibel.

Um eine historische Untersuchung des Werks zu erleichtern, hat der Verlag Your Own World Books die Entstehungsgeschichte in sieben „Haupteditionen" unterteilt, wobei als Kriterien Epoche und Land der Entstehung des jeweiligen Textes genommen wurden.

7 Säulen der Weisheit

Hauptedition	Epoche und Land der Entstehung	Beschreibung
1.	15. Jhd. v. Chr. Ägypten	Dieser Text wird nach dem Auszug der Juden aus Ägypten geschrieben (etwa 1500 v. Chr.) und unter dem Titel „Das Große Buch" als ein Werk in 21 Bänden veröffentlicht. Die Bände, die überdauert haben, sind heute in den ägyptischen Schriften des „Bronzebook" enthalten. Das säkulare Werk geht aus dem neu erwachten Interesse der Ägypter am wahren Gott Abrahams hervor, eine Folge der ägyptischen Niederlage durch Moses. Das Werk enthält zahlreiche historische Berichte, die sich mit denen der Thora (dem Alten Testament) decken, und warnt vor einem riesigen Objekt, den es als den „Verwüster" bezeichnet. Dieser soll laut Prophezeiung in unserer Zeit wiederkehren, mit katastrophalen Folgen für die Erde.
2.	1. Jhd. v. Chr. Phönizien	Die erste Hauptedition wird in die phönizische Sprache übersetzt. Aus dem einfachen, 22 Buchstaben umfassenden Alphabet der Phönizier gehen das griechische, das römische und schließlich die europäischen Alphabete hervor. Bevor Phönizien an das römische Reich fällt, ist das Werk im gesamten Mittelmeerraum, Westeuropa und Britannien verbreitet worden.
3.	1. Jhd. n. Chr. Britannien	Die letzten fünf Bücher des Werks, aus dem schließlich die Kolbrin-Bibel wird, entstehen ungefähr zwischen 20 und 500 n. Chr. Dieser Teil des Buches, der heute als die keltischen Texte des „Coelbook" bekannt ist, wird ursprünglich auf Altkeltisch niedergeschrieben. Während dieser Zeit werden die ägyptischen Schriften der zweiten Hauptedition sowohl von den Kelten als auch von den Kindern reicher und mächtiger Römer studiert. Kopien des Werks gelangen schließlich auch ins Kloster von Glastonbury.

Hauptedition	Epoche und Land der Entstehung	Beschreibung
4.	12. Jhd. n. Chr. Schottland	Im Jahr 1184 lässt König Henry II. das Kloster von Glastonbury angreifen, weil die keltischen Priester seiner Meinung nach Häretiker sind. Die Priester, die Feuer und Mördern entkommen, fliehen mit den Überresten der ägyptischen Schriften der zweiten Hauptedition, die sie später auf Bronzeplatten übertragen. Diese Edition, die jahrhundertelang an einem geheimen Ort in Schottland verwahrt wird, ist auch als das „Bronzebook" bekannt.
5.	18. Jhd. n. Chr. Schottland	„Bronzebook" und „Coelbook" werden zusammengefasst und ins Altenglische übertragen. Die neue Anthologie erhält den Titel „Das Kolbrin". Der Titel stammt vom Hope Trust of Edinburgh in Schottland, in dessen Obhut sich das Werk befindet.
6.	20. Jhd. n. Chr. Großbritannien, Neuseeland, USA	In den Jahren nach dem Zweiten Weltkrieg wird die fünfte Hauptedition nach London gebracht, wo sie ins moderne Englisch übertragen wird. Diese Edition wird erst 1992 veröffentlicht, als ein leitendes Mitglied des Hope Trust mehrere Kopien des Werks in Umlauf bringt. Eine der verteilten Kopien wird 1994 von einem kleinen Religionsorden in Neuseeland veröffentlicht und eine weitere 2005 vom Verlag Your Own World Books in den USA. Der einzige Unterschied zwischen der neuseeländischen Ausgabe von 1994 und der amerikanischen von 2005 besteht in der Aufmachung der ersten Buchseiten und des Titelblatts. Zudem benutzt die amerikanische Ausgabe ein neues Zitiersystem und ist sowohl als Printausgabe als auch in elektronischer Form erhältlich.
7.	21. Jhd. n. Chr. USA	Der amerikanische Verlag Your Own World Books bringt eine überarbeitete Ausgabe der 6. Edition heraus, an der zwei größere Veränderungen vorgenommen worden sind. Zwar bleiben Sprache und Schreibweise unverändert, doch wird der Text an das „Chicago Manual of Style" angepasst. Über 1.600 typographische Korrekturen werden vorgenommen. Ebenfalls neu an dieser Edition ist der Index mit über 2.700 Einträgen. Diese Hauptedition ist auch in zwei gekürzten Ausgaben erhältlich: die eine enthält die ägyptischen Texte des „Bronzebook", die andere die keltischen Texte des „Coelbook". Sämtliche Editionen sind als Printausgabe und als elektronisches Medium erhältlich.

Weitere Informationen über die gekürzten und ungekürzten aktuellen Ausgaben der (derzeit nur auf Englisch erhältlichen) Kolbrin-Bibel finden Sie im Internet unter www.kolbrin.com.

C

Nachtrag zur Vorhersage

In Kapitel 2 haben wir einen Blick auf die Ereignisse geworfen, die zu erwarten sind, während der Planet X das Zentrum unseres Sonnensystems durchquert.

Orbitalparameter

Die Vorhersage für den bevorstehenden Vorbeiflug stützt sich auf die geschätzte Umlaufbahn des Planeten X nach den folgenden Orbitalparametern:

Parameter	Wert
Mittlere Entfernung	237,50 AE
Exzentrizität	0,988
Inklination	85 Grad
Aufsteigender Knoten	200 Grad
Argument der Periapsis	12 Grad
Mittlere Anomalie	358,71 Grad
Epoche	2.451.545 (Julianisches Datum)

Diese Parameter beschreiben eine elliptische Umlaufbahn, deren Strecke insgesamt 475 Astronomische Einheiten misst.

Die längste Linie bzw. die große Halbachse dieser Ellipse verläuft durch die Sonne sowie durch den sonnennächsten und den sonnenfernsten Punkt. Diese Achse weist nach unterhalb der Ekliptikebene, in Richtung des Sternbilds Cetus. Cetus liegt etwa zwölf Grad unterhalb der Ekliptikebene, auf der alle Tierkreiszeichen anzutreffen sind.

Die Umlaufbahn formt eine Ebene, doch diese Ebene ist nicht etwa, wie die von Pluto, nur wenig geneigt: Das hintere Ende befindet sich weit unterhalb der Ekliptik, und zudem ist die Umlaufbahn um die Hauptachse herum, vergleichbar einem kenternden Schiff, um 85 Grad gedreht.

Wenn der Planet X sein Perihel erreicht, befindet er sich fast genau über den Sonnenpolen. Der aufsteigende Knoten verrät, an welchem Punkt er die Ekliptikebene nach oben hin passiert, wobei der Bezugspunkt im Widder liegt. Somit liegt der Punkt, an dem der Planet X die Ekliptikebene passiert, im Sternbild der Jungfrau bzw. der Waage – natürlich immer von der Sonne aus betrachtet.

Die Exzentrizität gibt Aufschluss über das Verhältnis der Strecke zwischen Sonne und dem Perihel des Planeten X zur halben Länge seiner großen Halbachse. Wenn sich diese Exzentrizität auf null beläuft, sind beide Werte gleich und die Umlaufbahn somit kreisförmig. Wenn die Exzentrizität den Wert eins besitzt, so öffnet sich die Umlaufbahn und wird zu einer Parabel.

Exzentrizität = ((a) – Perihel) / (a),

… wobei (a) die mittlere Entfernung ist, wie oben angegeben. Aus diesen Parametern ergibt sich eine elliptische Umlaufbahn, die etwa alle 3.661 Jahre einmal vollendet wird. Sie sorgt dafür, dass der Planet X am 21. Dezember 2012 die Ekliptikebene nach oben hin passiert und Anfang Februar 2013 sein Perihel erreicht. Das ergibt sich aus der mittleren Anomalie in Verbindung mit der Epoche.

Die mittlere Anomalie beträgt zwischen null und 360 und beschreibt den Winkel, der ausgehend von Punkt null (dem Perihel) verrät, welche Strecke ein Himmelskörper auf einer Kreisbahn bereits zurückgelegt hat. Der Wert 358,71 bedeutet, dass der Körper sich dem Perihel erneut nähert. Das dazugehörige Datum wird durch die Epoche beschrieben. Die Epoche gibt die Anzahl der Tage nach dem sogenannten proleptischen Julianischen Kalender an. Dieser beginnt grundsätzlich mit dem 1. Januar 4713 v. Chr. Innerhalb dieses Systems entspricht die Epoche unserer Berechnungen dem 2. Januar 2000.

Die einzelnen Bausteine
der Umlaufbahn von Planet X

Wie sind wir auf gerade diese Umlaufbahn des Planeten X gekommen? Eine Vielzahl an Quellen und Hinweisen leitete einen langwierigen Prozess des Herumprobierens ein, und das Ergebnis daraus deckte sich mit weiteren, nachträglich gefundenen Hinweisen. Das machte uns zuversichtlich, was Entwurf und Prognose der errechneten Umlaufbahn anging.

Wichtige Hinweise, auf die wir uns bei der Berechnung der Umlaufbahn stützten, sind:

- Sonnenplasma wurde 2002 in Richtung des Sternbilds Cetus abgelenkt;

- die von uns berechnete Umlaufbahn wird in 3.661 Jahren einmal vollendet (die „wahre Zahl des Tiers", wie der türkische Forscher Dr. Burak Eldem behauptet) und passt in etwa zu den Daten 2012 und 1630/40 v. Chr. (Ausbruch des Santorin/Auszug aus Ägypten);

- das Perihel liegt im Asteroidengürtel, wo nach der Titius-Bode-Regel ein Planet sein sollte, aber keiner ist;

- der Planet passiert die Ekliptikebene am 21. Dezember 2012 nach oben hin;

- in den Prophezeiungen von Nostradamus heißt es, dass am Himmel eine zweite Sonne erscheinen und ein „haariger Stern" im Norden zu sehen sein wird, nahe dem Sternbild des Krebses (dort steht die Sonne im Juli);

- in der Offenbarung der Bibel heißt es, dass das Untier zu Füßen der kreißenden Jungfrau lauern wird, um das Kind zu verschlingen, sobald es geboren wird;

- die Umlaufbahn aller äußeren Planeten neigt sich in dieselbe Richtung, und ihr tiefster Punkt unterhalb der Ekliptikebene weist, von der Sonne aus betrachtet, in Richtung Cetus;

- eine Versuchsperson „sah" mittels Remote Viewing, dass etwas die Sicht auf den Weltraum von der Sonne aus in Richtung Cetus versperrt; in dieser Himmelsregion war außerdem ein negativer Einfluss zu spüren.

Der letzte Hinweis ergab sich mittels einer Technik namens Remote Viewing (RV).

Remote Viewing

Diese paranormale Methode entstand in den 1970er und 1980er Jahren und wurde von den Geheimdienstbehörden KGB und CIA gleichermaßen intensiv erforscht. Beide untersuchten, ob sich mittels Remote Viewing die jeweilige Konkurrenz vielleicht überflügeln ließe, doch keine Seite schaffte es letztlich, die Technik erfolgreich als Waffe einzusetzen.

Während über die KGB-Methode wenig bekannt ist, wird die von der CIA gesponserte RV-Forschung an der Stanford University in Kalifornien weltweit studiert und gelehrt. Zwei namhafte Dozenten sind Echan Deravy in Japan und Major Ed Dames in den USA.

Deravys RV-Studenten lieferten bemerkenswerte Informationen über den Planeten X, denen zufolge der Planet sich innerhalb unseres Sonnensystems befindet. Viele ihrer Entdeckungen sind nahezu deckungsgleich mit denen, die das RV-Team um Major Ed Dames in den USA gemacht hat.

Die Mitglieder der von Dames geleiteten amerikanischen RV-Forschungsgruppe sahen ein Objekt, das dicht an der Erde vorbeiflog. Zudem beobachteten sie heftige Sonneneruptionen und möglicherweise die Vernichtung einer bemannten Raumfahrtmission als Vorzeichen. Was diese Gruppe herausfand, bildete die Grundlage für die Dokumentation „Killshot", die Dames 2005 herausbrachte.

Wenn wir die Ergebnisse der japanischen und amerikanischen RV-Gruppe mit weiteren paranormalen Berichten vergleichen, ergeben sich viele Parallelen zu anderen übersinnlichen Erfahrungen. Zwar betrachten die Autoren dieses Buches das Remote Viewing nicht als der Weisheit letzten Schluss, aber doch als durchaus triftigen Fingerzeig.

Die Berechnung der Umlaufbahn von Planet X

Wenn wir uns die Hinweise im Überblick anschauen, dann sehen wir ein Objekt, das sich alle 3.661 Jahre aus Richtung Cetus nähert und dessen Perihel im Asteroidengürtel liegt. Der Planet bzw. Planetoid, der sich einst dort befand, wo sich heute der Asteroidengürtel erstreckt, wurde entweder bei einem früheren Vorbeiflug des Planeten X durch dessen Schwerkraft oder einen unmittelbaren Zusammenstoß mit diesem zerstört.

Die Eingabe dieser Informationen in ein astronomisches Softwareprogramm zur Berechnung von Umlaufbahnen ergab bestimmte Einschränkungen für die Bahn, die sich wiederum mit einigen der anderen Hinweise deckten und einen zusätzlichen ins Spiel brachten.

Der Planet X nähert sich auf einer elliptischen Umlaufbahn aus Richtung Cetus, wobei sein Perihel im Asteroidengürtel liegt. Für die Umrundung seiner Umlaufbahn benötigt er 3.661 Jahre, sodass er am 21. Dezember 2012 die Ekliptikebene nach oben hin passieren wird. Dieses Datum spielt in vielen Kulturen eine wichtige Rolle, die wichtigste aber in der Geschichte und Astronomie der Maya. Der 21. Dezember 2012 markiert das Ende der Langen Zählung, die mit ihren 5.100 Jahren den längsten Kalender der Maya darstellt.

Der Planet X, der sich derzeit im Sternbild Cetus befindet, erreicht seinen sonnennächsten Punkt am 21. Dezember 2012 in den Sternbildern Jungfrau und Waage. Das ist kurz vor Weihnachten, wenn die Geburt Jesu, des Begründers des Christentums, gefeiert wird.

Der Planet X, ein Brauner Zwerg, erscheint in genau dieser Zeit als rötliches Monster zu Füßen des Sternbilds Jungfrau. Dadurch erfüllt sich die entsprechende Passage in der biblischen Offenbarung wortwörtlich: Der Planet lauert zu Füßen der kreißenden Jungfrau, um das Kind zu verschlingen, sobald es geboren wird. Sobald der Planet X die Ekliptikebene passiert, werden die Wechselwirkungen zwischen ihm und der Sonne in ihre gewaltigste Phase eintreten.

Dass die derzeitige Position des Planeten X so weit unterhalb der Ekliptik liegt und seine Umlaufbahn ihn (als „haarigen Stern") am Nordhimmel erscheinen lassen wird (nahe des Polarsterns), deutet auf eine starke Inklination hin – das heißt, die Umlaufbahn steht fast senkrecht zur Ekliptikebene.

Eine Umlaufbahn mit diesem Perihel, dieser Umlaufzeit und dieser derzeitigen Position in oder nahe Cetus wird den Planeten X im Juli 2013 in die unmittelbare Nähe des

Polarsterns oder, mit den Worten Nostradamus', in die „Nähe des Krebses" bringen. Zu diesem Zeitpunkt werden die heftigsten Wechselwirkungen zwischen Sonne und Planet abgeklungen sein, doch wird der Planet X am Tag heller als die Sonne scheinen.

Zum Schluss sei noch ein weiterer Hinweis auf eine Umlaufbahn mit genau diesem Verlauf und dieser Inklination genannt: die Inklination der übrigen Planetenumlaufbahnen. Die Umlaufbahn aller äußeren Planeten neigt sich in eine bestimmte Richtung, wobei der jeweils „niedrigste Punkt" in der Nähe des Sternbilds Cetus liegt. Je weiter ein Planet von der Sonne entfernt ist, desto langsamer folgt er seiner Umlaufbahn – und umso länger verweilt er an seiner jeweiligen Position im Weltraum.

Die Anziehungskraft des vorbeifliegenden Planeten X beeinflusst Pluto relativ lange, länger als Jupiter oder Saturn. Das erklärt, warum die äußeren Planeten stärker als die inneren geneigt sind: Die äußeren Planeten passieren in der Zeit, in der der Planet X über ihnen vorbeizieht, nur einen Teil ihrer Umlaufbahn; die inneren dagegen vollenden ihre Umlaufbahn in diesem Zeitraum mehrere Male. Daher die stärkere Neigung der äußeren Planeten.

Die Hinweise fügen sich zusammen

Fassen wir zusammen: Das Sonnenplasma wurde im Jahr 2002 in Richtung eines sich nähernden, elektrisch aktiven Eindringlings in unser Sonnensystem abgelenkt. Dieser Eindringling nähert sich auf einer stark geneigten, elliptischen Umlaufbahn, deren Perihel im Asteroidengürtel liegt. Die Position des Perihels liefert eine logische Erklärung dafür, dass es dort keinen Planeten gibt. Es mag einen solchen gegeben haben, der aber durch die Auswirkungen zahlreicher Vorbeiflüge des Planeten X zerstört wurde.

Die so konstruierte Umlaufbahn passt zu den Bibelprophezeiungen ebenso wie zu den Weissagungen von Nostradamus und den Vorhersagen der modernen Remote-Viewing-Methode. Sie deckt sich ebenfalls mit den Prophezeiungen der Seherin Mutter Shipton, einer Zeitgenossin von Nostradamus, und mit den Voraussagen von Edgar Cayce.

Die berechnete Umlaufbahn passt zu der Inklination der äußeren Planeten unseres Sonnensystems und erklärt sogar, warum diese derart stark geneigt sind. Sie passt zu einer erschreckend hohen Zahl von Hinweisen aus verschiedensten Quellen – von der Astronomie über historische Berichte bis hin zu Prophezeiungen und Remote Viewing. Ein Anhaltspunkt erweist sich auf den ersten Blick als widerspenstig; er wird jedoch ausführlicher im nächsten Anhang auf den Folgeseiten besprochen.

D

Der Kozai-Effekt und senkrechte Umlaufbahnen

In Kapitel 2 (sowie in Anhang C) wurde der Kozai-Effekt bereits angesprochen. Benannt wurde er nach dem japanisch-amerikanischen Astronom Yoshihide Kozai. Er entdeckte ihn, als er die Umlaufbahnen von Asteroiden untersuchte.

Der Effekt beeinflusst die Umlaufbahn unregelmäßiger, um Planeten kreisender Satelliten, aber auch die von Objekten jenseits von Neptun (Kuipergürtel-Objekte) und selbst von Planeten, die um andere Sterne kreisen.

Der Kozai-Resonanzeffekt

Das wichtigste Merkmal des Kozai-Effekts besteht darin, dass er eine Beziehung zwischen der Exzentrizität und der Inklination einer Umlaufbahn herstellt. Der Effekt tritt auf, wenn ein Weltraumobjekt ein anderes beeinflusst.

Kurz gesagt sorgt der Kozai-Effekt dafür, dass ein Objekt zwischen einer nahezu kreisförmigen, stark geneigten und einer sehr exzentrischen Umlaufbahn hin und her pendelt.

Exzentrizität

Die Inklination wurde bereits besprochen, aber was genau ist Exzentrizität? Exzentrizität hängt mit exzentrisch zusammen, bedeutet also außerhalb des Mittelpunktes liegend. Am anschaulichsten lässt sich dies erklären, wenn Sie mithilfe von Holz, Nägeln und einem Faden eine Ellipse zeichnen.

Sie brauchen ein Holzbrett, zwei Nägel, ein Stück Bindfaden und einen Bleistift. Schlagen Sie die Nägel nicht weit voneinander entfernt ins Holz, und binden Sie dann beide Enden des Fadens jeweils nicht zu straff an einen Nagel. Straffen Sie nun den Faden, sodass er sich von einem Nagel über den Bleistift zum anderen Nagel spannt.

Bewegen Sie nun den Bleistift mit der Mine den gestrafften Faden entlang. Die Spur der Bleistiftmine beschreibt eine Ellipse. Halten Sie den Faden stets straff, und drücken Sie die Bleistiftmine fest auf das Holz.

Die Summe der Distanz zwischen der Bleistiftmine auf dem Holz und dem jeweils einen und anderen Nagel entspricht einem konstanten Wert (in unserem Beispiel ist es die Länge des Fadens). Dies trifft auf jede Ellipse zu. Kommen wir damit nun zu unserer Darlegung der Exzentrizität zurück.

Nehmen wir an, die beiden Nägel stecken unmittelbar nebeneinander im Holz, sodass der Bleistift, den wir am Faden entlangführen, einen Kreis beschreibt. Dies ist eine sehr genaue Nachbildung der Bahn der Erde um die Sonne.

Die Abweichung in der Entfernung zwischen Erde und Sonne ist minimal. Wenn der Mittelpunkt der Sonne einem der beiden Nägel entspricht, dann befindet sich automatisch auch der andere Nagel innerhalb der Sonne. Wenn sich beide Nägel exakt dieselbe Position teilen, so ist die Exzentrizität gleich null.

Am anderen Ende der Skala ist die Exzentrizität gleich eins. Dies ist der Fall, wenn die Fadenlänge der Entfernung zwischen den beiden Nägeln entspricht. Dann ist der Faden permanent gestrafft, und wir können mit unserem Bleistift keine Ellipse mehr beschreiben; die Ellipse bricht auf.

Der Kozai-Effekt

Kommen wir nun zum Kozai-Effekt zurück. Die Formel liest sich wie folgt:

$$\sqrt{(1 - e^2)} \cos (i)$$

In dieser Formel steht *e* für die Exzentrizität der Umlaufbahn und *i* für den Inklinationswinkel. Diese Formel sagt aus, dass die Inklination der Umlaufbahn mit steigender Exzentrizität (sich voneinander entfernenden Nägeln) abnehmen muss.

Der Kosinus ist eine Winkelfunktion mit einem Wert zwischen null und eins, wenn der Winkel zwischen 90 und 0 Grad beträgt. Der Kosinus hat den Wert 1, wenn die Umlaufbahn senkrecht zur Ekliptikebene steht; dagegen hat er den Wert 0, wenn sich die Umlaufbahn auf einer Ebene mit der Ekliptik befindet.

Die oben dargestellte Resonanzformel beschreibt eine Umlaufbahn, die kontinuierlich von sehr „straff" und fast deckungsgleich mit der Ekliptikebene zu kreisförmig und fast senkrecht zur Ekliptikebene wechselt.

In den meisten Fällen führt diese Resonanz zu einer Umlaufbahn, die zu elliptisch ist, um stabil zu bleiben. Asteroide, Monde und Planeten in einer solchen Resonanzsituation werden von ihrem Schwerkraftzentrum fortgerissen und in den Weltraum geschleudert.

Es kommt auch vor, dass sie in die Sonne oder den Planeten stürzen, den sie umrunden, wenn sie diesem zu nahe kommen. Ein Beispiel hierfür sind sogenannte

Sungrazer-Kometen, also Kometen mit einer hohen Inklination und stark elliptischer Umlaufbahn. Sie stürzen letztlich immer in die Sonne.

Hohe Inklination und Exzentrizität

Es ist wichtig zu wissen, wie der Effekt eine elliptische, fast senkrecht geneigte Umlaufbahn beeinflusst, wie wir sie bei dem Planeten X feststellen. Fügen wir dazu die Orbitalparameter, die wir für den Planeten X gefunden haben, in die Formel ein.

Der erste Teil der Formel, der Term unter der Quadratwurzel, liest sich dann (1 – $(0,988)^2$); das ergibt 0,0239. Die Quadratwurzel dieses Werts ist 0,154. Der zweite Teil der Formel, der Kosinus mit einem Inklinationswinkel von 85 Grad, ergibt 0,0872.

Das Produkt der beiden Werte 0,0872 und 0,154 ergibt den konstanten Wert 0,0135. Inwiefern sich Inklination und „Straffung" der Umlaufbahn auch ändern mögen, dieser Wert bleibt immer konstant. Das ist der Kozai-Effekt in der Praxis.

Je kreisförmiger die Umlaufbahn wird, desto mehr nimmt die Inklination ab. Was geschieht, wenn wir den Wert für die Exzentrizität von 0,988 auf 0,5 senken?

Wieder wenden wir die Formel an. Für den Term unter der Quadratwurzel ergibt sich ein Wert von 0,75. Daraus ziehen wir die Quadratwurzel und erhalten 0,866. Das bedeutet, dass der zweite Teil der Formel, der Kosinus, einen Wert von 0,0156 besitzen muss, damit das Produkt beider Formelteile wie zuvor den Wert 0,0135 ergibt. Daraus ergibt sich ein Inklinationswinkel von 89 Grad, beinahe senkrecht zur Ekliptikebene.

Drehen wir das Ganze nun um: Machen wir die Inklination kleiner, und schauen wir, wie sich dies auf die Umlaufbahn auswirkt. Wenn der Inklinationswinkel abnimmt, so nimmt der Kosinus dieses Winkels zu. Als Beispiel senken wir den Inklinationswinkel auf 60 Grad. Der Kosinus von 60 Grad entspricht einem Wert von 0,5. Das bedeutet, dass der zweite Teil der Formel dem Wert 0,5 entsprechen muss, und daher muss der erste Teil der Formel den Wert 0,027 besitzen, damit das Produkt 0,0135 ergibt.

Die Quadratwurzel muss den Wert 0,027 ergeben, was bedeutet, dass der Term unter der Quadratwurzel gleich 7,29 e^{-4} sein muss (dies ist die einfachere wissenschaftliche Schreibweise für 0,000729). Der entsprechende Wert für die Exzentrizität ist 0,9996, also knapp 1. Dadurch ergibt sich eine sehr lang gestreckte elliptische Umlaufbahn.

Die so beschriebene Umlaufbahn wandelt sich von eher kreisförmig und senkrecht zu sehr elliptisch und „flach". Wenn der Inklinationswinkel sehr viel kleiner wird als 60 Grad, bestehen zwei Möglichkeiten: Entweder bricht der Planet X aus seiner Umlaufbahn aus, oder aber er stürzt in die Sonne, weil er dieser zu nahe kommt. Keine der beiden Möglichkeiten ist für das übrige Sonnensystem erstrebenswert.

Es ist noch ein weiterer Effekt zu beobachten: Das Argument bzw. die Ausrichtung des Perihels wird sich, von der Sonne aus betrachtet, jeweils einem von zwei Werten nähern und dann um diesen pendeln: entweder auf 90 oder auf 270 Grad vom aufsteigenden Knoten der Umlaufbahn.

Der aufsteigende Knoten beschreibt den Punkt innerhalb des Tierkreises, an dem der Planet X auf seiner Umlaufbahn die Ekliptikebene nach oben hin durchstößt. Einfacher ausgedrückt: Die äußersten Punkte der Umlaufbahn – also der sonnenfernste (Aphel) und der sonnennächste Punkt (Perihel) – werden sich nach oberhalb bzw. unterhalb der Ekliptikebene verschieben, bis ihr Winkel zu dieser jeweils 90 Grad beträgt. Das bedeutet, dass sich die Enden der Umlaufbahn von Planet X allmählich auf eine Position zubewegen, die sie in eine Linie mit den Sonnenpolen bringt.

Die Destabilisierung des Sonnensystems

Der Kozai-Effekt wirft ein Objekt entweder aus seiner Umlaufbahn oder aber lässt es mit dem Himmelskörper zusammenstoßen, um den es kreist. Schlimmer noch ist, dass sich bei einem massereichen Objekt das gesamte System so verhält, als stelle die ungewöhnliche Umlaufbahn die Regel und nicht die Ausnahme dar. Somit passen sich alle übrigen Himmelskörper an.

Im Fall unseres Sonnensystems und eines massereichen Planeten X mit einer stark geneigten, exzentrischen Umlaufbahn würde dies bedeuten, dass sich alle übrigen Planeten nach und nach am Planeten X ausrichten – ihre Umlaufbahn würde sich um 90 Grad neigen und sehr exzentrisch werden.

Daraus folgt der Schluss, dass die stark geneigte, exzentrische Umlaufbahn des Planeten X unser gesamtes Sonnensystem aus dem Gleichgewicht bringen wird. Die meisten anderen Autoren sind bei der Recherche für ihre Bücher zu einer ähnlichen Schlussfolgerung gelangt. Viele der Beweise, die wir gesichtet haben, deuten auf eine solche stark geneigte Umlaufbahn hin. Simulationen mithilfe frei verfügbarer Software zeigten, dass das Sonnensystem bereits nach fünf bis sechs Vorbeiflügen des Planeten X aus dem Gleichgewicht gerät.

Dies wirkt sich tiefgreifend auf unsere Vorhersage aus. Es bedeutet, dass die von uns berechnete Umlaufbahn nicht lange beibehalten werden wird. Der Planet X wird seine Umlaufbahn höchstens fünf, sechs Mal vollenden, bevor er die Ordnung unseres Sonnensystems ernsthaft stört.

Die Prophezeiung von Mutter Shipton

Wenn der Planet X tatsächlich einer solchen Umlaufbahn folgt, dann wurde er entweder vor kurzem von äußeren Kräften auf eine solche verschlagen oder aber er war schon vorher in dieser gefangen. So oder so ist unser Sonnensystem in Gefahr, wenn unsere Berechnungen der Umlaufbahn auch nur annähernd korrekt sind.

Das lässt die Prophezeiungen von Mutter Shipton in einem ganz neuen Licht erscheinen. Diese verweisen auf ein solches Szenario: „Ein feuriger Drache wird den Himmel sechsmal überqueren, bevor diese Welt sterben wird."

Auch den Computersimulationen zufolge vollendet der Planet X seine Umlaufbahn sechsmal, bevor das Sonnensystem instabil wird und alle Planeten aus ihrer Bahn geworfen werden.

Der einzig zulässige Schluss in einem solchen Fall ist, dass der Planet X ein Brauner Zwerg ist, der erst vor kurzem auf diese Umlaufbahn geriet. Der kommende Vorbeiflug im Jahr 2012 ist der fünfte. Was geschieht beim sechsten Vorbeiflug?

Weil sich die Bahn dieses Braunen Zwergs ständig verändert, wird er nach und nach das gesamte Sonnensystem aus dem Gleichgewicht bringen. Daher stellt der nun anstehende fünfte Vorbeiflug eine Chance für uns dar, die wir überleben können; der sechste Vorbeiflug wird mit Sicherheit die Zerstörung der Erde und allen Lebens bedeuten.

Damit erhält ein noch nicht lange zurückliegender Kommentar von Professor Stephen Hawking sowohl Gewicht als auch Perspektive. Er sagte, dass die Menschheit sich zu den Sternen hinaufwagen müsse, wenn sie als Spezies überleben wolle.

Heilkräuter und -pflanzen nach 2014

In den Monaten und Jahren nach dem Vorbeiflug werden erneut Kräuter und Pflanzen wachsen, die für medizinische Zwecke genutzt werden können. In der Kolbrin-Bibel werden widerstandsfähige, heilkräftige Arten aufgeführt, die schon frühere Vorbeiflüge überstanden haben.

> **Britannien, 9,18:** Dies sind die nützlichen Kräuter, die in vergangenen Tagen auf Wiesen, im Wald und am Wegesrand zu finden waren: Blauer Eisenhut (gegen Wölfe und Hunde), „Barroweed" (wächst nur in der Nähe der Toten), „Harwort", Beifuß, Wilde Hyazinthe, „Wayweed", Helmkraut, Fuchsschwanz (hilft gegen Nierensteine), Brombeere, Sonnentau, „Deadly Dick", Schöllkraut (hilft bei Hämorriden), Muttergedenken, Echte Mondraute (wirkt magisch), „Witchhead" (auch „Blackspear" genannt), Senega, Zitronenmelisse (schlaffördernd), Vogelbeere (wird über die Tür gehängt), Weißdorn, „Ellenberry", Blaubeere, „Dradsweet", „Elf Eye", „Fairyfern", Zaubernuss, Flohsamen-Wegerich (reinigt), Sägepalme (für Liebespaare), Silber-Brandschopf (verblasst nie), Küchenschelle, Heckenrose, „Wagging", Johanniskraut (heilt alle Wunden), „Eventide", „Layganleaf", „Hokanmil", „Rillweed", „Boonberry", Gemeine Nachtkerze (für Frauen), „Esislip", Gewöhnliches Seifenkraut, Färberwaid (für die Herstellung von blauer Farbe), Ackerschachtelhalm (beruhigt das Herz), „Mayslip", „Kodecreeper", Spitzwegerich, Dill (hilft bei Geisteskrankheiten), Gemeines Fettkraut (wächst nur auf Fels), Gewöhnlicher Löwenzahn (hilft bei Magenbeschwerden), „Malbrig", Echte Katzenminze (hilft bei Magenbeschwerden), Echte Aloe (hilft bei Verbrennungen), Echtes Eisenkraut (fördert Visionen), Echter Hopfen (als Sud), Echte Schlüsselblume, Knabenkraut (hilft bei Impotenz), Tollkirsche, Kornrade, „Dockumdick" (potenzfördernd).

Für einen besseren Überblick sind die meisten der oben genannten Kräuter und Pflanzen in alphabetischer Reihenfolge in der folgenden Liste noch einmal aufgeführt.

Überprüfen Sie, welche dieser Pflanzen bei Ihnen wachsen, und insbesondere, ob sie an Ihrem Zufluchtsort in der freien Natur vorkommen. Befassen Sie sich jetzt schon mit diesen Kräutern, und lernen Sie, wie man sie erkennt und verwendet.

Die Kräuter aus dem Britannien-Buch der Kolbrin-Bibel Einige dieser Pflanzen wirken sehr stark. Bevor Sie sie verwenden, sollten Sie diese Liste gemeinsam mit Ihrem Hausarzt durchgehen.		
Name	Lateinische Bezeichnung	Anwendung/Wirkung
Ackerschachtelhalm	Equisetum arvense	*Innerlich:* Wirkt beruhigend auf das Herz; wirkt harntreibend und entwässernd
Aloe vera	Aloe barbadensis	Innerlich: Der Brei aus dem Innern der Blätter hilft roh verzehrt gegen Magengeschwüre. *Äußerlich:* Wirkt kühlend und bei Verbrennungen.
Beifuß	Artemesia vulgaris	*Innerlich:* Wirkt anregend und nervenstärkend; wirkt abführend.
Blaubeere	Vaccinium myrtillus	*Innerlich:* Stoppt den Milchfluss. *Äußerlich:* Wirkt blutstillend; auch zur Augenpflege geeignet.
Blauer Eisenhut	Aconitum napellus	GIFTIG! Tödlich für Wölfe, Hunde und andere mittelgroße Säugetiere (auch den Menschen). Präparieren Sie einen Köder, und legen Sie ihn dort aus, wo Sie ihn im Blick haben, um sicherzugehen, dass das Tier ihn frisst. Sie können auch eine Pfeilspitze mit dem Saft imprägnieren und das Tier abschießen. *Innerlich:* In GANZ GERINGEN Mengen wird der Blaue Eisenhut als (narkotisierendes) Schmerzmittel, als Schlafmittel und Antidiabetikum (zum Senken des Blutzuckers) eingesetzt.
Brombeere	Rubus fruticosus	*Innerlich:* Erleichtert die Geburt; wirkt harntreibend und entwässernd; nervenstärkend; unterstützend bei Ruhr und Durchfall. *Äußerlich:* Zum Gurgeln bei Halsschmerzen; zum Spülen von wunden Stellen und Zahnfleischentzündung im Mund.
Dill	Anethum graveolens	*Innerlich:* Hilft bei Geisteskrankheiten; wirkt beruhigend; hilft gegen Muskelkrämpfe.
Eisenkraut	Verbena officinalis	*Innerlich:* Fördert Visionen; wirkt schlaffördernd. *Äußerlich:* Hilft bei Augenerkrankungen.

Die Kräuter aus dem Britannien-Buch der Kolbrin-Bibel
Einige dieser Pflanzen wirken sehr stark.
Bevor Sie sie verwenden, sollten Sie diese Liste gemeinsam mit Ihrem Hausarzt durchgehen.

Name	Lateinische Bezeichnung	Anwendung/Wirkung
Färberwaid	Indigofera tinctoria	Aus Färberwaid lässt sich blaue Farbe herstellen.
Fettkraut	Pinguicula vulgaris	*Innerlich:* „Magisch" im Sinne eines Liebestranks. *Äußerlich:* Ein wenig Fettkraut in die rechte Kniebeuge einer Gebärenden zu legen hilft angeblich, die Wehen zu erleichtern.
Flohsamen		Wirkt abführend, harntreibend und entwässernd.
Fuchsschwanz	Amaranthus	*Innerlich:* Hilft gegen Nierensteine.
Heckenrose	Rosa canina	*Innerlich:* Wirkt antibiotisch und gegen Infektionen; bekämpft schädliche Mikroorganismen; tötet Bakterien ab bzw. hemmt deren Ausbreitung; hilft bei Vergiftung.
Helmkraut	Scutellaria lateriflora	*Innerlich:* Wirkt schlaffördernd; hilft bei Muskelkrämpfen, Hysterie, Anfällen, Asthma, Menstruationskrämpfen, Epilepsie, Schlaflosigkeit, Schmerzen, Schwindel und unterstützend bei Drogenentzug.
Hopfen	Humulus lupulus	*Äußerlich:* Als Sud.
Johanniskraut	Hypericum perforatum	*Innerlich:* Als Antidepressivum; hilft bei Muskelkrämpfen; wirkt beruhigend, nervenstärkend und schleimlösend; bekämpft schädliche Mikroorganismen und Parasiten; hilft bei Magen- und Lungenerkrankungen; senkt die Produktion von Gallensaft. *Äußerlich:* Heilt Wunden, wirkt blutstillend und entzündungshemmend; lässt Schwellungen abklingen.
Katzenminze	Nepeta cataria	*Innerlich:* Hilft gegen Schmerzen, Blähungen und Krämpfe und unterstützt den Magen.
Knabenkraut	Orchis	*Innerlich:* Hilft gegen Impotenz.
Kornrade	Agrostemma githago	GIFTIG! NUR ÄUSSERLICHE ANWENDUNG! Wirkt blutstillend.
Küchenschelle	Anemone pulsatilla	Hilft bei Muskelkrämpfen; wirkt beruhigend.

Die Kräuter aus dem Britannien-Buch der Kolbrin-Bibel
Einige dieser Pflanzen wirken sehr stark.
Bevor Sie sie verwenden, sollten Sie diese Liste gemeinsam mit Ihrem Hausarzt durchgehen.

Name	Lateinische Bezeichnung	Anwendung/Wirkung
Löwenzahn	Taraxacum officinale	Hilft bei Magenbeschwerden; wirkt harntreibend und entwässernd; fördert die Verdauung und unterstützt Bauchspeicheldrüse, Milz, Magen und Nieren. *Äußerlich:* Zerstoßen und als Umschlag angewendet, hilft Löwenzahn bei Schlangenbissen.
Mondraute	Botrychium lunaria	„Magisch"; fördert Liebe und Fruchtbarkeit.
Muttergedenken	Botrychium lunaria	*Innerlich:* Verwendet wird die Wurzel. Hilft bei Fiebererkrankungen, die mit starkem Durst einhergehen; hilft auch bei Diabetes, trockenem Husten und, in Kombination mit anderen Kräutern, gegen Verstopfung.
Nachtkerze	Oenothera biennis	*Innerlich:* Hilft gegen PMS-Beschwerden und in der Menopause; wirkt beruhigend. *Äußerlich:* Wirkt blutstillend.
Sägepalme	Serenoa serrulata	*Innerlich:* Wirkt aphrodisierend; fördert sexuelles Verlangen und Potenz.
Schlüsselblume	Primula veris	*Innerlich:* Hilft gegen Muskelkrämpfe; wirkt schlaffördernd.
Schöllkraut	Chelidonium majus	*Innerlich:* Als Tee zur Reinigung von Leber und Galle. *Äußerlich:* Hilft als Salbe bei Hämorriden, mit Schwefel versetzt auch bei Mykose in der Leistengegend (Tinea cruris).
Seifenkraut	Saponaria officinalis	*Innerlich:* Stärkt bei längerer Anwendung den gesamten Körper; wirkt schweißtreibend und nervenstärkend.
Senega	Polygala senega	*Innerlich:* Wirkt abführend, harntreibend und entwässernd; führt Erbrechen herbei; ist schleimlösend.
Silber-Brandschopf	Celosia argentea	„Verblasst nie." *Innerlich:* Anzuwenden bei Ruhr, Darmblutungen, Nasenbluten, Nierensteinen und starken Monatsblutungen. *Äußerlich:* Für Spülungen bei Hauterkrankungen.

Die Kräuter aus dem Britannien-Buch der Kolbrin-Bibel		
Einige dieser Pflanzen wirken sehr stark.		
Bevor Sie sie verwenden, sollten Sie diese Liste gemeinsam mit Ihrem Hausarzt durchgehen.		
Name	Lateinische Bezeichnung	Anwendung/Wirkung
Sonnentau	Drosera rotundifolia	*Innerlich:* Hilft bei trockenem Husten wie Keuchhusten und durch Masern bedingten Husten; hilft auch gegen Asthma, Muskelkrämpfe und schützt die Schleimhäute.
Spitzwegerich	Plantago lanceolata	*Innerlich:* Bekämpft schädliche Mikroorganismen; beruhigt gereizte Schleimhäute; wirkt harntreibend, entwässernd und abführend; wirkt schleimlösend, fiebersenkend und belebend. *Äußerlich:* Lässt Schwellungen abklingen; wirkt blutstillend; wirkt kühlend und fördert die Wundheilung.
Tollkirsche	Atropa belladonna	GIFTIG! Wirkt narkotisierend und betäubend.
Vogelbeere	Sorbus aucuparia	*Innerlich:* Mit den unreifen Beeren sowie der Rinde lässt sich Durchfall behandeln. *Äußerlich:* Als Salbe oder Umschlag lindert es Hals- und Bauchschmerzen.
Weißdorn	Crataegus monogyna	*Innerlich:* Unterstützt Herz-Kreislauf-System und Lunge.
Wilde Hyazinthe	Hyacintus nonscriptus	Wirkt harntreibend und entwässernd; beruhigt die Nerven; wirkt zudem blutstillend.
Zaubernuss	Hamamelis virginiana	*Äußerlich:* Hilft bei Schürfwunden, Schnitten, Verbrennungen, Sonnenbrand und Wunden allgemein, bei Ekzemen, Insektenstichen und -bissen sowie Hautausschlag; eignet sich zur Augenpflege und auch zur Anwendung bei Haustieren.
Zitronenmelisse	Melissa officinalis	*Innerlich:* Wirkt schlaffördernd und beruhigend; hilft bei Muskelkrämpfen und Magenbeschwerden; wirkt fiebersenkend.

Über die Autoren

Jacco van der Worp, MSc
Autor und wissenschaftlicher Berater

Jacco van der Worp lebt in den Niederlanden und besitzt einen Master of Science in angewandter Physik. Er war im Bereich Strahlensicherheit tätig und hat sich inzwischen auf die Analyse von Ausfällen komplexer Systeme spezialisiert. Er ist Koautor dieses Buches und hat seit 1999 zahlreiche Beiträge auf der Website www.yowusa.com veröffentlicht. Als Mitbegründer von www.yowusa.com befasst sich Jacco van der Worp vor allem mit Bedrohungen aus dem Weltraum und alternativen Energiequellen. Er ist Mitglied der Organisation Mensa International.

Marshall Masters
Hauptautor

Marshall Masters ist Autor, Verleger und häufig in den Medien vertreten. Er moderiert eine eigene Internetradiosendung und ist Begründer des Sagan Continuation Project. Marshall Masters ist ein ehemaliger *CNN*-Produzent für wissenschaftliche Nachrichtenbeiträge und war beim US-Militär für Öffentlichkeitsinformationen zuständig. Er hat sich auf die Forschung über den Planeten X und das Jahr 2012 spezialisiert. Neben dem vorliegenden Werk hat er noch „Godschild Covenant: Return of Nibiru" und die Kolbrin-Bibel veröffentlicht. Im Jahr 1999 gründete er die Website www.yowusa.com. Er ist Mitglied der Organisation Mensa International.

Janice Manning
Mitverfasserin und Herausgeberin

Janice Manning ist Mitverfasserin des vorliegenden Buches und Herausgeberin der Kolbrin-Bibel, eines etwa 3.600 Jahre alten Weisheitstextes. Ihre Analyse historischer Berichte über frühere Vorbeiflüge des Planeten X, die sich in dieser alten säkularen Schrift finden, war unerlässlich für den Vergleich mit ähnlichen Berichten in der Thora (dem Alten Testament). Sie gilt als führende Expertin der Kolbrin-Bibel und ist für ihr Werk mit der Aufnahme in das „Who's Who of American Women 2007" bedacht worden. Auch sie ist Mitbegründerin der Website www.yowusa.com und Mitglied der Organisation Mensa International.

Index

www.mosquito-verlag.de

Mosquito Verlag

NEXUS MAGAZIN

BERICHTERSTATTUNG VON DEN GRENZEN DER REALITÄT

Ausgabe 16
2012 ?

Einzelpreis: 5,50 €
Jahresabo (6 Hefte): 31,00 €
www.nexus-magazin.de

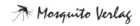
IGOR WITKOWSKI

Die Wahrheit über die Wunderwaffe

Geheime Waffentechnologie im Dritten Reich

Die Wahrheit über die Wunderwaffe ist ein Buch über die Waffen des Dritten Reiches, die als letzter Ausweg dienen sollten, sich jedoch von allen anderen Waffen unterscheiden.

Der Autor, ein ehemaliger Militärjournalist, präsentiert uns das Ergebnis seiner Recherchen in den Archiven vieler Länder auf drei Kontinenten und liefert uns eine Vielzahl von Fakten – auch über Waffen und Technologien, von denen die Öffentlichkeit zuvor noch nie etwas gehört hat.

Dieses Buch ist deshalb bewusst ausführlich dokumentiert. Die meisten Quellen wurden zuvor noch nie in einer Veröffentlichung zitiert. Die Analyse gipfelt in einem Forschungsprojekt, dessen Ziel die Entwicklung einer Waffe war, die sich nach wie vor jeder Klassifikation entzieht: die Wunderwaffe oder deutschen Dokumenten zufolge eine „kriegsentscheidende" Waffe. Die Existenz dieser Waffe wird hier zum ersten Mal durch offizielle Dokumente belegt.

Teil 1
264 Seiten
19,50 €
ISBN: 978-3-928963-23-7

„An diesem Buch kommt niemand vorbei, der sich für die geheimen Waffenprojekte des Dritten Reichs interessiert. Igor Witkowskis Forschungen und seine Synthese an Dokumentation, persönlicher Nachforschung über NS-Installationen sowie sein Verständnis der dahinter liegenden undokumentierten Physik, die daraus ersichtlich wird, sind nichts weniger als herausragend und ehrfurchtgebietend. Ich kann sein Werk gar nicht hoch genug einstufen."

Joseph Farrell

Mosquito Verlag

JOSEPH P. FARRELL

DER TODESSTERN GIZEH

Die Paläophysik der Großen Pyramide und der militärischen Anlage bei Gizeh

Waren die Pyramiden von Gizeh Teil eines gigantischen militärischen Experiments, bei dem eine „Todesstern-Waffe" erzeugt wurde? Und könnte es sein, dass dieses Experiment in Tod und Verwüstung endete?

Joseph Farrell deckt in diesem bahnbrechenden Buch die Umrisse einer Physik auf, die alles übersteigt, was uns bekannt ist.

Wenn er Recht hat, dann gab es vor unserer Zivilisation schon eine andere … und die Kriege, die von ihr entfacht wurden, waren möglicherweise todbringender als jede Nuklearwaffe.

Dies ist keins der üblichen Esoterik-Bücher über die Pyramiden. Hier wird eine Waffentechnik beschrieben, die schaudern macht. Und möglicherweise wird diese Technologie in der heutigen Zeit gerade wieder neu erfunden.

264 Seiten
24,00 €
ISBN: 978-3-928963-25-1

Aus dem Inhalt:

- Beweise über den Einsatz einer Massenvernichtungswaffe in grauer Vorzeit
- Hermetische Philosophie und Paläophysik
- Pythagoras, Plato, Planck und die Pyramide
- Die Waffen-Hypothese
- Die Große Galerie und ihre Kristalle
- Gravito-Akustische Resonatoren
- Die Maschinen-Hypothese
- Hochfrequenz-Impulstechnologie

Dies ist eine aberwitzige *Tour-de-Force* durch die Welt einer Wissenschaft, die an die Grenzen der Phantasie stößt. Doch es gibt starke Anhaltspunkte dafür, dass sie nur allzu real ist.

CATHY O'BRIEN UND MARK PHILLIPS

DIE TRANCEFORMATION AMERIKAS

Die wahre Lebensgeschichte einer CIA-Sklavin unter Mind-Control

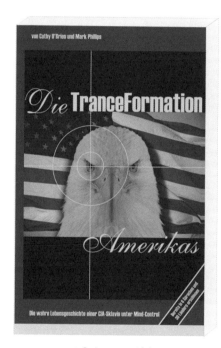

448 Seiten, 51 Abb.
24,00 €
ISBN: 978-3-928963-05-3

Wer sich mit dem Thema Mind Control auseinandersetzt, der kommt an diesem Buch nicht vorbei: Bis Sie vom Geheimdienstler Mark Phillips befreit und deprogrammiert wurde, war Cathy O' Brien jahrelang traumatisierte Sexsklavin in den höchsten Kreisen der Elite – hervorgegangen aus dem geheimen MK-Ultra-Programm der CIA. Unglaublich? Ja: Unglaublich wahr. Bei einer Gerichtsanhörung sagte der zuständige Richter, dass „Gesetze in diesem Fall aus Gründen der nationalen Sicherheit" nicht zur Anwendung kämen, und es wurde Cathy O'Brien verboten, bestimmte Aussagen zu tätigen – über hochrangige Persönlichkeiten, die ihr offensichtlich Leid zufügten.

Nicht zuletzt wegen seiner oft schwer übersetzbaren Beispiele der „Wonderland"-Sprache, in der die Täter mit ihren Opfern kommunizieren, war die Übersetzung dieses Werks eine heikle Angelegenheit. Die dritte Auflage wurde deshalb noch einmal sprachlich völlig neu überarbeitet.

Doch seien Sie gewarnt: Dieses Buch ist nichts für schwache Nerven. Und ohne Vorkenntnisse der Unglaublichkeiten auf der Schattenseite dieser Welt werden Sie Schwierigkeiten haben, trotz der zahlreichen Prozessakten den Inhalt dieses Buches für wahr zu halten. Leider können wir nicht sagen, dass die Lektüre ein Vergnügen sei – im Gegenteil: Es wird möglicherweise das schlimmste Buch sein, das Sie je gelesen haben. Warum Sie es dennoch lesen sollten?

Wegen seiner Botschaft, die uns alle angeht. Sie lautet:

AUFWACHEN!

DAVID ICKE

DAS GRÖSSTE GEHEIMNIS

David Ickes aufrüttelndes und explosives Buch behandelt unter anderem den Hintergrund über den Mord an Diana, Prinzessin von Wales. Doch die unglaublichen Informationen, die er in diesem Buch enthüllt, betreffen jeden einzelnen Menschen auf diesem Planeten. David Icke belegt detailliert und mit überzeugenden Beweisen, dass unser Planet seit Jahrtausenden durch dieselben miteinander verbundenen Blutlinien kontrolliert wird. Er beschreibt, wie sie die großen Religionen schufen und das spirituelle und esoterische Wissen unterdrückten, das die Menschheit aus ihrem geistigen und emotionalen Gefängnis befreien könnte.

Lesen Sie die erschütternde Enthüllung über die wahren Ursprünge des Christentums und der anderen großen Religionen, sowie über unterdrücktes Wissen, das uns darüber aufklärt, warum wir jetzt in eine Zeit unglaublicher Veränderungen eintreten.

Das größte Geheimnis legt auch den wahren und unglaublichen Hinter-

650 Seiten, 73 Abb.
24,00 €
ISBN: 978-3-928963-17-6

grund der britischen Königsfamilie offen. Durch einen enormen Forschungsaufwand und zuverlässige Kontakte ist es David Icke gelungen herauszufinden, warum und wie Diana, Prinzessin von Wales, 1997 in Paris ermordet wurde. Ein Teil dieser Informationen stammt von einer Kontaktperson, die neun Jahre lang eine enge Vertraute von Diana war. Diese Informationen wurden nie zuvor veröffentlicht.

Das größte Geheimnis ist ein einzigartiges Buch, und es wird die Welt verändern. Wer es liest, wird danach nicht mehr derselbe sein. Die dritte, sprachlich überarbeitete Auflage seines Hauptwerks ist nun auch zum ersten Mal als Gesamtausgabe erhältlich.

Mosquito Verlag www.mosquito-verlag.de

DAVID ICKE

ALICE IM WUNDERLAND UND DAS WORLD TRADE CENTER DESASTER

Warum die offizielle Geschichte des 11. September
eine monumentale Lüge ist

No Coincidences !

684 Seiten,
28,00 €
ISBN: 978-3-928963-11-4

Seit dem Tag des Horrors am 11. September 2001 wird den Menschen auf der Welt eine einzige, große Lüge erzählt. Die offizielle Geschichte über die Geschehnisse jenes Tages sind ein Konglomerat aus phantastischen Unwahrheiten, Manipulation, Widersprüchen und Anomalien. David Icke hat über ein Jahrzehnt damit verbracht, jene Mächte aufzudecken, die in Wirklichkeit hinter diesen Attacken stehen. Ihr Personal, ihre Methoden und ihre Agenda hat er in einer Serie von Büchern und Videos bereits enthüllt.

Er stellt nun diese Ereignisse in ihren wahren Kontext, als Teil einer Agenda der verdeckten Kräfte, die hinter den Marionetten-Politikern die Fäden ziehen, um einen globalen Faschisten-Staat zu erschaffen, der auf totaler Kontrolle und Überwachung aufbauen soll. Aber so muss es nicht sein, und dies alles muss nicht unbedingt geschehen. Wir können diese Welt von einem Gefängnis in ein Paradies verändern; die Macht dafür liegt, wie David Icke erklärt, in jedem von uns selbst.

DAVID ICKE

... UND DIE WAHRHEIT WIRD EUCH FREI MACHEN

Teil I
344 Seiten
19,50 €
ISBN: 978-3-928963-13-8

Teil II
312 Seiten
19,50 €
ISBN: 978-3-928963-16-9

Seit nun fast 20 Jahren enthüllt David Icke die wahre Geschichte hinter den globalen Geschehnissen, die sowohl die Zukunft der Menschheit formen als auch die Welt, die wir unseren Kindern hinterlassen werden – und seine noch vor kurzer Zeit verlachten Warnungen werden nun Tag für Tag realer. Nach Davids Aussage ist dies sein „bedeutsamstes Buch". Furchtlos lüftet er den Schleier, der über einem erstaunlichen Netzwerk aus miteinander verwobenen Manipulationsmethoden liegt, und deckt auf, dass es immer wieder dieselben Personen, Geheimgesellschaften und Organisationen sind, die den Verlauf unseres Alltags kontrollieren. Sie sind es, die Kriege, gewalttätige Revolutionen, Terroranschläge und politische Morde anzetteln; sie sind es, die den weltweiten Drogenmarkt und die Indoktrinationsmaschinerie der Medien kontrollieren. Jedes einzelne negative Ereignis aus Gegenwart und Vergangenheit lässt sich auf diese eine globale Elite zurückverfolgen, und einige der Beteiligten sind wohl bekannt. Nie zuvor wurden das Netzwerk, seine Helfer und seine Methoden derart gründlich und vernichtend bloßgestellt.

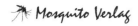
www.mosquito-verlag.de

DAVID ICKE

UNENDLICHE LIEBE IST DIE EINZIGE WAHRHEIT
ALLES ANDERE IST ILLUSION

DIE ENTLARVUNG DER TRAUMWELT, DIE WIR FÜR WIRKLICH HALTEN

284 Seiten,
80 Farb-Illustrationen
24,00 €
ISBN: 978-3-928963-12-1

David Icke erklärt in seiner unvergleichlich einleuchtenden Art, warum die „physikalische" Realität nur eine Illusion ist, die allein in unserem Gehirn existiert. Phantastisch? Na sicher. Aber David Ickes Argumentation ist sofort für jeden verständlich. Sein Buch entlarvt nicht nur jene Illusion, die wir für „Wirklichkeit" halten, sondern auch die Art und Weise, wie diese Illusion ständig neu erzeugt und aufrechterhalten wird, um uns in der falschen Realität eingesperrt zu halten.

Icke beschreibt, wie wir in einem „holographischen Internet" leben, in dem unsere Gehirne mit einem zentralen „Computer" verbunden sind, der uns allen die gleiche kollektive Realität füttert, aus der wir dann aus Wellenformen und elektrischen Signalen die holographische 3D-Welt zusammensetzen, die wir alle zu sehen glauben.

David Ickes Erzählstil, unterstützt von Neil Hagues herausragenden Illustrationen, werden die Realität – das Leben – von jedermann verändern, der den Mut hat, dieses Buch zu lesen.

Schnappen Sie sich also einen Sitzplatz – Sie werden ohnehin nur die vordere Stuhlkante benötigen.

STEVEN M. GREER

VERBORGENE WAHRHEIT
VERBOTENES WISSEN

In *Verborgene Wahrheit – Verbotenes Wissen* beschreibt Dr. Greer seinen eigenen, persönlichen Weg mit dem Disclosure Project, der ihn zu vielfältigen Kontakten mit über 450 Insidern aus Militär und Regierung führte, wie z.B. dem früheren CIA-Direktor R. James Woolsey, Mitgliedern des US Senats und Mitarbeitern der UN. Sie alle bestätigen eine erschütternde Wahrheit: Dass unsere Regierungen seit Jahrzehnten über die Existenz von Außerirdischen Bescheid wissen, und dass schon seit geraumer Zeit reale Kontakte mit ihnen existieren. Ultrageheime Kerngruppen innerhalb der US-Regierung, wie etwa MJ-12, unterhalten monströse Programme, über die der Öffentlichkeit nun endlich die Wahrheit berichtet werden muss.

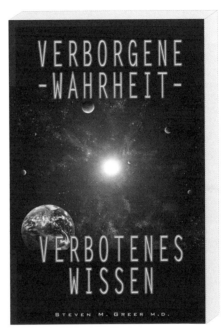

320 Seiten,
24,00 €
ISBN: 978-3-928963-15-2

Der Autor über sein Buch:

„Die Zeit ist reif, um zu erfahren: WELCHE geheimen Energie- und Antriebssysteme existieren, die uns in eine neue Welt ohne Umweltverschmutzung, Armut und Konflikt führen könnten? An welcher Schnittstelle treffen Geist, Raum, Zeit und Materie aufeinander, und wie könnte diese von fortgeschrittenen Zivilisationen genutzt werden? WIE sieht der Plan für die nächsten 500.000 Jahre menschlicher Zivilisation auf Planet Erde aus, und wie können wir in diese Zeit gelangen? WAS fand ich heraus, als ich mich mit führenden Staatsmännern, CIA-Beamten, Milliardären und verdeckten Agenten traf, die einerseits verzweifelt versuchen, die Geheimhaltung aufrecht zu erhalten, während sie andererseits nach Befreiung aus dem dunklen Sarg bitten, in den sie sich selbst eingenagelt haben? WER hält die Verborgene Wahrheit und das Verbotene Wissen geheim – und viel wichtiger: WARUM?"

Verschlusssache Antigravitationstechnologie

NICK COOK

DIE JAGD NACH ZERO POINT

DAS GRÖSSTE GEHEIMPROJEKT SEIT ENTWICKLUNG DER ATOMBOMBE

352 Seiten,
19,50 €
ISBN: 978-3-928963-14-5

Ein preisgekrönter Journalist begibt sich ins Herz ultra-sensibler Luftwaffenentwicklung – einer Welt, so geheim, dass sie offiziell gar nicht existiert. Er schildert die kolossalen Anstrengungen der Wissenschaftler, die unerschöpfliche Kraft der Gravitation nutzbar zu machen.

Sein Buch erzählt die Geschichte einer Schatzsuche: nach einer Entdeckung, die sich als genauso mächtig entpuppen könnte, wie die Entwicklung der Atombombe.

Die Jagd nach Zero Point untersucht die wissenschaftliche Spekulation, dass im Universum eine grenzenlose Quelle potentieller Energie existiert, in der auch der Schlüssel zur Aufhebung und Kontrolle der Schwerkraft liegen könnte. Der Wettlauf verschiedener Nationen um die Siegerposition in diesem Rennen ist immens, denn diesen Preis zu erringen, würde die Fähigkeit bedeuten, militärische Flugzeuge zu bauen, die mit unbegrenzter Geschwindigkeit und Reichweite fliegen können – und zugleich das Potential zur Entwicklung der tödlichsten Waffe, die die Menschheit je gesehen hat.

„Eine außergewöhnliche Untersuchung, die tief ins größte Mysterium der Luft- und Raumfahrt vordringt."

Mail on Sunday (London)

„Cook erzählt von den Ergebnissen seiner Recherchen in der Art eines Spionage-Romans, von geheimen Treffen mit nervösen Zeugen an schlecht ausgeleuchteten Treffpunkten."

Guardian (London)

www.mosquito-verlag.de

Mosquito Verlag

GIULIANA CONFORTO

DAS ORGANISCHE UNIVERSUM

240 Seiten,
54 farbige Abb.
17,90 €
ISBN: 978-3-928963-08-4

Giuliana Conforto, eine italienische Astro-Physikerin, beschreibt eine radikal neue Sichtweise der Welt. Ihr Buch basiert auf Grundlage bisher vernachlässigter wissenschaftlicher Erkenntnisse über die sogenannte „dunkle Materie" des Universums.

„Von Satelliten gewonnene Daten enthüllen, dass unsere wissenschaftliche Sichtweise des Universums unglaublich begrenzt ist, denn wir können nur fünf Prozent der gesamten Masse sehen. Die anderen 95 Prozent des Universums setzen sich zusammen aus dunkler Materie und Licht. Diese dunklen Zustandsformen der Materie können unsichtbare und intelligente Welten bilden, und die sogenannte ‚schwache' Seite der Kraft verbindet jeden einzelnen Körper mit ihnen. Weil wir sie nicht sehen können, vernachlässigen wir jene Kraft. Unsere Illusion besteht in dem falschen Glauben, nur das sei real, was wir sehen können. Die sichtbare Welt ist aber nur eine von vielen virtuellen Realitäten: Sie stellt eine planetare Schule dar, in der wir Menschen unsere inneren Sinne und Gehirnpotentiale trainieren und entwickeln können."

Ein Blick auf die „Neue Physik" durch die intuitiven Augen einer Frau, der auf den neuesten wissenschaftlichen Erkenntnissen fußt.